방송광고와 광고비평

나남출판

나남신서 · 1183

방송광고와 광고비평

2006년 12월 10일 발행
2006년 12월 10일 1쇄

지은이_ 김병희 외
발행자_ 趙相浩
편집_방순영 · 양정우
디자인_이필숙
발행처_ (주) 나남출판
주소_ 413-756 경기도 파주시 교하읍
출판도시 518-4
전화_ 031) 955-4600 (代)
FAX_ 031) 955-4555
등록_ 제 1-71호(79. 5. 12)
홈페이지_ www.nanam.net
전자우편_ post@nanam.net

ISBN 89-300-8183-5
ISBN 89-300-8001-4 (세트)
책값은 뒤표지에 있습니다.

이 책은 방송위원회의 2006년 조사연구관련사업(저술발간) 사업비 지원에 의하여 발행되었습니다.
이 책의 내용은 집필자의 개인 견해이며, 방송위원회의 공식 견해와는 무관한 것임을 밝힙니다.

나남신서·1183

방송광고와 광고비평

김병희 외

NANAM
나남출판

많은 요인들이 문화에 영향을 미친다. 시, 소설 등의 문학작품에서 시작하여 영화, 미술, 음악 등의 예술작품에 이르기까지, 더 나아가 신문, 잡지, 라디오, TV의 모든 기사와 프로그램이 우리들의 생활에 영향을 주고 있다. 그 중에서도 우리에게 가장 강력한 영향을 미치는 것은 아마 방송매체일 것이다. 거브너는 미국 가정에서 가장 말을 많이 하는 존재가 텔레비전이라고 하였다. 그런 만큼 방송은 사람들의 사고, 관습, 라이프스타일 등에 큰 영향을 미치고 있다.

방송매체를 통해 전달되는 메시지 중에 광고는 큰 비중을 차지하고 있다. 광고의 특성은 언제 어디에나 존재하는 편재성과 끊임없이 제시되는 반복성에 있다. 광고는 사람들이 피하고 싶다고 피할 수 있는 그런 것이 아니다. 또한 광고에는 관심 없이 보아도 그 메시지를 학습하게 되는 현상이 존재한다. 여러 유형의 광고 가운데 그 영향력이 가장 큰 방송광고에 비평학자들이 관심을 갖는 것은 자연스러운 현상이다.

광고비평가 엄창호는 비평의 역사를 살펴보면서, 고대 그리스시대의 비평은 창작을 지도하는 실용적 이유에서 비롯되었고 18세기 이후의 근대 비평은 출판물과 대중매체의 발달과 함께 독자들에게 선택의 지침을 제공하는 '저널비평'에서 시작되었다고 지적하였다. 즉, 고대 그리스시대에는 연설을 가르치거나 극작법을 지도하기 위한 실용적, 실천적 이유에서 비평이 출발하였고 근대에는 쏟아지는 소설에 대하여 독자들에게 적절한 독서와 선택에 지침을 줄 조언자 역할이 필요함에 따라 비평가들이 탄생한 것이다.

방송광고는 현대를 다른 시대와 구분짓는 하나의 경계석이라고 할 수 있다. 방송광고는 창작물인 동시에 문화텍스트이다. 사람들은 끝없는 소비를 통해 자신의 존재를 확인시키며, 방송광고는 현대인의 소비를 안내하고 이끌어가는 마케팅 수단이다. 이러한 시대를 살아가는 우리들에게 방송광고 비평은 미학적인 이유에서든 아니면 실용적인 이유에서든 너무나 절실히 요구되는 분야임에 틀림없다. 그중에서도 편재성과 반복성이 높은 방송광고에 대한 비평적 시도가 지금까지 없었다는 것은 역설적이기까지 하다.

그동안 광고에 대한 비평은 간헐적으로 이루어져 왔다. 그러나 방송광고를 대상으로 본격적인 비평이 시도되지는 않았다. 이에 한국광고홍보학회 회원들이 주축이 되어 본격적인 방송광고 비평의 장을 최초로 만들게 된 것은 의미 있는 사건이라고 하겠다. 이 책의 많은 필자들은 이미 광고의 여러 분야와 맥락에서 광고비평의 새로운 지평을 연 바 있다. 이번에도 그들의 역량이 유감없이 발휘됨으로써, 앞으로도 광고비평을 논의하는 데 있어서 이 책을 언급하지 않고서는 어려움이 있을 것이다. 아무쪼록 이 책이 우리 사회의 소비자, 광고창작자, 공공정책 담당자, 광고학자 및 기타 광고와 관련 있는 분들에게 방송광고의 새로운 세계를 보게 하는 시금석이 되길 바란다.

2006년 12월

윤 선 길

(한국광고홍보학회장 / 한신대학교 광고홍보학과 교수)

광고비평의 봄날을 기다리며

문화비평의 시대를 맞이하여 그동안 광고비평에 대한 관심이 조금씩 늘고 있으나 본격적인 논의는 부족하였다. 문학비평, 영화비평, 미술비평, 무용비평 등 여러 대중문화 영역에서는 이미 오래 전부터 전문적인 비평방법론에 의한 장르비평이 활성화되었다. 또한, 언론학 분야에서도 신문비평론과 방송비평론은 오래 전부터 대학의 정규과목으로 개설되어 학문적 깊이가 쌓여가고 있는 데 비해 '광고비평론'은 기반조차 일천한 주변영역으로 간주되어 왔다.

방송광고와 광고비평의 관련양상을 규명한 연구들을 보아도 광고비평의 필요성은 인정하면서도 아직 이렇다 할 연구성과가 나오지 못했다. 광고비평과 밀접한 영역인 텔레비전 비평과 영화비평에 관한 연구들은 대체로 개별 장르의 독자적 영역을 구축하는 데 그 역량이 집중되었다. 그 분야 연구에서 문화 장르별로 메시지의 흐름이나 제도적 특성은 알아볼 수 있었으나 여러 영역에 걸쳐 물적 토대를 제공하는 현대 광고의 맥락과 층위는 파악할 수 없었다.

현대 대중문화의 형성에 광고가 상당한 영향을 미친다는 점에서 방송광고를 비평적 맥락에서 조망하는 일은 흥미롭고도 유익하다. 그동안의 문화비평 작업에서 광고를 소외시켰다는 반성적 성찰을 바탕으로, 한국광고홍보학회 광고비평분과에서는 여러 분야의 전문가들이 참여하여 현 단계 방송광고의 사회적 위치와 문화적 맥락을 문화비평과 예술비평의 관점에서 조망할 기회를 갖게 되었다. 이 책은 그동안의 고민과 모색을 바탕으로 생각하고 또 생각한 끝에 조심스럽게 세상에 내보내는 작지만 힘찬 목소리다. 그 목소리는 크게 방송광고와 예술비평의 관련양상, 방송광고와 제도비평의 관련양상, 그리고 방송광고 텍스트 비평의 현장 등 3부로 가름할 수 있다.

제 1부 〈방송광고와 예술비평〉에서는 광고의 예술적 속성에 주목하여 광고와 예술의 접목양상을 구체적으로 규명한다.

"방송광고 비평의 미학적 기초"(제 1장: 윤태일)는 광고와 예술의 접목을 위한 시론으로서, 서로 대립하면서도 서로 통하는 광고와 예술의 관계를 탐색하고 있다. 광고와 예술이 어떻게 상호 접목되고 서로에게 침투되는지 마치 현미경으로 보는 듯이 관찰할 수 있을 것이다. 또한, 이 장에서는 예술종언론(終焉論)이 광고의 미래에 어떠한 시사점을 주는지 다양한 전망을 제시함으로써 방송광고 비평의 미학적 기초를 제시한다.

"방송광고와 문학비평"(제 2장: 김외곤)은 방송광고와 문학비평의 관련성을 고찰함으로써 문학비평 분야에 또 다른 커뮤니케이션 방식에 대한 이해도를 높이고 있다. 또한, 광고비평 분야에는 광고물 분석에 있어서 내용과 형식 문제를 보다 두텁게 기술하는 방법을 제공하고 있다. 이 장을 통하여 현대광고가 문학비평 방법론과 만나 행복한 동거생활을 어떻게 영위해 나갈 수 있는지 발견하게 된다.

"방송광고와 문화비평"(제 3장: 마정미)은 방송프로그램과 함께 상호 텍스트적인 대중문화 텍스트로서 수용자(소비자)에게 다가가는 광고에 대하여 문화비평의 맥락에서 접근한다. 즉, 방송광고와 대중문화, 광고비평과 문화비평의 인접관계를 다루고 방송광고가 가지고 있는 문화산업과 정치경제학적 관점, 일상성과 소비, 스타시스템, 상품미학과 키치 등 여러 영역을 고찰함으로써 광고와 문화비평의 접점과 한계점을 모색한다.

"광고 창의성 평가에 대한 비평과 전망"(제 4장: 김병희)에서는 예술적 속성을 지닌 광고물의 창의성 평가에 관한 여러 관점을 제시하고 향후 전망을 제시한다.

상품을 많이 팔아주는 광고가 좋은 광고임에는 분명하지만 그것만으로 광고 크리에이티브의 모든 것을 다 설명할 수 없다. 이 장에서는 광고 창의성 척도개발 연구의 주요 쟁점과 연구현황을 비판적으로 검토함으로써 창의적인 광고물 창작에 필요한 가이드라인을 제시한다.

제 2부 〈방송광고와 제도비평〉에서는 방송광고의 제도적 측면에 주목하고 제도에 따라 현대 방송광고가 어떻게 자리매김하고 있는지를 치밀한 논리로 비판하고 있다.

"다매체 시대 방송광고의 제 문제"(제 5장: 이희복)에서는 방송광고를 생산과 유통 및 소비의 차원에서 조망한다. 생산단계에서는 거시적 변화에 따른 광고산업의 변화, 방송광고의 기획과 제작, 심의 문제를, 유통단계에서는 광고 노출시에 야기되는 슬럽광고와 제품배치, 매복광고, KODEX를, 소비단계에서는 방송광고를 활용한 새로운 교육시스템으로 AIE의 가능성과 수용자의 PVR 시청의 문제를 깊이 있게 분석함으로써 방송광고의 미래를 전망한다.

"방송광고심의제도와 관련된 쟁점들"(제 6장: 정기현)에서는 그동안 방송광고가 실시된 이래 변화를 거듭해온 우리나라 방송광고심의제도를 비판적 맥락에서 조망한다. 또한, 바람직한 방송광고심의제도의 정착을 위해 탄탄한 이론과 필자의 광고심의 경험을 바탕으로 방송광고 심의기준의 나아갈 방향성에 대하여 현실적인 대안을 모색한다. 앞으로 방송광고심의제도에 대하여 논의할 때, 이 글은 분명하고도 독보적인 이정표가 될 것이다.

"우리나라 광고상 제도 비판"(제 7장: 이재록)에서는 보다 나은 성과물을 제시하여 좋은 결과를 얻게 되면 일종의 보상이 되기도 하며, 보다 나은 광고를 만들 수 있는 동기부여가 되기도 하는 광고상 제도를 현재의 맥락에서 조망한다. 광고상의 국내외 현황을 살펴보고 국내 광고상과 해외 광고상을 비교·분석한 다음 현 단계 우리나라 광고상이 나아갈 바람직한 궤도에 대하여 현실적으로 유용한 방안들을 제시한다.

"방송광고 외주제작 시스템 비판"(제 8장: 배진환)에서는 그 중요성에 비해 상대적으로 소외되어온 광고물 외주제작 시스템의 문제점을 짚어보고 현실적인 처방을 내리고 있다. 이를 바탕으로 광고업계와 학계, 그리고 정부와 일반인의 관심을 촉구함으로써 앞으로 광고회사와 제작사의 관계가 단순히 업무를 위탁하고 수급하는 차원을 넘어 진략적 파트너로서 서로가 승자가 될 수 있는 방안에 대하여 포괄적으로 조명한다.

제 3부 〈방송광고 텍스트 비평〉에서는 이미 중요한 대중문화 텍스트로 자리매김한 광고물의 메시지에 대하여 현장감 있는 장르 비평을 시도한다.

"방송광고 영상의 사회적 의미 분석"(제 9장: 이수범)에서는 일상생활에 지대한 영향을 미치는 사회제도이자 문화로 자리매김한 광고물의 사회적 의미를 분석한다. 특히, 현대 광고가 상품에 대한 정보제공보다 상품의 이미지를 강조함으로써 상징화된 상품을 통한 삶의 방식을 제공하는 맥락에 주목하는 점은 가히 인상적이다. 이 장을 통하여 기호학적 방법론이 광고영상 분석에 어떻게 적용되는지 구체적인 안목을 얻게 될 것이다.

"방송광고 영상의 서사구조 분석"(제 10장: 엄창호)에서는 방송광고의 서사적 가능성을 모색한다. 방송광고 텍스트를 구조적으로 파악함으로써 광고에 반영된 가치와 의미체계의 온전한 복원을 시도하는 점도 이 장의 매력 포인트이다. 한편, 심층구조에서 표층구조 및 담화구조에 이르기까지 일관된 조직화를 바탕으로 광고메시지의 효율적인 수용방안을 모색하는 동시에, 서사이론을 바탕으로 방송광고 분석의 새로운 지평을 열고 있다.

"방송광고 비평에 대한 수용자반응 접근"(제 11장: 이현우)에서는 방송광고의 텍스트 해석에서 수용자의 참여와 채워넣기에 주목한다. 송신자, 광고텍스트, 수용자 간의 상호작용 과정을 수용미학적 관점에서 조망함으로써 '열린' 비평의 깃발을 올리고 있다. 애매한 광고텍스트의 의미작용 과정을 수용자 반응을 통해 규명하려는 이 야심찬 시도는 앞으로 우리 광고비평의 스펙트럼을 풍부하게 하는 데 기여할 것이다.

"방송광고 분석을 위한 텍스트언어학의 가능성"(제 12장: 오장근 · 김영순)에서는 광고연구에서 언어적 성분에 대한 연구가 일천하다는 문제의식을 바탕으로 텍스트언어학적 관점에서 광고의 구조와 기능을 살펴보고 있다. 특히, 광고의 수용에서 언어적 요소가 어떠한 의미와 역할을 수행하고 있으며 비언어적 요소들과 어떤 관계가 있는지 천착함으로써, 향후 광고물 분석에서 파천황(破天荒)의 세계로 인도할 것으로 기대된다.

광고홍보학 및 인문학 분야의 전문가들이 공동으로 참여하여 기획 집필하는 이 책은 이론적 맥락에서 향후 방송광고 비평에 필요한 기초자료와 이론적 근거를 제시할 것이다. 지금까지 광고비평에 대한 논의가 신문비평이나 방송비평에 비하여 부족했던 것이 사실이나, 광고홍보학계에서는 광고비평이 필요한 연구분야라는 점에는 대체로 공감할 것이다. 다시 한번 생각해도, 광고비평 분야는 광고연구의 원시림이다. 앞으로 누구라도 먼저 가서 벌목을 하고 개간을 하면 광활한 학문의 영토를 확보할 수 있을 터이다.

다만 글쓰기의 괴로움과 즐거움을 곰비임비 체험하면서 스스로를 담금질하는 노력이 긴장감 있게 수반되어야 하지 않을까? 언론학 영역에서 일찍이 방송비평이나 신문비평이 활성화되었듯이 광고비평이 그러할 날도 그리 멀지 않았다. 지금, 여기에서, 그리고 앞으로도, 현대 소비대중사회의 다양한 광고현상들이 연구자들의 날카로운 눈길과 감각의 촉수를 기다리고 있고 앞으로도 기다릴 것이다.

이 책이 나올 수 있노록 연구비를 지원해주신 방송위원회와 흔쾌히 출판을 결정해주신 나남출판 조상호 사장님께 감사드린다. 그동안 연구책임자로서 여러 필자들에게 자주 원고 독촉을 하고, 때로는 내용 수정을 요구하기도 했다. 주어진 기한 내에 더 좋은 책을 출판하려는 의욕이 앞선 탓에 결과적으로 그리되었는데, 갈무리에 즈음하여 모든 필자들에게 감사와 사과 말씀을 올린다.

아무쪼록 이 책이 학생들과 현장의 광고 비평가들은 물론 광고학계의 연구자들에게 유익한 길라잡이가 되었으면 싶다. 그리하여 바야흐로 광고비평의 백화제방(百花齊放) 시대가 열리기를 기대한다.

2006년 12월
필자들을 대신하여…
김 병 희

나남신서 · 1183

방송광고와 광고비평

차 례

제 2 부 방송광고와 제도비평

제 1 부

[방송광고와 예술비평]

1_방송광고 비평의 미학적 기초 :
광고와 예술의 접목을 위한 시론

윤태일

2_방송광고와 문학비평

김외곤

3_방송광고와 문화비평

마정미

4_광고 창의성 평가에 대한 비평과 전망

김병희

제 1 장

방송광고 비평의 미학적 기초

광고와 예술의 접목을 위한 시론

윤 태 일

방송광고를 비평의 대상으로 삼는다는 것은 부지불식간에 방송광고를 대중문화 혹은 대중예술의 한 장르로 본다는 것을 전제로 한다. 물론 비평의 대상이 반드시 예술작품인 것은 아니다. 또 예술비평이 예술작품만을 비평의 대상으로 삼는 것도 아니다. 예술가의 창작과정, 예술의 수용자, 예술사 및 예술제도 등도 비평의 대상이 될 수 있다. 하지만 일반적으로 비평적 작업은 인간의 정신적 산물을 일종의 예술품으로 간주하고 그에 초점을 맞춰 왔다. 방송광고 비평이 탄탄한 미학적 토대 위에서 전개되려면 (방송)광고와 예술의 관계에 대해서 짚어볼 필요가 있다.

이 장에서는 서로 대립하면서도 서로 통하는, 광고와 예술의 관계를 탐색해 보고자 한다. 각자 전혀 다른 차원의 인간 활동으로 정의되던 광고와 예술이 서로 어떻게 만나고 있는지 살펴보고, 광고와 예술이 추구하는 가치와 태도를 통해 서로 어떤 지점에서 만나다가 다시 갈라서는지도 보려고 한다. 또한, 광고와 예술이 서로 접목되는 두 가지 양상을 톺아보고, 구체적으로 방송광고가 드라마 예술 장르와 어떻게 상호 침투하는지도 일별한다. 마지막으로 광고의 미래에 대한 성찰에서 예술 종언론(終焉論)이 주는 함의가 무엇인가를 살펴보려 한다. 광고와 예술의 접목가능성을 탐색해 보는 이러한 시도는 방송광고 비평의 미학적 기초를 다지는 데 기여할 것이다.

∷ 1. 들어가기 : 광고는 예술인가?

2002년에 '오늘의 작가상'을 수상한 정미경의 장편소설 《장밋빛 인생》은 광고계를 배경으로 한 소설이다. 주인공 영주는 '광고계의 초신성'으로 불리는 광고회사의 중견 AE이고 그와 혼외정사를 벌이는 애인 민은 광고모델의 메이크업 아티스트이다. 그 밖에도 대부분의 등장인물이 광고계에 종사하는 사람이다. 이 소설은 주인공 영주의 광고팀에 야심만만한 광고 지망생인 강호가 인턴으로 들어오면서 시작된다. 소설의 초반부에 광고회사 실장인 영주와 광고인 지망생 강호가 광고와 예술과의 관계에 대해서 살짝 입씨름하는 대목이 나온다.

"광고는 이 시대가 표현할 수 있는 가장 감각집약적인 종합예술이라고 생각해요. 하나의 예술품은 결국 한 사람 책임 하에 완성해야 되는 거 아닙니까?"

강호가 이렇게 말하자 영주는 "예술이라고? … 이 친구 환상부터 깨주고 시작해야겠는데" 하면서 이렇게 말한다.

"광고는 광고일 뿐이야. 이 바닥에서 더도 말고 삼 개월만 뛰어보면 내 말이 무슨 말인지 알게 될 거야. 광고의 화려한 포장을 벗기면 거기 돈이 있다. 광고는 돈의 포장지일 뿐이야. 광고가 역사성을 획득하면서 두고두고 찬양받아야 할 예술이라는 착각은 버려."

이에 강호는 이렇게 반박하며 광고가 예술이라는 주장을 굽히지 않는다.

"저는 그렇게 생각하지 않아요. 그런 식으로 보자면 고고한 고급 예술도 마찬가지 아닙니까? 껍데기를 벗기고 보면 그 속에 돈이 있죠. 더욱 교묘하고 고급하게 포장했을 뿐이라고 생각합니다. 왜 예술이냐 돈이냐 둘 중 하나만 선택해야 한다고 생각해야 하는 거죠? 클라이언트가 원한다고 해서 내가 끝까지 깔고 있어야 할 베이스를 버리는 일은 없어야 한다고 생각해요."

광고가 예술이 될 수 있다고 생각하는 강호, 그리고 광고는 광고일 뿐 예술이 될 수 없다고 믿고 있는 영주, 광고계에서 흔히 볼 수 있는 두 가지 대립된 사고이다. 과연 광고는 예술인가? 일반적으로 광고는 마케팅과 커뮤니케이션, 이성과 감성, 그리고 과학과 예술의 절묘한 종합이라고 한다. 광고의 과학화 못지않게, 예술적 상상력과 솜씨(*execution*)가 요구되는 광고 크리에이티브도 중요하다. 그럼에도 불구하고 광고가 예술이라는 주장에 많은 사람들은 선뜻 동의하지 않는다. 오히려 베리 호프만(Barry Hoffman, 2002)이 《광고의 예술》(*The Fine Art of Advertising*)이란 책에서 언급한 다음과 같은 대비에 고개를 더 끄덕일지도 모른다.

> 문화비평의 위계질서에서 예술과 광고 사이에 그어진 선은 명확했다. 예술은 높다. 광고는 낮다. 예술은 엘리트적이고 세련되었다. 광고는 조야하고 대중적(*democratic*)이다. 예술은 독창적이다. 광고는 파생적이다. 예술은 자신의 개인적 비전을 표현하려는 사람들에 의해 창조된 산물이다. 광고는 제품을 팔아 돈을 벌려는 사람들에 의해 창조된다. 예술은 통찰력이 표현하는 진실에 의해 정의된다. 광고는 뻔한 진리(*truism*)의 통찰력을 표현한다. 예술은 불편할 정도로 정직하다. 광고는 정직해야 할 때만 정직하고 그나마 별로 그렇지도 않다. 예술은 영원(*eternal*)하다. 광고는 찰나적(*ephemeral*)이다(p.6).

하지만 호프만이 이 대목 뒤에 바로 덧붙였던 것과 같이, 오늘날 대중문화와 소비사회의 대두로 광고와 예술 사이의 이러한 위계적 구분은 갈수록 모호해지고 있다. 이 글은 광고와 예술의 관계에서 발생할 수 있는 여러 쟁점들을 자유롭게 탐색해 보고자 하는 하나의 시도이다. '광고가 예술이다, 아니다'하고 논란이 되고 있는데, 그렇다면 도대체 광고란 무엇이고 예술이란 무엇인지, 또 어떤 점에서 광고와 예술이 서로 만날 가능성이 있고 어떤 지점에서 갈라서는지, 광고가 예술과 만나는 양상은 구체적으로 어떠한지, 그리고 광고와 예술의 미래는 어떻게 달라지는지 등에 대해서 살펴보고자 한다. 광고와 예술의 관계에 대한 이러한 탐색적 고찰은 방송광고 비평의 미학적 기초를 제공할 것이다.

⁚⁚ 2. 광고와 예술의 정의 : 광고제도론과 예술제도론

광고와 예술과의 관계를 고찰하기 위해서는 먼저 도대체 광고란 무엇이고, 예술이란 무엇인가에 대한 개념 정의부터 살펴볼 필요가 있다. 먼저 광고의 정의부터 보자. 광고를 흔히 마케팅 커뮤니케이션의 한 형태라고 한다. 이 말은 광고가 마케팅과 커뮤니케이션의 양쪽 영역에 걸쳐있음을 단적으로 표현한다. 따라서 마케팅과 커뮤니케이션 영역에서 보는 광고의 정의가 다르다. 마케팅의 관점에서 보면 광고는 이른바 마케팅 4P(*Product*, *Price*, *Place*, *Promotion*) 중 촉진(*Promotion*)의 한 수단이다. 광고는 "명시된 광고주가 아이디어나 상품 서비스를 비대인적으로 제시하거나 촉진하는 유료형식"이라는 미국마케팅학회의 정의는 마케팅 관점에서 본 광고의 대표적인 정의이다.

커뮤니케이션의 관점에서 볼 때 광고는 홍보나 선전(*propaganda*)과 함께 설득 커뮤니케이션의 하나이다. 즉, 광고주라는 커뮤니케이터가, 광고물이라는 메시지를 제작하여, 신문이나 텔레비전 등 다양한 광고매체를 통해 전달함으로써, 광고 수용자인 소비자의 태도를 변용시키는 커뮤니케이션인 것이다. 광고는 돈을 지불한다는 점에서 언론홍보(*publicity*)와 구별되며, 상업적 목적을 위해 자신을 분명하게 밝힌다는 점에서, 주로 정치 군사적 목적을 위해 자신을 밝히지 않는 선전과 구별된다.

한편 소비자의 관점에서 볼 때 광고와 홍보, 선전, 인적 판매, 판매촉진 등을 구별하는 것은 무의미할 수 있다. 1992년 미국 레오버넷사의 소비자 조사결과는 이를 극명하게 보여준다. 좁은 의미의 광고물이라고 할 수 없는 100건 중 94건을 광고라고 생각한다고 소비자는 대답했다. 예를 들어 무료 샘플, 현수막, 스폰서가 있는 음악회나 스포츠 경기, 회사의 팀 마스코트, 포장지, 점원의 유니폼, 전화에 녹음된 안내멘트 등에 대해서 응답자의 80% 이상은 광고라고 대답했다. 결국 소비자의 관점에서 보면 브랜드에 관한 정보나 이미지 등을 얻을 수 있는, 모든 형태의 브랜드 접촉(*brand contact*)이 광고라 할 수 있다.

그런데 마케팅이나 커뮤니케이션, 소비자의 관점은 모두 광고에 대한 미시적 접근이라고 할 수 있다. 이러한 접근과는 근본적으로 구별되는 거시적 접근이 있다. 바로 광고에 대한 제도론적 정의이다. 여기서 제도(*institution*)란 '한 사회에서 통용되는 사고체계의 구현체'이며, 병원이나 학교, 감옥, 군대 같은 유형의 조직체뿐 아니라 결혼이나 가족, 성, 교육, 시장, 정치 등을 포괄하는 개념이다. 광고에 대한 제도적 접근이란 광고를 바로 그런 의미의 제도로 이해하는 것이며, 세계관에 따라 그 정의도 달라질 수 있다. 예를 들어 어떤 이는 광고를 완전경쟁 시장 및 원시시장에서 제공되는 '시장정보'(James Carey) 혹은 '정보와 설득'의 체계(Charles Sandage)로 정의했다. 또는 전국적 생산자가 가격경쟁을 피하고 '시장 지배력'을 확보하려는 노력의 소산으로 보거나(Vincent Norris), 풍요의 사회에서 소비를 자극하고 수요를 창출하기 위한 '풍요의 제도'로 정의하기도 한다(David Potter). 그리고 사회주의 리얼리즘과 대비되는 자본주의 사회의 문화적 표현으로서 '자본주의 리얼리즘'으로 보기도 한다(Michael Schudson).

이처럼 광고에 대한 정의가 보는 관점에 따라 다른 것처럼 예술에 대한 정의도 다양한데, 대략 다음의 4가지로 분류해 볼 수 있다. 첫째, 예술은 자연의 모방이라고 보는 예술모방론이다. 가장 오래되고 영향력 있는 예술론인 모방론은 서양철학사의 양대 지주인 플라톤과 아리스토텔레스의 사상체계에 따라 예술의 지위를 다르게 규정한다. 이데아와 현상계의 이원론자(二元論者)인 플라톤은 2단계 모방론을 주장했다. 이를테면 세상 속 나무는 나무의 이데아를 모방한 그림자일 뿐인데, 나무를 그린 회화는 그런 그림자를 다시 모방한 것에 불과하다는 것이다. 즉, 예술은 실재로부터 두 단계나 떨어져 있는 한갓된 환상에 불과하며, 따라서 플라톤은 참되지 않고 지식의 훌륭한 원천이 될 수 없다고 주장했다.

아리스토텔레스는 예술이 모방이라는 점에서는 플라톤과 일치하지만, 플라톤만큼 예술에 적대적이지는 않았다. 형상과 질료의 일원론자(一元論者)인 아리스토텔레스에 의하면, 세상 속의 나무는 초월적인 나무 이데아의 그림자가 아니며, 나무의 형상과 질료가 그 안에 있다. 감각계의 나무와 나무의 본질이 따로 있는 것이 아니기 때문에, 그는 감각계에 대해서 아무런 적의를 품고 있지 않았다. 그 결과 감각계의 나무를 모방하는 회화를 존재론적으로 복권시켰다. 비록 다른 이유였지만 시인 추방론 등을 통해 예술에 유죄판결을 내렸던 플라톤에 비해서 아리스토텔레스는 비극의 카타르시스론을 통해 예술의 치유적 기능을 주목했다.

두 번째 예술론은 표현론으로, 예술은 예술가의 정서적 표현이라고 보는 견해이다. 표현론은 칸트의 독일 관념론 철학과 낭만주의 예술사조의 영향으로 정서의 중요성이 강조되면서 예술모방론에 의문이 제기되던 19세기에 체계화되었다. 표현론과 모방론은 예술의 '표현'과 '모방'을 강조했다는 측면 외에도 여러 가지 면에서 대조된다. 모방론은 외적인 대상(자연)의 모방을 강조하고 예술작품의 객관적 속성에 주목했다는 점에서 대상 중심적이며 객관주의적이다. 반면에, 표현론은 예술가의 내면적인 표현과 예술작품이 사람들을 감동시키는 방식에 주목했다는 점에서 예술가 중심적이며 주관주의적이라고 할 수 있다. 또 모방론이 고전주의적 조화와 균제, 그리고 합리적 규칙과 창작원리 등 이성적 측면을 중시했다면,

표현론은 조화와 균제보다는 격정적인 표현과 영감의 표현 등 정서를 더 중시했다. 마지막으로 모방론이 주로 미술에서 그 이론적 근거를 찾았다면, 19세기 이전까지 수세기에 걸친 음악의 지대한 발전이 모방론을 거부하고 표현론을 지지하도록 하는 계기가 되었다.

세 번째 견해는 예술은 정의할 수 없는 '열린 개념'(*open concept*)이라는 개방개념론이다. 이것은 20세기 전위예술의 현란한 만개와 비트겐슈타인의 언어철학에 자극받아 제출된 견해다. 비트겐슈타인에 따르면, 예를 들어 '게임'(*game*)이란 말이 지칭하는 대상에서 어떤 공통된 특성을 발견할 수도 없고 따라서 게임이란 말은 그것으로 불리기 위해 필요한 특성이 아무것도 없는 열려진 개념이다. 바로 이러한 비트겐슈타인의 명제를 예술론에 적용한 것이 정의 불가론이다. 예술이란 말이야말로 어떤 것이 예술로 불리기 위해 필요한 공통적 특성이 없고 단지 가족유사성만이 존재하는 열려진 개념이라는 주장이다. 예술이란 무엇이라고 정의하는 것이야말로 예술의 창조성을 억제하는 어리석은 짓이기 때문에 예술은 정의할 수 없는 열린 개념으로 보자는 주장이다.

마지막 예술론은 예술은 제도적 소산이라는 예술제도론이다. 예술제도론을 주장한 조지 디키(George Dickie)는 정의 불가론에 대한 비판에서 출발했다. 디키에 따르면 우선 예술이란 말에는 평가적 의미와 분류적 의미의 두 가지 의미가 있다. "눈 내리는 겨울바다는 예술이다!" 혹은 "그의 아리아는 예술이다!"라고 말할 때, 예술이란 말은 평가적이며 상찬의 의미가 있다. 반면에 "교향곡은 예술이다" 혹은 "로댕의 조각품은 예술이다"라고 말할 때, 예술이란 말에는 평가의 의미가 없고 단순히 그 대상이 예술작품으로 간주될 수 있느냐 없느냐의 분류적 의미가 있다. 디키는 평가적 의미에서는 예술이란 말을 정의할 수 없지만, 만약 관계적이며 비전시적 특성들에 주목해 본다면 예술도 분류적 의미에서는 정의할 수 있다고 주장했다. 그 결과 예술제도론은 예술을 (1) 어떤 사회제도(예술계)를 대신해서 활동하는 한 사람 내지는 여러 사람이 감상을 위한 후보의 자격을 수여하는 (2) 인공품이라고 정의한다. 여기서 예술의 사회제도(예술계)에 속한 대표적인 사람은 바로 예술가이며, 인공성이란 것도 대상 자체에 내재된 속성이라기보다는 부여되는 성질이라는 것이다.

이처럼 광고와 예술이 무엇이냐는 질문에 대한 대답도 다양하다. 주목할 만한 사실은 광고와 예술 양쪽에서 제도론적인 접근이 비슷하게 시도되고 있다는 것이다. 광고를 촉진의 한 형태로 보거나 설득의 한 형태로 보는 관점과, 예술을 단순히 자연의 모방이나 예술가의 정서적 표현물로 보는 전통적인 관점에서 본다면 광고와 예술이 만날 수 있는 가능성은 거의 없다. 하지만 광고와 예술을 사회제도의 산물로 볼 때, 광고와 예술이 접목될 수 있는 가능성은 얼마든지 있다. 실제로 이러한 가능성은 광고론과 예술론 양쪽에서 쉽게 엿볼 수 있다. 광고에 대한 제도적 접근 중에서도 광고를 예술의 한 형태로 보는 견해를 쉽게 발견할 수 있다. 예를 들어, 레이먼드 윌리엄즈(Raymond Williams)는 광고를 일종의 마술체계(*magic system*)라고 하면서 자본주의 사회의 공식예술(*official art*)로 보고 있다. 또 미국의 마이클 셔드슨(Michael Schudson)은 광고를 사회주의 리얼리즘 미학이론과 대비시키면서, 자본주의 리얼리즘(*capitalist realism*)으로 파악하고 있다. 즉, 광고가 자본주의의 삶과 문화를 전형적으로 그리면서 자본주의적 세계관과 인간상을 고취시키는 하나의 문화 예술 양식이라는 것이다. 이처럼 제도적 관점에서 접근하면 광고도 예술의 한 형태로 간주되기도 하는데, 이것은 예술론의 입장에서도 마찬가지이다.

예술제도론을 주창한 조지 디키에 따르면 예술제도론이란 쉽게 말해서 예술가가 감상을 위한 후보의 자격을 부여하면 무엇이든지 예술품이 될 수 있다고 이해할 수 있다. 비록 그가 명시적으로 말하지 않았지만 그렇다면 광고물도 얼마든지 예술작품이 될 수 있다. 예술계를 대표하는 예술가 혹은 비평가가 단순히 상업적 수단이었던 광고물의 미적 가치에 주목하여 미술관에 전시하는 순간, 그 광고물은 감상을 위한 후보의 자격이 수여되면서 예술작품으로 분류될 수 있기 때문이다. 광고와 예술이 제도적 산물이고 제도라는 것이 한 사회의 사고체계의 구현체라고 할 때, 광고가 예술의 한 형태로 간주되기도 하고 실제로 개별 광고물이 얼마든지 예술작품으로 감상될 수 있다. 물론 광고와 예술의 경계선이 무의미하다고 할 때, '예술'이란 말은 분류적 의미의 예술이다. 전술한 바와 같이 예술에는 평가적 의미도 있다. 그렇다면 분류적 의미뿐 아니라 평가적 의미에서도 과연 광고는 예술의 반열에 오를 수 있는가?

:: 3. 예술의 미적 태도와 광고의 상표태도

그것이 인공물이든 자연이든 사람이든 사람의 행위이든, 어떤 대상에 대해서 "한 편의 예술이다!"라고 말할 때, 예술의 의미는 평가적이라 했다. 그렇다면 평가적 의미에서 예술이란 무슨 뜻인가? 이 질문은 예술의 정의를 묻는 것과 혼동될 수 있기 때문에 다시 다음과 같이 바꾸어서 그 의미를 명확하게 할 필요가 있다. "예술을 예술답게 만드는 예술만의 변별적 가치는 무엇인가?"

흔히 인간의 능력을 지(知)·의(意)·정(情)으로 나누고 그에 따라 문화영역을 학문, 윤리, 예술로 3분하고, 각각이 추구하는 가치를 진(眞)·선(善)·미(美)로 나눈다. 따라서 예술은 일반적으로 미를 추구하는 영역으로 이해된다. 즉, 우리가 어떤 대상을 "예술이다!"라고 상찬할 때, 많은 경우 그 의미는 "아름답다!"라는 말로 바꿀 수 있다. 결국 예술이 추구하는 것은 아름다움이며, 좀더 일반화시킨다면 미적 가치라고 말할 수 있다. 그렇다면 예술의 궁극적 가치로 간주되는 아름다움이란 무엇인가?

예술론이 근대에 이르러 객관주의적 모방론에서 주관주의적 표현론으로 전환한 것처럼, 아름다움에 대한 견해도 미(*beauty*)를 강조하는 객관주의에서 '미적인 것'(*the aesthetic*)을 주목하는 주관주의로 전환되었다. 아름다움에 대한 전통적인 견해는 황금비율로 대표되는 조화와 균제, 통일성, 척도, 비례 등과 같이 대상 자체의 객관적 속성으로 간주되었다. 하지만 18세기 이른바 취미론(*theory of taste*)이 대두되면서 달라졌다. 대상의 아름다운 객관적 속성보다도, 그러한 아름다움을 판단하는 인간의 미적 감각 혹은 심적 능력인 취미(趣味)에 주목하게 된 것이다. 이에 따라 아름다움은 대상 자체의 객관적 속성이 아니고 우리의 주관적 상태 혹은 태도에 의해 정의되면서 미의 주관화가 이루어졌다. 쉽게 말하면 아름다움은 이제 우리 마음속에 있는 것이고 우리가 마음먹기에 따라서 무엇이든 아름답다고 느낄 수 있다. 그 결과 아름다움의 대상이 좁은 의미의 미(*beauty*) 뿐 아니라 숭고함, 우아함, 우스꽝스러움, 비장함, 심지어는 추함까지도 포괄하는, 미적인 것(*the aesthetic*)으로 확장되었다. 미적인 것의 핵심은 우리가 어떤 대상에 대해서 미적 태도(*aesthetic attitude*)를 취한다면 무엇이든 미적 가치를 가진 미적 대상이 될 수 있고, 우리에게 관조적 즐거움을 주는 감상의 대상이 될 수 있다는 것이다. 결국 예술은 어떤 대상에 대해서 우리가 미적 태도를 취함으로써 관조적 즐거움을 느끼게 하는 것이다. 또 예술이 추구하는 것도 단순히 미가 아니라 미적인 것, 미적 가치라 할 수 있다.

예술이 추구하는 것이 미적 가치이고 미적 태도의 형성이라고 한다면 광고는 어떠한가? 광고가 추구하는 것은 단순히 판매증대라기보다는 호의적인 상표태도(*brand attitude*)의 형성이고 상표가치(*brand value*)의 창출이라고 할 수 있다. 사실, 태도는 광고의 핵심개념이다. 설득 커뮤니케이션의 핵심개념이 바로 태도변용이기 때문이다. 심리학에서 태도의 개념은 단일차원에서 보면 주로 좋아하고 싫어하는 정서적 측면이 강조되지만, 다차원적인 면에서 보면 인지적 요소, 정서적 요소, 행동적 요소를 포괄하는 개념이다. 설득이란 심리학적 관점에서 보면 태도변용(*attitude change*)이다. 태도변용을 다시 세분하면, 새로운 태도를 형성하거나, 기존 태도를 강화하거나, 기존 태도에서 새로운 태도로 바꾸는 것으로 나눌 수 있다. 따라서 설득커뮤니케이션으로서 광고는 상표에 대한 태도(인지적 · 정서적 · 행동적 측면 포함)를 새로 형성하거나, 강화하거나, 새로 바꾸는 것이라고 할 수 있다. 간단하게 말하면 광고된 상표에 대해서 호의적 태도를 갖게 한다.

그렇다면 상표태도가 왜 중요한가? 광고효과에 대한 많은 연구가 공통적으로 보여주는 결과는 광고에 대해서 좋아하고 싫어하는 것, 즉 광고에 대한 태도가 광고효과를 나타내는 가장 설명력 있는 예측변인이라는 것이다. 이전까지는 광고메시지(혹은 그 속에서 촉진된 제품)를 얼마나 잘 기억하는가 하는, 광고에 대한 회상(*recall*) 혹은 재인(*recognition*)을 중요하게 생각했다. 하지만 미국광고협회의 대규모 조사결과, 광고효과에서 더 중요한 것은 광고를 좋아하는가(*likability*) 여부이다. 광고를 좋아하면 광고 속에서 촉진된 상표를 좋아하게 되고, 상표를 좋아하면 구매하고 싶은 의도를 갖고, 궁극적으로는 구매에 이른다는 것이다. 즉, 광고태도(Aad; *Attitude to advertising*)가 상표태도(Ab; *Attitude to brand*)를 예측하고, 상표태도는 구매의도(PI; *Purchase Intention*)를 자극하며, 조건이 갖추어지면 구매의도는 실제 구매(*Actual buying*)에 이른다는 것이다. 따라서 광고의 가장 중요한 기능은 광고에 대해서 호의적 태도를 갖게 하는 것이고 그를 통해 상표에 대한 호의적 태도를 형성하는 것이다. 호의적 상표태도를 통해 상표에 대한 소비자의 충성도를 높여 상표가치를 높이고 궁극적으로 상표자산(*brand equity*) 형성에 기여하는 것이 오늘날 광고의 가장 중요한 역할로 간주되고 있다.

예술이 추구하는 것이 단순한 미가 아니라 미적 가치이며 그 핵심은 미적 태도인 반면, 광고가 추구하는 목표는 단순한 판매 신장이 아니라 상표가치의 창출이고 그 핵심은 호의적인 상표태도의 형성이다. 바로 이 지점이 광고와 예술이 서로 구별되면서 다시 접목될 가능성이 있는 지점이다. 태도란 기본적으로 주관적 · 심리적 상태이기 때문에 동일한 대상에 대해서 얼마든지 다른 태도를 취할 수 있기 때문이다. 예를 들어 여기 A라는 상표명을 가진 비데 제품이 있다고 하자. 광고의 중요한 기능은 A라는 이름의 비데 상품에 대해서 호의적 태도를 형성해서, 그것을 좋아하고 사고 싶게 만들어 A라는 상표의 가치를 증대시키는 것이다. 그런데 만약 변기통을 '샘'이라 이름 붙이고 미술관에 전시를 했던 마르셀 뒤샹(Marcel Duchamp) 같은 전위예술가가 있어서, A라는 비데 제품(혹은 그에 대한 광고물)을 미술관에 전시했다고 하자. 미술관에서 만나는 비데는 (조지 디키 식으로 말하면) 감상을 위한 후보의 자격이 수여되면서 하나의 예술작품으로 분류될 수 있다. 그뿐 아니라 미적 가치를 지닌 "아름다운" 예술품으로도 감상될 수 있다. 그것을 갖고 싶거나 소유하고 싶은 욕망의 대상이 아니라, 단지 비데라는 대상 그 자체에 주목하고 관조적으로 바라보면서 내적인 즐거움(그것이 가능한지는 모르겠지만 …)을 느끼는 미적 태도를 취한다면 말이다. 아름다움이 주관화되어 우리 마음속에 있다고 할 때, 비데 제품이라 해서 아름다움의 대상이 될 수 없는 것은 아니기 때문이다. 즉 어떤 상품이 광고에 제시될 때 광고가 그에 대한 우리의 소비 욕구를 자극하여 호의적 태도를 갖게 하여 상표가치를 높일 수 있다. 동시에 광고물 그 자체에 대해 우리가 미적 태도를 취함으로써 예술적 감상의 대상으로 삼을 수도 있다. 결국 광고가 미적 가치를 지닌 아름다운 예술작품으로, 즉 평가적 의미에서도 예술과 접목될 수 있는 이론적 가능성이 있다.

∷ 4. 예술의 무관심성과 광고의 이기심

광고의 핵심이 호의적 상표태도 형성을 통한 상표가치의 창출이고, 예술의 핵심이 미적 태도를 취하게 함으로써 미적 가치를 추구하는 것이라고 했다. 미적 태도에 대해서는 여러 가지 견해가 있다. 어떤 이는 우리가 미술작품을 감상할 때 일정한 물리적 거리를 두고 감상해야 제대로 감상할 수 있는 것처럼, 대상과 일정한 심리적 거리(*psychological distance*)를 두는 것이 미적 태도의 요체라고 했다. 또는 '~로서 보는 것'(*seeing as~*)과 같이 특수한 형태의 지각 방식을 미적 태도로 보았다. 하지만 가장 강력한 미적 태도이론은 무관심성(*disinterestedness*)이다.

칸트 미학의 핵심개념으로 체계화된 무관심성이란 개념은 원래 18세기 영국의 도덕철학자 샤프츠베리(Shaftesburry)가 종교적 의미로 처음 제기했다. 즉 최고의 종교적 혹은 도덕적 경지는 우리가 선행을 해서 복을 받기 위해 신을 경배하는 것이 아니라, 신의 존재 그 자체를 사랑하는 것이다. 기독교도인 그가 인용한 예는 아니지만, 8세기 이슬람 여성의 영성가인 〈라비아의 기도문〉이야말로 이러한 경지를 잘 나타낸 사례가 아닐까 한다.

오, 알라시여!
만일 제가 지옥이 두려워
당신을 숭배한다면
저를 지옥 불에 활활 태우소서.

만일 제가 천국에 대한 희망으로
당신을 숭배한다면
저의 천국행을 금하소서.

만일 제가 오로지 당신만을 생각하면서
당신을 숭배한다면
저에게 영원한 아름다움을
빼앗지 마소서

일체의 이기적 관심을 배제하고 오직 신 그 자체를 사랑하고 경배하는 무관심한 태도야말로 진정한 종교적 태도이다. 마찬가지로 어떤 대상에 대한 일체의 경제적, 정치적, 윤리적, 지적 관심을 배제하고 대상 그 자체의 존재에 무관심하게 주목하는 것이 바로 미적 태도의 요체이다. 우리가 어떤 대상에 대해 무관심한 태도를 취할 때 그 아름다움을 느낄 수 있고, 따라서 예술작품의 아름다움을 제대로 감상할 수 있다. 이 개념은 칸트에 의해 미학적으로 체계화되었고, 19세기 염세주의 철학자 쇼펜하우어에 의해 다시 종교적 경지로까지 고양되었다. 쇼펜하우어는 고해(苦海)와 같은 이 세상에서 예술이 주는 무관심적 즐거움이야말로 거의 불교적 열반의 경지인 것으로 평가했기 때문이다. 18세기에 이르러 완성된 순수 예술(*fine arts*) 체제는 예술이 일체의 사회적 · 윤리적 목적에서 벗어나 오직 아름다움만을 추구할 것을 주장하였고, 19세기말에는 '예술을 위한 예술'로 극단화되었다. 그 미학적 토대를 이룬 개념이 바로 미적 무관심성이다.

그렇다면 광고는 어떠한가? (순수)예술의 기초 개념이 무관심성이라면 광고의 기초 개념은 자기에 대한 관심, 즉 이기심(*self-interest*)이다. 무관심성이란 disinterestedness의 번역인데 이것은 dis-interested-ness의 조어로 interest가 없는 것을 말한다. 영어의 interest란 단어는 관심, 흥미, 이해관계, 이익이란 뜻이 있을 뿐 아니라 은행용어로서는 이자라는 뜻이 있다. 즉, 자본주의 사회에서 인간이 관심을 가지고, 흥미를 가지고, 이익이 되는 것은 결국 이자라는 것이다. 이는 광고의 기초가 (경제적) 이기심이라는 측면에서 보면 매우 의미심장하다.

미국 카피라이터 명예의 전당에도 헌정된 바 있는 전설적인 광고인 존 케이플즈(John Caples)는 모름지기 광고는 철저하게 인간의 이기심(*self-interests*)에 호소해야 한다고 갈파한 바 있다. 따라서 광고에서는 어떤 제품이 이러이러한 장점(*merits*)이 있다는 것이 중요한 것이 아니고, 그런 장점이 소비자에게 어떤 혜택(*benefits*)을 주는가를 제시하는 것이 중요하다. 광고에 대한 존 케이플즈의 이러한 주장은 역사적으로 볼 때도 근거가 있는 통찰력이다. 광고학자들에 따르면 광고가 자랄 수 있는 비옥한 토양은 고전적 자유주의(*classical liberalism*)인데, 이 고전적 자유주의의 가장 첫 번째 전제가 바로 이기주의(*egoism*)이다. 즉 인간은 기본적으로 이기심에 기초하여 철저하게 자기이익을 추구하는 존재이다. 시장에서 개인은 이기심에 기초해서 자기 이익을 추구하지만, 신중하고 계산적으로 행동하며 시장의 원자주의적 속성 때문에 '보이지 않는 손'에 의해 조절이 되어 사회전체적인 선을 이룬다. 바로 이러한 전제에 기초한 고전적 자유주의 체제에서 광고는 꽃을 피울 수 있는 것이다. 이기주의에 기초한 고전적 자유주의 체제에서 광고가 이기심에 호소해야한다는 것은 너무도 당연하다.

광고와 예술이 결정적으로 갈라서는 곳이 바로 이 지점이라 할 수 있다. 비록 광고와 예술이 제도론이나 태도론의 관점에서 서로 접목될 가능성이 있지만, 전통적으로 광고와 예술은 서로 대극적인 것으로 간주되었다. 왜냐하면 예술의 기초가 일체의 관심을 배제한 관조적 상태인 미적 무관심성인 데 비해, 광고는 관심 중에서도 가장 강력한 관심 즉 자기에 대한 이기적 관심에 철저하게 호소하기 때문이다. 철저하게 이기심에 호소하는 광고는 무관심한 관조상태를 추구하는 예술과 결코 양립할 수 없다. 하지만 예술의 무관심성이란 개념은 결코 영구불변한 개념은 아니다. 그것은 18세기에 이르러 완성되고 19세기 말에 절정을 이룬 순수예술 체제의 미학적 기초일 뿐이다. 순수 예술론이 주창된 근대 자본주의 사회가 고전적 자유주의에 기초한 체제이고, 고전적 자유주의의 첫 번째 전제가 이기주의라고 했다. 그렇다면 일체의 이기적 관심을 배제한 무관심성이란 개념 자체가 매우 허구적인 이데올로기일 가능성이 높다. 더구나 오직 미적 가치만을 추구한다는 순수예술론은 20세기 들어 많은 도전을 받아왔다. 당장 예술의 정치사회적 역할을 강조하는 참여예술론이나, 선선선동으로서의 예술을 주장했던 맑스주의의 예술론, 삶과 예술의 통합을 주장한 20세기의 수많은 전위예술, 그리고 20세기 중반 이후 만개한 대중문화의 전개는 미적 무관심성이 더 이상 예술에서 절대불변의 가치가 될 수 없음을 웅변한다. 전통적으로 그 위계적 질서가 분명했던 광고와 예술의 경계가 가끔 불분명해지면서 상호 침투되는 현상도 그런 점에서 이해될 수 있다.

∷ 5. 광고와 예술의 접목양상 I : 광고가 예술에게 …

그렇다면 광고와 예술이 어떻게 상호 침투되면서 접목되고 있는가? 광고와 예술의 만남에는 두 가지가 양상이 있다. 하나는 광고가 예술에게 다가가는 양상이고 다른 하나는 예술이 광고에게 다가가는 양상이다. 우선 광고가 예술에게 다가가는 양상을 살펴보면, 여기에도 다시 두 가지 미묘한 차이가 있다. 첫째는 광고가 순수예술을 차용하는 경우이다. 광고가 예술작품을 차용하는 경우는 원작품을 그대로 인용하는 경우가 있고 약간의 변형을 가하는 경우가 있다. 19세기 빅토리아 시대 존 밀레이(John E. Millais)의 회화 〈아이의 세계〉(*A Child's World*)를 그대로 인용한 페어스 비누(Pear's Soap) 광고는 역사상 광고 속에 순수 예술작품을 인용한 최초의 예이다. 광고와 미술의 만남을 조사한 연구에 의하면, 광고에서 가장 많이 등장하는 미술작품은 르네상스 고전주의 시대의 회화인 것으로 드러났다 (Hetsroni & Tukachinsy, 2005). 회화뿐 아니라 광고카피에 유명시인의 시를 그대로 인용하는 경우도 많다. 이를테면 교보문고는 여러 유명 시인의 시구를 인용하여 자사의 옥외광고 시리즈를 제작한 바 있다. "흔들리지 않고 피는 꽃이 어디 있으랴 (이 세상) 그 어떤 아름다운 꽃들도 다 흔들리면서 피었나니"라는 카피는 도종환의 시 〈흔들리며 피는 꽃〉 중 한 구절을 인용한 것이다.

광고가 유명 예술작품을 그대로 인용하지 않고 약간 변형시켜 활용하는 경우도 있다. 흔히 패러디(*parody*) 광고라 통칭하지만, 패러디와 혼성모방(*pastiche*)과 표절(*plagiarism*)을 구분할 필요가 있다. 패러디와 혼성모방의 구분은 애매하고 학자마다 다를 수 있다. 흔히 원작에 대한 비평적 아이러니의 거리를 지닌 '상이성의 모방'을 패러디로 보고, 그러한 거리를 두지 않은 채 그대로 모방하는 '유사성의 모방'을 혼성모방으로 구분하기도 한다. 즉 패러디가 잘 알려진 텍스트를 경쾌하게 비틀면서 풍자적으로 흉내 내는 것이라면, 혼성모방은 그러한 비틀기 없는 순수한 흉내 내기 혹은 기존 텍스트의 순수한 반사로 구분하기도 한다. 그렇다면 혼성모방과 표절의 경계가 다시 아슬아슬해진다. 그 경계는 합법성 여부로 따진다. 패러디와 혼성모방이 '합법적 차용에 의한 모방'이라면, 표절은 '비합법적 차용에 의한 모방'으로 구분한다. 자수하고 흉내 내면 패러디 혹은 혼성모방이고, 숨기고 흉내 내면 표절이라는 우스갯소리는 그런 점에서 일리가 있는 말이다. 그

〈그림 1-1〉 우리 고대소설 〈토끼전〉을 패러디한 쿠퍼스 광고

럼에도 불구하고 패러디 혹은 혼성모방과 표절과의 경계선은 애매한 경우가 많다. 또 비록 패러디라 하더라도 저작권의 문제가 발생할 소지가 있다. 패러디 광고는 영화, 텔레비전 프로그램, 기존 광고, 사회적 통념, 그리고 예술작품을 패러디하는 경우가 있다. 이중에서 누구나 아는 유명한 예술작품을 패러디하는 경우는 표절의 혐의에서 비교적 안전할 수 있다.

광고가 예술로 다가가는 두 번째 양상은 광고 자체가 탁월한 미적 성취를 이루어 감상 대상으로서 예술의 경지에 오른 경우이다. 오늘날 많은 광고물들이 뛰어난 미적 성취를 이루어 그 자체로 감상의 대상이 되어 벽에 걸리고 수집 품목이 된다. 영화 광고용 포스터가 영화상영이 끝난 후에도 장식용 패널로 제작되어 활용되는 경우가 그런 경우다. 몇몇 광고물은 장식용으로 수집되는 경우도 있는데 앱솔루트(Absolut) 보드카 광고가 대표적이다. 이미 3천 점에 가까운 앱솔루트 광고 시리즈는 이제 장식용으로 수집 대상이 되었고, 미술품의 반열에 오르고 있다. 앱솔루트 광고의 선구자격이라고 할 수 있는 광고는 1930~1950년대 집행된 CCA (Container Corporation of America)의 광고이다. 데이비드 오길비(David Ogilvy)가 광고역사상 가장 뛰어난 기업광고라고 격찬했던 이 시리즈 광고는 오늘날 보아도 예술품으로서 손색없는 광고물이다. 물론 앱솔루트 광고나 CCA 광고가 예술품의 경지에 오른 데는 순수 예술가들의 참여가 있었기 때문일 수도 있다. CCA광고는 1930년대 미국으로 망명한 독일 바우하우스(Bauhaus) 출신 예술가들이 참여했고, 앱솔루트 초기 광고는 앤디 워홀(Andy Worhol) 등 당대 최고의 예술가 및 소장파 예술가들이 대거 참여함으로써 광고 그 자체로 예술작품의 반열에 오를 수 있었다.

시각적 요소뿐 아니라 광고의 문학적 요소도 예술의 경지에 도달한 경우가 있다. 뛰어난 광고카피는 그 자체가 거의 시나 문학적 잠언의 경지에 도달한 것으로 평가받는다. 유나이티드 테크놀러지사(UTC; United Technology Corporation)의 광고카피는 광고 집행 당시에도 열렬한 감동을 불러일으켰고, 공공 의제설정 기능까지 수행한 것으로 평가받기도 했다(김병희, 2001). UTC 광고는 집행 후에 다시 그 광고카피를 모아 책으로 출간되면서 전 세계에서 두고두고 읽히고 있다. 1990년대 대우그룹에서 집행한 라디오 광고 시리즈 '젊음에게'도 나중에 청소년을 위한 잠언집 형식의 책자로 출간된 바 있고, SK 텔레콤도 2005년도에 시문학 형식의 기업이미지 광고를 시도한 바 있다.

〈그림 1-2〉

1930년대 집행된 CCA광고

미국으로 망명한 독일의 바우하우스 예술가들이 참여함으로써 예술의 경지에 오른 경우로서, 오길비가 광고 역사상 가장 훌륭한 기업광고라고 격찬했다.

∵ 6. 광고와 예술의 접목양상 II : 예술이 광고에게 …

광고와 예술이 만나는 두 번째 양상은 예술이 광고에게 다가가는 방식이다. 이것도 미묘하지만 다시 두 가지로 나눌 수 있다. 첫째는 예술이 광고를 차용하는 경우이다. 광고가 순수예술을 차용하는 경우는 순수예술의 고급스러운 이미지를 제품과 연합시키려는 일종의 후광효과(*halo effects*)를 노린 것이라면, 예술이 광고를 차용할 때는 현대 자본주의의 소비문화를 비판하는 한 전략으로 차용하는 경우가 많다. 예를 들어 함민복의 시 〈광고의 나라〉 중 다음 부분은 이상의 시 〈오감도〉 중에서 "13인의 아해가 도로로 질주하오"라는 시구를 패러디하면서 광고카피를 차용하여 현대 소비문화를 비판하는 경우이다.

제1의 더톰보이가 거리를 질주하오
천만 번을 변해도 나는 나
제2의 아모레 마몽드가 거리를 질주하오
나의 삶은 나의 것
제3의 비제바노가 거리를 질주하오
그 소리가 내 마음을 두드린다
제4의 비비안 팜팜브라가 거리를 질주하오
매력적인 바스트, 살아나는 실루엣
제5의 캐리어쉬크 우바가 거리를 질주하오
오늘 봄바람의 이미지를 입는다
제6의 미스 빅맨이 거리를 질주하오
보여주고 싶다 새로운 느낌 새로운 경험
제7의 라무르 메이크업이 거리를 질주하오
사랑의 연두빛 유혹
제8의 주단학세렉션이 거리를 질주하오
남자의 가슴보다 넓은 바다는 없다
제10의 마리떼프랑소와저버가 거리를 질주하오
거침없는 변혁의 몸짓
제11의 파드리느가 거리를 질주하오
지금 그 남자의 지배가 시작된다

제12의 르노와르 돈나가 거리를 질주하오
오늘, 이 도시가 그녀로 하여 흔들린다
제13의 피어리스 오레몬이 거리를 질주하오
살아 있는 것은 아름답다

— 함민복의 시 〈광고의 나라〉 중에서

그런데 이런 시도를 많이 한 시인은 오규원이었다. 특히 그의 시집 제목으로까지 된 〈가끔은 주목받는 생이고 싶다〉는 광고는 원래 슈발리에 구두광고였는데, 시인이 그대로 사용하여 자신의 시로 삼았고 시집제목으로까지 삼았다. 이 경우는 예술이 광고를 차용했다고 볼 수도 있지만, 시인 오규원이 차용한 정도가 아니라 그대로 사용했다는 점에서 광고가 시의 반열에 오른 경우로 평가할 만하다.

단조로운 것은 생의 노래를 잠들게 한다.
머무르는 것은 생의 언어를 침묵하게 한다.
인생이란 그저 살아가는 짧은 무엇이 아닌 것
문득-스쳐 지나가는 눈길에도 기쁨이 넘쳐나니
가끔은 주목받는 생이고 싶다-CHEVALIER

— 오규원의 시 〈가끔은 주목받는 생이고 싶다〉 전문

예술이 광고에게 다가가는 두 번째 방식은 예술이 의도적으로 광고적 문법을 차용하여 마치 한 편의 광고물을 보는 것 같은 느낌이 들게 하는 것이다. 광고를 차용하는 것에서 더 나아가 의도적으로 광고적 형태를 띠는 현대예술이 바로 팝 아트(Pop Art)와 키치(Kitsch)다. 가장 미국적인 현대미술 운동으로 알려진 팝 아트는 그러나 사실 1950년대 말 영국 런던에서 처음 시작했다. 팝 아트의 대표적 작가인 미국의 앤디 워홀을 비롯하여 많은 팝 아트 작가들은 광고업과 직간접적으로 관련이 있었던 것으로 알려져 있다. 그래서 그런지 광고물을 자신의 작품에 많이 활용했지만 팝 아트가 광고만 이용한 것은 아니다. 만화, 신문, 영화, 치약, 통조림 깡통 등 대중 소비문화의 여러 아이콘 등을 적극적으로 도입하였다.

일찍이 팝 아트 작가인 리처드 해밀턴(Richard Hamilton)은 팝 아트의 특징 11가지를 열거한 바 있다(대중적, 소모적, 일시적, 저가의, 젊은, 대량생산, 대규모 비즈니스적, 위트 있는, 육감적, 매혹적, 섹시한). 팝 아트의 이러한 속성들은 마치 광고 마케팅에서 상표 개성을 나타내는 광고기획서의 한 구절처럼 읽힌다는 평을 받을 정도로 팝 아트는 본질적으로 광고적이다. 팝 아트는 의도적으로 광고의 시각문법을 차용함으로써 그 자체가 마치 한 편의 광고 포스터를 보는 것 같은 착각이 들게 한다. 캠벨 수프의 통조림통이나 메릴린 먼로의 사진을 실크 스크린으로 복제한 앤디 워홀의 작품 등은 물론, 광고물을 자신의 작품에 직접 차용한 로이 리히텐슈타인(Roy Lichtenstein)의 작품, 그리고 해밀턴의 작품 〈오늘날의 가정을 그렇게 차별화시키고 매력적으로 만드는 것은 무엇인가?〉 등이 바로 그런 예이다.

한편 원래 싸구려, 쓰레기라는 뜻에서 유래되어 '고급문화의 미적 기준을 부적절하게 모방한 대량생산 예술이나 사물'이라고 정의되는 키치 예술 또한 태생적으로 광고와의 친연성을 과시한다. 의도적이든 비의도적이든 값싸고, 천박하고, 감상적이고, 조잡하고, 예쁘고, 귀여우면서, 부조화스러운 예술형태를 지향하는 키치가 가장 쉽게 차용하는 시각적 문법은 광고이다. 꼭 팝 아트나 키치가 아니더라도 현대 소비문화를 비판하는 현대작가들 중에는 마치 광고물과 유사한 형식의 미술작품을 창작하는 경우가 종종 있다. 예를 들어 현대 미국의 미술가 한스 하키(Hans Haacke)의 〈생존권〉(*The Right to Life*)이란 작품은 기업광고와 똑같은 형식을 취하면서 기업 작업환경의 위험성을 교묘하게 풍자하고 있다. 팝 아트와 키치는 예술이 광고의 형식을 많이 차용함으로써 의도적으로 광고에 다가가려는 제스처를 취하기도 했지만, 그것이 하나의 미학양식으로 자리 잡은 후에는 다시 광고에서 그런 양식을 차용하여 팝 아트적 광고, 키치적 광고가 많이 유행하기도 했다.

〈그림 1-3〉

하키의 작품 〈생존권〉

기업 광고물과 똑같은 형태를 취하면서
역설적으로 기업의 비인간적인 작업환경을 풍자한 미술작품이다.

⁚⁚ 7. 방송광고의 경우 : 드라마로서의 광고와 광고의 내재적 드라마

광고와 예술이 접목되는 두 가지 양상에 대해서 살펴보았다. 그런데 예술은 그 유적(類的) 차원뿐 아니라 종적(種的) 차원에서도 광고와의 접목양상을 살펴볼 필요가 있다. 즉, 예술 일반이 아니라 예술의 한 종류로서 드라마가 방송광고와 어떻게 만나는지를 살펴보자.

일찍이 유명한 연극학자인 마틴 에슬린(Martin Esslin, 1982)은 "아리스토텔레스와 광고주 : 드라마의 한 형식으로서의 텔레비전 광고"란 글에서 방송광고야말로 오늘날 그 어떤 형태의 드라마보다도 가장 편재해있고(*ubiquitous*) 가장 영향력 있는 드라마 예술이라고 단언했다. 따라서 진지한 예술비평가와 이론가들이 방송광고에 관심을 기울여야 함에도 불구하고, 여전히 전통적인 형태의 드라마(이를테면 비극)에만 관심을 기울인다고 비판했다. 에슬린에 의하면 30초에 불과한 광고에서도 고대 희랍연극의 3박자 기본구조(*three beat basic structure*)가 절묘하게 발견된다. 즉, 재앙(두통)이 닥치면 친구나 주변사람들로부터 해결책(두통약)이 제시되고, 이어서 주인공의 행복한 결말(두통 없는 상쾌함)을 보여준다. 그리고 고대 희랍극에서 마지막 행위의 도덕적 교훈을 합창으로 요약하듯, 방송광고에서는 시엠송(*CM-Song*)이나 징글(*Jingle*) 등으로 마무리한다. 또 은혜로운 힘을 나타내는 풍유적 또는 상징적 표상으로서 상표나 로고 등이 '시각적 에피퍼니'(*visual epiphany*)로 제시된다. 에피퍼니란 고대희랍극에서 신의 출현이나, 혹은 중세 종교극에서 동방박사의 방문으로 상징된 구세주의 현현을 말한다. 방송광고에서 재앙(두통)을 행복(상쾌함)으로 전환시키는 해결책(두통약)의 제시는 마치 고대희랍연극에서 모든 복잡한 문제를 일거에 해결해 버리는 '기계장치로서의 신'(*deus ex machina*)을 연상시킨다.

그 밖에도 메시지가 인물로 번역된다는 점, 유명인들이 고대의 영웅이나 반인반신(*demigods*) 혹은 풍유적 인물(*allegorical characters*)로 제시된다는 점, 한 사회의 신화를 다룬다는 점, 제의적(*ritual*) 성격을 갖는다는 점, 고대극에서 나무나 바위, 바람 등이 인격화되어 출현하듯이 방송광고에서는 상품들이 인격적으로 제시되어 다신교적(*polytheistic*)이고 물활론적(*animistic*)이며 물신숭배적(*fetishistic*)이라는 점

등의 이유로 방송광고는 많은 면에서 고대 희랍의 연극적 전통을 가장 충실하게 계승하고 있는 드라마예술이다. 그뿐 아니라 에슬린은 독일의 유명한 극작가이자 연출가인 브레히트(Brecht)의 연극이론이 가장 잘 구현된 드라마가 방송광고라고 보았다. 왜냐하면 브레히트는 자신의 교훈극(*Lehrstueck*)에 행동주의 심리학을 원용하여 사람들의 (정치적)태도나 행동을 변화시키려고 했는데, 오늘날 행동주의 심리학을 가장 잘 적용하여 사람들의 태도와 행동에 영향을 미치는 드라마가 바로 광고이기 때문이다. 따라서 맑스주의자였던 브레히트 연극이론의 절정이며 승리는 아이러니컬하게도 자본주의 사회의 꽃이라 불리는 방송광고라는 것이다.

이처럼 연극학자인 마틴 에슬린이 현대의 방송광고가 고대 희랍연극이나 브레히트의 교훈극을 가장 충실히 계승한 드라마라고 주장했는데, 흥미로운 사실은 광고인 중에서도 광고는 곧 드라마라고 주장한 사람이 있다는 점이다. 바로 오늘날 세계적인 광고회사 레오버넷을 창립한 미국 광고계의 거장 레오 버넷(Leo Burnett)이다. 버넷은 꼭 방송광고가 아니더라도 모든 광고는 모름지기 내재적 드라마(*inherent drama*)를 담고 있어야 한다고 갈파했다. 모든 제품에는 그 나름의 드라마가 깃들어 있다. 즉 그 제품과 관련된 사용상황이나 사용자의 이야기가 있는 법이다. 광고 크리에이티브의 핵심은 제품 속에 내재해 있는 이야기를 끄집어내어, 누구나 공감할 수 있도록(*common touch*) 드라마틱하게 제시하는 것이다. 레오 버넷의 유명한 캠벨수프 광고나 말보로 담배광고는 바로 그의 내재적 드라마로서의 광고이론이 잘 형상화된 걸작이다. 캠벨수프 광고는 한 접시의 수프에 담겨있는 엄마의 따뜻한 사랑의 드라마를 잘 표현했고, 말보로 담배광고는 한 개비의 담배를 피우면서 남자들이 느끼는 약간은 마초적인 환상을 절묘하게 포착하여 드라마틱하게 제시했다. 특히 서부 사나이의 이미지를 지금까지 50년 넘게 일관되게 내세우고 있는 말보로 담배광고는 서부극을 자신들의 건국신화로 채색하고 싶어하는 미국인들 사이에서 대표적 아이콘으로 자리 잡았다. 또 여성해방 운동이 한창 일어나던 1960년대, 담배를 여성해방의 상징으로 표현했던 버지니아 슬림 담배광고는 그 당시 여성들이 담배를 피우면서 느꼈던 해방감을 광고에서 절묘하게 포착하여 잘 표현함으로써 광고가 담배의 또 다른 내재적 드라마를 형상화한 경우이다.

광고가 고대 희랍연극이나 브레히트 교훈극의 전통을 가장 충실하게 계승한 현대의 드라마라는 연극학자 마틴 에슬린의 이론과, 광고가 본질적으로 내재적 드라

〈그림 1-4〉
공형진과 이하나가 출연한 KFC광고

텔레비전 드라마 〈연애시대〉에서와 마찬가지로 연인사이였던 준표와 지호라는 인물로 이 광고에 등장함으로써 광고의 드라마적 성격을 강화했다.

마라는 레오 버넷의 주장은 묘하게도 광고가 예술의 한 장르인 드라마라는 점에서 의견일치를 본 경우이다. 굳이 마틴 에슬린이나 레오 버넷의 드라마 이론이 아니더라도 오늘날 방송광고는 연극이나 영화, 텔레비전극 같은 드라마 예술과 활발하게 교섭하고 있다. 광고와 드라마가 만나는 길에도 두 가지 양상이 발견된다. 광고가 드라마가 되는 경우와 드라마 자체가 광고가 되는 경우이다.

첫째, 광고가 드라마가 되는 경우는 우리가 흔히 본다. 일반적으로 집단주의적이며 맥락(*context*)을 중시하는 문화인 한국이 (미국과 비교해 볼 때) 광고에서 보증인(*endorser*)을 더 많이 활용하는 경향이 있다. 특히 우리나라 광고에서 연예인이 보증인으로 등장할 때, 자신의 개성을 살려서 광고에 등장하기보다는 자신이 인기를 얻었던 텔레비전이나 영화 드라마 속 인물로 등장하는 경우가 많다. 예를 들어 텔레비전 드라마 〈연애시대〉에서 공형진과 이하나는 연인 사이였던 준표와 지호라는 인물을 연기했다. 그들이 KFC 광고에서 등장할 때는 공형진과 이하나가 아니라 준표와 지호로 등장한다. KFC 광고를 볼 때 〈연애시대〉를 알고 있는 소비자는 준표(공형진)와 지호(이하나)라는 인물의 성격과 배경, 플롯 등에 대해서 이미 상당한 수준의 배경지식을 가지고 있다. 따라서 불과 30초밖에 안 되는 짧은 방송광고지만 거기에는 웬만한 연극 못지않은 드라마가 이미 담겨있고, 소비자는 충분히 그것을 이해하는 것이다.

방송광고의 드라마적 속성이 더 극명하게 드러나는 것은 연작 광고물이다. 한 편의 광고물로 끝나는 것이 아니라 여러 편이 일관된 스토리를 가지고 연결되는 시리즈 광고이다. 텔레비전 드라마와 같이 연작의 형태를 띤 대표적인 방송광고는 드라마 광고라는 명칭을 내세웠던 대우전자의 '신대우가족'이다. 신대우가족의 원작자인 소설가 신달자는 연작 방송광고의 내용을 보완하여 나중에 《눈뜨면 환한 세상》이란 소설로 출간했다. 방송광고가 드라마뿐 아니라 소설문학과도 만난 매우 흥미 있는 사례이다. 이러한 형식의 광고는 지금까지도 꾸준하게 시도되어, 2006년에는 영화배우 이준기를 내세운 '미녀는 석류를 좋아해'라는 드라마 광고가 시리즈로 집행되기도 했다.

광고와 드라마가 만나는 두 번째 양상은 드라마가 광고가 되는 경우이다. 우선, 드라마 속에 광고가 배치되는 이른바 제품배치(PPL; *Product Placement*)를 통해 드라마 자체에 광고가 삽입되는 형태이다. PPL을 통한 간접광고가 심한 경우 사

〈그림 1-5〉 대우전자 시리즈 광고 '신대우가족'

신대우가족 1

신대우가족 2

신대우가족 3

신대우가족 4

신대우가족 5

신대우가족 6

이 시리즈 광고는 나중에 원작자인 소설가 신달자에 의해
《눈 뜨면 환한 세상》 이라는 소설로 출간되기도 했다.

람들은 영화인지 장편 광고물인지 모르겠다고 야유할 정도로 영화가 한 편의 광고가 된다. 예를 들어, 전지현이 주연한 〈내 여자친구를 소개합니다〉는 지나친 PPL로 전지현 광고의 모둠편이라는 야유를 들었고, 이준기가 주연한 〈플라이 대디〉라는 영화에서도 너무 많은 PPL로 마치 한 편의 장편 광고물을 본 것 같다는 푸념을 들어야 했다.

더 나아가서 영화나 드라마에서 비록 제품배치를 하지 않았지만 드라마 그 자체가 광고물과 같은 역할을 수행하는 경우도 있다. 예를 들어, 오드리 헵번과 그레고리 펙이 로마의 구석구석을 누볐던 영화 〈로마의 휴일〉은 많은 이들의 발길을 로마로 끌어 들였다. 로마시 관광청의 후원아래 제작된 것으로 알려진 이 영화는 그 자체가 한 편의 관광용 광고와 같은 역할을 했다고 볼 수 있다. 최근 한류 열풍의 드라마도 어떤 의미에서 광고와 같은 역할을 한다고 할 수 있다. 〈겨울연가〉를 본 많은 일본인 시청자들이 겨울연가의 배경인 춘천과 용평 스키장과 남이섬을 찾음으로써, 그 어떤 관광 마케팅 프로그램도 못했던 프로모션의 역할을 훌륭히 수행했다. 또 드라마 〈대장금〉은 중화권에서 한국음식에 대한 열풍을 불러일으켜 많은 이들이 한국음식점을 찾도록 했다. 이것은 드라마 자체가 (비록 원래부터 의도한 것은 아니지만) 광고와 같은 설득 및 프로모션 기능을 수행하고 있다는 점에서 주목할 만한 현상이다. 이처럼 연극학자나 광고 실무자가 이론적으로 주장한 것 이상으로 현실 속에서 이미 광고는 예술의 한 장르인 드라마와 만나고 있는 것이다.

∴ 8. 예술 종언론과 광고의 미래

이데올로기의 종언, 역사의 종언, 철학의 종언, 저널리즘의 종언 등… 많은 종언론(終焉論)이 여러 분야에서 인구에 회자되어 왔다. 하지만 그보다도 더 오래되고 영향력 있는 종언론은 헤겔의 예술 종언론일 것이다. 절대 관념론자인 헤겔은 역사를 기본적으로 절대정신의 변증법적 전개과정으로 보았다. 그에 따르면 절대정신은 역사 속에서 예술과 종교와 철학의 형태로 전개되어 고대는 예술의 시대, 중세는 종교의 시대, 근대는 철학의 시대라고 보았다. 고대 희랍에서 절정을 이룬 예술은 다시 고대희랍의 고전적 예술형식을 기준으로 그 이전의 상징적 예술형식과 그 이후의 낭만적 예술형식으로 전개된다고 보았다. 헤겔이 보기에 예술의 시대적 사명은 고대 희랍의 고전적 예술에서 이미 그 소임을 다했다. 따라서 낭만적 예술 이후 종국적으로 예술은 종언을 고하리라고 예언했다. 예술이 종언을 고하리라는 헤겔의 주장은 예술이 어느 한순간에 사라진다는 뜻이라기보다는, 이제 예술이 인간의 사유에서 결정적 역할을 하던 시대는 지나 그 창조적 생명력이 고갈되었다는 뜻으로 해석할 수 있다.

헤겔의 예술 종언론은 20세기 들어 단토(Danto)에 의해서 다시 되풀이되고 있다. 이른바 20세기 모더니즘 예술은 재현(*representation*)을 포기하고 차이의 생산에 주력했다. 차이의 생산이 극에 달하면 모든 차이가 소멸하는 '가치의 황홀경' 현상이 발생한다. 가치의 황홀경 시대에 예술의 미적 가치도 그 변별적 기능을 상실할 수밖에 없다. 즉 예술이 예술 아닌 것과의 차이가 없어지면서 모든 것이 예술이 되는 초(超) 미학의 지점에 도달한다. 결국 예술이 더 이상 없기 때문이 아니라, 모든 것이 예술이 되어 예술이 너무 많기에 예술은 종말을 고한다는 것이다. 이른바 포스트모더니즘 사회에서 예술의 종언을 이야기할 때 흔히 거론되는 것이 바로 광고이다. 한 점의 아름다운 공예품을 연상시키는 멋진 디자인의 상품, 웬만한 예술품의 미적 성취를 능가하는 기발한 광고물, 그리고 화려한 아름다움을 뽐내는 도시의 옥외광고물과 전광판 … 이 모든 상업적 광고물들이 오늘날 예술과 예술이 아닌 것과의 경계선을 무너뜨리면서 예술만의 영토가 더 이상 남아있지 않다는 비명을 지르게 한다.

그런데 한때 예술의 영토를 위협적으로 잠식해 들어가던 광고가 이제는 오히려 자신의 죽음을 운위할 지경에 이르렀다. 지금 보면 매우 날카로운 통찰력이었지만 너무 빨랐다는 느낌이 드는 "광고의 죽음"(*The Death of Advertising*)이라는 논문을 러스트와 올리버(Rust & Oliver)가 미국 광고연구지(*Journal of Advertising*)에 발표한 것이 1994년이었다. 이들은 미국 광고산업의 이윤율이 지속적으로 하락하는 현상에 주목하면서 이미 광고가 임종의 자리에 누웠다고 표현했다. 광고의 죽음을 초래하는 요인은 바로 뉴 테크놀로지의 발달이다. 새로운 매체기술의 발달로 더 이상 전통적인 광고처럼 대규모 소비자에게 도달할 수 있는 대중매체는 존재하지 않으며, 이러한 매체의 파편화와 표적 소비자의 파편화로 인해 전통적인 광고의 효율성은 의문시되고 있으며, 그 결과 광고의 죽음을 목도하리라는 것이다. 따라서 광고회사의 전략이나, 광고연구, 광고교육 등에서 전혀 새로운 패러다임이 도래할 것을 예상하고 준비해야한다는 주장이다. 매우 도발적인 이러한 광고 종언론은 그 당시 즉각적인 반발을 불러일으켜, 그들의 주장을 반박하는 폭스와 가이슬러(Fox & Geissler, 1994), 그리고 월드먼(Waldman, 1997)의 논문 등이 발표되기도 했다.

하지만 한동안 잠잠한 듯 보이던 광고 종언론은 21세기에 접어들면서 다시 수면 위로 떠오른 느낌이다. 1970년대 포지셔닝 이론으로 광고계를 풍미했던 알 리스(Al Ries)는 광고의 몰락을 기정사실화 하는 책 《광고의 몰락과 PR의 발흥》(*The Fall of Advertising and The Rise of PR*)을 재빨리 냈다. 코카콜라의 전임 마케팅 담당 사장이었던 세르지오 자이만은 '우리가 알고 있는'(*as we know it*)이라는 한정사를 살짝 끼워 넣었지만 역시 광고의 종말이라는 불경스러운 어구가 들어간 책 《우리가 알고 있는 광고의 종말》(*The End of Advertising As We Know It*)을 출간했다. 그 밖에도 광고의 위기를 논하며 광고의 미래를 전망하면서 많은 이들이 전통적 의미의 광고가 근본적으로 변할 것이라는 전망을 내놓고 있다. 광고를 역사 속에서 생성된 사회제도의 하나라고 볼 때, 그것을 어떻게 정의하느냐에 따라 광고는 죽음을 맞이하고 있다고도 볼 수 있다. 이미 새로운 미디어 테크놀로지의 발달로 커뮤니케이션 유관 분야인 저널리즘에서 저널리즘의 죽음을 논하는 상황에서 광고의 죽음을 입에 올린다고 해서 더 이상 불경스러울 것도 없는 현실이 되었다.

광고가 위기, 혹은 더 나아가서 죽음을 맞이하고 있다는 징후는 여러 군데서 발견된다. 많은 이들이 지적하듯이 그 핵심동인은 정보기술의 발달로 인한 다채널 환경이다. 더 이상 광고가 가장 효과적인 시장정보나 설득의 기제가 되지 못하고 있다. 미국 광고사에서 크리에이티브 혁명이 풍미하던 20세기 중반까지만 해도 광고는 소비자에게나 광고주에게 가장 효율적인 상품정보 전달 수단이었다. 하지만 이제 소비자는 광고가 아니더라도 상품에 대한 정보를 얻을 수 있다. 또 광고 혼잡현상 혹은 과잉으로 광고회피 현상이 증가하면서 광고의 설득적 기능도 점점 떨어지고 있다. 1990년대 이후 광고뿐 아니라 다양한 채널을 구사해야한다는 통합적 마케팅 커뮤니케이션(IMC) 전략이나 오늘날 BTL 전략이라는 것도 어찌 보면 광고의 위기에 대한 타개책이라고 볼 수 있다. 반(*anti*) 광고의 등장, 광고에서 오락적 요소의 강조 등도 전통적 의미의 광고가 더 이상 효과적이지 않다는 자각에서 나온 돌파구라고 할 수 있다.

단순히 광고산업의 성장세가 둔화되었다, 광고효과가 예전만 못하다, 그래서 홍보나 구전효과(*word-of-mouth*) 같은 다른 촉진 수단을 보완해야 한다는 차원에서 벗어나 좀더 거시적인 차원에서 광고에 대한 담론을 전개할 필요가 있다. 제도론의 관점에서 19세기 말 오늘날과 같은 형태로 자리 잡은 광고라는 사회제도는 20세기를 가히 광고의 시대라 부르게 할 만큼 전성기를 누렸다. 그렇다면 과연 광고라는 제도는 이제 어떻게 변할 것인가? 광고를 지금처럼 단순히 마케팅 촉진이나 설득 커뮤니케이션의 일환으로만 볼 것인가? 아니면 제도적 관점에서 광고를 새롭게 규정할 것인가? 광고라는 제도가 근본적으로 변함에 따라 그것의 산업적인 측면, 연구의 측면, 교육의 측면은 또 어떻게 달라질 것인가? 이런 질문에 대해 답을 하려면 광고에 대한 패러다임의 전환과 그에 대한 역사철학적 조망이 필요하다.

그런 점에서 이미 200여 년 전에 제기되어 오늘날 다시 재현되고 있는 예술종언론을 비롯하여, 다른 분야의 종언론이 주는 시사점을 참조할 필요가 있다. 다소 황당하게 들릴 수도 있는 헤겔의 예술 종언론은 어떤 의미에서 전혀 틀린 예언은 아니었다. 20세기 들어서 전개된 그 괴상망측한 전위예술의 몸부림, 대중매체의 발달에 의거한 대중예술의 만개, 사회주의권에서 시도한 대규모 집체예술, 유럽과는 전혀 다른 미학양식의 제3세계 민속예술의 전면적 등장 등은 19세기에 살았던 헤겔의 눈으로 볼 때 더 이상 예술이라고 부를 수 없는 것들인지도 모른다. 그리고 헤겔이 갈파했듯이 이제 더 이상 예술이 인간 사유에서 결정적 역할을 수행하는 시대는 아니다. 하지만 비록 그 형태는 200년 전과 많이 다르지만 오늘날 예술은 여전히 만개하고 있다. 어떻게 보면 종언을 고한 것은 예술 자체가 아니라 200여 년 전 헤겔식으로 규정한 이른바 고전적 예술이다. 예술이 인간 사유에서 결정적 역할을 수행하던 시대는 지났다는 헤겔의 통찰력은 맞다. 하지만 19세기 사람인 헤겔이 도저히 예술로 인정할 수 없었던 예술의 형태가 오늘날에도 여전히 만개하고 있다. 마찬가지로 광고가 마케팅 커뮤니케이션에서 지금처럼 막강한 역할을 수행하는 시대는 이제 더 이상 오지 않을지도 모른다. 그러나 오늘날의 우리 눈으로 볼 때는 광고라고 인정하기 어려운 형태의 광고가 미래에도 여전히 풍미할지도 모른다.

∷ 9. 나오기 : 광고와 예술, 혹은 뫼비우스의 띠

소설 《장밋빛 인생》에서 광고가 예술이 될 수 있다고 주장한 강호는 '광고의 세례를 받고 자라난 세대'로 묘사된다. '광고에 처음으로 눈을 맞추고, 광고를 보며 옹알이를 배우고, 동요보다 시엠을 먼저 외우고', '광고 속에서 청소년의 일상을 학습하고, 광고 속에서 사랑을 배우고', '지난 광고는 묵은 일기장이고 새로운 광고들은 일상의 이정표가 되었던' 세대. 그런 강호는 오히려 '소비자와 좀더 살을 섞는 그런 스타일'의 광고를 만들고 싶어했다. 그런데 이 소설은 강호가 광고 촬영장에서 갑자기 죽음을 맞는 것으로 끝난다. 소설가의 입장에서 볼 때 광고가 예술이라는 강호의 주장은 어불성설이라고 보았기 때문일까?

강호의 주검을 앞에 놓고, 광고는 예술이 될 수 없다고 믿었던 영주는 "그래 이건 30초면 끝날 CF의 한 장면일 뿐이야"라고 외치며 "누군가 날 꺼내줘. 이토록 현란한 동영상 속에서 날 꺼내줘. 오프 버튼을 눌러달라구. 이 어지러운 화면 속에서 이제 그만 나가고 싶어"라고 절규한다. 광고는 광고일 뿐이라는 영주에게는 그를 둘러싼 모든 삶, 이니 죽음끼지도 현란한 광고의 한 장면일 뿐이다. 광고는 단지 광고일 뿐이라는 주장은 광고 그 자체만의 현란한 성(城)에 스스로를 가두어 놓는 우를 범할 수 있다. 예술을 위한 예술이 예술만의 고답적 성에 갇히듯 말이다.

심광현(1995)은 "광고의 예술화와 예술의 광고화"라는 글에서 현대 소비사회에서 광고와 예술의 관계를 뫼비우스의 띠로 비유한 바 있다. 뫼비우스의 띠는 안과 밖이 서로 꼬여 있어서 구별되는 듯하지만, 서로 연결되어서 안쪽을 따라 돌다보면 어느덧 바깥에 이르게 된다. 광고와 예술과의 관계에 대한 매우 적절한 비유라 생각한다. 뫼비우스의 띠에서 안과 밖이 그런 것처럼, 외형적으로는 서로 구분되고 대립되는 것처럼 보이지만 서로 연결되어 통할 수 있는 것이 광고와 예술의 관계라 할 수 있다. 광고를 일종의 사회 제도로 파악하고, 예술뿐 아니라 정치, 경제, 과학, 문화, 종교 등 여러 사회제도와의 소통과 상호침투를 시도할 때 광고의 미래는 풍성해 질 수 있다.

그런 시도의 하나로 이 장에서는 광고와 예술의 관계를 탐색해 보았다. 각자 전혀 다른 차원의 인간 활동으로 정의되던 광고와 예술이 최근 제도론적 접근을 통해 서로 어떻게 만나고 있는지 살펴보았고, 광고와 예술이 추구하는 가치와 상정하는 태도를 통해 서로 어떤 지점에서 만나다가 다시 갈라서는지도 살펴보았다. 또 광고와 예술이 서로 접목되는 두 가지 양상을 톺아보았고, 구체적으로 방송광고가 드라마 · 예술장르와 어떻게 상호 침투하는지도 일별했다. 마지막으로 광고의 미래에 대한 성찰에서 예술 종언론이 주는 함의가 무엇인가를 짚어보았다.

이 장은 광고와 예술의 관계에 대한 탐색적 고찰일 뿐이다. 이 장에서 자유롭게 이런저런 생각을 풀어놓은 이야깃거리들은 그 하나하나가 깊이 있는 논의를 요하는, 결코 녹록지 않은 주제들이다. 예를 들어, 광고와 예술의 정의가 제도적 접근을 통해 서로 만날 가능성이 있다고 할 때, 구체적으로 광고와 예술이 중첩될 수 있는 부분은 무엇인가? 예술계의 핵심을 이루는 지식과 관심, 실천적 양상들은 광고계의 그것들과 어떤 점에서 다르고 어떤 점에서 유사한가? 주관적 태도에 의해 광고와 예술의 교차접목이 가능하다고 할 때, 광고에서의 미적 태도는 예술에서의 미적 태도와 어떻게 다르며 광고에서의 미적인 것과 미적 체험은 구체적으로 무엇인가? 광고의 예술차용 전략을 어떻게 세분해 볼 수 있으며, 그 결과 취할 수 있는 효용성은 구체적으로 어떻게 검증가능한가? 예술 종언론(終焉論)이 예술작품은 여전히 생산되지만 이미 그 제도적 생명력은 상실했다는 뼈아픈 성찰이라면, 광고가 이미 20세기와 같은 제도적 생명력을 상실하여 종국적으로 죽음을 맞이할지도 모른다는 역사철학적 전망이 과연 광고관련 산업과 학문, 교육에 주는 함의는 무엇인가? 앞으로 광고와 예술에 관해서 고민해 보아야 할 이런저런 화두를 던져본다는 점에 이 장의 의의가 있다.

••• 생각해볼 문제

1. 뫼비우스의 띠처럼 광고와 예술이 서로 구별되면서 만나는 것은 광고와 예술의 어떤 측면 때문이라고 생각하는가?

2. 방송광고와 드라마 예술의 상호침투라는 관점에서 아시아에 부는 한류 열풍이나 영화 속 제품배치(PPL)에 대해서 생각해 보라.

3. 소설 《장밋빛 인생》에 나오는 두 인물, 강호와 영주는 광고와 예술과의 관계에 대해서 서로 대립되는 견해를 가지고 있다. 당신은 누구의 입장에 가까우며, 왜 그렇게 생각하는가?

••• 참고문헌

공종구(1996). "패러디와 패스티쉬. 그리고 표절 그 개념적 경계의 차이". 《현대소설연구》 5: 217~233.

김문환(1986). 《근대미학연구 I》. 서울: 서울대출판부.

김병희(2001). "기업광고의 의제설정 과정에 관한 연구: United Technologies Corporation(UTC)의 캠페인 분석을 중심으로". 《광고연구》 50: 7~36.

돈 슐츠 외. 안보섭 외 역(1996). 《현대광고의 전략》. 서울: 나남출판.

마거릿 배틴 외. 윤자정 역(2004). 《예술이 궁금하다》. 서울: 현실문화연구.

마정미(2005). "포스트모던사회의 패러디 광고와 광고 패러디". 《한국언어문화》 27: 57~85.

미카엘 하우스켈러. 이영경 역(2004). 《예술이란 무엇인가? 플라톤에서 단토까지 이르는 미학이론》. 서울: 철학과 현실사.

심광현(1995). "광고의 예술화와 예술의 광고화". 《광고의 신화, 욕망, 이미지》. 서울: 현실문화연구. pp.71~85.

楊建華(2005). "광고미학". 《한국철학논집》 16: 126~143.

이승진(2003). "현대 시각문화 패러다임으로서의 키치광고". 《시각디자인학연구》 13: 51~61.

죠지 딕키. 오병남 · 황유경 역(1980). 《미학입문》. 서울: 서광사.

존 케이플즈. 이상우 역(1989). 《성공하는 광고》. 서울: 오리콤출판부.

진중권(2003). 《미학 오디세이》 1, 2, 3. 서울: 휴머니스트.

킴 라츨 외. 한상필 · 김대선 역(1994). 《현대사회와 광고》. 서울: 한나래.

Burnett, L.(1961). *Communications of an Advertising Man: Selection from the Speeches, Articles,*

Memoranda and Miscellaneous Writings of Leo Burnett. Chicago, Ill: Privately Printed.

Esslin, M.(1982). "Aristotle and the Advertisers: The Television Commercial Considered as a Form of Drama". In Newcomb, H.(ed.). *Television: The Critical View*. N.Y.: Oxford University Press.

Fox, R. J., & G. L. Geissler(1994). "Crisis in Advertising?". *Journal of Advertising* 23(4): 79~84.

Hetsroni, A. & R. A. Tukachinsy(2005). "The Use of Art in Advertising: A Survey of Creatives and Content Analysis of Advertisements". *Journal of Current Issues and Research in Advertising* 27(1): 93~107.

Hoffman, B.(2002). *The Fine Art of Advertising: Irreverent, Irrepressible, Irresistibly Ironic*. N.Y.: Stewart, Tabori & Chang.

Rust, R. T., & R. Oliver(1994). "The Death of Advertising". *Journal of Advertising* 23(4): 71~77.

Waldman, A.(1997). "Lonely Hearts, Classy Dreams, Empty Wallets: How Home Shopping Channels Prey on the Hunger for Class and Companionship". In Alexander, A. & Hanson, J.(eds.) *Taking Sides*. Guilford, Connecticut: Dushkin Publishing Group.

제 2 장

방송광고와 문학비평

김외곤

방송광고와 문학비평의 관계에 대해서는 지금까지 거의 논의된 바가 없다. 그 이유는 영상매체를 통해 전달되는 방송광고와 글자를 통해 전달되는 문학의 양식적(樣式的) 차이 때문일 것이다. 그런데 오래전부터 영상매체를 이용하는 영화만 하더라도 이야기를 전달하는 플롯이나 대사 등에 문학적 요소가 뚜렷하게 들어 있어, 문학 연구자와 문학 평론가들이 영화에 적지 않은 관심을 기울이고 있으며 영화와 문학에 관한 다수의 저서와 논문이 발표되고 있다. 방송광고 역시 그 속에 스토리텔링이나 카피와 같은 문학적 요소를 포함하고 있기에 문학과의 관련성이 전혀 없다고는 단정할 수 없을 것이다.

학문적 영역에서 문학비평은, 그 대상인 문학만큼은 아니지만 나름대로 상당히 오래된 역사를 갖고 있다. 서구에서 인상주의 비평이나 원본 주석 비평을 제외하고 전문적 직업의 일종으로 문학비평이 태동할 조건이 갖춰지기 시작한 것은 1830년대이다(제라르 델포 · 안느 로슈, 1993). 이후 근대 문학비평을 확립한 사람으로 인정받는 텐느가 콩트의 실증주의에 바탕을 둔 과학적 연구방법으로 문학을 연구하여 《영국 문학사》를 펴낸 시기는 1864년이다. 그때부터 무려 150년에 가까운 기간 동안 문학비평 분야에서는 주로 문학의 형식과 내용과 본질에 대한 인문학적 연구가 진행되어 왔다. 그렇기 때문에 광고학을 위시하여 사람 사이의 소통을 중심적 연구 대상의 하나로 삼고 있는 사회과학과 문학비평 사이에는 일정한 거리가 생길 수밖에 없었던 것이다.

하지만 오늘날에는 문학을 포함한 문화에 대한 인문학적 연구와 사회과학적 연구 사이의 경계가 거의 해소되었다. 모든 문화는 사회적 산물이기 때문에 사람과 사람 사이의 소통을 매개하는 동시에, 그 소통에 의해 매개되기 때문이다(더글러스 켈너, 1997). 형식과 내용과 본질이 우수한 고급문화만을 연구하면서, 대중들에게 널리 확산되고 실질적인 영향을 미치는 저급문화를 배척하는 문학비평가는 더 이상 찾아보기 힘들게 되었다. 이와 같은 최근의 경향을 고려할 때, 방송광고와 문학비평의 관련성을 고찰하는 것은 문학비평 분야에서 소통방식에 대한 이해를 높이는 계기가 될 수 있고, 방송광고 분야에서 광고물의 내용과 형식에 대한 이해를 제고하는 하나의 계기가 될 것이다. 이 장에서는 먼저 문학비평이론을 고찰한 다음 방송광고 및 광고비평과의 접점을 시론적(試論的) 맥락에서 고찰하고자 한다.

∷ 1. 문학비평의 고유한 기능과 유형

문학비평은 다른 비평과 마찬가지로 단순히 대상에 대하여 평가를 내리는 데 그치는 것이 아니라, 그러한 평가를 하게 된 논리적 근거를 제시하는 행위이다. 수준 높은 독자로서 문학비평가가 행하는 비평 행위는 한편으로는 작품을 창작한 작가에게 영향을 미치고, 다른 한편으로는 작품을 읽는 독자에게 영향을 미친다. 그 영향은 작가와 독자 간에 이루어지는 정신적 교류를 고무하는 조언자 역할을 할 뿐만 아니라 냉정하게 꾸짖는 비판자의 역할을 함으로써 이루어진다.

이처럼 중간자적 입장에 서 있는 문학비평가가 수행하는 작업 내용을 구체적으로 살펴보면 감상, 해석, 평가의 세 가지 영역으로 나누어진다. 독자로서 문학작품을 읽는 동안 일정한 감상을 가져야 하고, 그 의미를 객관적으로 해명해야 하며, 가치 판단까지 해야 하는 것이다. 다시 말해서, 문학비평가는 주관적 감동에서 객관적 해석과 가치 평가에 이르는 작업을 진행해야 한다. 이 과정에서 그는 자신이 다루고 있는 문학이 예술의 일종이기 때문에 심미적 안목을 갖추지 않으면 안 된다. 바로 이 대목에서 문학비평가는 사회현상을 분석하는 사회과학자와 뚜렷하게 구분된다고 할 수 있다. 물론 방송광고의 경우, 영상미라는 예술적 요소를 포함하고 있기 때문에 광고비평가 역시 일정한 예술적 안목을 가지지 않을 수 없을 터인데, 이러한 점은 문학비평가와 광고비평가의 접점이라고 할 수 있다.

문학비평의 유형은 그 대상에 따라 이론비평(*theoretical criticism*)과 실천비평(*practical criticism*)의 두 종류로 나누어진다. 전자는 문학작품을 감상하고 해석하고 평가하는 데 기준이 될 용어나 범주, 미학적 기준 등과 같은 원리를 깊이 있게 연구하는 비평이다. 이런 이유로 이론비평에서는 실제로 작품에 대한 분석 대신, 이론적이고 메타적인 성격의 작업이 중심을 차지하게 된다. 이에 비해 실천비평은 이론비평에서 확립한 이론을 근거로 개개의 문학작품이나 그 작품을 창작한 작가를 연구하는 비평이다. 그렇기 때문에 이론비평에 비해 상대적으로 훨씬 구체적이고 개별적인 성격을 지니고 있다.

위에서는 대상에 따른 문학비평에 대해 살펴보았거니와, 이와 같은 문학비평이 방송광고를 대상으로 하는 광고비평과 분명하게 구별되는 지점은 다름 아닌 이론비평의 측면이라고 할 수 있다. 오랜 세월 동안 문학비평은 미술이나 영화 등 다른 분야의 비평에 이론적 근거를 제공해 왔으며, 문학의 죽음이 말해진 지 이미 오래인 오늘날에도 이러한 역할은 여전히 지속되고 있다. 때로는 문학이론이라는 이름으로, 때로는 비평이론이라는 이름으로, 때로는 문예미학으로 소개된 수많은 이론들은 문학비평으로 하여금, 적어도 예술이라는 명칭을 달고 있는 학문 분야 중에서는 어떤 분야에도 뒤지지 않을 풍부함을 지닐 수 있게 해주었던 것이다. 우리가 도서관이나 서점의 서가에서 쉽게 접할 수 있는 다양한 종류의 문학 원론과 문학 개론을 비롯하여 시론, 소설론, 희곡론, 시나리오론, 비평론이라는 이름을 가진 책들이 그 뚜렷한 증거이다.

한편, 문학비평은 대상이 아니라 방법론에 따라 여러 가지 유형으로 나누어진다. 널리 알려진 것으로는 에이브럼스(Abrams, 1971)의 유형론을 들 수 있다. 그는 문학작품과 작품의 배경인 현실, 작품의 창조자인 작가, 작품의 수용자인 독자의 관계를 중심으로 비평을 네 가지로 나누었다. 첫째 유형은 작품이 사회 현실과 인간의 삶을 반영한다고 보는 모방이론으로 문학사회학과 리얼리즘론으로 대표된다.

둘째 유형은 작품과 수용자인 독자의 관계에 주목하는 실용적 이론으로 수용 미학 등을 꼽을 수 있다. 셋째 유형은 작가의 의도가 작품에 제대로 스며들었는지를 고찰하는 표현론인데, 이에는 낭만주의와 심리주의, 제네바 학파 중 일부 이론가의 주장 등이 속한다. 마지막 유형은 작가와 현실, 독자를 배제한 채 작품 자체만을 분석하는 객관적 이론이다. 작품의 내재적 요소에 주목하는 러시아 형식주의와 뉴크리티시즘(신비평) 이론 등을 꼽을 수 있다. 이와 같은 에이브럼스의 유형 나누기는 매우 기본적인 것이어서 방송광고를 포함한 다른 예술 분야에도 적용할 수 있을 것이다.

:: 2. 전통적 문학비평 이론과 방송광고

한국의 문학비평에만 한정지어 말하자면 에이브럼스보다 더 커다란 영향을 끼친 것은 그렙슈타인(Grebstein)의 유형론이다. 그동안 국내에서 출간된 많은 문학비평서가 대체로 그의 구분을 따랐다. 그렙슈타인의 유형론을 구체적으로 살펴보면, 그는 문학비평가를 역사주의 비평가(*historical critic*), 형식주의 비평가(*formalist critic*), 사회 문화비평가(*sociocultural critic*), 심리주의 비평가(*psychological critic*), 신화형성 비평가(*mythopoeic critic*)의 다섯 가지로 나누었다(Grebstein, 1968). 이 다섯 가지 문학비평가의 종류는 그대로 문학비평의 종류로 받아들여졌는데, 그동안 각각의 한계가 어느 정도 부각되면서 적지 않은 비판을 받았음에도 불구하고 여전히 문학비평의 기본적 방법으로 널리 이용되고 있다. 아래에서는 이 다섯 가지에 구조주의를 더하여 각 이론의 특성과 한계, 변화 과정을 간략하게 살펴보고자 한다.

1) 역사주의 비평

역사주의 비평에서는 작가와 그가 속한 민족의 성격, 작품이 나오게 된 역사적 시대, 작품이 산출된 사회적 환경에 의하여 문학작품이 생산되었다고 본다. 그래서 작가의 전기(傳記)에 지대한 관심을 기울이는데, 생트 뵈브는 "나무를 보면 열매를 알 수 있다"는 말로써 이를 표현했다. 문학 전기의 방법에는 포괄적 연대기,

문학적 초상화, 유기적(有機的) 전기 등이 있다. 포괄적 연대기란 자료를 시간 순서로 배열하여 해설을 붙이는 방식이고 문학적 초상화는 배경보다 작가의 성격을 묘사하는 방식이며, 유기적 전기는 자료를 통해 작가의 정신세계를 재구성하는 방식이다(레온 에델, 1997). 역사주의 비평에서는 작가와 독자 또는 선후배 동료와의 영향 관계도 중시한다.

역사주의 비평의 한계로는 작가의 의도가 작품 속에 그대로 전달될 수 없는데도 작가를 연구하면 작품을 제대로 해석할 수 있다고 믿는 '의도적 오류'(*intentional fallacy*), 작품과 창작 과정의 소홀한 취급, 작품의 현재성에 대한 경시, 독자의 능동적 역할 무시 등이 있다(이선영, 1983). 이러한 한계에도 불구하고 문학의 역사성은 무시할 수 없는 요소이기 때문에 역사주의 비평 방법은 문학 연구의 기초적 방법으로 여전히 이용되고 있다.

2) 형식주의 비평

형식주의 비평가들은 작품의 참된 의미란 작가의 의도와 구별되는 것으로, 오직 작품 그 자체만을 분석할 때 드러난다고 하면서 작품을 감정과 개성에서 탈피한 '객관적 상관물'로 인식한다. 또한 그들은 작품에 씌어진 언어를 자족적(自足的)인 것으로 파악하고 그 의미보다 형식적 요소에 많은 관심을 기울여 문학의 '정서적' 언어는 비문학적인 영역의 '지시적' 언어와 다르다는 결론에 도달하였다. 그리하여 일상언어와 구별되는 문학언어의 특수성을 분명히 밝히는 작업이 이루어진다.

러시아 형식주의의 대표적 이론가인 슈클로프스키는 '낯설게 하기'(*defamiliarization*)라는 용어를 통해, 문학의 언어가 의사를 전달하는 것보다 사물을 낯설게 보이게 하여 정서적 반응을 불러일으키는 데 그 목적이 있다고 보았다(빅토르 어얼리치, 1983). 형식주의 비평가들에 따르면, 이와 같은 낯설게 하기를 통해 만들어내는 문학언어가 일상언어와 구별되는 것은 그 구조적 특성에서이다. 시에서는 리듬과 운율 등이, 소설에서는 플롯이 이러한 특성을 만들어낸다.

한편, 무카로프스키 등의 프라하 구조주의에 커다란 영향을 끼친 로만 야콥슨은 사회의 영향을 반영하는 '지배적 요소'(*the dominant*)를 통해 나머지 구성요소를 결정하고 변형시킨다는 견해를 내세웠다. 또한, 미국의 뉴 크리티시즘 비평에서는 작품의 언어적 요소인 이미지, 상징, 은유, 비유 등이 어떻게 유기적으로 종합되는가를 밝히는 데 치중하였다.

물론 형식주의 비평도 내용적 측면에 대한 경시, 작가와 사회와 독자의 역할 무시 등의 한계를 가지고 있지만, 작품 분석의 객관적 기준을 마련한 점은 높이 평가되어야 한다. 형식주의의 한계를 극복하려 한 '사회적 형식주의'(*social formalism*)의 바흐친 학파는 러시아 형식주의자들과 마찬가지로 문학작품의 언어적 구조에 관심을 기울였다. 그러면서도 언어를 이데올로기와 분리시키지 않고 사회의 계급투쟁을 반영하는 장치로 여기고, 그 언어가 권위를 해체하고 저항적 목소리들을 해방시키는 방식에 주목하였다. 즉, 문학 텍스트를 하나의 목소리를 가진 것으로 보지 않고 다양한 목소리를 지닌 개방적이고 불완전한 것으로 인식하였던 것이다.

3) 구조주의 이론

구조주의 비평(*structuralist criticism*)은 문학작품을 여러 구성 요소들의 유기적 결합체로 보고, 그 의미보다는 의미를 생성하는 내재적 법칙과 체계에 주목한다. 1950년대에 프랑스에서 시작된 구조주의의 이론적 토대가 된 것은 소쉬르의 언어학이다. 소쉬르는 언어를 개인들이 실제로 발음하는 '파롤'(*parole*)과 개인 머릿속의 사회적 언어 체계인 '랑그'(*langue*)로 구분하였다. 소쉬르 이후 구조주의자들은 이와 같은 대립적 요소를 중심으로 사회와 문화의 근저에 있는 체계나 규칙을 찾아내려고 노력하였다. 그 결과 구조는 여러 가지 요소들의 체계이고 그 체계는 변화하는 면과 불변하는 면을 갖고 있음이 밝혀졌다.

구조에 대한 이러한 인식을 바탕으로 토도로프, 그레마스, 쥬네트 등의 구조주의자들은 형식주의나 뉴 크리티시즘과 유사하게 작품의 각 구성요소들을 파악하고 그것들이 어떤 법칙에 의해 의미를 만들어내는지 규명해왔다. 또한, 인물의 성격이나 플롯의 유형, 운율 등 특정한 구조주의적 용어를 이용하여 개개의 문학작품이 어떤 계열에 속하는지를 밝히고, 한 작품의 서사구조를 알아낸 뒤 다른 작품의 서사구조와 어떤 관계를 맺고 있는지도 규명하였다. 끝으로 주어진 작품이 독자의 문학적 능력에 기여하는 바도 드러냈다. 구조주의 비평은 작품 이면의 체계와 법칙을 파악하려 했기 때문에 과학성과 합리성을 띨 수 있었지만, 분석이 용이

한 완성된 작품을 중시하고 작가와 작품의 배경을 무시하는 부작용을 낳기도 했다. 작가의 사상과 세계관, 고민 등에 주목하지 않았고 작품의 역사적 의미를 등한시했던 것이다.

4) 사회 문화적 비평

사회 문화적 비평은 문학작품을 사회적 산물이라고 보기 때문에 문학과 사회의 상호 관계를 분석한다. 구체적으로 문학을 산출한 환경과 문화에 대한 연구, 작품 속의 사상과 도덕과 사회성에 대한 연구 등을 수행한다. 대표적인 사회 문화적 비평으로는 맑스와 엥겔스의 학설에 바탕을 둔 맑스주의 비평이 있다. 이 비평은 문학작품이 궁극적으로 사회적 계급 관계를 복잡한 예술적 과정을 거쳐 반영하는 것으로 간주하기 때문에, 때때로 반영이론으로 불리며 리얼리즘(사실주의)을 주요한 예술방법으로 선호한다.

대표적 이론가인 루카치는 현실의 총체적 반영을 강조하였고, 브레히트는 이와 반대로 파편적 묘사를 통해 현실의 모순을 보여줄 것을 강조하였다. 또한, 구소련에서는 당파성, 민중성, 계급성이라는 개념을 중심으로 사회주의 리얼리즘이론이 발전하였다. 이 밖에 예술의 비판적 기능을 강조한 마르쿠제, 아도르노, 벤야민 등의 프랑크푸르트 학파, 문학이 특수한 이데올로기를 생산한다고 주장한 테리 이글턴, 후기 자본주의 사회를 조명하는 문학적 형식을 찾으려 한 프레드릭 제임슨 등도 사회 문화적 비평가에 속한다.

5) 심리주의 비평

심리주의 비평은 정신분석학을 이론적 토대로 하고 있기 때문에 정신분석 비평(*psychoanalytic criticism*)이라고도 불린다. 이 비평은 작가의 정신세계, 콤플렉스를 비롯한 등장인물의 심리, 작품이 독자의 심리에 끼치는 영향 등을 연구한다. 정신분석학의 창시자 프로이트의 개념 가운데 문학비평에 널리 원용되는 것은 오이디푸스(*Oedipus*) 콤플렉스, 엘렉트라(*Electra*) 콤플렉스이다. 프로이트 이외의 이론가로는, 집단 무의식을 중심으로 정신분석학을 새로운 차원으로 발전시킨 융과 프랑스의 정신분석학자 라캉, 들뢰즈, 가타리 등이 있다. 이 가운데 라캉의 탈구조주의 정신분석학은 욕망 개념과 언어학의 이론을 결합시켜 우리가 자기 자신이라고 여기는 주체가 우리의 이미지에 불과한 것임을 밝혀냄으로써, 오랫동안 하나의 통합된 '주체'(*identity*) 개념을 상정해 온 서구의 근대 사상 전체를 전복시켰다(자크 라캉, 1994).

한편, 라캉의 이론을 수용하면서 동시에 극복하려 했던 들뢰즈와 가타리의 '정신분열 분석'(*schizoanalysis*) 이론 역시 총체적 주체성 개념을 거부한다. 두 사람은 편집증적이고 무의식적인 욕망이 국가, 가족, 학교 등의 측면을 '영토화'(*territorialize*)함으로써 무의식을 흉하게 만드는 자본주의의 기제인 데 반해, 분열증적인 욕망은 이러한 자본주의의 총체성을 전복하는 '탈영토화'(*deterritorialize*) 작업을 한다고 여겼다. 그들은 자본주의에 의해 억눌린 욕망을 해방시켜 리비도적 흐름을 자유롭게 방출함으로써 주체를 억압하는, 총체성을 지향하는 가족과 국가의 담론을 해체하는 데 주요한 목적을 두었던 것이다. 이처럼 다채롭게 발전해 온 심리주의 비평은 문학작품이 인간의 내면을 다루는 한 계속될 수밖에 없을 것이다.

6) 신화형성 비평

신화형성 비평은 신화를 통해 정립된 원형(*archetype*)을 작품 속에서 찾아내고, 작가들이 그것을 어떻게 재창조하는가를 탐구하는 비평이기 때문에 원형 비평이라고도 한다. 그 목적은 작품 속의 신화적 원형의 패턴을 규명한 뒤 이 패턴들이 문학작품의 형태, 본체, 효과에 관계하는 양상을 밝히는 데 있다. 이처럼 신화 비평에서는, 기본적으로 문학을 신화 체계에 따라 존재하면서 인류의 기본 신화를 되풀이하는 것으로 보기 때문에 신화와 원형의 역할을 강조한다. 이 비평은 신화 속의 시대를 초월한 정신적 내용을 통해 인류의 보편적 정신 구조를 발견한 《황금 가지》의 저자 프레이저로부터 시작되었고, 신화 속에서 집단 무의식으로 드러나는 정신적 흐름을 원형이라는 개념으로 정리한 정신분석학자 융의 이론에서 큰 영향을 받는다. 이후, 신화형성 비평은 보드킨, 나이트, 오든 등을 거쳐 프라이에 이르러 집대성된다.

〈그림 2-1〉
오리온 초코파이 TV 광고 '수험생' 편

작은 것도 나누어 먹는 한국인의 공동체적 의식을 형상화하였다.

프라이는 저서 《비평의 해부》(*Anatomy of Criticism*)에서, 고대부터 현대까지 반복적으로 사용되는 우주의 4원소인 땅, 물, 불, 바람과 그것의 변화된 형태인 바다, 산 등의 상징이 원형이라고 보았다. 또한, 이러한 원형은 고대의 제사 의식에서 볼 수 있는 죽음과 재생, 구약성서에 등장하는 낙원 등의 관념에서도 찾을 수 있다고 생각했다. 그에 따르면 낙원의 행복이란 자기와 외부 세계와의 조화, 즉 주객 통일성의 성취를 의미하는 데 비해, 낙원 상실은 주객 통일성의 상실을 의미한다. 이와 같은 주객 통일성의 성취와 상실이라는 양극단 사이에서 주인공이 걸어가는 운명의 길에 따라 문학의 장르는 사계절의 순환에 대응하는 희극(봄), 로망스(여름), 비극(가을), 아이러니와 풍자(겨울)의 네 가지 유형으로 구분된다. 끝으로 신화형성 비평의 한계로는 작가적 개성과 훈련의 무시, 작품의 예술적 가치 평가 경시, 작품 속의 사상과 이념에 대한 몰이해 등이 지적되고 있다.

7) 방송광고에 대한 적용

방송광고의 경우, 가장 중요한 요소 중 하나는 소비자의 반응이라고 할 수 있을 것이다. 하지만 방송광고도 하나의 작품인 이상 그것을 만든 창작자나 사회적 환경으로부터 자유로울 수 없으며, 포스트모더니즘 광고가 아닌 이상 정확한 의미 전달을 목적으로 하려면 어느 정도 완결된 형식을 갖추어야만 한다. 물론 시청자에게 익숙한 상징 등을 이용한다면 전달의 효과는 더욱 높아질 것이다. 이런 점을 고려하면, 전통적 문학비평 이론은 대체로 방송광고에 적용이 가능할 것으로 보인다.

먼저 역사주의 비평의 경우, 이미 한국 방송광고의 역사가 오래되어 이제 광고인에 대한 작가론 성격의 비평이 본격적으로 등장할 것이므로 원용될 가능성이 결코 적다고 할 수 없다. 이와 관련하여 최근 광고감독 윤석태론 등이 발표되고 있다는 점에서(김병희, 2004), 역사주의 비평은 광고 작가론의 활성화에 시사하는 바가 크다.

형식주의 비평과 구조주의 비평은 전통적 문학비평 가운데 방송광고에 가장 유용할 것이다. 위에서 말한 것처럼 일부러 시청자의 반응을 지연시키면서 궁금증을 유발시키는 티저 광고까지 포함하여 모든 광고는 결국 시청자에게 수용되어야 그 효과를 발휘할 수 있다. 물론 그 효과는 광고가 시청자에게 신선함을 던져주는 요소를 포함하고 있을 때 배가(倍加)되는데, 이는 문학에서 낯설게 하기가 발휘하는 기능과 일맥상통하는 바가 있다. 모든 광고는 시리즈물이든 일회성 광고이든 간에 의미 전달을 위해 어느 정도 자체 완결적 구조를 가져야 하는데, 작품을 구성하는 플롯, 운율 등의 요소들이 의미를 구성하는 방식을 연구하는 구조주의 비평 방법은 방송광고가 유기적 구조를 마련하는 데 찬란한 빛을 던져줄 수 있을 것이다.

한편, 미국 광고에 비해 훨씬 짧은 시간(15초, 30초) 안에 마무리되는 특성상 긴 플롯을 적용할 수 없는 우리나라의 광고 환경에서는, 광고물이 시청자에게 쉽게 수용되도록 하기 위해 사회적 흐름이나 한국인의 집단적 무의식, 특정 사물에 대한 관념 등에 대한 철저한 사전 조사가 필요하다. 이러한 조사 과정에서는 사회구조에 관심을 기울이는 사회 문화적 비평과 공동체의 집단적 기억을 탐구하는 심리주의 비평, 사물에 대해 오래전부터 형성된 공통된 관념을 연구하는 신화형성 비평 등이 원용될 수 있을 것이다.

∷ 3. 현대의 문학비평 이론과 방송광고

1960년대 이후의 문학비평 이론은 작가와 독자와 문학작품에 대한 새로운 인식을 바탕으로 하고 있다. 이 시기에 이르면 작가는 더 이상 단일한 주체로서 인식되지 않고, 독자 역시 수동적 존재로만 인식되지는 않는다. 문학작품 역시 자체의 완결성을 지닌 유기체라기보다 여러 군데에 빈 곳을 가진 불완전한 존재로 받아들여진다. 전통적인 '작가-독자' 관계에 균열이 생기면서, 두 요소뿐만 아니라 작품에 대한 인식까지도 급격한 전환이 일어나게 되었던 것이다. 1960년대 이후 등장한 현대의 문학비평 이론은 새로운 세기에 접어들면서 일부 진부한 측면이 없지는 않지만, 여전히 그 유용성을 인정받고 있다.

1) 독자반응 비평

독자반응 비평(*reader-response criticism*)은 문자 그대로 독자의 반응을 중심으로 하는 비평이다. 구체적으로 개별 독자 또는 특정한 계급, 종족, 연령, 성(性)에 속한 독자층이 문학을 수용하는 방식을 연구한다. 이런 까닭에 수용미학, 수용이론, 수용자 반응비평이라고 일컬어지기도 한다. 이 비평에서는 문학작품을 일정한 의미를 지닌 완성된 구조물로 취급하지 않기에 작품 대신 텍스트라는 용어를 사용하며, 게슈탈트 심리학과 유사하게, 독자를 수동적 존재가 아니라 나름대로 의미를 생산하는 능동적 존재로 인식한다.

외부의 사물이 아닌 우리 의식 속의 사물을 통해 세계를 인식한다고 보는 현상학은 독자반응 비평에 커다란 영향을 끼쳤는데, 이러한 현상학을 문학이론으로 끌어들인 사람이 바로 인가르덴이다. 그는 문학작품이 독자들의 경험을 통하여 비로소 역사적 성격을 가질 수 있다고 보았다. 이후 이 비평이론은, 독자의 의식 속에서 작품 창작 당시의 역사적 지평과 독자의 역사적 지평 사이에 융합이 일어난다고 보았던 가다머를 거쳐 '기대 지평'이라는 개념을 도입한 야우스에 의해 본격적으로 확립된다. 야우스는 과학의 패러다임 개념처럼 독자들이 특정 시기의 문학텍스트를 읽고 평가하는 데 사용하는 기준을 기대 지평이라는 개념으로 정리하였다. 기대 지평은 문학 바깥의 가치관이나 역사적 경험 등과 관련되어 있어서 시대와 문화에 따라 바뀌기 때문에, 문학 텍스트가 쓰인 시대의 기대 지평과 그것을 읽는 독자의 기대 지평은 시대 차이에 따라 달라진다. 독자는 이처럼 서로 다른 기대 지평의 상호 작용 속에서 문학 텍스트를 수용하는데, 이 과정에서 기대 지평들 간에는 일종의 지평 융합이 일어나게 된다. 특히 새로운 문학 텍스트는 기존의 기대 지평과 구별되는 새로운 기대 지평을 제시하여 독자들로 하여금 기대 지평의 변화를 요구하기도 한다.

볼프강 이저의 경우에는 비평가의 임무가 독자에게 끼친 텍스트의 영향을 해석하는 것에 있다고 보았다. 그에 의하면, 독자는 직접 텍스트를 읽는 '실제 독자'와 작가가 텍스트를 창작할 때 실제 독자에게 일정한 반응을 유도하기 위해 가상으로 설정하는 '내포(*implied*) 독자'로 구분된다. 실제 독자는 독서 과정에서 내포 독자가 유도하는 대로 나아가기도 하지만, 결국 자신의 경험에 기초하여 작품을 읽게 된다. 그리고 문학 텍스트는 결코 완성된 구조가 아니라, 여러 곳에 빈자리가 있는 미완성 구조로 되어 있다. 독자는 자신의 머릿속에 들어 있는 직·간접 경험을 가져와 텍스트의 빈자리를 채우면서 의미를 구성하게 되는데, 그 경험의 종류와 양에 따라 텍스트의 의미도 변화하게 된다.

그 밖에 문장을 중심으로 독서 과정을 규명하고 나아가 해석 공동체라는 개념을 도입한 피시, 문학적 능력을 중심으로 해석의 다양성을 규명하려 한 프랑스 기호학자 리파테르, 주관적 비평을 주장한 블레이치 등도 독자반응 비평이론을 확립한 사람으로 꼽힌다. 이론가에 따라 약간의 차이는 있지만, 독자반응 비평가들은 문학 텍스트의 예술성과 역사성이 독자의 독서 행위에 내재하고 있다는 것을 공통적으로 인정한다. 즉, 문학 텍스트와 독자가 상호 작용을 하면서 텍스트의 의미를 생산한다고 보았다. 이로써 문학은 작가로부터 해방되어 다양한 해석의 가능성을 가질 수 있게 되었다.

2) 페미니즘 비평

페미니즘 비평(*feminist criticism*)은 문학작품을 통해, 여성을 억압하는 상황과 원인을 파악하고 나아가 여성의 해방을 목표로 하는 비평이론이다. 페미니스트들은 남녀가 평등하다는 전제 아래, 생물학적 차이로 인한 차별을 거부하고 불평등한 대우를 받는 여성의 지위와 권리의 회복에 힘쓴다. 초기 자유주의 페미니즘은, 여성의 사회적 능력이 열등하지 않음에도 불구하고 관습과 제도가 여성을 종속적 존재로 만들고 있으므로 남성과 동등한 권리와 기회를 갖도록 제도를 개선해야 한다고 주장했다. 이에 비해 맑스주의 페미니즘은 여성 억압의 원인이 자본주의의 사적(私的) 소유에 있다고 보았는데, 여성성을 간과했다는 비판을 받기도 했다.

페미니즘 문학이론에 공헌한 버지니아 울프는 《자기만의 방》(*A Room Of One's Own*, 1929) 등을 통해 여성의 사회적 성장을 방해하는 요소를 분석하면서, 여성의 정체성이 선천적인 것이 아니라 사회적으로 구성된 것이라고 주장했다. 그래서 여성의 정체성은 위협받을 가능성이 크지만 변화될 수도 있다고 보았다. 《제 2의 성》(*The Second Sex*, 1949)을 쓴 보부아르의 경우에도 남자와 여자가 정체성을 규정할 때 근본적으로 불균형이 있다는 것을 밝혀냈으며, 천부적인 것처럼 강요되어 왔고 여성들에 의해 내면화된 여성의 순종을 비판하였다. 그리하여 그는 '여자는 태어난 것이 아니라 만들어지는 것'임을 천명하게 된다.

1960년대 후반에는 《성의 정치학》(*Sexual Politics*)의 저자 밀레트와 같은 페미니스트들이 여성을 사회나 가정에서 종속적 존재나 열등한 남성으로 다루는 정치적 제도이자 이념인 가부장제를 적극적으로 비판했다. 또한, 로버트 스톨러 등은 생물학적으로 결정된 '성'(*sex*)과 문화적으로 획득된 성적 정체성인 '젠더'(*gender*)를 구분한 뒤에 문화적으로 구성된 여성성을 자연적인 것이라고 주장하는 사람들을 공격하였다. 한편, 밀레트 이후의 문화적 페미니즘(*cultural feminism*)은 점차 여성적 글쓰기의 특수성과 여성작가 중심의 문학사적 전통, 여성만의 문화 등에 대해 검토하기 시작한다.

일반적으로 현대의 페미니즘은 영미 비평과 프랑스 비평으로 나누어진다. 영미 페미니즘의 대표자는 《그들만의 문학》(*A Literature of Their Own*)을 펴낸 쇼월터이다. 그는 남성 비평가에 의해 무시되어 온 여성작가들의 문학사를 복원했으며, 여성다움을 거부하는 과거의 페미니스트들을 비판하고 여성성을 긍정적이고 우월한 것으로 평가했다. 백인 중산층 여성 중심이라는 비판을 받은 쇼월터에 이어 여성적 글쓰기의 전통 확립을 위해 노력한 사람은 《다락방의 미친 여자》(*The Madwoman in the Attic*)의 저자 길버트와 구바이다. 두 사람은 제인 오스틴(Jane Austen) 이후 여성작가들이 가부장제적 문학에 부응하면서도 그것을 전복시킬 수 있는 여성적 목소리를 획득했다고 보았다. 한편 시주(Cixous), 이리가라이(Irigaray) 등 프랑스의 페미니스트들은 여성의 속성을 상대적으로 덜 부각시키고 그 대신 언어에 초점을 맞추었다. 그들은 불안정하고 유동적이며 촉각 중심의 여성적인 글쓰기가 예측 불가능한 면을 지니고 있지만, 이와 같은 개방성이 가부장적 언어 체계로 복귀하는 것을 막아준다고 여겼다.

이제까지 살펴본 페미니즘 비평은 실제 비평 과정에서 작품 속의 가부장제가 어떻게 작용하고 있는가를 파악하고 여성들이 묘사되는 방식을 분석한다. 또한, 저항적 요소로서 여성성이 어떤 가능성을 가지고 있는지, 여성의 창조성이 어떻게 평가되고 있는지, 작가의 방법적 실험이 여성적 글쓰기의 형식을 정립하는 데 어떤 공헌을 하는지, 대상 작품이 여성 중심의 문학사 전통에서 어떤 의의를 지니고 있는지 등도 밝히고 있다(Tyson, 1999).

3) 탈구조주의와 해체주의 비평

탈구조주의(*post-structuralism*)는 '포스트'(*post*)라는 수식어의 번역 문제 때문에 후기구조주의나 포스트구조주의라고 불리기도 한다. 어떤 사람들은 넓은 의미의 탈구조주의에 프랑스의 기호학자 롤랑 바르트를 위시하여 철학자 데리다, 그에게 영향을 받은 미국의 폴 드 만과 블룸 등의 해체주의(*deconstruction*), 라캉 및 그와 관련된 크리스테바의 정신분석학에서 발전한 페미니즘 이론, 미시 권력을 파헤친 푸코의 이론과 이에 기반을 둔 신역사주의까지 포함하기도 한다.

탈구조주의는 기본적으로 문학을 닫힌 형식의 완성품으로 보지 않으면서 개방적이고 비고정적인 자기반영적 글쓰기로 본다. 이를 뒷받침하는 것은 독특한 언어 의식이다. 탈구조주의자들은 소쉬르의 생각대로 시니피에와 시니피앙이 불완전하다는 것에 주목하면서도, 다른 한편으로 하나의 시니피앙이 하나의 시니피에와만 결합하지 않고 다른 시니피에와도 결합할 수 있기 때문에 언어의 의미는 고정되지 않고 변화할 수 있다고 생각했다(Drabble, 2000). 그리고 이러한 의미의 다양성을 문학을 포함한 글쓰기 전반으로 확대하였다.

바르트의 경우 저자가 문학의 의미를 생산한다는 전통적 견해를 거부하면서, 텍스트를 구성하는 각각의 시니피앙이 정해진 시니피에와 대응하지 않으므로 텍스트의 의미는 저자의 의도와 무관하게 독자들에 의해 통일성이 전혀 없는 파편들 속에서 생산된다고 보았다. 그는 이를 두고 '저자의 죽음'이라고 불렀다. 데리다와 미국의 해체주의자들 역시 텍스트를 읽는 과정에서 확정된 의미를 발견할 수 있다고 믿지 않았다. 반대로 그들은 의미의 증폭이나 흩뿌림을 추구하는 접근 방법을 선호했다. 특히 데리다는 구조주의처럼 어떤 중심을 설정하고 나머지를 주변화하는, 차이에 근거한 서양의 인식 방법 자체를 비판하고, 선과 악 등의 이원론 대신 다원성을 추구하였다.

또한, 발음하는 사람 때문에 그 의미를 보증해 주는 원천이 있을 것으로 생각하는 말씀 중심주의(*logocentrism*)를 비판하고 자의적으로 해석할 수 있는 텍스트를 중시하였다. 다시 말해서 그는 니체와 마찬가지로 합리성이 존재한다고 믿는 태도를 비판하고 열린 태도를 옹호했던 것이다. 이러한 그의 이론은 미국의 낭만주의자들이 계승하였는데, 언어란 원래부터 지시적이거나 표현적이지 않으며 비유적이라고 하면서 모든 읽기는 언제나 오독(*misreading*)이라고 주장한 폴 드 만, 새로운 해석을 위해서는 앞서간 대가들을 오독하는 일이 필요하다고 본 블룸, 비평적 읽기의 목적이 일관된 의미의 생산이 아니라 애매성을 드러내는 데 있다고 여겼던 하트만 등이 그 대표자들이다.

끝으로 해체주의적 텍스트 접근 방법에서는 특정 텍스트를 대상으로 한 여러 가지 모순적인 해석과 그 해석의 이용 방법을 알아보고, 텍스트의 이념과 한계까지 파악하는 것을 주된 내용으로 한다. 즉, 텍스트의 주제를 구성하는 이항 대립을 찾아내어 그 이데올로기적 지향을 규명하고 비판하는 데까지 나아가는 것이다.

4) 포스트모더니즘

포스트모더니즘(*postmodernism*)은 1960년대 이후 문학뿐만 아니라 정치, 경제, 사회 등 거의 모든 영역에 영향을 끼친 시대적 조류이다. 리오타르는 그 뿌리가 "근대적 거대 서사(敍事)에 대한 불신과 회의"에 있다고 보았다(장 프랑수아 리오타르, 1995). 포스트모더니즘은 탈구조주의와 해체주의 등으로부터 시작된 것으로 특히 모더니즘의 계승과 극복이라는 면을 중심으로 발전하였다. 포스트모더니즘은 모더니즘에서 반리얼리즘, 전위적 실험성, 비역사성, 전통과의 단절 등의 유산을 물려받았지만, 다른 한편으로 자아와 주관성에 대해 모더니즘과 다른 입장을 보인다. 무엇보다도 '질서의 회복'이나 '총체성의 회복'을 추구하지 않고 자기 반영성, 행위와 참여, 임의성과 우연성 등의 새로운 면모를 드러낸다.

문학적 측면에서 포스트모더니즘은 탈정전화(脫正典化) 혹은 탈중심화 현상으로 그 특징이 요약된다. 작품의 우열을 구분하거나 문학사적으로 중요한 작품과 그렇지 않은 작품으로 위계질서를 세우는 것을 거부하며, 중심적 주제 이외의 부분을 경시하는 독서 행위도 비판한다. 또한, 통일된 자아보다 자아의 분산이나 상실의 문제에 관심을 기울인다. 이를 위해 기법적으로는 패러디(*parody*)나 패스티쉬(*pastiche*), 즉 여러 작품에서 모방한 부분을 모아 하나의 작품으로 짜깁는 혼성 모방(混成模倣)을 옹호한다. 두 기법은 원작의 의미를 비꼬거나 분산시키는 방법인데, 포스트모더니즘에서는 이를 부정적으로 보지 않고 가치중립적인 것으로 본다. 한편, 포스트모더니즘은 독자나 관객의 행위와 참여를 추구한다. 모든 예술은 일회성의 해프닝으로 간주하고 임의성, 우연성, 유희성을 예술의 중요한 요소로 여기는 것이다. 그리고 탈장르화나 장르 확산, 텍스트의 창작 과정을 텍스트가 다루는 자기반영성 등도 중요시된다.

사회적 측면에서 포스트모더니즘은 전통적 질서를 무너뜨리고 억압된 것의 복귀를 옹호한다. 그 결과 가부장제에 억압당해 온 여성, 강한 민족에 억눌렸던 소수 민족, 백인에 의해 착취당해 온 흑인, 어른들의 문화에 의해 억압받은 청년 문화, 고급문화에 의해 저평가된 대중문화, 양성 중심의 일부일처제에 억눌렸던 게이와 레즈비언 등의 성(性) 문제 등이 전면에 부각되었다. 이상의 논의를 종합하면, 포스트모더니즘은 반형식, 분열성, 개방성, 유희, 우연, 무질서, 과정, 참여, 해프닝, 탈창조, 해체, 부재, 텍스트, 상호 텍스트성, 계열이 아닌 병렬, 조합, 반해석, 오독, 시니피앙, 쓸 수 있는, 사소한 사건, 개인 방언, 욕망, 돌연변이, 다양한, 남성 위주가 아닌 양성의, 정신 분열증, 아이러니, 초월이 아닌 내재성, 불확정성 등을 중시한다고 할 수 있다(김욱동, 1990). 물론 이러한 포스트모더니즘에 대해 보드리야르처럼 후기산업사회의 문화 논리에 불과하다고 보는 비판적 시각도 없지 않다.

5) 신역사주의와 문화적 유물론

스티븐 그린블랫 등 미국 이론가 중심의 신역사주의(*new historicism*)에 가장 중요한 이론적 근거를 제시한 사람은 탈구조주의 역사학자이자 철학자인 푸코이다. 그는 《광기와 문명》(*Madness and Civilization*) 및 《감시와 처벌》(*Discipline and Punish*) 등의 저작을 통해 정신병원 · 병원 · 감옥 등 제도적 장치의 탄생과정을 역사적으로 연구하면서, 이들 제도적 장치가 정상과 비정상을 구분하는 방식 및 그 과정에 개입하는 권력의 작용을 집중적으로 분석하였다. 이러한 푸코의 이론을 바탕으로 신역사주의는 역사란 보편적인 정신이 지배하는 완결된 과정이 아니라 권력의 의지가 관철되는 과정에 불과하다고 전제한다.

그리고 그 연장선상에서 다음의 몇 가지 주장을 펼친다. 우선 과거 사건의 해석과 그것을 통한 해석자의 파악이 중요하다. 역사는 인과율에 의한 사건들의 연속이나 발전이 아니라 일종의 이야기(*narrative*)이기에 해석하는 일만이 가능하기 때문이다. 또한, 어떤 시대의 보편적이고 통일적인 정신 따위는 존재하지 않고 단지 담론들 사이에서 역동적인 상호 작용이 있을 뿐이며, 권력은 이 과정에 나타나는 사상의 변화 속에서 순환된다. 한편 개인의 정체성은 문화에 의해 형성되며, 문화는 개인의 정체성에 의해 영향을 받는다. 그러므로 '정상/비정상'과 같은 범주는 개념 정의(定義)의 문제에 불과하다.

이러한 주장에 근거하여 신역사주의자들은 문학 텍스트를 그것이 씌어진 시간과 공간 속에서 작동하는 담론들의 상호 작용과 사회적 의미망에 대해 뭔가를 알려 주는 문화적 가공품으로 생각한다. 문학 텍스트를 분석하면 그 사회에 어떤 종류의 담론들이 경쟁하고 어떤 권력 관계가 존재하는지를 알게 된다고 믿었던 것이다(Bertens, 2001). 한편, 신역사주의자들은 문학 텍스트만큼이나 그것이 등장하게 된 역사적 상황도 똑같이 중요하게 여기는데, 문학 텍스트와 그것을 생산한 사회적 콘텍스트는 서로를 규정하고 서로를 생산하기 때문이다. 즉, 문학 텍스트는 역사적 콘텍스트에 의해 형성되지만, 동시에 역사적 콘텍스트 역시 문학 텍스트에 의해 형성된다고 생각했던 것이다.

레이먼드 윌리엄스의 이론에 바탕을 둔 영국의 문화적 유물론(*cultural materialism*)은 많은 부분에서 신역사주의와 이론적 전제를 공유한다. 다만 문화적 유물론은 보다 정치적이어서 이데올로기에 집중하고 억압받는 집단을 옹호하며, 제도적 측면과 대중문화에 깊은 관심을 나타낸다. 조나단 돌리모어, 앨런 신필드 등의 문화적 유물론자들이 문학 텍스트를 분석할 때 중점을 둔 것은 다음과 같은 사항이다. 첫째, 텍스트에 의해 행해지는 문화적 작업이 강요하는 행동과 실천의 종류를 파악하고, 둘째, 특정 시공간의 독자들이 그 문화적 작업이 강제하는 바를 어떻게 발견하게 되는지를 설명하고, 셋째, 텍스트가 바탕을 둔 사회적 합의를 파악하고, 넷째, 텍스트에 연결된 사상과 행동의 자유가 누구의 자유인지에 대하여 파악하고, 다섯째, 텍스트의 윤리적 지향이 어떠한 사회적 구조와 연결되었는지를 규명하는 것 등이다(Greenblatt, 1995).

6) 탈식민주의 비평

'포스트'(*post*)의 번역어에 따라 후기식민주의나 포스트식민주의로 불리기도 하는 탈식민주의(*postcolonialism*) 비평은 식민주의 이데올로기가 피식민지인에게 가한 억압을 분석하고, 그것을 극복하기 위해 반식민주의 이데올로기가 작동하는 방식을 규명한다. 탈식민주의 이론을 최초로 확립한 이론가는 프랑스령 마르티니크 섬 출신의 혁명가 프란츠 파농(Frantz Fanon)이다. 그가 쓴 《검은 피부, 흰 가면》(*Peau Noire, Masques Blancs*) 및 《대지의 저주받은 자들》(*The Wretched of the Earth*, 1961)에 따르면, 피식민지인은 식민주의자들이 강요한 서구의 언어 때문에 자신들의 언어를 잃어버린다. 이후 지배자의 언어를 익힌 그들은 지배자와 동등한 대우를 받을 수 있을 것이라고 착각하게 된다. 피식민지인들 스스로 주체성을 상실한 채 서구인의 언어를 배워 그들의 노예가 되고 마는 것이다. 때때로 피식민지인은 자신들의 고유한 문화가 존재한다는 것을 보이려고 하지만, 거의가 퇴영적인 과거를 찬양하거나 현재의 상태를 부정하는 것으로 끝난다. 파농이 고민한 것은 이처럼 주체성을 상실한 피식민지인의 존재 방식이었다.

파농의 뒤를 이어 탈식민주의 이론을 발전시킨 사람은 팔레스타인 출신의 에드워드 사이드이다. 그는 《오리엔탈리즘》(*Orientalism*)과 《문화와 제국주의》(*Culture and Imperialism*)같은 저서를 통하여 동양인에 대한 서구인의 인식과 시각을 비판하였다. 그는 서양(*occident*)에 대비되는 지역적 개념으로 예루살렘의 동쪽 지역을 가리키던 동양이라는 말을 서구인들이 어떤 관념과 표상으로 사용하는지 분석하였다. 그러면서 동양이라는 말이 지역적인 차원보다 서구적 정체성을 형성하는 데 더욱 중요한 역할을 하고 있음을 밝혀낸다. 서구인들은 자신들의 우월한 정체성을 획득하는 과정에서 동양을 미개하고 암흑이 지배하는 곳으로 인식해 왔음을 규명했던 것이다. 이후 서구인들은 '지리상의 발견'이나 '동양의 근대화 원조' 등의 미명 아래 동양과 기타 지역에 대한 침략을 정당화하고 황인종과 흑인종에 대한 인종 차별을 합리화하였는데, 이보다 더 심각한 것은 이 과정에서 동양인 스스로 동양적 가치를 열등한 것으로 받아들였다는 점이다.

또 다른 이론가인 가야트리 스피박은 제3세계 여성 문제에 관심을 기울이는 과정에서 백인 중산층과 양성(兩性) 중심의 서구 페미니즘이 스스로의 정체성을 확립하기 위해 유색 인종, 하층, 동성애 중심의 제3세계 여성 등을 타자로 다루었음을 밝혀낸다. 물론 제3세계 여성들은 서구의 담론뿐만 아니라 가부장제를 통해 남성으로부터도 억압당했는데, 스피박은 이런 상황에서 침묵하고 있는 그들의 목소리를 복원해야 한다고 보았다. 피식민지 문화의 잡종성(*hybridity*) 개념을 정립한 호미 바바의 경우에는 식민지에서 발견되는 주변부의 경험에 초점을 맞추고 있다. 역사적으로 식민주의자에 의해 강요된 피식민지인의 서구 문화 모방과 그것을 통한 개화의 기획은, 피식민지인으로 하여금 지배자인 식민주의자의 문화와 거의 동일하지만 다른 요소가 필연적으로 섞인 잡종 문화를 형성하게 함으로써 서구 문화의 권위를 훼손시키는 결과를 가져온다. 호미 바바는 이처럼 유동적인 식민지 문화의 잡종성이 저항의 가능성을 내포하고 있다고 보았다. 오늘날의 탈식민주의 이론은 서구 내에서의 이민이나 이산(離散), 유민(流民) 쪽으로도 확장되어 서구에 살고 있는 유태인, 흑인, 황인종, 혼혈과 호주의 원주민 등의 문화를 설명하는 이론으로까지 발전하고 있다.

위에서 살펴본 탈식민주의 비평이론은 문학 텍스트를 분석할 때 식민지적 억압의 다양한 측면들이 재현되는 양상을 분석하고, 이중적 의식이나 잡종성과 같은 탈식민주의적 정체성의 문제가 다루어지는 방식도 고찰한다. 그리고 피지배자들의 반식민주의적 저항의 종류와 그것을 형상화하는 방식을 포함하여 문화적 차이가 인물들에게 미치는 영향까지 밝혀내며, 식민주의자에 의해 호평받은 작품이 강요하는 이데올로기와 식민지 경험이 다른 민족간에 존재하는 유사성도 분석한다.

7) 게이-레즈비언-퀴어 비평

세 비평 가운데 게이 비평(*gay criticism*)과 레즈비언 비평(*lesbian criticism*)은 젠더(*gender*) 비평으로, 퀴어(*queer*) 비평은 트랜스젠더(*transgender*) 비평으로 불리기도 한다. 좁은 의미의 게이 비평이론은 문학과 문화적 텍스트에 그려진 남성의 동성애적(同性愛的) 욕망을 대상으로 하지만, 넓은 의미에서는 성적인 것(*sexuality*)의 역사적 생산 과정과 재생산 방식까지 대상으로 삼는다. 이 비평은 프로이트와 푸코로부터 지대한 영향을 받았는데, 전자는 남성이 여성에게 성적 호기심을 느끼는 것은 불변의 진리가 아니며 성생활은 육체적 쾌락 이외의 목적을 가지기도 한다는 서술을 통해 서구의 기독교적 이성애(異性愛)에 대해 근본적인 회의를 드러낸 바 있다.

한편, 푸코는 《성의 역사》(*The History of Sexuality*)를 통해 남성의 동성애에 대한 권력의 금지와 제재 방식을 고찰함으로써 성욕을 생산하고 통제하는 양상을 분석하였다. 오늘날 게이 비평은 남성과 여성이라는 이분법, 그것을 통제하는 가족이라는 제도의 역사적 의의를 분석하는 데 초점을 맞추고 있다. 또한, 동성애적 주제나 동성애를 혐오하는 주제들이 문학 텍스트에 어떻게 형상화되어 있는지를 분석하는 일에도 특별한 관심을 쏟는다.

레즈비언 비평은 이성애를 주류로 인정하는 사회적 흐름과 여성 차별적인 게이 해방 운동에 반발하여 여성의 동성애를 중심 주제로 다룬다. 이 비평 역시 게이 비평과 유사하게 이성간의 사랑이 생물학적 요구가 아니라, 사회적으로 강요된 제도의 일종이라고 전제한다. 그리고 시대적 상황이 성적 역할과 성적 욕망을 확립하는 과정에 주목하여, 이성간의 사랑을 바탕으로 여성다움을 정의하는 관습 때문에 레즈비언들이 여성으로서 또는 '비정상적' 성욕자로서 받는 억압과 차별을 폭로한다. 1970년대 이후의 비평가들은 레즈비언 문학의 전통을 확립하기 위해 수많은 문학 텍스트들을 분석하였다. 이 과정에서 그들은 레즈비언적 주제를 공공연하게 취급했다는 이유로 문학사에서 주목받지 못한 문학 텍스트, 비난으로 인해 그러한 주제를 일부러 숨긴 문학 텍스트 등을 새롭게 조명하였다. 최근 들어서는 문학 텍스트가 이성애주의라는 규범을 내면화하는 방식과 그 규범을 전복시킬 방법도 모색되고 있다.

퀴어 비평은 원래 게이 비평가나 레즈비언 비평가들이 문화적 주변성을 설명할 때 사용되었으나, 요즘에는 성적 욕망과 정체성에 대한 급진적 성향을 의미하는 용어로 사용되고 있다(레먼 셀던 외, 1998). 그렇기 때문에 퀴어 이론에서는 비고정적이고 유동적인 성욕들의 범주를 다루고 있다. 다시 말해서 게이 비평과 레즈비언 비평 역시 동성애와 이성애의 이분법에 기초하고 있어서 일정한 한계를 지닐 수밖에 없으므로, 퀴어 이론은 이러한 구분마저도 해체하는 방향으로 나아가고자 한다. 그리하여 섹슈얼리티는 주체성의 문제가 아니라 수행(*performance*)의 문제라는 주장까지 제기되고 있다(Butler, 1990).

위에서 살펴본 게이, 레즈비언, 퀴어 이론은 실제로 개별적인 문학작품을 분석하는 과정에서 주제와 인물, 문학적 장치와 전략을 분석하고 그 작품이 게이, 레즈비언, 퀴어적 경험과 역사를 어떻게 숨기고 있는지를 분석한다. 또한, 이성애를 지지하는 작가의 작품이 무의식적으로 게이, 레즈비언, 퀴어적 욕망을 표현하고 있는지, 그렇지 않다면 그 작품이 어떻게 이성애주의를 보여주는지를 밝힌다. 그 밖에 대상 작품이 동성애와 이성애로 명확히 구분되지 않는 성 정체성의 문제를 어떻게 설명하고 있는지에 관해서도 관심을 기울인다.

8) 생태 비평과 사이버 비평

1970년대 말 생태학을 문학 연구에 적용하기 위한 시도를 통해 처음으로 등장한 생태 비평(*ecocriticism*)은 환경 비평으로도 불린다. 이 비평은 1996년에 《생태 비평 논집》(*The Ecocriticism Reader*)과 《환경적 상상력》(*The Environmental Imagination*)이 출간되면서 문학과 물리적 환경 사이의 관련성에 대한 연구로 확장되어 왔다. 인간의 문화가 자연세계와 깊이 관련되어 있다는 사실을 전제로 하고 있기 때문에 생태학적 주제를 다룬 모든 문학이 그 대상이 될 수 있을 것으로 생각되지만, 최근 들어서는 단순히 자연이나 자연적인 것을 다룬 문학에 대한 연구를 넘어서 자연환경의 사회적 · 역사적 기능 등을 분석하는 데까지 나아가고 있다.

한편 사이버 비평(*cybercriticism*)은 좁은 의미로는 사이버 문학이라는 이름으로 발표되는 문학 텍스트의 분석을 주된 목적으로 하지만, 넓은 의미에서는 사이버 세계에서 벌어지는 각종 현상을 분석하는 비평이론이다. 일반적으로 사이버 세계에서 작가와 독자는 각각 자신들의 에이전트를 통해 교섭하면서 실제 자신들과는 다른 자기 정체성(*identity*)을 형성하게 되는데, 이러한 것은 이제까지와는 전혀 다른 경험이라고 할 수 있다. 사이버 비평에서는 이와 같이 에이전트를 통해 사이버 세계에서 구현되는 자기 정체성의 문제를 집중적으로 분석한다. 한편, 사이버 세계가 아닌 오프라인에서도 사이보그가 등장하는 문학과 영화가 많이 등장하고 있는데, 사이버 비평은 이러한 작품까지도 자신의 분석 대상에 포함시킨다. 앞으로 인터넷 문화가 발전하면 발전할수록 사이버 비평의 역할과 범위는 확대될 것으로 예상된다.

9) 방송광고에 대한 적용

독자반응 비평은 수용자 반응비평이라는 이름으로 광고비평에서 이미 이용되고 있다(김병희, 1997). 수용자인 시청자의 역할이 많은 부분을 차지하는 방송광고의 특성상 수용자와 텍스트 사이의 상호 작용을 중시하는 독자반응 비평의 유용함은 따로 설명할 필요가 없을 것이다. 한편, 전통 사회에 비해 남녀의 성 역할이 급격하게 변화하고 성에 대한 담론이 활발하게 교환되는 요즘의 세태를 고려할 때, 여성다움에 대한 새로운 인식을 담고 있는 페미니즘과 오랫동안 문명사회를 지탱해 온 양성 중심주의를 전복하려는 게이-레즈비언-퀴어 비평이론은 나름대로 효과적인 방송광고 이론으로 자리 잡을 수 있을 것으로 생각된다.

탈구조주의와 해체주의, 포스트모더니즘은 단일하고 총체적인 의미구성을 거부하고 다양한 의미구성을 지향하는 비평이론이기 때문에, 시청자 내지 소비자의 개성이 강조되고 있는 오늘날에 일정한 의의를 지닐 수 있을 것으로 생각된다. 특히 포스트모더니즘의 패스티쉬 기법은 이미 광고에서도 이용되고 있거니와, 단순한 모방보다 포스트모더니즘이 추구하는 정신적 지향을 살리는 방향으로 나아가면 더욱 효과적인 방법이 될 수 있을 것이다.

신역사주의와 문화적 유물론, 탈식민주의 비평은 사회적으로 억압된 것의 복귀를 추구하는 공통점이 있다. 방송광고가 시민 교육이라는 공익적 가치를 제고한다는 점에서, 이 비평이론들은 단순히 효과적인 방송광고 창작에 활용될 뿐만 아니라 방송광고의 올바른 진로 설정을 위한 비판적 지침으로도 이용할 수 있을 것이다.

〈그림 2-2〉
유에프티 생리대
'나는 꼭 해보고 싶은 게 있다' 편

트랜스젠더 하리수를 등장시켜 여성성을 높이 평가하고 우리 사회의 보편적 성 관념에 도전한다.

끝으로, 생태 비평과 사이버 비평은 새로운 세상을 분석하려는 최신의 비평이론인 만큼, 방송광고가 나아가야 할 방향을 모색하는 데 일정한 도움을 줄 수 있을 것으로 기대된다. 생태 비평은 한정된 자원을 이용하여 지속 가능한 발전을 추구해야 하는 전 지구적 과제 앞에서 자연이 우리에게 행하는 기능을 탐구한다. 또한, 사이버 비평은 유비쿼터스 시대의 도래와 더불어 더욱 진전될 지식 정보화 사회에서 현실 속의 자아와 사이버 세계 속의 자아는 어떻게 관계를 맺어야 하는지, 사이버 시대의 바람직한 인간관계란 어떤 것인지를 모색한다.

:: 4. 문학비평과 방송광고의 교차점

주지하는 바와 같이, 방송광고라는 매체는 영상과 음성을 바탕으로 하고 있다. 이에 비해, 문학은 문자라는 매체를 이용하고 있어서 둘의 접점을 찾기란 쉽지 않아 보인다. 하지만 문학이 오랫동안 인간의 꿈을 창조해 온 공장이었음을 감안하면 둘의 교차점이 전혀 없는 것도 아니다. 문학은 그 꿈을 독자들에게 최대한의 정서적 울림과 함께 전달하기 위해 여러 가지 방법을 고안하였는데, 그 방법들은 방송광고와 상호 교섭하는 과정에도 일정한 역할을 할 것이다. 다음에서는 문학의 여러 방법 가운데 스토리텔링과 시적 표현을 중심으로 방송광고와의 관련성을 알아보고자 한다.

현대의 방송광고는 15초 정도의 짧은 시간 안에서도 어떤 이야기에 메시지를 담아 시청자에게 전달하려고 한다. 이러한 스토리텔링은 수메르인들이 지은 최초의 서사시 〈길가메시〉 이래로 문학이 수천 년 동안 담당해온 기능이기도 하다. 최초의 이야기 이후 독창적인 것은 더 이상 없다는 자조 섞인 한탄도 있었지만, 문학은 그래도 그 내용이 항상 새롭게 보이도록 하는 장치를 창조해 왔다. 이른바 형식주의의 낯설게 하기도 그러한 장치 중 하나이다. 스토리텔링에서 낯설게 하기의 방법은 구조주의 비평이론의 힘을 빌려야만 하는데, 구조주의에서는 이야기의 내용인 스토리와 그것을 재배치한 결과로서의 플롯을 구분한다. 이 두 가지 가운데 플롯은 내용이 뻔한 이야기를 신선한 이야기로 바꾸어주는 중요한 역할을 한다. 가령, 아버지 때문에 고생하는 딸 이야기는 프랑스의 〈미녀와 야수〉를 비롯하여 세계 도처에서 발견할 수 있는 이야기이다. 하지만 아버지에 대한 딸의 효성이라는 지배적 요소는 그대로 둔 채, 그 아버지를 눈먼 봉사로 만들고 딸을 바닷물에 뛰어들게 하는 등 몇 가지 요소를 변형시킨 우리의 〈심청전〉은 다른 나라의 비슷한 이야기와 비교할 때 뚜렷하게 구별되고 있다.

이야기를 방송광고로 바꾸어도 시간적 분량만 차이가 날 뿐, 본질적 요소는 변하지 않는다. 짧은 이야기라도 긴 이야기와 마찬가지로 기본적 요소를 갖추어야 하기 때문이다. 예를 들어, 심청이가 인당수에 뛰어들거나 연꽃 속에서 피어 나오듯이 짧은 이야기 중에라도 일정한 플롯의 전환은 반드시 일어나야만 한다.

다시 말해서, 굳이 '발단-전개-위기-절정-결말'의 플롯 구조를 따를 필요는 없

〈그림 2-3〉
라이스버거 TV 광고 '배고플 땐' 편

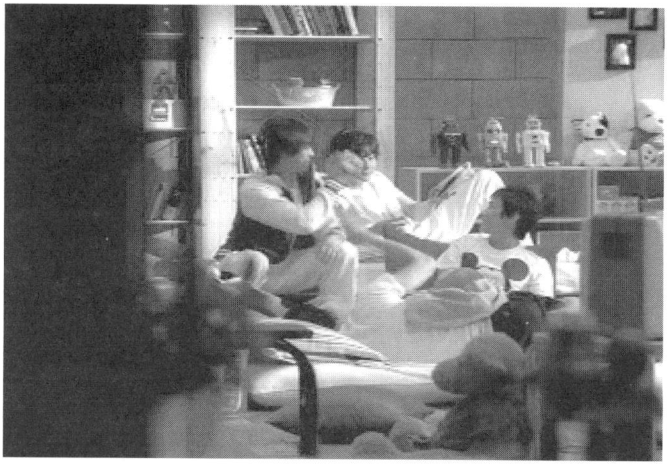

스토리텔링 끝부분에 약간의 플롯 전환을 함으로써 내용을 강조한다.

지만, 소설이라면 첫 부분과 끝 부분에 두 번씩이나 일어나는 전환이 어딘가 한 군데에서 일어나야만 시청자는 뜻하지 않은 사건 전개에 긴장하게 되고, 그 내용은 뇌리에 오래도록 남게 된다. 이렇게 되면 시청자에게 널리 알려진, 그래서 시청자들이 호감을 가진 유명인을 모델로 쓰지 않더라도 광고 효과는 이야기의 힘에 의해 더욱 높아지게 될 것이다.

한편, 방송광고에서 문학과 가장 깊은 관련을 맺고 있는 요소의 하나가 광고 카피이다. 카피와 시의 관련성은 이미 많은 사람들에 의해 논의되었는데, 특히 형식주의와 구조주의에서 논의하는 시의 형식 조건에 논의가 집중된 바 있다. 일반적으로 우리의 감정에 작용하는 서정시는 행과 연으로 구분되고 그 시어들은 일정한 리듬을 갖고 있다. 이때 리듬은 동일하거나 비슷한 음의 반복을 통해 이루어진다. 우리에게 익숙한 "OK! SK!"(오케이! 에스케이!) 같은 대부분의 카피가 이 규칙을 따르고 있다. 리듬감을 지닌 말이 그렇지 못한 말보다 훨씬 쉽게 그리고 오래 기억된다는 사실은 새삼 강조할 필요가 없다.

한편, 시는 인간의 복잡한 감정을 표현하기 위한 언어의 부족을 메우기 위해 비유를 이용한다. 비유란 겉으로 보기에 무관한 두 개의 사물에서 그 유사성의 최대와 차이의 최대를 발견하여 한 순간에 결합시킴으로써 생동감을 갖게 하는 문학적 방법이다(김윤식, 1973). 예전에 한창 유명세를 떨쳤던 화장품 광고 카피 중에

'산소 같은 여자'라는 카피가 있었는데, 이 역시 산소와 여자의 유사성과 차이를 이용하여 신선함을 불러일으킨 것이라고 할 수 있다. 눈에 보이지 않는 산소와 눈에 보이는 여자의 얼굴은 비가시성과 가시성이라는 엄청난 차이를 지니고 있지만, 맑고 깨끗한 느낌에서 공통적이다. 산소와 여자의 거리에 비례하여 신선함이 증대되는 효과를 가져다 준 좋은 표현이다. 이처럼 카피와 시의 방법적 관련성은 이미 오래전에 증명된 바 있다.

여기에서는 스토리텔링과 시적 표현을 중심으로 방송광고와 문학비평이 교차하는 지점을 살펴보았는데, 앞으로 두 분야의 관련성은 단지 이러한 부분에만 머무를 것 같지 않다. 이미 중・고등학교의 국어나 문학 교과서 등에 매체 교육이 포함되어 있고, 광고와 광고 비평문을 수록한 교과서도 존재한다. 이와 같은 현상은 방송광고와 문학비평이 형식적인 학제간 교류가 아닌, 서로에게 도움을 주는 유익한 학제간 교류로 나아가고 있다는 좋은 징조라고 할 수 있을 것이다.

●○● 생각해볼 문제

1. 줄거리를 가진 소설이나 영화는 전체가 크게 세 부분으로 나뉘고 처음과 끝에 플롯의 전환을 가져오는 사건이 배치되는데, 방송광고에서도 이러한 법칙이 적용될 수 있는가? 그렇지 않다면, 사건을 어떻게 배치할 것인가?

2. 문학의 형식주의 비평에서는 '내 마음은 호수'처럼 전달하고자 하는 원관념(내 마음)과 그것을 표상하는 보조 관념(호수)이 서로 거리가 멀수록 효과가 크다고 한다. 이를 방송광고의 맥락에 적용할 경우 효과적인 방법은 무엇인가?

3. 광고는 단순히 상품을 알리기만 하는 것이 아니라 '세상을 보는 관점'을 시청자에게 퍼트린다고 한다. 새로운 관점을 전파할 수 있는 효과적인 광고를 창작하려고 할 때, 원용할 수 있는 문학비평 방법은 무엇일까?

●○● 참고문헌

김병희(1997). 《광고 하나가 세상을 바꾼다》. 서울: 황금가지. pp.340~349.

______(2004). "광고감독 윤석태 연구". 《호서문화논총》 18: 1~39. 서원대학교 호서문화연구소.

김욱동 편저(1990). 《포스트모더니즘의 이해》. 서울: 문학과지성사. pp.69~71.

김윤식(1973). 《한국 근대 문학의 이해》. 서울: 일지사. pp.66~67.

노드롭 프라이, 임철규 역(1982). 《비평의 해부》. 서울: 한길사. p.228.

더글러스 켈너, 김수정 역(1997). 《미디어 문화》. 서울: 새물결. p.72.

레먼 셀던 외, 정정호 외 역(1998). 《현대 문학 이론 개관》. 서울: 한신문화사. p.313.

레온 에델, 김윤식 역(1997). 《작가론의 방법》. 서울: 삼영사. pp.187~197.

빅토르 어얼리치, 박거용 역(1989). 《러시아 형식주의》. 서울: 문학과지성사. p.226.

이선영 편(1983). 《문학비평의 방법과 실제》. 서울: 동천사. p.34.

자크 라캉(1994). 《욕망이론》. 서울: 민음사. p.36.

장 프랑수아 리오타르, 유정환 외 역(1995). 《포스트모던의 조건》. 서울: 민음사. p.6.

제라르 델포 · 안느 로슈, 심민화 역(1993). 《비평의 역사와 역사적 비평》. 서울: 문학과지성사. pp.15~19

Abrams, Meyer(1971). *The Mirror and the Lamp*. New york: Oxford University Press. pp.8~29.

Bertens, Hans(2001). *Literary Theory: The Basics*. London: Routledge. p.179.

Butler, Judith(1990). *Gender Trouble*. London: Routledge. pp.24~25

Drabble, Margaret(Ed.)(2000). *The Oxford Companion to English Literature*.(6th Ed.) New York: Oxford University Press. p.979.

Grebstein, Sheldon(Ed.)(1968). *Perspective in Contemporary Criticism*. New york: Harper & Row.

Greenblatt, Stephen(1995). "Culture". In F. Lentricchia & T. McLauglin(Ed.). *Critical Terms for Literary Study*(2nd Ed.) Chicago: University of Chicago Press. p.226.

Tyson, Lois(1999). *Critical Theory Today*. New york & London: Garland Publishing. p.110.

제 3 장

방송광고와 문화비평

마 정 미

현대의 대중문화는 매스미디어의 문화라고 해도 과언이 아니다. 우리가 접하고 있는 대중문화는 대부분 영화나 텔레비전, 라디오, 신문, 잡지, 광고, 음반, 인터넷 등과 같은 미디어를 통해 만들어지고 확산되기 때문이다. 그 중에서도 방송은 이실석이고 방대한 규모의 문화소비자를 통합하는 강력한 매체이자 대중사회와 대중문화의 진원지라 할 수 있다. 아울러 방송의 주요 재원이 되는 방송광고는 방송의 파급력과 광역성에 힘입어 막강한 영향력을 행사한다.

광고는 방송프로그램과 함께 상호텍스트적인 대중문화 텍스트로서 수용자/소비자에게 다가가고 있으며 때로는 환상적이고 유혹적인 모습으로, 때로는 일상의 모습으로 구현된다. 이 장에서는 방송광고와 대중문화, 광고비평과 문화비평의 인접관계를 다루고 방송광고가 가지고 있는 문화산업과 정치경제학적 관점, 일상성과 소비, 스타시스템, 상품미학과 키치, 그리고 광고와 문화비평의 접점과 한계에 대한 논의를 전개하고자 한다.

∷ 1. 방송광고와 대중문화

매스미디어의 눈부신 발전은 문화산업과 더불어 문화를 대중화시키는 데 크게 기여했으며 대중화된 문화, 즉 대중문화는 문화의 일상성에 주목할 수 있는 계기를 마련하였다. 존 스토리(John Storey)는 대중문화를 다섯 가지로 정의했는데, 첫째, 단순히 말해서 많은 사람들이 폭넓게 좋아하는 문화, 둘째, 고급문화 이외의 나머지 문화, 셋째, 대량소비를 위해 대량생산된 대량문화, 넷째, 민중(*people*)으로부터 발생된 문화, 다섯째, 위에서 강요된 문화가 아니고 아래로부터 자발적으로 일어난 대항적 문화도 아니며, 이 둘 사이에서 헤게모니(Gramsci, 1971)를 둘러싼 저항과 통합이 일어나는 영역으로서의 문화가 그것이다(Storey, 1993). 이 중 세 번째 정의는 말 그대로의 '대중문화'(*mass culture*)라는 뜻을 담고 있으며, 대중문화는 곧 매스미디어 문화라고 불릴 만큼 대중문화와 매스미디어는 밀접한 관련이 있다.

사실 텔레비전과 같은 대중매체 없는 현대적 삶이란 상상하기 어렵다. 오늘날처럼 복잡한 현대사회에서 '의미화 실천'(*signifying practice*)[1]이라는 것도 사회적 의미, 상징매개체로서 대중매체 없이는 도저히 불가능하다. 물론 대중문화의 모든 양상이 대중매체를 필요로 하는 것은 아니고 대중문화는 그 이상의 부분을 포괄하기도 하지만, 대중문화에 있어 매스 미디어는 결정적 조건임에 분명하고 이는 다매체 환경이 도래한 현재에도 여전히 유효하다.

그러나 광고수입을 주요자원으로 삼고 있는 매스미디어의 본질은 그 시스템 자체가 상업성을 전제로 한다. 광고뿐 아니라 미디어가 개발한 문화상품인 각종 드라마나 오락, 음악, 버라이어티쇼들은 영화나 음반, 유행상품 등과 함께 다양한 산업체계로 편입된다. 결국 대중문화란 산업적 조직에서 이윤확보를 목표로 생산된 상품이며 잉여이윤 확보를 위해 최대한의 소비시장을 원하게 되고, 예술적 가치보다는 상업적 성공 여부를 중시한다.

텔레비전은 그 내용물에 있어서 현실의 묘사와 유사현실의 공간으로 우리의

---

1. 의미화 실천은 크리스테바를 중심으로 한 프랑스 텔켈그룹에 의해 논의되었는데, 그들은 이 개념을 통해 기호와 지시물, 의미화와 리얼리티 사이의 투명하고 지배적인 관계와 통념에 반대한다. 크리스테바는 '기호 시스템의 위치를 설정하고 단절하고 가로지르는 것'이라고 정의했는데, 이는 의미의 고정성보다는 과정을, 통일성보다는 분열과 충돌을 강조한 것이다.

상징적 환경을 지배한다. 텔레비전에서 반복적으로 보여주는 동일한 이미지와 상태에 계속 노출됨으로 텔레비전의 규범을 내면화시키게 되는 것이다. 드라마에 나타나는 주인공의 모습이 특정 직업이나 성, 소수민족에 대한 스테레오 타입이나 왜곡된 이미지를 형성하는 것도 모두 텔레비전의 배양효과(*cultivation effect*)[2]에 의한 것이다. 매스미디어는 사회 속에서 무엇이 실재적이고 의사적인(*pseudo*) 것이며, 옳고 그른 것인가의 개념을 규정하고 사람들이 어떻게 사는가와 생각하는 방식을 제공하고 특정한 행동의 결과를 묘사해준다.

모든 방송 프로그램의 앞뒤에 붙는 광고는 방송텍스트와 상호작용하면서 더욱 막강한 영향력을 행사한다. 광고는 프로그램 자체에 직간접적으로 영향을 미치기도 하는데, 중간광고가 허용된 미국에서는 광고가 아예 방송 프로그램의 플롯구조에 영향을 주기도 한다. 중간광고 시간에 채널을 돌리지 않도록 중간광고 앞에는 대부분 갈등의 고조나 자극, 클라이맥스를 배치하고 한 시퀀스를 광고시간에 맞추기도 한다. 광고와 드라마의 상호 텍스트적 관계도 상당히 강하다. 광고에서 만들어진 모델 이미지가 드라마 캐스팅에 반영되는 경우도 있고, 그보다 더 빈번하게 드라마 스타가 광고의 모델로 등장해 후광효과를 발휘한다.

사실 광고는 제도뿐 아니라, 내용적인 면에서도 방송과 밀접한 관계를 가지고 있다. 즉 방송과 관련해서 산업적 영향력과 텍스트적 영향력을 같이 갖는 것이다. 코미디나 개그프로그램, 인기가도에 있는 드라마의 대사는 광고에 손쉽게 패러디되고 광고카피가 방송프로그램에서 패러디되는 경우도 많다. 또한, 방송광고의 효과면에 있어서도 TV의 특질에서 나오는 친밀감과 동시성 및 현실감이 더욱 도드라진다. 매체적 특성 때문에 소비자들은 자신도 모르게 광고를 광고 그 자체로만 받아들이는 것이 아니라 실제로 있음직한, 삶의 단면으로 받아들이게 된다. 때문에 자연스럽게 광고상품뿐만 아니라 상품광고 안에 배치된 유행상품, 패션, 가치관 등도 고스란히 전해질 수밖에 없다.

광고의 본질은 생산된 상품의 소비를 원활하게 하고 촉진하는 경제적 제도이

---

2. 매스미디어는 사회규범을 조성하고 수용자는 이 규범에 따라서 사고하고 행동하는 경향이 있다. 거브너(Gerbner)는 이를 배양효과(*cultivation effect*)라 불렀다. 특히 텔레비전은 실세계를 축소 또는 확대하는데 이는 대중매체가 유사환경이나 유사규범을 제공하고 수용자는 이를 자신의 것으로 내면화하여 영향을 받는다는 증거이다.

다. 또한 광고는 문화와 일상의 영역에서 상품의 이미지와 상품이 전달하는 사회적 의미들과 그 의미들을 담지한 기호들의 체계를 만들어내는 대표적 문화장치이다. 광고는 상품에 부가되는 기호와 신화를 통해 특정한 방식으로 상품을 알리고 소비자들을 호명하는 의미 전달체이다. 또한, 광고는 그 안에 동시대의 다양한 의미와 이미지를 담아 상품과 광고텍스트의 수용자, 그리고 사회와 문화산업으로서의 광고산업 사이를 중재한다. 이러한 면에서 광고는 생산과 소비의 영역을 매개하는 동시에 자본 친화적인 의미생산을 수행하는 설득적 커뮤니케이션 양식이다. 즉 광고는 경제적, 사회적 그리고 문화적인 층위를 통해 형성되는 중첩적 결정물이다(원용진, 1997).

삼성전자의 2005년 애니콜 광고 캠페인이었던 애니모션 및 애니클럽은 한 걸음 나아가 문화마케팅을 표방하고 나섰던 사례이다. 이 캠페인은 온라인과 오프라인을 연계한 광고전략, 광고와 세일즈 프로모션의 적절한 배합을 통해 타깃 오디언스인 젊은 세대들의 감성에 어필했다. 당대 최고의 스타를 기용하고 당대 문화코드의 집합체로 구성된 애니콜 TV-CM은 광고를 위해 만들어진 음반이 출시되고, 광고에 나왔던 클럽을 실제로 운영하면서 시너지 효과를 가져왔다.

이렇듯 소비의 전령이자 자본주의의 꽃이라 불리는 광고는 단순히 경제적 층위의 역할만을 담당하는 것이 아니라 소비를 통해 정치, 사회적 역할을 담당한다. 윌리엄스(Williams, 1980)는 소비가 자본주의 체제보호에 필수적인 것이라고 주장한다. 왜냐하면 소비행위는 자본주의적 생산은 말할 것도 없고 자본주의체제가 만들어낸 '개인주의' 철학의 버팀목이 되기 때문이다. 그러므로 개인적인 상품소비가 만족감의 원천인 것처럼 사회적 가치가 부여되고 광고는 이런 환상을 통해 신비체계가 된다. 환상은 개인적 차원에서 시작되지만 이것이 신비유형으로 기능하면 사회전반에 확산된다. 유엔(Ewen, 1976) 역시 현대광고는 소비에 대한 수용능력이고 문명화의 모습이라고 지적한다. 소비는 광고를 통해 '문화적 색채'를 띠게 된다. 현대광고는 현대생활의 혜택과 개인주의적 전망을 제시한다. 유엔은 소비의 확대에 따라 현대광고가 '상품판매와 문명화'라는 이중적 목적을 갖고 있다고 했다.

이런 광고의 영향력 때문에 광고제도와 광고텍스트에 녹아있는 소비와 문화에 대한 연구는 부어스틴(Boorstin, 1962), 르페브르(Lefevre, 1968)나 보드리야르(Baudrillard, 1970)에 이르기까지 많은 석학들에 의해 다루어져왔다. 그러나 광고텍스트나 문화

〈그림 3-1〉 애니콜 '이효리' 편

재현물을 독립적으로 다루었다기보다는 소비와 상품미학, 그리고 욕망이라는 큰 맥락 속에서 다양하게 접근했다고 할 수 있다. 광고비평의 가장 체계화된 이론은 윌리엄슨(Williamson)의 《광고의 기호학》(*Decoding Advertisements*, 1978)에서 볼 수 있는데, 상품과 광고가 가진 교환가치, 그 안에 담긴 이데올로기 구조를 분석한 이 책은 광고가 일상 속에서 가장 보편적이고 편재된 대중텍스트이자 이데올로기의 성채라고 지적한다. 실로 광고는 이 시대 문화현상의 최첨단에 있고 소비문화와 대중문화를 선도하는 역할을 하고 있다. 대중의 트렌드와 변화하는 유행과 취향, 정서를 가장 빨리 반영하고 선도하는 문화양식이라는 점에서 광고는 무엇보다 주목해야 할 대중문화 텍스트이기도 하다.

:: 2. 광고비평과 문화비평

국내 광고비평의 역사는 그리 오래 되지 않았다. 학자들에게 광고는 상업적 메시지에 지나지 않았고, 방송의 제작진과 비평가들에게 광고는 프로그램 텍스트가 아니라 방송 스폰서들이 '잠시 전하는 말씀'에 불과했기 때문이다. 때문에 광고비평은 광고의 이데올로기적 효과에 주목한 문화비평이나 사회비평에서 주로 다루어져왔고 광고기호학이나 광고비평으로 특화되어 시도되어 왔다. 그러나 정치적 격변기를 넘어 1990년대에 들어서 바야흐로 대중문화가 하나의 텍스트로 인정받고, 대중문화 비평이 시도되면서 광고비평도 시작되었다. '광고비평'이 활성화되고 있는 것은 광고가 마케팅 체계로서뿐 아니라 대중텍스트와 대중문화 영역으로 확장되고 있으며 광고비평의 필요성이 공감대를 형성하고 있음을 증빙한다.

광고비평의 이론적 틀과 방법론, 그리고 그 학문적 정체성과 함의는 문화연구3

3. '문화연구'(*Cultural Studies*)라는 이름은 1964년 영국 버밍엄 대학에 설립된 현대문화연구소(CCCS)에서 유래한 것이다. 현대문화연구소는 역사 · 철학 · 사회학 · 인류학 · 문학비평 등을 아우르는 '학제적 연구'의 성격을 지녔다. 문화연구는 맑스는 물론 알튀세르와 그람시, 프랑크푸르트학파 등의 성과를 차용했다. 특정 문화 텍스트에 대한 비평을 넘어 문화생산-분배-수용과정을 둘러싼 모든 문제로 연구영역을 넓혀갔다. 문화연구는 현대문화연구소의 창립 이전과 이후, 그리고 Post-CCCS의 단계로 구분할 수 있는데, 창립 이전의 문화연구는 경험주의, 좌파 리비스주의에 의한 것이고, 창립 이후에는 리처드 호가트(미디어의 지배 이데올로기의 관계), 스튜어트 홀(주체형성론; *etnography*), 리처드 존슨(주체의 역사적 실천

의 전통에 크게 기대고 있다. 문화연구는 광고를 비롯한 각종 문화적 텍스트를 비판적으로 고찰할 수 있게 하는 다양한 시각을 제공한다. 광고비평에는 문화비평에 사용되는 기호학적 비평, 이데올로기적 비평, 정신분석학적 비평, 페미니즘 비평, 문화기술지적, 민속학적수용자 연구 등이 활용된다. 매체적 근접성 때문에 텔레비전 비평방법론이 주로 활용되었는데, 영상기호로 구현된 광고 메시지 분석과 함께 광고가 가진 문화적, 사회적, 정치적, 산업적, 역사적 맥락에서 광고텍스트와 광고수용자, 그리고 광고문화를 심층적으로 이해하고 분석하는 데 동원할 수 있는 방법들을 적절히 사용해왔다.

레이먼드 윌리엄스는 경제적 · 사회적 · 문화적 사실들 사이에 얽혀 있는 관계를 통합적으로 고려하는 분석방법을 개발해야만 광고에 대한 정확한 이해를 할 수 있다고 주장했다. 다시 말해 윌리엄스는 광고를 단순히 경제제도나 마케팅 도구 또는 하나의 설득 커뮤니케이션 형식이나 심지어 문화적 텍스트로 축소시킬 수 없음을 분명하게 지적하고 있는 것이다. 하나의 광고가 의미를 갖는 것은 기호작용을 통해 이루어지지만 특정 시대의 신화나 의미체계, 사건들과 교직되어 파생되는 의미작용이기도 하다. 특히 제품과 서비스라는 유형, 무형의 상품에서 비롯되는 의미작용이라는 점에서 광고는 한 시대의 사물들과 사건들로부터 파생되는 의미이다.

예를 들어, SK텔레콤의 현대생활백서 캠페인은 "미디어는 메시지"라는 맥루한의 언명을 효과적으로 보여주었는데, 모바일 미디어가 우리 생활에 깊숙이 자리잡고 일상을 어떻게 바꾸었는지를 잘 보여주는 사례다. 이 시리즈는 일상의 소품으로서의 역할, 혹은 커뮤니케이션 매체로서의 기능, 휴대폰으로 인해 변한 일상 등을 소비자에게서 이끌어낸 에피소드로 구성하였다. 학계에서 모바일 매체가 수용자 혹은 소비자를 어떻게 변화시켜 왔는지, 그 수용양태를 분석하는 연구들이 진행되었다면 광고에서는 아예 이런 변화를 적극 활용한 케이스다.

또한, 메가패스의 라디오 CM은 신세대들의 특성, 세대적인 특질을 잘 보여주는 광고다. 그들을 N세대라 부르건 P세대라 부르건 우리의 젊은 세대들은 논리와

의 문제)을 거쳐 1984년 문화연구의 학제화 · 제도화를 통해 지역연구(*Local-Studies*)로 확대되고, 이 시기에 문화정책으로의 전환(제도적 개입)이 이루어진다.

〈그림 3-2〉 SK텔레콤 현대생활백서

〈그림 3-3〉 현대카드W

이성, 합리보다는 감성과 감각을 추구하고 미학적인 광고보다는 키치적 요소들에 더 열광한다. "나는 메가캣이야. 나는 인생은 탭댄스라고 생각해, 생각이 많으면 박자를 놓치지. 하고 싶은 것을 해"라는 광고카피처럼 리듬에 따라 육체와 감각에 충실한 이 세대들은 깊은 사유나 성찰보다는 즉자적이고 말초적인 욕망과 쾌락에 박수를 아끼지 않는다.

나아가 "아버지는 말하셨지 인생을 즐겨라"라는 CM송과 곰돌이 캐릭터로 인기를 얻었던 현대카드W의 광고도 예전과는 다른 가치관을 보여준다. 이 광고는 자수성가, 근면, 성실을 모토로 삼은 기성세대들에게는 어필하지 않지만 물질과 자본이 풍성한 그들의 자녀들에게는 어필하는 광고다. 물론 '아버지는 망하셨지, 인생을 즐기다 …'라는 식으로 패러디되어 불리기도 했지만 '인생을 즐겨라'라는 권유는 후기산업사회의 조건에서나 가능한 가치가 아닐 수 없다. 이렇듯 광고는 가장 짧은 텍스트에 불과하지만 당대의 트렌드나 가치관이 가장 잘 녹아있는 문화산물이다.

광고를 분석하기 위해 광고비평이 빚지고 있는 문화비평 방법론은 대체로 문화연구 이론들과 인접해있다. 국내에서 문화비평이 시도된 것은 1990년대 이후라고 할 수 있는데, 이즈음 우리 사회는 바야흐로 문화폭발시대를 맞았고, 문화연구는 민족문학론과 리얼리즘론을 대체할 새로운 의미화 실천 방법으로 자리매김되고 있었다. 문화연구는 예술학, 철학, 정지학, 경제학, 사회학 등 거의 모든 분과학문이 처한 이론적 · 방법론적인 위기와 동요의 파장들을 수렴하고 학문적 재구성에 파급효과를 미쳤다. 이 시기 문화비평은 다양한 문화계간지의 창간과 대중적 문화 교양잡지들의 등장에 힘입어 활발한 글쓰기와 사회적 발언으로 영역을 넓혔고, 대중음악, 영화, 공간, 스포츠, 게임, 라이프스타일 등 다양한 대중문화와 사회연구로 그 범위를 넓혀나갔다.

문화비평은 단순히 텍스트를 해석하는 장르 비평 수준을 넘어서 한국 사회의 성격에 대한 문화적 대응이라는 의미를 갖고 있다. 사회적 메시지로서 대중문화에 대한 적극적인 해석, 문화의 다종다양한 현상과 사건 속에 감추어진 사회적 의미망들을 끄집어내는 분석들이 적극적으로 모색될 때, 사회현상을 획일적으로 재단하는 대중들의 관습이 용해될 수 있다. 문화비평은 문화에 대한 텍스트 비평이라기보다는 상상력과 감수성이 풍부한 사회비평이다.

문화연구는 맑스주의와 여러 면에서 겹치거나 영향을 받고 있는데, 이는 그 학문적 배경과 역사적 상황 때문이다. 문화연구의 문제의식은, 우선 산업자본주의 사회는 계급 · 성별 · 인종적 혈통에 따라 불공평하게 구분되며, 문화는 분열이 형성되고 추구되며, 지배집단의 이익을 반영하는 이데올로기와 이에 저항하는 하위집단, 소수자 집단의 투쟁의 장이 된다는 가정에서 시작된다.

결국 문화적 관습과 권력과의 관계를 폭로하고 이 관계들이 어떻게 문화적 관습을 지배하고 형성하는지 연구하는 문화연구는 윌리엄스 이래의 전통을 받아들여 문화가 사회적 · 정치적 맥락에서 떨어져 나온 개별적인 실재로 간주하지 않으며 문화가 나타내는 범위 내에서 사회적 · 정치적 맥락을 분석한다. 문화연구 속에서 문화는 항상 두 가지 기능을 수행하는 것으로 간주되는데 이때의 문화는 연구 대상이자, 동시에 정치적 비판과 행동이 일어나는 장소이다. 문화연구는 비판적으로 정치에 관여하여 사회를 재구성하고, 산업자본주의 사회의 지배구조를 이해하고 바꾸는 것을 목표로 한다는 점에서 학문의 한 분야, 학제를 뛰어넘는다.

한편, 문화산업과 정치경제학적 측면에서 광고를 분석하는 시각도 유용하다. 최근 높은 부가가치 창출로 주목받고 국가적인 지원, 육성에 나선 것이 문화 콘텐츠라는 개념이다. '문화 콘텐츠만이 미래에 우리가 살 길이다'라는 식으로 선전되고 있는 것이 현 실정인데, 이와 정반대의 관점이기는 하지만 프랑크푸르트학파는 매스미디어가 등장한 초기에 이미 미디어생산물의 중요성을 지적하고 그 유통과 경제적, 문화적 효과를 주목했다. 프랑크푸르트학파 1세대인 호르크하이머(Horrkheimer)와 아도르노(Adorno)는 대중문화를 '문화산업'(*culture industry*)이라 명명했는데 이는 상품화되고 산업화된 현대의 대중문화를 가리킨다.

문화산업은 '규격화, 상투성, 보수성, 허위, 조작된 소비상품' 등의 특징을 지닌 문화를 생산함으로써 프롤레타리아 계급의 정치성을 희석시키고, 억압적이고 착취적인 자본주의 사회의 본질을 가린 채 그 틀 안에서 얻을 수 있는 개량적인 정치 · 경제적 목표의 획득으로만 프롤레타리아의 지평을 가둔다(Storey, 1993). 그러나 더욱 중요한 사실은 문화산업의 이데올로기적 효과가 대중매체의 소유주와 생산자들의 음모 때문이 아니라 대중매체 상품의 상업적 생산논리, 즉 산업화 때문에 일어난다는 점이다. 이들은 대중문화는 획일적이고 통일된 양식을 강요함으로써 전체주의적 착취를 용이하게 하는 위험한 존재이며, 문화산업이란 사람들에게

'문화와 정치, 일상생활에서 무자비한 일치를 강요하는 냉엄한 체제요, 지배자'라고 주장했다.

문화산업의 등장으로 인해 대중들은 풍요로운 문화를 소비하고 그 부산물로 허위의식을 갖게 되었고, 문화산업의 등장으로 인해 문화가 상품화됐으며 문화상품은 돈으로 교환되기 위해 생산되면서 문화가 원래 가지고 있던 해방의 가능성을 탈취하고 문화를 저속화시켰다는 것이다. 문화산업의 논리는 문화상품 소비자가 수동적인 자세이며 문화의 역사성이나 역동성을 깨닫지 못한다는 것이다. 기계적이고 관료적인 합리화는 이데올로기의 작용을 더욱 용이하게 만들고, 거대한 관료주의는 자본가를 생산 현장에서 분리시키고 보이지 않는 존재로 만들어 노동자들의 불만과 실망의 대상에서 제외시키는 현상을 초래하였다는 것이 그들의 주장이다.

대중문화에 대한 정치경제학적 접근은 문화적 산물이 자본주의적 생산양식에 따른 하나의 상품이라는 사실에 기초한다. 이러한 경향은 독점 자본주의의 발달이 상부구조를 산업화시켜나감에 따라 문화는 하부구조적 성격이 두드러지게 나타난다고 보고 문화에 대한 경제적 측면을 주목한다. 따라서 이들 연구는 독점자본주의의 시장논리가 어떻게 문화산업과 미디어산업의 구조와 역할에 영향을 미치는가 하는 문제에 연구의 초점을 맞춰 왔고, 광고 시스템에 대해서도 관심을 보여왔다. 즉 매스미디어를 문화이전에 산업적, 영리적 조직으로 보고, 미디어산업의 시장구조와 국제간 지배, 종속의 관계, 소유패턴, 배급구조, 광고산업과의 관계, 상품으로서의 생산양식, 소비되는 방식 등 경제영역에 그들의 연구를 집중시키고 있다(김승현, 1994).

:: 3. 방송광고의 일상성과 소비

광고와 소비는 일상성을 낳는 주요 메커니즘이다. 일상성이란 단순한 일상적 반복을 의미하는 것이 아니라 고도로 발달한 현대산업사회의 도시적 특징이다. 일찍이 현대인을 호모 코티디아누스(*Homo Quotidianus*)로 명명한 앙리 르페브르(Henri Lefevre)는 현대성(*modernité*)과 일상성(*quotidienneté*)은 동전의 양면처럼 같이 작동한다고 묘파했다.

> "현대성은 일상성을 후광으로 장식하고 또 그것을 뒤엎는다. 현대성은 일상성을 비추어 주고 또 그것을 슬쩍 감추기도 한다. 이것들은 오늘날 시대정신의 두 측면이다. 무의미의 집합체인 일상에 의미의 집합체인 현대성이 답을 한다 … 이 의미들이야말로 이 사회의 이데올로기의 한 부분이다"(Lefevre, 1968).

사실 계급이나 사회구조, 사회변동과 같은 추상적 개념에 비하면 일상생활이라는 용어는 얼마나 자명한 것처럼 보이는가, 그러나 이 자명성 속에 문제의 핵심이 있다. 일상은 모든 분야에서 우리를 둘러싸고 있다. 매일 되풀이되는 단순하고 반복적인 삶, 진기하고 특별한 사건은 일상의 개념과는 거리가 멀다. 그러나 어떠한 사건도 일상의 바탕 없이는 일어나지 않는다. 여기에 일상이 갖는 이중적 성격이 있다(박재환 외, 2002). 사람들은 일상의 극복을 원하면서도 그것이 자신의 토대가 된다는 사실을 잘 알고 있다.

일상과 이상은 대립되는 존재이기보다는 서로에게 알리바이를 제공하는 존재이다. 예컨대 일상은 욕망의 장소이다. 그러나 일상이 곧 욕망은 아니다. 일상은 욕망을 일으키게 하는 촉매이다. 왜냐하면 일상은 비 욕망의 장소이며 거기서는 충만감 속에서 욕망이 죽고 그 재에서부터 욕망이 다시 생겨나기 때문이다. 욕망이 다시 생기는 순간 일상성은 사라지나 욕망을 일으키게 하는 것은 일상성이다(르페브르, 1990).

근대에 들어서면서 부각된 일상성이란 농경사회에서 일기와 절기에 따른 반복과는 다른 양상을 보여준다. 태양과 절기에 따른 반복은 자연스러운 생멸의 주기이지만, 일상성이란 도시화, 자본주의가 도입된 사회가 갖는 분열적인 증상이기

〈그림 3-4〉 아파트 광고

때문이다. 사실 일상은 그 하찮음 속에서 반복들로 이루어진다. 일상성이 가진 두 가지 그림 중 하나는 일상의 비참함이다. 즉 지루한 임무들, 모욕적인 일들, 노동계급의 삶, 일상성에 짓눌리는 여성들의 삶 등이 그것이며 이런 일상을 견디기 위한 절제, 박탈, 억압, 욕망 및 비천한 인생의 영역이다. 두 번째 그림은 일상의 위대성, 즉 지속성이다. 삶은 땅위에 뿌리를 박고 영원히 지속된다.

오늘날 우리의 일상을 둘러싸고 우리에게 결핍과 위안을 동시에 주는 것은 바로 광고다. 눈을 뜬 순간부터 잠자리에 드는 순간까지 우리는 한시라도 광고로부터 자유로울 수 없다. 개인의 내밀한 고민을 해결해준다고 약속하는 의약품과 화장품 광고, 럭셔리해 보이는 아파트와 명품광고, 끊임없이 업그레이드시키고 싶은 욕망을 자극하는 자동차광고 등 광고는 우리들의 삶 곳곳에 침투하여 은밀한 욕망을 자극한다. 이러한 광고는 구조적 본질을 가장 잘 드러내고 있을 뿐 아니라 자본주의적 문화현상을 가장 적절히 설명한다. 이는 광고가 자본주의적 지배 이데올로기를 가장 효과적으로 수행하고 있기 때문일 것이다. 광고에 반사되는 이미지들은 자본의 논리에 의해 조작되고 가꾸어진 이미지들이다. 그러나 그 이미지

〈그림 3-5〉 삼양라면 리얼리티 광고

들이 동시대 우리가 꿈꿀 수 있는 우리 자신의 모습일 수 있다는 끊임없는 설득은 우리들의 모습을 광고 속의 이미지로 바꾸어 놓는다.

이런 자본주의적 이상의 모습에 도달하기 위해 광고는 '선택', '기회', '선택의 자유'를 논리로 내세우고 있지만 실제적으로 선택, 기회, 자유라는 광고이데올로기의 배후에는 '소비'라는 자본주의 이데올로기가 작용하고 있다. 우리에게 선택은 이미 광고에 의해 선별된 상품의 선택이며 기회 역시 취사선택의 문제가 아니라 이 기회를 놓치면 평생 후회한다는 식의 소비에의 강권이다. 또한 선택의 자유는 능력 있는 자의 소비를 통한 욕망충족의 자유인 것이다.

이러한 소비의 담론을 형성하기 위해 광고는 소비자가 현재의 자연스런 생활에 최대한의 불만을 느끼게 한다. 이는 그 사회의 생활양식에 대한 불만이 아니라 자기 자신의 생활에 대한 불만이다. 그래서 광고는 불만의 해소를 위해 그리고 삶의 윤택함을 보장받기 위해 자신들이 제안하는 상품을 사용하라고 종용한다 (Berger, 1972). 여기에 내포된 광고가 전달하는 이데올로기 속으로 '소비'라는 해결점의 세계로의 진입은 이제 보편화된 일상이 되어버린 사회현상으로 볼 수 있다. 광고에 있어 중요한 것은 구매할 수 있는 능력뿐이다.

때문에 앙리 르페브르는 현대사회를 '소비조작의 관료사회'(*société bureaucratique de consommation dirigée*)라고 규정한다. 현대인들은 스스로 주체적이고 자율적인 상품을 소비하는 것처럼 보이지만 실은 자본가나 기술관료, 정치권력이나 자본주의 이데올로기에 종속된다는 것이다. 소비조작 관료사회에서는 그 맹아기부터 자본과 기호에 점령당하고 교환가치가 사용가치를 대체하고 이미지가 실용적 가치를 집어삼킨다.

광고는 화려한 마천루와 홈 네트워크 시스템을 자랑하는 아파트 광고나 명품의류, 고급승용차 등으로 현대인의 욕망을 자극하는가 하면, 우리 일상의 모습을 담아 생활인임을 일깨운다. 평범한 일반인의 일상을 한 컷 잘라낸 것 같은 광고기법을 일상의 단면형(*slice of life*) 광고라고 부르는데, 이런 리얼리티 광고는 소비재 대부분이 일상에서 쓰이는 상품이다 보니 일상의 에피소드와 어우러져 있을 때 가장 자연스럽고 소비자의 실생활에서도 자연스런 소비를 이끌어낼 수 있기 때문이다.

브래지어를 처음 착용한 딸, 엄마 손에 이끌려 여탕에 들어가기를 거부하는 어린 아들 등 잔잔한 에피소드를 담은 삼성생명의 '인생은 길기에' 시리즈와 휴대폰이 일상에 파고드는 모습을 잘 보여준 SK텔레콤의 '현대생활백서' 시리즈, 박카스와 삼양라면 시리즈 등 이런 광고들에는 제품이 드러나지도 않고, 기능을 구구절절 설명하지도 않는다. 단지 누구나 평소 경험하지만 무심코 지나쳤던 삶의 소소한 순간들을 담아 공감을 일으켰다. 일상성은 관찰자의 눈에 포착된 풍경이 아니라 삶을 살아가는 자의 감각이다. 사소하고 구질구질할지언정 우리의 살 냄새나는 일상이 오히려 동질감을 느끼게 한다. 광고는 이렇게 일상의 모습이 주는 동질감과 일상에서 꿈꾸는 이상의 모습을 동시에 제시한다.

∶∶ 4. 방송광고와 스타시스템

스타시스템은 그 초기적 단계가 할리우드에서 시작되었으므로 영화체계에서 출발했다고 볼 수 있는데, 근자에 와서는 모든 영상매체에서 이루어지고 있다. 스타의 이미지는 배우의 외형적 타입과 극중 배역의 성격, 배우의 제조된 사생활, 인접 미디어와의 지속적인 관계 등에 따라 조형되고 관리된다고 볼 수 있다(Morin, 1957). 스타시스템이란 사실 말 그대로 스타와 관련된 체계라고 할 수 있다. 보다 정확하게 개념을 규정한다면 스타 시스템은 스타를 활용하고 거래, 생산, 관리, 소비하는 전체적인 순환 메커니즘이라고 할 수 있다.

스타의 이미지는 초기의 신격화된 예외적인 인물상에서 현대에 올수록 현실감이 나는 복합적인 심리를 지닌 인물들로 바뀌어 평범함과 예외성이 함께 섞인 복합적인 인물로 나타나기 시작했다. 에드가 모랭에 따르면 스타는 숭배의 대상에서 모방의 대상으로 바뀌기 시작했다고 한다. 영화스타에서 대중매체스타로 전이 혹은 혼성된 현대의 스타는 각 매체를 통해서 빈번하게 접하는 반복성 때문에라도 숭배의 대상이라기보다는 친근감과 모방의 대상이 되어가고 있다. 어두운 공간에서 몰입하는 영화의 수용환경이 스타를 욕망의 대상으로 삼고 관객에게 동일시를 유발하며 신화화한다면 비익명성과 유동성이 허용되는 텔레비전의 수용환경은 스타를 평범하고 친근한 인물로, 달리 말해 스타이미지의 평범함과 일상성을 부각시킨다.

텔레비전은 사실상 문화상품의 생존전략상 발생한 스타시스템의 진화과정에서 급진적인 변동을 야기한 매우 중요한 매체이다. 20세기 중반 혜성과 같이 나타난 텔레비전은 기존의 주도적인 오락 및 가족매체인 영화를 주변매체로 전락시키고 영화매체 중심의 스타시스템을 구조와 내용에 있어서 완전하게 변화시켰다(김호석, 1999).

텔레비전의 종합 매체적인 성격은 스타를 생산하는 주프로그램과 함께 그들의 이미지를 활용하고 관리하는 프로그램들로 구성되어, 마치 스타시스템의 전체 체계를 가동시키는 것과 같은 효과를 산출하고 있다. 즉, 드라마, 대중가요, 스포츠, 코미디 등이 스타를 양산하는 대표적인 프로그램이라면 스타의 일상적 삶을 이야기로 나누는 토크쇼나 문화상품의 소개와 함께 스타의 동향을 정보로 제공하는 연예정보 프로그램 등이 이를 지지해준다. 여기에 광고까지 가세하게 되면 이제 어느 채널에서나 그를 피할 수 없게 된다. 다시 말해 텔레비전 프로그램 편성은 스타를 생산하고, 활용하고, 관리하는 스타시스템 그 자체라고 해도 과언이 아니다. 결국 스타를 통해서 혹은 스타를 독점하는 텔레비전을 통해서 문화산업이 수평적으로 통합되어 있다.

스타 탄생은 보통 한 편의 영화나 한 편의 드라마, 또는 한 장의 음반에서 이루어지지만, 최근에는 TV-CM이 스타 탄생의 산실이 되고 있다. 극중 배역은 스타의 이미지를 형성하는 중요한 기제이고 보통 광고는 이런 스타의 이미지를 차용하지만, 역으로 광고가 스타의 이미지 형성에 기여하고 무명의 연기자를 일약 스타도 만들기도 한다.

일본 열도를 끓어오르게 했던 욘사마 배용준의 낭만적이고 부드러운 이미지도 돌이켜보면 오래전 광고에서 시작된 것이다. 겨울연가를 제외하고 배용준이 부드러운 이미지를 보여준 드라마는 거의 없다. 이전 드라마에서의 배역은 대체로 반항적이거나 복수심에 불타거나 권위와 체계를 거부하는 인물이었다. 배용준의 부드러운 이미지는 1996년 그가 모델로 기용됐던 과일나라 광고와 LG그룹의 기업광고에서 만들어졌다. 워낙 광고는 행복하고 살 만한 세상을 보여주기 때문에 행복한 미소를 보여주는 것이 일반적이지만, 이 광고에서 보여준 배용준의 미소는 그야말로 백만 불짜리 미소였다. 아이들과 함께 '사랑해요. 사랑해요 LG'를 합창하는 이 광고는 천진난만한 아이들, 귀에 착 붙는 CM송으로 인해 그의 미소를 더욱 따뜻하고 부드럽게 만들어주었다.

1988년 당시 21세의 무명모델 심혜진도 코카콜라 광고를 통해 스타군단에 입성했다. 도회적이고 세련된 정장을 입고 시원하게 웃는 그녀는 팔꿈치로 장난스럽게 동료 남성의 얼굴을 치기도 하고, 정장 차림으로 야구장에서 홈런을 날리는 모습 등 당시로서는 파격적인 영상을 선보였다. 같은 시기 삼성전자 광고에서는 "남편사랑은 여자하기 나름이에요"라고 애교스럽게 말하는 새댁이 있었으니. 이 새댁이야말로 우리나라 광고역사에 기록될 만한 TV-CM 스타다. 최진실은 당시까지 공식화되어 왔던 광고모델과 탤런트, 혹은 영화배우의 관계를 뒤집어 놓았다. 탤런트나 영화배우로 성공하고 지명도를 얻어야 가능했던 광고모델은 더 이상 스타의 부업거리가 아니라 데뷔무대가 되었다.

태평양의 마몽드 모델로 등장한 '산소 같은 여자' 이영애와 삼성 마이젯 프린터 광고에서 섹시한 테크노댄스를 선보인 테크노 요정 전지현도 대표적인 TV-CM 스타다. 이들은 지금도 여전히 TV-CM의 여왕으로 군림하고 있지만 연이어 영화, 드라마의 히어로로 떠올랐고, 한류열풍을 타고 명실공히 아시아의 스타가 되었다. 전지현의 경우 그녀가 등장하는 대부분의 CF는 뮤직 비디오적 양식을 택하고 있는데, 리듬감 있는 육체의 선, 바람에 날리는 머릿결, 다채로운 표정이 그녀의 장점이기 때문이다. 그러나 이것은 TV-CM에서 만들어진 이미지이며 이 이미지가 반복적으로 다른 광고에서도 확산, 반복되는 것이다.

태평양 라네즈 화장품의 모델로 부상한 이나영 또한 젊은이들의 우상이다. 순수하고 깨끗한 이미지의 연출로 이나영에게는 절대적 순수이미지가 덧씌워졌고, 광고계와 영화계에서 연속적으로 러브콜을 받고 있다. 또 TV-CM에서 출발한 것은 아니지만 이효리, 비, 보아, 이준기 같은 스타도 당대 최고의 TV-CM 스타로 종횡무진 활약하고 있다.

이렇듯 광고와 스타 이미지는 서로 밀접한 관계에 있다. 스타가 매스미디어와 스타시스템에 의해 만들어진다면, 광고는 그 시스템을 움직이는 자본의 동력이면서 스스로도 막강한 텍스트로 영향력을 발휘한다. 그러나 사실 영화를 통한 이미지건 TV-CM를 통한 이미지건 그 이미지는 스타 개인의 본질과는 무관한 가상의 이미지에 불과하다. 문제는, 이 가상의 이미지에 대중은 물론 스타 자신도 포획되어 자유롭지 못하다는 것이다.

:: 5. 상품미학과 키치감성

예술미학과 대립적인 개념으로 등장한 상품미학은 현대사회에서 상품이 그러하듯 예술미학을 압도하고 있다. 현대 산업구조에서 생산보다 소비가 더 중시되면서 광고의 역할이 증대되었다. 이에 광고가 만들어내는 문화적인 이미지와 의미에 의해 특정 상품이 갖고 있는 사용가치보다 교환가치와 상징적인 가치가 더 중요한 요인으로 부상했다. 즉, 광고가 의도적으로 재현하고 전달하는 특정한 의미와 기호의 체계, 차별화와 미적인 가치는 모든 상품에 추상적인 성질을 부여하

〈그림 3-6〉 상품미학 : 스카이 머스트 해브 광고

고 상품을 교환 가능한 대상으로 변환시켜 소비자의 욕구와 감성을 가공하고 동시에 포섭하고 있다.

상품미학은 미술관이나 오페라하우스 같은 예술의 전당 안에 고립된 형태로 체험하는 순수한 미학과는 다르다. 유명미술관에 소장된 엄숙하고 숭고한 아우라가 아니라 가정, 직장, 출퇴근길 등 시간과 공간을 뛰어넘어 늘 편재하고 있는 상품의 더미 속에서 매순간 만날 수밖에 없는 대량복제의 미학인 것이다. 이는 대량으로 생산되고 소비되는 상품과 더불어 미학과 유행의 일상화를 낳는다.

몇 년간 “It's different”를 슬로건으로 내세웠던 SK의 스카이는 2006년 팬택과 합병되면서 ‘MUST HAVE__’로 슬로건을 바꾸고 대대적인 광고 캠페인을 벌였는데, 티저광고와 함께 서울 시내에 이색적인 5톤 트럭을 광고물로 내세웠다. 트럭 뒤에는 초대형 영문 글자 ‘MUST HAVE__’가 세워져 있었고 무엇보다 이 트럭은 여느 트럭과 달리 세련된 ‘포장’으로 눈길을 사로잡았다. 트럭 자체를 온통 오렌지색으로 칠하고 그 위에 파란색 머스트 해브가 세워져 있는가 하면 연두색 바탕에 자주색 영문 글자가 서 있어 일단 그 산뜻한 색감만으로도 회색 도시에 상큼한 액센트를 더해주었고 밤이면 은은한 조명까지 밝혔다. 세련된 외관 때문에 트럭이

지나갈 때마다 젊은이들은 탄성을 지르며 열심히 디카와 폰카로 사진을 찍는 모습을 심심찮게 볼 수 있었다. 또한 TV-CM 역시 재기발랄하고 감성적인 광고를 내보내고 있는데 휴대폰의 기능이 아닌 감성으로 다가서고 있는 것이다. 광고전략 측면에서 보자면 프리미엄 전략의 차별화가 아니라 대중화 전략으로 바뀌었기 때문인데, 미학적 요소를 최대한 활용하여 거리의 미학을 연출했다.

한편, 리바이스 청바지 TV-CM 오디세이 편은 자신 앞에 놓인 장벽과 난관을 뚫고 앞으로 앞으로 내달려 우주로 뛰쳐나가는 내용으로 자신의 개성, 젊음의 도전을 표현했는데, 그 역동적인 모습은 젊은이들을 광고에 열광하게 만들었다. 이쯤 되면 단순한 청바지 광고 이상의 선전선동이 된다.

하우크의 말대로 이제 상품은 실제적 가상으로 기능을 한다. 그들 주위에 구축된 신화적인 초 기호는 실현된 정체성의 이미지들을 제시하며, 그 이미지에 따라 상품은 그들을 구매자로 만들 것을 약속한다. 상품들은 가상의 정체성을 제공하고 사람들은 구매를 통해 자신의 정체성에 대한 가상적 표상을 갖게 되는 것이다.

하우크는 상품미학의 논리는 기본적으로 사용가치에서 나오는 것이 아니라 사용가치의 약속에서 나온다고 말한다. 사용가치의 약속은 상품이 구매자에게 제시되는 대상-의미를 기초로 해서 이루어지는데 이것이 구매자에게 일반적으로 통용되는 원칙일 경우에는 객관적 약속이 되며, 개개인의 취향과 지위에 따라 정해지는 원칙일 경우에는 주관적 약속이 된다.

문제는 이 과정, 즉 사용가치 외관의 가상적인 주조가 구매자의 감성구조마저 변형시킨다는 데 있다. 대중문화가 주조하는 배리된 욕망의 사슬들에 상품미학의 가상적 공간이 겹치게 되는 것이다. 여기서부터 이 시대의 신화라 할 만한 것들이 창안되고 지속된다. 즉, 아름다움과 새로움, 그리고 행복에 대한 이데올로기적 표상들의 세계가 구현된다. 상품미학은 기존의 이데올로기적 권력과 관련하여 위계적인 사회적 관계의 가상을 구현해내고 그 권력의 담론, 가치체계를 무차별적으로 차용하여 기호화함으로써 인간의 욕망, 정체성 과정을 장악하고 소비를 무한대로 확장시켜 나간다. 바로 이러한 경로를 통해 상품미학은 유사 이데올로기적 권력을 행사할 뿐 아니라 이데올로기적 권력보다 더 막강한 권력을 행사하고 있는 것이다(하우크, 1991).

이런 상품미학에 힘입어 프레데릭 제임슨은 고급문화와 대중문화 또는 상업문화를 가르는 이전의 본격 모더니즘에서 행하던 구분이 포스트모더니즘에서는 사라졌다는 점에서 미학적 대중주의가 발현했다고 주장한다. 프랑크푸르트학파에서 열렬히 비난했던 문화산업이 형식, 범주, 내용 등이 포스트모던 사회에서는 자연스럽게 일상화되어 이전까지 싸구려 통속물, 저급한 것으로 몰았던 대중문화 산물이 문화, 예술과 일상에서 미학과 결합되고 있음을 지적한다. 그 만남은 주로 키치로 형상화된다.

광고는 과거와 현재, 동양과 서양의 문화와 기억의 단초를 순식간에 혼성모방, 짜깁기가 가능한 텍스트이다. 때문에 광고가 다루는 복고는 '과거'가 아니라 '현재'를 보여주며 광고에서의 패러디는 패스티시에 가깝다. 광고에서 다루는 하위문화나 저항문화는 그 정신은 증발하고 문화아이콘으로 상품화된다.

광고의 세계는 섹시하고 건장한 젊은이들의 전유물일까? 이전에는 그랬다. 그러나 전원주를 모델로 기용한 1998년 데이콤의 '터치터치002' 광고가 등장하면서 그 공식이 깨졌다. 호들갑스러운 웃음소리로 극의 감초역할을 해왔던 전원주는 이 광고에서 만화영화 짱가의 주제곡이 흐르는 가운데 지붕 위를 달리거나 공항에서 텀블링하는 기묘한 이미지로 등장한다. 부조화의 조화가 독창성을 낳았던 키치광고다. 이 광고로 인해 전원주는 화제의 인물이 되었고, 제 2의 전성기를 누리게 되었다.

중견배우가 TV-CM 모델로 내거 등장하게 된 것도 이 광고가 계기가 되었다. 원로배우 신구는 롯데리아 크랩버거 광고에 등장해 "니들이 게맛을 알아?" 라는 독특한 뉘앙스의 대사로 최고의 인기를 얻었고, 김수미 역시 대장금을 패러디한 한국야쿠르트의 장라면 광고로 인기를 얻었다. 식품광고와 김수미는 이미 잘 어울리는 이미지로 변해있었는데, 이는 그 유명한 홈쇼핑 채널의 '김수미 꽃게장' 광고 덕분이다.

키치는 소비사회의 미학 또는 미적 태도다. 키치는 사물의 기능보다 장식을 중시한다. "적은 것이 많은 것이다"(*less is more*)라는 모더니즘 미술논리를 거부하는 다다익선(多多益善)의 세계다. 키치는 선악의 구별, 역사 따위에는 관심이 없고 즉각적이고 즉물적으로 인간의 욕망을 달래고 대중을 유혹한다. '평균적 감수성을 지닌 인간들에 의해, 평균적인 인간들을 위해' 키치는 만들어진다. 풍성한 물질의 토대와 가벼움의 시대 속에서 사물의 덧없음과 유희적 요소가 키치로 작용한다.

다시 말해서 역사와 문화적 산물이 쌓이지 않은 상태라면 키치는 불가능하고, 그런 의미에서 이 시대는 키치양식이 드러나는 최적기이다. 키치는 근대성의 산물이자 자본주의 사회의 부산물이다(몰르, 1994).

우리 사회에서 키치는 모든 문화생활과 일상생활을 점령하고, 고급과 저급의 경계선을 무너뜨려 버리고 있다. 키치의 문제점은 하향적 평균화이다. 상류사회의 유행과 문화적 가치가 차츰차츰 아래계층으로 퍼져나가 마침내 최하층까지 침투해 보편적인 삶의 스타일이 된다. 그리하여 어떤 물건을 고르는 것은 이제 자신의 지위상승을 고르는 것과 동일시되는데, 키치는 바로 소비자의 심리에 침투하는 프티 부르주아적 취미의 산물이라고 보드리야르는 주장한다. 키치가 신분추구와 연관되어 있는 경우 동시대의 일상생활에서 나타나는 무의미함과 진부함을 벗어나 환상적인 도피처를 제공할 수 있다. 여가의 빈 시간을 '재미'와 '흥분'으로 채우고 공허한 시간을 아름다운 가상을 통해 메우는 등 끊임없이 환각을 일으키게 한다. 키치는 이런 특성 때문에 상업성과 밀접한 관련을 가진다.

∴ 6. 광고와 문화비평의 접점과 한계

다매체 시대를 맞으며 방송가와 학계에서는 대중매체를 통한 광고는 위기상황에 놓여있다고 한다. 그러나 광고는 위기의 탈출을 위해 더 많은 매체를 발굴하고 좀더 색다른 기법으로 변신하기도 한다. 미디어 환경 변화로 인한 방송광고 변화의 대표적 예는 BMW 단편영화 시리즈, 삼성의 애니모션 등이 보여준 브랜드 엔터테인먼트 광고의 등장을 들 수 있다. 매체의 발달로 소비자들의 광고 회피가 수월해지면서, 완결된 엔터테인먼트로서 충분한 재미를 주는 텍스트 안에 제품 이미지를 심는 전략이 대두된 것이다.

광고는 다채로운 시각 문화적 스타일과 감성을 다른 어떤 매체보다 빨리 포착하고 자신의 것으로 전유하는 역할을 수행한다. 광고가 만들어내는 문화는 이제 당당히 대중문화의 중심에 입성했다. 시시때때로 바뀌는 대중들의 취향과 정서구조에 가장 빨리 그리고 탄력적으로 대응하는 순발력 있는 문화양식이라는 점에서, 광고는 현대 소비대중사회의 문화 트렌드를 포착하게 해주는 중요한 문화 텍스트이다. 이런 의미에서 문화연구가 주목하는 광고의 특성은 광고가 대중문화의 변화를 발 빠르게 반영하고 이끌어가는 주요한 문화적인 재현체(*representational form*)이자 텍스트 형식(*textual form*)이라는 점이다. 인접한 대중문화와 미디어의 세계로부터 다양한 장르형식과 재현의 전술을 선택적으로 수용하고 동시에 광고 자체에 대한 비판에 탄력적으로 대응하는 광고는 마치 불가사리와도 같은 사회적 존재이자 소비와 미학이 결합된 재현양식이라고 말할 수 있는 것이다(이기형, 2004).

광고의 끊임없는 변화는 '미적 혁신'이라는 모토 아래 변화하는 소비자의 욕망을 읽어내고 그보다 앞서야 하는 상품미학의 딜레마이기도 하다. 광고비평과 문화연구 역시 변화하는 환경, 변화하는 광고와 소비자를 먼저 꿰뚫을 수 있는 혜안이 필요하다. 매체가 변화하면 방송광고 역시 변화할 수밖에 없다. 광고업계에서 관심을 갖는 소비자의 무의식, 이를 꿰뚫는 통찰력에 대한 연구는 결국 우리시대의 문화연구일 수밖에 없으므로 광고비평과 문화연구는 같은 길을 갈 수밖에 없다. 다만 광고의 체계와 역할에 대한 이데올로기적 분석이 초기단계의 작업이었다면 광고비평과 문화연구는 이제 그 이후의 작업들을 시도해야 할 것이다.

문화연구의 대상은 애초부터 고정된 것이 아니라 항상 가변적이다. 자본의 날렵한 유연성으로 끊임없이 변화를 꾀하는 광고는 더 말할 나위 없다. 문화연구와 광고비평 모두 이제는 어느 정도 시간의 축적도 생겼고 공간의 팽창도 이루어진 상황이니 동어반복이 아닌 새로운 지향점을 모색해야 할 것이다.

아울러 매스미디어와 광고의 정치경제학적 역학을 돌아볼 필요도 있다. 텍스트 자체에 대한 분석 결여로 인해서 소유 문제를 초월하는 구체적이고 역사적인 분석에는 무력하다는 점, 문화적, 이데올로기적 차원에서 대중매체가 가지는 효과를 구체적으로 살피기 어렵다는 점, 무기력하고 수동적인 수용자 모델에 입각해 있다는 점이 한계로 지적되어 왔지만 정치경제학적 접근은 대중매체와 광고에 대한 새로운 통찰력을 제공해준다.

●○● 생각해볼 문제

1. 광고비평이 문화비평과 공유할 수 있는 부분은 무엇이며 이들 비평은 사회에서 어떠한 역할을 하는가?

2. 일상성과 소비는 현대사회의 특징이다. 일상성과 소비에 있어서 광고는 어떠한 역할을 하는가?

3. 상품미학 비판에서 주장한 바에 의하면 사용가치와 교환가치의 모순은 어떠한 결과를 낳는가?

●○● 참고문헌

김승현(1994). "언론매체와 대중문화". 《언론학 원론》. 범우사.

원용진(1997). 《광고문화비평》. 한나래.

이기형(2004). "광고비평과 문화연구의 접합을 위한 하나의 시론". 김영찬 편저. 《광고비평의 이해》. 서울: 한울아카데미. pp.56~81

박재환 외 편역(2002). 《일상생활의 사회학》. 서울: 한울아카데미.

레이먼드 윌리엄스. 이일환 역(1982). 《이념과 문학》. 서울: 문학과지성사.

볼프강 F. 하우크. 김문환 역(1991). 《상품미학 비판》. 서울: 이론과 실천.

김호석(1999). "스타와 스타시스템". 《텔레비전 문화연구》. 서울: 한울아카데미. pp.375~399)

스튜어트 유엔. 최현철 역(1998). 《광고와 대중소비문화》. 서울: 나남출판.

아브라함 몰르. 엄광현 역(1994). 《키치란 무엇인가》. 서울: 시각과 언어.

Baudrillard, J.(1970). *La Sociétè de Consommation ses Mythes ses Structures*, Paris. Éditions Denoël. 이상률 역(1991). 《소비의 사회》 . 서울: 문예출판사.

Berger, J.(1972). *Ways of Seeing*. New York: Hill and Wang.

Boorstin, D(1962). *The Image: A Guide to Pseudo-Events in America*. Simon & Schuster, Inc. 정태철 역(2004). 《이미지와 환상》. 서울: 사계절.

Ewen, Stuart(1976). *Captains of Consciousness: advertising and the Social Roots of the Consumer Culture*. NY: McGraw-Hill.

Gramsci, A.(1971). *Selections from Prison Notebook*(edited and translated by Q. Hoare & G. Nowell-Smith). London: Verso.

Jameson, F.(1991). *Postmodernism on the Cultural Logic of Late Capitalism*. Duke University.

p.17.

Lefèvre, H.(1968). *La vie quotidienne dans le monde moderne*. Editions Gallimard, Paris. 박정자 역(2005). 《현대사회의 일상성》. 서울: 기파랑.

Morin, E.(1957). *The Stars*. Editions du Seuil. 이상률 역(1993). 《스타》. 서울: 문예출판사.

Storey, J.(1993). *An Introductory Guide to Cultural Theory and Popular Culture*. 박모 역(1994). 《문화연구와 문화이론》. 서울: 현실문화연구.

Williams, Raymond(1980). "Advertising: The Magic System". *Problem in Materialism and Culture*. London: Verso.

Williamson, Judith(1978). *Decoding Advertisements: Ideology and Meaning in Advertising*. London: Marion Boyars. 박정순 역(1998). 《광고의 기호학: 광고 읽기, 그 의미와 이데올로기》. 서울: 나남출판.

제 4 장

광고 창의성 평가에 대한 비평과 전망

김병희

창의적이고 효과적인 광고 크리에이티브는 과학적 접근의 결과라는 입장과 예술적 접근의 결과라는 두 가지 관점으로 대별된다. 데이비드 오길비(David Ogilvy)가 과학적 접근을 대표한다면 윌리엄 번벅(William Bernback)은 예술적 접근을 대표하며 어느 쪽이 우세하다는 정설은 아직 없다. 광고창작은 상품판매를 위하여 시도되며 광고효과를 전제로 한다는 점에서 광고 표현물이 결코 예술이 될 수 없으며, 설령 예술 비슷한 것이라 할지라도 기껏해야 상업예술의 범주에 속할 것이다.

그럼에도 불구하고 여러 예술장르에서 사용되는 표현기법들이 광고창작 과정에 활용된다는 점에서 광고가 예술이며 광고 창작자가 예술가라는 유혹에 빠지기 쉽다. 이는 광고물이 지니는 창의적인 속성 때문이며 광고 텍스트에는 광고효과만으로 광고물을 평가할 수 없는 그 무엇이 있기 때문이다. 결국 광고물의 창의성(*creativity*) 평가문제가 제기된다고 하겠다. 문학작품의 평가에 있어서 베스트셀러라고 해서 그 작품을 명작이라고 평가하지는 않으며, 항구성, 보편성, 독창성, 그리고 미적 완결성을 작품평가의 주요 준거로 삼는다.

그러나 여러 연구결과를 보면 광고물의 평가준거는 다른 예술작품의 그것과 다르다는 점을 알 수 있다. 상품을 많이 팔아주는 광고가 좋은 광고임에는 분명하지만 그것만으로 광고 크리에이티브의 모든 것을 다 설명할 수 있을까? 도대체 광고에 있어서 창의성이란 무엇이고 광고 창의성을 어떻게 평가할 것인가? 이 장에서는 광고물의 평가에 있어서 주요 쟁점과 연구 현황을 비판적으로 검토함으로써 창의적인 광고물 창작에 필요한 가이드라인에 대하여 보다 깊이 있게 알아보고자 한다.

∷ 1. 카피 테스팅의 연구전통

광고학계와 광고업계에서는 크리에이티브 또는 광고 창의성의 중요성을 강조하면서도 실제로 이 분야 연구는 다른 연구영역에 비하여 상대적으로 부족하였으나, 최근 들어 광고 창의성 연구는 광고학의 주요 연구 분야이자 과학적 연구영역이라는 다양한 관점이 제시되었다. 어떤 연구자는 창의성이 뛰어난 광고물을 광고 효과의 전제 조건으로 간주하며 광고 창의성 연구가 카피 테스팅과 다른 연구전통이라고 보는 데 비해, 어떤 연구자는 광고 창의성과 광고효과를 같은 개념으로 보고 카피 테스팅 연구에 관심을 기울여 왔다.

광고에 대한 반응을 측정함으로써 광고효과를 검증하는 것은 카피 테스팅의 주요 접근방법의 하나이다. 미국 광고학계에서 메시지 효과 이론의 검증과 발전에 기여해온 카피 테스팅 연구전통에서는 어떤 광고물의 주요 소구점을 표적 청중이 제대로 이해하였는지에 주목하였다. 초기의 카피 테스팅 연구에서는 표적 청중이 메시지를 어느 정도 정확히 이해하는가를 파악하기 위하여 주로 상기도(*recall*)나 재인(*recognition*) 같은 지표를 사용하여 광고에 대한 기억효과를 측정하였다.

초기의 카피 테스팅이 초안 상태의 광고물 평가에서 시작하여 이후 광고 캠페인에 대한 사후 추적 조사에 이르기까지 다양한 영역으로 발전되었으나, 측정범주 및 측정방법에 있어서의 신뢰도와 타당도 문제가 항상 쟁점이 되어왔다. 특히, 미국의 21개 주요 광고회사의 후원을 바탕으로 1982년에 PACT(*Positioning Advertising Copy Testing*) 9원칙이 제시되면서, 보다 효과적인 카피 테스팅 체계를 위한 포괄적인 지침들이 구체화되었다. 십여 년 주기로 이루어진 ARF의 카피 리서치 보고서(Haley & Baldinger, 2000)를 보면, 카피 테스팅이 광고에 대한 종합적 반응을 측정하며, 특히 측정의 타당도를 높이기 위한 다양한 전략들을 제시하고 있음이 인상적이다.

카피 테스팅에서 주로 측정하는 내용은 다음과 같다. 첫째, 설득 항목으로 상표선택, 구매의도, 환기상표군, 전반적인 브랜드 선호 등이며, 둘째, 현저성 항목으로 최초 인지도, 비보조 인지도, 전체 인지도 등이다. 셋째, 상기도 항목으로 제품군의 단서로부터의 브랜드 상기도, 브랜드 단서로부터의 상기도, 전반적인 단서로부터의 상기도 등이며, 넷째, 커뮤니케이션 항목으로 주요 메시지 소구점, 언어적 시각적 광고 상황, 광고의 방향성(긍정적/부정적 소구), 주요 판매 소구점 등이다. 다섯째, 호감도 반응 항목으로 광고물에 대한 호/불호, 최근 본 광고 중에서 가장 좋은 것 선택하기 등이며, 여섯째, TV 광고에 대한 반응진단 등이다(Haley & Baldinger, 2000).

이러한 측정영역을 비교하면, 카피 테스팅이 종합적인 광고반응을 측정하는 것이지 광고의 창의성만을 측정하는 연구전통은 아니라는 점을 알 수 있다. 한편, 카피 테스팅 연구에 있어서 가장 중요한 쟁점은 광고효과를 나타내는 여러 지표 중에서 광고에 대한 호감도의 측정방법과 측정결과의 일반화에 관한 문제이다. 최근의 카피 테스팅 연구들에서도 '통제된 노출' 상황에서 얻은 측정결과를 타당화할 수 있는 과학적 접근방법을 모색할 것을 촉구하고 있다. 이상과 같이 광고효과를 예측하는 맥락에서 광고물을 측정하는 카피 테스팅 연구전통은 광고물의 창의성 여부만을 측정하지는 않지만, 광고물의 평가에 있어서 측정방법의 문제점을 제기하고 광고물의 평가를 위한 직접적 정보를 제공한다는 점에 의의가 있다.

∷ 2. 광고 창의성의 연구전통

창의성에 대한 연구는 주로 심리학 분야에서 가장 먼저 수행되었다. 그동안 심리학과 경영학 등 여러 학문 영역에서 발표된 창의성에 대한 정의는 100가지 이상 있는 것으로 알려져 있으나 학계에서 일반화된 창의성의 정의는 없다. 심리학 분야에서 수행된 창의성 연구경향을 종합하면, 신비주의적 접근, 실용주의적 접근, 심리역동적 접근, 심리측정적 접근, 인지적 접근, 사회 · 성격적 접근, 그리고 종합적 접근 등 7가지 맥락에서 연구되어 왔다(Sternberg & Lubart, 1999). 이상의 7가지

연구전통을 개략적으로 소개하면 다음과 같다.

신비주의적 접근(*mystical approach*)은 창의적인 사람은 빈 통에 비유되고 신의 중개에 의해 영감을 얻는다는 초기의 관점으로 창의성 영역은 신비로워 과학적 접근이 어렵다고 보았다. 실용주의적 접근(*pragmatical approach*)은 유추에 의한 창의적인 사고의 발현에 관심을 가지고 현실적으로 보다 유용한 창의력 향상 방안 개발을 모색하였다.

심리역동적 접근(*psychodynamic approaches*)은 창의성이 의식적인 현실과 무의식의 긴장 관계 속에서 발현된다는 관점을 지향했으며 각 분야에서 독보적인 업적을 이룩한 크리에이터 연구에 집중했으나 여러 사례연구 결과가 대체로 일반화 가능성이 낮다는 비판을 받았다. 또한, 심리측정적 접근(*psychometric approaches*)은 확산적 사고를 바탕으로 주로 실험실 연구를 진행하였으며, 유창함, 유연성, 독창성, 정교성 등 인간의 창의성을 측정할 수 있다는 구체적 증거를 제시한 점에 의의가 있다.

인지적 접근(*cognitive approaches*)은 창의적인 사고의 기저에 있는 심리적 표상과 과정들을 이해하고자 하였으며, 창의적 사고에 대한 컴퓨터 시뮬레이션과 인간 피험자 모두를 연구하였다. 이 방법은 창의성의 연구영역을 보다 확산시켰다는 점에서 연구의의가 있다. 또한, 사회 · 성격적 접근(*social-personality approaches*)은 창의적 결과물의 성취에 필요한 성격 변인과 동기적 변인 그리고 사회문화적 환경들을 연구하는 데 집중하였다. 마지막으로, 종합적 접근(*confluence approaches*)은 창의성의 발현에 필요한 개인의 창의적인 능력과 개인이 소속된 영역이나 문화체계 등 다양한 맥락의 상호작용 양상을 연구하였다.

최근 들어, 이상의 7가지 연구경향은 4가지 연구전통으로 구체화되는데, 창의성의 네 가지 측면(4P) 중 어느 한 부분을 강조하여 연구대상으로 하느냐에 따라 연구영역이 달라진다. 즉, 연구자들은 창의적인 행동에 의한 결과물에 대한 연구, 창의적인 발상과정에 대한 연구, 창의적인 인물의 특성에 대한 연구, 그리고 창의성 향상에 영향을 미치는 환경이나 문화적 맥락연구 등 네 가지 측면에서 창의성 연구에 접근하였다(곽원섭 · 차경호, 2001; White & Smith, 2001). 한편, 광고의 맥락에서도 창의성의 네 가지 측면에 따라 광고 창의성 연구가 수행되었다.

첫째, 창의적인 결과물에 대한 연구에서는 특정 광고물의 창의성을 어떻게 평

〈표 4-1〉 연구경향의 비교분석

	카피 테스팅	광고 창의성
연구주제	· 메시지의 설득성(*persuasion*) · 현저성 요소 파악(*salience*) · 상기도 여부의 측정(*recall*) · 커뮤니케이션 효과 검증(*communication*) · 호감도 반응의 측정(*liking*) · 전반적 광고반응 진단(*diagnostics*)	· 창의적인 결과물(*product*) · 창의적인 발상과정(*process*) · 창의적 인물의 특성(*person*) · 창의성 향상의 영향요인(*persuasion*)
연구쟁점	· 결과의 타당도 확보 문제	· 광고 창의성 측정 시 일반적인 창의성 측정척도의 적용문제

가할 것인지에 관심을 갖고, 광고물에 대한 종합적 반응보다 광고물의 창의성 여부의 측정을 시도하고 광고 창의성의 구성요인을 밝히는 데 주목하였다. 한편, 광고물의 창의성 여부가 광고효과에 어떠한 영향을 미치는지를 검증한 여러 실증연구들도 이 범주에 해당된다.

둘째, 창의적인 발상과정에 대한 연구에서는 창의적인 아이디어를 도출할 수 있는 선행요인이나 발상과정의 내적 구조를 규명하는 데에 관심을 갖고 보다 효과적인 광고 창의성 향상을 위한 실천전략을 모색하는 연구들이다.

셋째, 창의적인 인물의 특성에 대한 연구에서는 크리에이티브 천재들이나 창의적인 인물의 특성에 대한 연구로서 창의적인 개인의 기질이나 창작 방법론을 알아보고 크리에이터의 특성을 유형화하는 연구들이다(김병희, 2004).

넷째, 창의성 향상에 영향을 미치는 환경이나 문화적 맥락에 대한 연구에서는 조직과 제도적인 환경요인이 광고 창의성 향상에 구체적으로 어떤 영향을 미치는가에 주목하였으며, 광고 창의성과 직무성과의 관련 양상을 고찰하였다.

이상에서 논의한 카피 테스팅 연구전통과 광고 창의성 연구전통을 비교하여 도표로 제시하면 〈표 4-1〉과 같다. 광고 창의성에 관한 여러 선행연구가 광고 창의성의 개념정의, 광고 창의성의 측정방법, 창의성을 강화하는 구체적 실천방안에 연구 관심이 집중되고 있다는 점에서(El-Murad & West, 2004), 종합적인 광고반응을 측정하는 카피 테스팅 연구와는 별개로 광고 창의성 평가에 관한 연구는 창의적인 결과물에 주목하는 연구이다(김병희, 2006).

:: 3. 광고 창의성의 개념

광고학 영역에서 창의성이라는 용어가 너무 광범위한 개념으로 쓰이고 있는 상황에서, 일반적인 창의성과 광고 창의성을 같은 개념으로 보는 연구자들도 있는가 하면(유창조 · 김광수 · 신강균 · 김철민 · 이화자, 2001), 다른 개념으로 보는 연구자들도 있다(김병희, 2002; 김병희 · 한상필, 2006; El-Murad & West, 2004). 광고 창작은 상품판매나 정보제공 또는 소비자 설득을 전제로 한다는 점에서 광고 창의성의 개념은 일반적인 창의성의 개념과 다르다고 할 것이다.

예컨대, 존슨과 해크먼(Johnson & Hackman, 1995)은 일반적인 창의성을 "수평적(확산적) 사고를 통하여 기존 요소들(재료, 단어, 생각, 사실, 소리, 움직임, 색깔, 선, 수학적 공리, 절차 등)을 새롭고 관련되게 조합하거나 결합시키는 인간(상징) 커뮤니케이션"(p. 15)으로 정의하고, 기존 연구들을 종합하여 창의성의 세 가지 요소로 독창성-새로움, 상관성, 수평적-확산적 사고를 제시하였다. 이러한 맥락은 광고 창의성을 설명하는 측면도 있으나 너무 포괄적이며 설득이나 정보제공을 위한 최종적인 창작 결과물인 광고물의 창의성을 평가하는 데도 한계가 있다.

광고 창의성의 개념에 대한 여러 정의를 보면, 상충되는 아이디어에 대한 지적 해결책, 아이디어를 새롭게 하고 관련짓는 그 무엇, 마케팅 목표와 경쟁환경에 따라 문제를 해결하는 능력, 판매유발의 맥락에서 새로운 판매와 이미지를 창출하는 생산적인 것 등 다양하며, 심지어 오길비는 제품을 팔지 못하는 광고는 크리에이티브가 아니라고까지 하였다.

한편, 광고 창의성에 대한 인식은 소속집단이나 업무영역에 따라 다르다는 연구결과도 있다. 미첼(Michell, 1984)은 광고주와 광고회사 직원간의 창의성에 대한 인식을 비교한 결과, 큰 범주에서는 일치하는 측면이 있었으나, 구체적인 7가지 창의성의 요인에서는 불일치가 나타났다. 광고주는 크리에이티브 과정 자체와 광고회사의 광고 창조철학을 주요인으로 평가한 데 비해, 광고회사에서는 크리에이티브 환경과 개성을 중시하였다. 또한, 창의성에 대한 입장에서 광고주는 창의성을 보다 구조화된 과정으로 인식하는 반면에 광고회사는 자발성을 강조하는 것으로 나타났다.

크리에이티브 대안의 적정 숫자를 알아보기 위해 시도된 반덴버그와 레이드 및 쇼린(Vanden Bergh, Reid, & Schorin, 1983)의 연구에서는 광고 창의성을 판단하기 위해 크리에이티브 디렉터, 아트팀장, 카피팀장 등 정상급 광고 창작자들을 패널 심사단으로 구성하였다. 연구결과, 업무영역에 따라서 평가준거가 다르다는 사실이 발견되었다.

그동안 이루어진 연구성과를 종합하면 광고 창의성의 개념은 대체로 연상과정, 문제 해결책 제시, 상호작용 시스템 등 세 가지 관점으로 구분할 수 있다.

첫째, 연상과정이 창의성에 직접 관련된다는 관점을 보면, 광고 창의성이란 판매 아이디어 창출을 위해 다른 것과 연결하는 능력이며(Marra, 1990), 낡은 요소들을 새롭게 조합하는 감각이며, 무관한 요소들을 새롭고 의미 있게 연결하되 상관성, 신뢰성, 호감을 형성하는 재능이며, 익숙한 사물이나 개념을 새로운 의미로 해석하여 상호 관련성을 제시하는 과학적 능력이다(El-Murad & West, 2004).

둘째, 연상과정과는 달리 창의성을 문제 해결책 제시로 규정한 연구관점을 보면, 일반적인 창의성은 참신하고 적절하게 결과를 창출하는 능력이나 상호작용 과정을 의미하며(Johnson & Hackman, 1995; Sternberg & Lubart, 1999), 광고 창의성은 경쟁적 혜택을 독특하게 제시하는 동시에 문제점과 해결책을 제시하고 이를 표현하는 방식과 아이디어이다.

셋째, 광고 창의성을 상호작용 시스템의 과정으로 보는 연구에서는 창의성이란 선천적인 통찰력이 아닌 사회체계를 기반으로 하는 지적 노력의 결과로 간주한다. 따라서 창의성은 개인의 행동이나 의식에 의한 결과가 아니라 특정 분야나 사회적 단체, 아이디어나 콘텐츠를 발산하는 문화적 영역, 그리고 그 영역 속에서 변화를 주도하는 개인 등 세 가지가 상호작용하는 사회적 시스템에서 발현된다는 것이다(유창조 외, 2001).

⁚⁚ 4. 광고 창의성과 광고효과

정교화 가능성 모형(ELM)이 제시된 이후, 광고 연구자들은 개인적 관련성에 따른 주변단서의 영향에 주목하였는데, 이는 크리에이티브와 관련된 메시지의 양과 질에 관한 연구를 확산시켰다.

광고효과와 창의성의 상관관계를 규명하기 위하여 코버와 골드버그 및 제임스(Kover, Goldberg, & James, 1995)는 창의적인 광고란 상 받은 광고라는 다소 전통적인 기준을 적용하여 수상작들을 대상으로 창의성을 평가하였다. 연구결과, 광고가 굳이 창의적이거나 설득적일 필요는 없다고 하며 소비자들은 그들의 기대치에 부합하는 광고를 좋아한다는 다소 상이한 시사점을 제시하였다.

또한, 스톤과 베서 및 루이스(Stone, Besser, & Lewis, 2000)는 광고의 상기도 및 호감도와 창의성의 관계를 알아보기 위해 전화 서베이를 통하여 응답자들에게 가장 좋아하는 광고와 가장 싫어하는 텔레비전 광고에 대해 질문하였다. 연구결과, 패널집단이 선정한 광고물과 비교했을 때 싫어하는 광고는 46%가 일치한 데 비하여 좋아하는 광고는 70%가 일치하는 것으로 나타났다.

미셸(Michell, 1984)은 광고주와 광고회사 직원간의 창의성에 대한 인식을 비교한 결과, 큰 범주에서는 일치하는 측면이 있었으나, 구체적인 7가지 창의성의 요인에서는 불일치가 나타났다. 광고주는 크리에이티브 과정 자체와 광고회사의 광고 창조철학을 주요인으로 평가한 데 비해, 광고회사에서는 크리에이티브 환경과 개성을 중시하였다. 또한, 창의성에 대한 입장에서 광고주는 창의성을 보다 구조화된 과정으로 인식하는 반면에 광고회사는 자발성을 강조하는 것으로 나타났다.

국내에서도 유창조(2000)와 홍재욱(2003)은 광고 크리에이티브의 구성요소가 광고효과에 영향을 미치는 핵심적 요인이라는 결과를 제시하였다. 김정현(2003) 역시 광고 크리에이티브 요소로 광고모델 선호도, 모델 유명도, 정보제공, 세련미, 유머소구, 이해 용이도, 참신성, 배경음악, 영상미 등 9가지로 구분하고 이들의 평가가 광고 선호도 및 구매 관심도에 미치는 영향을 알아본 결과, 모델 선호도가 가장 큰 영향을 미친다고 보고하였다.

한편, 문달주, 전성률, 김태원 등(2004)은 광고 크리에이티브 평가 요소들의 성과가 광고태도와 광고를 통한 구매 관심도에 어떠한 영향을 미치는지를 규명하였다. 광고 창의성의 구성요소를 모델 파워(적합성, 매력성, 신뢰성), 메시지 파워(이해성, 설득성, 독특성), 크리에이티브 파워(독창성, 정교성)로 구분하여 분석한 결과, 모든 상품군에서 크리에이티브 파워가 광고태도에 가장 큰 영향을 미치는 요소로 나타났다.

위에 언급한 내용 말고도 여러 연구들이 있다. 그동안 보고된 광고 창의성과 광고효과의 상관관계에 대한 연구들을 종합하면 창의적인 광고가 광고효과에 영향을 미치는지 미치지 못하는지에 대하여 결과가 일치하지 않는다. 다만 창의적인 광고가 보통 수준의 광고보다 소비자의 광고태도 형성에 영향을 미치고 그리하여 결국 상품판매에도 영향을 미친다는 관점이 조금 더 우세할 뿐이다.

∷ 5. 광고 창의성의 평가준거

광고물의 창의성을 평가하는 기준은 연구자나 광고의 기능에 대한 관점에 따라서도 평가준거가 다르다. 예컨대, 시장지배 모델의 관점에서는 광고의 기능을 설득 커뮤니케이션의 도구로 보는 데 비해 시장경쟁 모델의 관점에서는 광고를 정보제공의 척도로 본다. 일찍이 오길비가 "팔리지 않는 광고는 창의적이지 않다"고 언급한 이후, 연구자들은 광고 창의성이 브랜드 커뮤니케이션에 영향을 미치는 주요 요인 중의 하나이며 광고물의 창의성 여부에 따라 광고효과가 달라질 수 있다는 연구결과를 제시하였다. 반면에 광고물의 창의성은 광고효과와 무관하며 메시지의 완성도보다 노출량에 따라서 광고효과가 결정된다는 관점도 제시되었다.

〈그림 4-1, 2, 3〉은 삼성생명보험의 '인생은 길기에' 캠페인의 시리즈물로써 같은 회사에서 노출시점을 달리한 광고들이다. 이 광고들의 창의성을 어떻게 평가할 것인가. 다음 세 가지 광고 중에서 어떤 광고를 가장 창의성이 뛰어난 광고로 평가할 수 있을 것인지 생각해보자. 창의적인 광고 순으로 평가하기가 결코 쉽지 않을 것이다. 그렇다면 어떤 평가준거에 따라 광고물의 우열을 가라는 것이 바람직할 것인가?

또 다른 맥락에서, 각각 다른 기업에서 유사한 경쟁 브랜드를 광고하는 경우를 생각해볼 수 있다. 다음 광고들은 현대카드의 '누려라' 편과 LG카드의 '천만인의

〈그림 4-1〉 삼성생명보험 '인생은 길기에 — 남편' 편

〈그림 4-2〉 삼성생명보험 '인생은 길기에 — 딸' 편

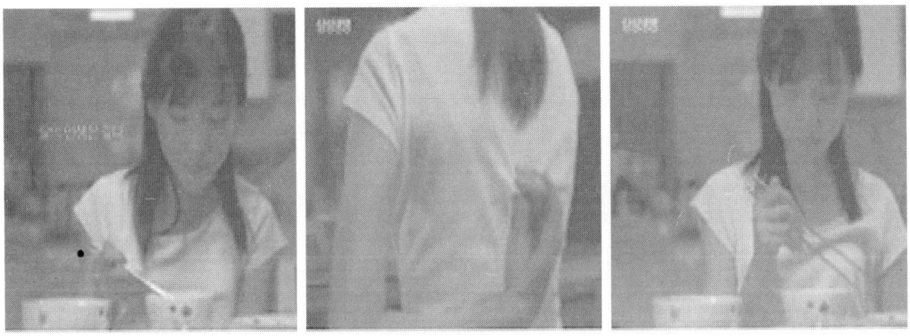

〈그림 4-3〉 삼성생명보험 '인생은 길기에 — 어머니' 편

〈그림 4-4〉 현대카드 '누려라' 편

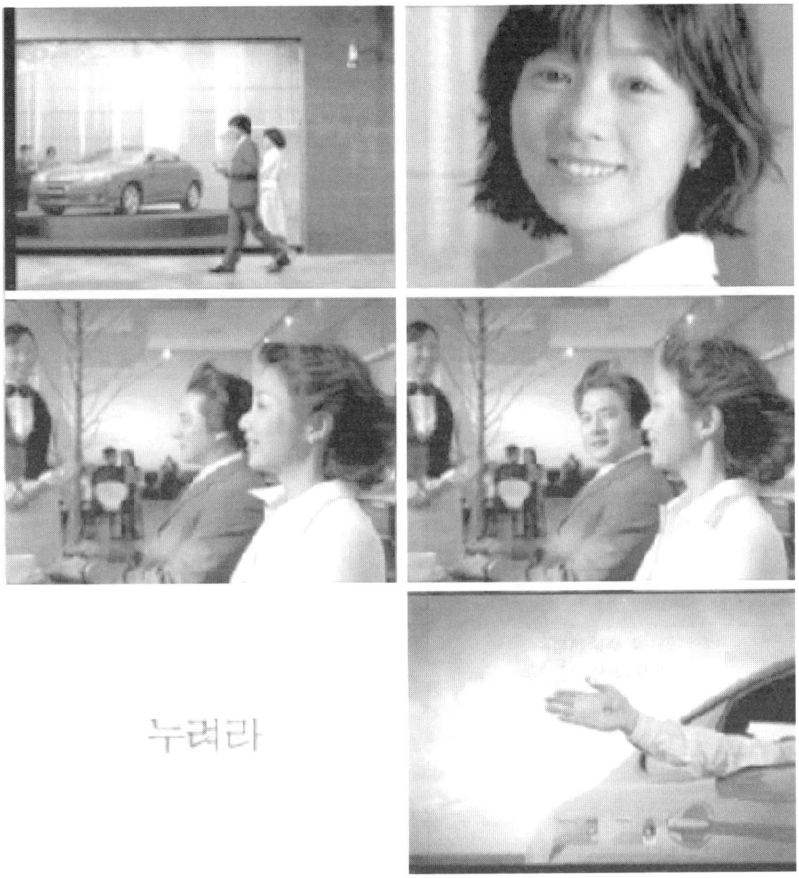

〈그림 4-5〉 LG카드 '천만인의 카드' 편

카드' 편이다. 각각 시장 점유율과 상품의 특성이 다르겠지만 동일하다는 전제 하에서 어떤 광고가 더 창의적이라고 할 수 있겠는가? 만약 광고상을 준다고 하면 어떤 광고에 점수를 더 줄 수 있겠는가? 우리나라에 수많은 광고상이 있는데 과연 심사위원들은 각 브랜드가 당면하고 있는 마케팅상의 해결과제를 정확히 인식하고 나서 광고물의 창의성을 평가한다고 할 수 있을까?

주어진 시간 내에서 심사가 이루어진다는 점을 감안하면 어떤 광고가 마케팅상의 해결과제를 얼마나 수행하였는지는 논외로 하고, 광고 표현물을 순간적으로 보고 심사자의 직관적인 느낌에 따라 광고의 우열을 가리는 경우가 많을 것이다. 따라서 광고 창의성의 평가준거를 검토하는 문제는 심사자의 직관에 의한 평가를 지양하고 비교적 객관적인 심사(평가) 기준을 모색한다는 점에서 의미심장한 작업이다.

광고 창의성의 평가준거에 대하여 광고회사 DDBNeedham은 ROI [*Relevance*(상관성), *Originality*(독창성), *Impact*(충격성)]를 제시하였다. Young & Rubicam은 광고 창의성의 평가와 관련하여 하나의 룰과 다섯 가지 원칙을 제시하였다. 즉, 하나의 룰은 AQRI(*Arouse*, *Quick*, *Related*, *Interest*)이며, 다섯 가지 원칙은 SCORE [*Simplicity*(단순성), *Credibility*(신뢰성), *Originality*(독창성), *Relevance*(상관성), *Empathy*(공감성)인데, 이때 5점 만점에 각각의 원칙을 충족시키면 1점을 주는 형식으로 광고 창의성을 평가하였다(김광규 · 최동만 · 손훈수 역, 1998).

또한, 윌리엄 번벅(William Bernbach)은 창작재능, 매력성, 영특함을 창의성의 평가준거로 삼았으며, 맥키논(Mackinnon)은 새로움, 문제해결 또는 목표달성 가능성, 그리고 변형 가능성을 창의성 평가의 세 가지 기준으로 제시하였다. 한편, 광고에 빅 아이디어가 있는가, 표현주제가 있는가, 제품과의 연관성이 있는가, 진부하지 않은가, 제품을 실연해 보이는가, 신뢰성이 있는가를 제시하며 광고물 승인 전에 반드시 검토할 것을 권고하였다(김광규 · 최동만 · 손훈수 역, 1998). 최근 들어, 영(Young, 2000)은 카피라이터와 아트디렉터들에 대한 조사결과를 보고하며 단순하고, 직접적이며, 참신하고, 독창적인 표현이 광고물의 창의성을 평가하는 준거라고 하였다.

이 밖에도 마라(Marra, 1990)는 창의적인 광고 아이디어의 요체를 포괄적으로 검토한 다음 창의적인 광고가 소비자의 주목을 끌고 브랜드 상기도를 높인다고 보고, ADNORMS의 개념[*Adaptability*(적용성), *Durability*(영속성), *Newness*(새로움), *Oneness* (단일성), *Relevance*(상관성), *Memorability*(기억성), *Simplicity*(단순성)]을 광고 창의성의 평가기준으로 제시하였다. 여기에서 적용성이란 구매시점 광고에서 텔레비전 광고에 이르기까지 어떤 매체에서나 개작이 가능하고 적용할 수 있는 아이디어이며, 영속성은 예컨대 말보로 담배의 카우보이 상징처럼 장기간 지속할 수 있는 카피나 비주얼이며, 참신성은 전혀 기대하지 않았던 뜻밖의 아이디어로 주목을 끄는 기발한 표현요소이다. 또한, 단일성은 여러 가지 메시지가 아닌 하나의 메시지를 사용함으로써 소비자들이 쉽게 기억하도록 하는 집약적인 표현주제이며, 상관성은 소비자가 자신의 이야기로 받아들이도록 제품을 관련시키는 아이디어이며, 기억성은 소비자가 장기간 기억할 수 있도록 하는 아이디어이며, 단순성은 한 번에 이해될 수 있는 단순하고 분명한 아이디어라는 것이다(Marra, 1990: 52~63).

광고 창의성의 평가준거에 대한 국내연구를 보면 메시지의 적절성과 메시지 표현방법의 역할을 분석하고 있는데, 이들 연구에서는 광고의 여러 구성 요소들에 대한 호의적 · 비호의적 평가가 광고효과에 유의한 영향을 미치고 있음을 보고하고 있다(유창조, 2000). 창의적인 광고가 소비자 반응을 일으키는 심리학적 메커니즘을 탐색한 연구에서는 창의적 광고의 특성으로 광고 독창성, 브랜드 관련성, 광고의 완성도와 짜임새, 소비자의 공감성을 들고 있다(성영신 · 이일호 · 허연주 · 이지량, 2002). 즉, 창의적인 광고란 독창적이며 짜임새 있고 상표와 어울리며 소비자의 공감을 얻을 수 있는 광고라는 것이다.

유창조(2000)는 광고에 대한 평가요인의 구조를 분석하고 광고에 대한 평가요인이 광고에 대한 태도(*Aad*)에 영향을 미치는 과정을 설명하였다. 즉, 광고에 대한 평가는 광고의 소구유형과 관계없이 독특함, 산만함, 명료함, 유익함 등 네 가지 요인으로 요약되며 이들 요인은 각각 독립적인 요인으로 구성된다는 것이다. 연구자는 광고의 독특함은 광고태도에, 광고의 유익함은 속성에 대한 믿음에, 광고의 산만함과 명료함은 광고태도와 속성에 대한 믿음에 모두 유의한 영향을 미치고, 이들 광고태도와 속성에 대한 믿음이 다시 상표태도에 영향을 미친다고 설명하였다.

한편, 선행연구 결과를 보면, 광고주, 광고회사, 그리고 소비자의 입장에 따라 광고의 창의성을 평가하는 기준이 다를 것으로 예상된다. 예컨대, 화이트와 스미스(White & Smith, 2001)는 인쇄광고에 대한 광고 전문가들의 평가와 일반인들의 평가가 다른지, 그리고 인구통계적 변인들이 광고 창의성의 평가에 영향을 미치는지를 알아보기 위하여 15개의 인쇄광고를 창작물의미분별척도(CPSS)를 사용하여 분석하였다. 연구결과, 광고 전문가와 대학생 및 일반인들의 광고에 대한 평가는 유의한 차이가 나타났으며 인구통계적 변인에 따라서도 차이가 있었다.

또한, 광고내용에 대한 광고 전문가의 반응과 시청자의 반응에 차이가 있다는 연구도 있다. 즉, 시청자들은 광고를 의도적으로 보지 않고 단지 우연히 보기 때문에 전문가의 평가와 다르다고 보고 광고 크리에이티브는 대체로 소비자와의 연계에 실패한다는 것이다. 알트섹(Altsech, 1996)은 창의적인 광고에 대한 평가에 있어서 전문가의 판단보다는 소비자의 판단이 중요하다고 하였다. 이상의 연구결과는 광고 창의성의 평가는 광고 주관영역(광고주, 광고회사, 소비자)에 따라서 평가기준이 달라질 수 있음을 시사한다.

:: 6. 광고 창의성 척도개발 연구에 대한 비평

지금까지 이루어진 광고 창의성에 대한 여러 선행연구의 평가준거를 도표로 제시하면 〈표 4-2〉에 제시된 바와 같다[연구자별 보다 자세한 참고문헌은 김병희(2006) 참조]. 광고물에 대한 평가요인들을 종합하면, 연구자들은 '독창성'을 광고 창의성의 가장 중요한 평가준거로 보았으며(19회), 그 다음으로 '해결성'·'단순성'(8회), '정교성'·'상관성'(6회), '적용성'·'공감성'(5회) '산만함'·'의미성'(4회), '놀라움'(3회), '적합성'·'오락성'·'기억성'(2회) 순으로 중요하게 판단하는 것을 알 수 있다.

〈표 4-2〉 광고물 평가 및 광고 창의성 구성요인 종합[4]

	독창성 ①	해결성 ②	단순성 ③	정교성 ④	상관성 ⑤	적용성 ⑥	공감성 ⑦	산만함 ⑧	의미성 ⑨	놀라움 ⑩	적합성 ⑪	오락성 ⑫	기억성
Besemer et al.(1986)	•	•		•									
Mackinnon(1987)	•	•				•							
김완석 · 최광현(1988)	•						•	•	•				
김완석(1989)	•			•			•	••	•	•		•	
O'Quin et al.(1989)	•	•		•									
Marra(1990)	•		••		•	••							•
Haberland et al.(1992)	•	•	•						•				
Feltham(1994)		•			•		•						
Johnson et al.(1995)	•				•	•							
Altsech(1996)	•										•		
Young(2000)	••		••										
Ang & Low(2000)	•								•	•			
유창조(2000)	•	•	•					•					
유창조 외(2001)	•		•		•					•			
White & Smith(2001)	•	•		•									
성영신 외(2002)	•			•	•		•						
황병일 · 김병희(2003)	•	•	•	•	•	•	•					•	•
홍재욱(2003)	•										•		
문달주 외(2004)	•												
합 계	19	8	8	6	6	5	5	4	4	3	2	2	2

4. 평가준거의 분류내용을 구성요인 순으로 제시하면 다음과 같다. ① 선행연구에서 명명된 '독창성' 외에 유사개념인 '독특함'(김완석, 1989), '현출성'(김완석 · 최광현, 1988), '독특성'(유창조, 2000; 유창조 외, 2001), '새로움'(Ang & Low, 2000; Besemer & O'Quin, 1986; Mackinnon, 1987; Marra, 1990; O'Quin & Besemer, 1989; White & Smith, 2001), '참신함'(Young, 2000)을 포함. ② 유사개념인 '유익함'(유창조, 2000), '행동성'(황병일 · 김병희, 2003), '개조성'(Haberland & Dacin, 1992), '파토스'(Feltham, 1994)를 포함. ③ 유사개념인 '명료성'(유창조, 2000; 유창조 외, 2001), '단일성'(Marra, 1990), '압축성'(Haberland & Dacin, 1992), '직접성'(Young, 2000)을 포함. ④ 유사개념인 '직관성'(황병일 · 김병희, 2003), '품위'(김완석, 1989), '완성도'(성영신 외, 2002), '솜씨좋음'(White & Smith, 2001)을 포함. ⑤ 유사개념인 '관련성'(유창조 외, 2001), '로고스'(Feltham, 1994)를 포함. ⑥ 유사개념인 '실제성'(황병일 · 김병희, 2003), '변형가능성'(Mackinnon, 19870), '영속성'(Marra, 1990), '수평적 사고'(Johnson & Hackman, 1995)를 포함. ⑦ 유사개념인 '긍정적 감정'(김완석, 1989), '긍정적 평가'(김완석 · 최광현, 1988), '의미성'(Haberland & Dacin, 1992), '에토스'(Feltham, 1994)를 포함. ⑧ 유사개념인 '호오도'(김완석, 1989), '부정적 감정'(김완석, 1989), '부정적 평가'(김완석 · 최광현, 1988)를 포함. ⑨ 유사개념인 '광고의 유용성'(김완석, 1989; 김완석 · 최광현, 1988)을 포함. ⑩ 유사개념인 '내적 활성'(김완석, 1989), '감정내용'(Ang & Low, 2000)을 포함. ⑪ 유사개념인 '적절성'(홍재욱, 2003)을 포함. ⑫ 유사개념인 '시간성'(황병일 · 김병희, 2003), 유사개념의 부적 방향인 '내적 비활성'(김완석, 1989)을 새롭게 명명함.

일찍이 알트섹(Altsech, 1996)은 그동안 수행된 광고 창의성 관련 연구 중 상당수가 과학적인 절차를 경시한 상태에서 실무적인 크리에이티브 전략개발에 집중되었음을 지적하였다. 따라서 향후 광고 창의성 연구에서는 과학적인 가정과 절차를 준수하는 연구성과들이 축적되어야 이론개발에 기여할 수 있다.

최근, 김병희와 한상필(2006)은 이상의 척도개발 연구를 비판적으로 검토한 다음 신뢰도와 타당도가 확보된 광고 창의성 측정척도가 부족하다는 점에 주목하여, 광고주, 광고회사, 소비자 집단을 대상으로 다각적인 접근법을 시도하여 광고물의 창의성 측정을 위한 척도를 개발하였다. 연구결과, 독창성(뜻밖이다, 혁신적이다, 개성적이다, 독특하다), 적합성(표현이 제품과 어울린다, 부적절하다*, 만족스럽다, 못 만들었다*), 명료성(이해하기 쉽다, 분명하다, 간결하다, 내용을 즉각 알았다), 상관성(구체적인 정보가 있다, 제품의 혜택이 있다, 제품의 특성을 알았다) 등 4개요인 15항목(각 7점 척도, *은 역문항)의 광고 창의성 측정척도가 도출되었다. 이 연구에서는 선행연구들에서 간과한 신뢰도 및 내용 타당도, 수렴 타당도, 판별 타당도, 공인 타당도, 그리고 예측 타당도를 검증하여 타당하다는 결론을 얻었다.

이 연구의 광고 창의성에 대한 판별분석에서도 변인간의 상대적 중요도를 나타내는 정준판별함수 계수는 독창성(.571), 적합성(.565), 상관성(−.169) 순이었으며, 명료성은 제외되었다. 이러한 결과는 명료성이 광고 창의성을 구성하는 주요인의 하나이지만 매우 창의적인 광고와 별로 창의적이지 않은 광고를 판별하는 데에는 설명력이 없다는 것으로 볼 수 있다. 정준판별함수 계수에서 '독창성'과 '적합성'의 차이는 불과 .006밖에 나지 않았는데, 이는 광고 창의성의 판별에 있어서 적합성이 독창성과 거의 비슷한 수준으로 중요하다는 의미이다.

따라서 독창성 항목인 "놀랍고" "혁신적이며" "개성적이고" "독특한" 표현 못지 않게, 적합성 항목인 "표현이 제품과 어울리고" "적절하며" "만족스러우며" "완성도 높게 잘 만든" 광고가 필요하다고 하겠다. 알트섹(Altsech, 1996)의 연구에서도 독창성과 적합성이 광고 창의성의 주요 구성요인이라는 결과가 보고된 바 있는데, 적합성이 광고 창의성의 주요 구성요인이고 광고효과에도 영향을 미치는 주요인이라는 사실은 본 연구에서 나타난 주요 시사점이다. 그동안 광고 실무계에서는 독창성 요인을 자주 강조하며 '창의적인 광고=독창적인 광고'라는 관점이 팽배하였는데, 이 연구결과에 의하면 창의적인 광고를 창작하기 위해서는 독창성 요인

못지않게 적합성 요인을 고려할 필요가 있음을 환기한다.

모든 척도개발 연구는 기존연구를 바탕으로 정량적 접근방법을 통하여 척도의 일반화 가능성 제고에 기여할 목적으로 시도될 것이다. 이 과정에서 어떤 연구방법을 사용하여 어떠한 과학적 절차를 거쳐 항목들을 어떻게 개발하였느냐가 중요한데, 모든 연구는 나름대로의 제약요건 하에서 실행된다고 하겠다. 여러 척도개발연구에서 공통적으로 발견된 문제점들에 대한 비평을 바탕으로 향후 광고 창의성 척도개발 과정에서 일반적으로 고려해야 할 사항들을 제시하면 다음과 같다.

첫째, 여러 연구에서는 광고 창의성을 측정하는 과정에서 단순히 요인의 식별에 초점을 두었기 때문에 신뢰도 검증과 척도의 타당화 과정을 거치지 않은 문제점이 있다. 보다 정교하게 광고 창의성을 측정하기 위해서는 척도개발 과정에 필요한 통계적인 가정과 절차를 준수해야 하고 신뢰도와 타당도를 다각적으로 검증해야 하는데 그렇지 못하고 있다. 척도의 타당화는 그 방법이 매우 다양할 뿐 아니라 한 번의 연구로 완성되지도 않는다. 여러 척도개발 전문가들은 초기에 최소한의 심리통계적 특성에 대한 정보를 제공한 다음 일정 기간이 지난 후 후속 연구를 통하여 그 척도의 타당성을 입증하기를 권고한다. 여러 연구에서 타당화 과정을 경시하거나 생략한 점은 후속 연구에서 타당성을 입증하려는 연구자들의 장기계획의 일환이라기보다 관행적으로 도외시한 상태에서 연구결과를 보고해온 연구관습 때문이다. 신뢰도와 타당도가 검증된 척도는 좋은 연구를 위한 충분조건은 아닐지라도 필요조건은 된다는 점에서, 향후 광고 창의성 측정 척도개발에서는 신뢰도 검증은 물론 내용 타당도, 수렴 타당도, 판별 타당도, 예측 타당도, 집단간 타당도 등을 검증하는 노력이 수행되어야 한다.

둘째, 광고 창의성을 측정하는 접근방법에 있어서 광고인이 생각하는 창의적인 광고에 대한 인식에 기초하는 경우가 많았다는 점이다. 창의적인 광고에 대한 인식이나 기대치를 측정하기보다 실제로 광고물을 제시하여 창의적인 광고인지 아닌지를 식별하게 하고, 매우 창의적인 광고 및 보통 수준의 광고 그리고 별로 창의적이지 않은 광고를 제시하여 광고 창의성을 평가하는 방법을 택하면 보다 높은 외적 타당도가 확보될 것이다. 이 경우 창의적인 광고와 창의적이지 않은 광고를 누가 어떻게 판별하느냐의 문제가 제기될 수 있는데, 먼저 사전조사에서 이전의 광고 창의성 척도를 활용하여 광고물을 사전 분류한 다음(예를 들어, *High*

Creativity, Medium Creativity, Low Creativity), 실제 조사에서 최종 선정된 광고물을 제시하면서 설문응답을 하면 광고물의 판별성 문제를 어느 정도 해결할 수 있을 것이다.

셋째, 광범위하고 체계적인 표본추출이 이루어지지 않았다는 점도 여러 연구에서 나타난 일반적 경향이다. 대체로 편의표본 추출방법을 선택하고 표집의 용이성 때문에 대학생 표본만을 대상으로 하는 경향이 많은데, 이 경우 표본이 특정 집단에 치중되는 면이 있어 연구결과의 일반화 가능성이 낮아질 수 있다. 따라서 향후 광고 창의성 측정 척도개발에서는 광고주 및 광고회사 종사자 그리고 일반 소비자를 대상으로 하여 조사를 수행할 필요가 있다. 선행연구에서는 광고주, 광고회사, 그리고 소비자의 입장에 따라 광고의 창의성을 평가하는 기준과 강조점이 다를 것으로 예상되었는데(Altsech, 1996; Kover, James, & Sonner, 1997; White & Smith, 2001), 향후 연구에서는 광고 주관영역(광고주, 광고회사, 소비자)을 광범위하게 고려하는 표본추출을 수행해야 보다 일반적으로 적용가능한 광고 창의성 측정 척도를 개발할 수 있을 것이다.

넷째, 광고학계나 실무계에서 강조하는 요인들을 포괄적으로 반영하지 못한 상태에서 척도개발을 수행한 점도 여러 연구에서 나타난 대체적인 경향이다. 향후 연구에서는 앞에서 제시한 13가지 구성요인을 보다 포괄적으로 고려할 필요가 있다. 그러나 마치 종합선물세트 식으로 모든 구색을 맞추는 데 치중하기보다 연구자가 생각하는 광고 창의성의 정의를 먼저 규정하고 그에 따라 항목을 배분해야 한다는 점도 간과할 수 없는 대목이다. 광고 창의성의 구성요인은 연구자에 따라서 공통되는 부분도 있고 차이가 나타난 부분도 있다. 가장 많이 일치된 요인은 '독창성'이며, '해결성'과 '단순성'이 그 다음으로 많은 일치를 나타내고 있다. 여기에서 말하는 독창성이란 광고 아이디어가 얼마나 참신하고 독특한가를 의미하나, 이는 광고에만 적용할 수 있는 요인이 아닌 일반적인 창의성에서도 중요시되는 요인이라 할 것이다. 한편, 광고 창의성의 구성요인을 알아본 선행연구에서 '상관성'이 다섯 번째로 중요한 요인으로 도출되었는데, 향후 광고 창의성 측정 척도개발 시 이와 관련된 항목들을 고려할 필요가 있다. 선행연구에서는 상관성이 광고 창의성과 일반적인 창의성을 구분하는 준거로 제시되었으므로 향후 연구에서는 제품과의 상관성을 광고 창의성 척도개발 과정에 적극적으로 반영하는 것이 척도의 구인 타당도를 높일 것으로 예상된다. 선행연구의 종합에서 '적합성'은 열한 번째 요인으로 나타나기는 하였으나, 알트섹(Altsech, 1996)의 연구에서 이 요인이 독창성을 담보하는 조건이라고 보고한 점에서 유의한 요인이라고 할 수 있겠다. 적합성은 광고의 표현이 과연 적절한지를 의미하는 것으로, 제품과의 관련성이 광고에 얼마나 반영됐는지를 의미하는 상관성과는 다른 개념으로 향후 광고 창의성 측정 척도개발시 중요하게 고려될 수 있는 요인이다.

다섯째, 그동안 국내에서 수행된 광고물 평가에 관한 연구들을 보면 외국에서 개발된 척도를 단순히 번역하여 국내 수용자를 대상으로 사용하는 경우가 많았다. 또한, 외국에서 개발된 척도를 자의적으로 번역하여 한국인에게 적용한 검증 연구들을 보면, 척도의 사용시에 지켜야 할 언어의, 기능의, 개념의, 표본의, 측정의 동등성(*equivalence*) 유지에 실패한 상태에서 연구결과를 보고하는 사례가 많았다(한상필, 2002). 외국의 소비관련 감정척도를 번역하여 국내 연구에 그대로 적용할 경우 그다지 적절하지 않은 항목이 포함되거나 반드시 필요한 감정 항목이 포함되지 않을 수 있으므로 한국의 문화적 맥락을 고려할 필요가 있다. 연구자들이 의사에틱(*pseudoetic*) 접근법을 맹목적으로 사용하거나 무비판적으로 활용하는 것은 연구결과에 많은 오류가 내재함을 의미하며, 이와 같은 손쉬운 방법의 남용은 연구의 과학성을 크게 훼손한다. 연구자가 에믹(*emic*)-에틱(*etic*)의 문제를 고려하고 이 딜레마를 극복하려고 노력하는 데에는 연구과정이나 절차가 다소 복잡하더라도 에믹-에틱 문제를 고려했느냐 고려하지 않았느냐에 따라 연구결과의 일반화 가능성이 달라질 수 있다. 또한, 척도의 사용과 측정에 있어서 문화간 동등성의 유지는 연구의 신뢰도와 타당도를 담보하는 준거이다. 즉, 문화간 동등성 여부가 고려되지 않은 상태에서 외국에서 개발된 척도를 적용하는 연구가 수행되었다면 결과의 일반화에 문제가 있다는 의미이다. 예컨대, 미국에서 개발된 척도를 국내에 적용하여 측정할 때는 문화간 동등한 자극, 동등한 조작, 동등한 표본, 동등한 응답 분포를 고려하는 과정이 필요할 것이다(한상필, 2002). 향후 연구에서는 이상에서 언급한 여러 가지 맥락을 고려하는 광고 창의성 측정을 위한 척도개발 연구가 필요하다.

:: 7. 결론 및 향후 연구전망

그동안의 광고 창의성 연구들은 주로 창의적인 결과물(*product*)이 광고효과에 어떤 영향을 미치는지를 검증하는 데 지나치게 집중되었다. 이는 소비자들의 정보처리 과정에 주목하는 연구경향인데, 모든 광고물이 광고효과를 전제로 창작된다는 점에서 중요한 연구영역이다. 그러나 이 부분만이 광고 창의성의 연구영역이라고 생각하는 것은 오산이다. 또한, 이 영역에서도 광고물을 과학적으로 측정할 수 있는 척도개발이나 지수개발 같은 연구가 보다 활성화되어야 한다.

첫째, 텔레비전 광고, 라디오 광고, 인터넷 광고 등 매체의 특성에 따라서 광고 창의성의 평가준거가 어떻게 달라지는지 규명하는 연구가 필요하다. 특히, 텔레비전 광고를 대상으로 하는 척도개발 연구는 연구의 의의에도 불구하고 측정과정에서 가외 변인이 개입할 개연성이 크므로, 어디까지가 순수한 의미에서의 창의성 요인의 영향에 의한 효과인지 규명할 수 있도록 연구설계 과정에서 보다 신중한 접근이 필요하다고 하겠다. 또한, 급변하는 매체환경의 변화에 따라서 매체의 특성에 알맞은 크리에이티브가 강조되고 있는데 앞서 개발된 척도를 뉴 미디어에 적용해보는 검증연구도 필요할 것이다.

둘째, 광고 창의성을 측정할 수 있는 지수의 개발이다. 김병희와 한상필(2006)의 연구에서 판별분석을 통하여 광고 창의성 판별계수를 제시하였으나 판별계수(가중치)와 각 요인을 곱하고 전체를 더해야 하는 번거로움이 있다. 따라서 광고 실무계에서 보다 손쉽게 광고 창의성을 측정할 수 있는 지수개발이 필요하다. 예컨대, 종합주가지수, 경기예측지수, 통화지수, 행복지수 등 여러 사회 · 경제지표들을 구하는 공식을 보면 통계적 엄밀성은 조금 떨어지더라도 비교적 계산이 용이한 방법을 추구한다. 다시 말해서, 오차의 허용한계를 더 넓게 잡고 연구자의 주관적 판단을 통하여 가중치를 조절함으로써 사용자의 편리성을 추구한다는 말이다. 따라서 향후 연구에서는 어떤 광고물이 다른 광고보다 얼마나 더 창의적인 광고인지 평가할 수 있는 방법을 모색할 필요가 있다. 즉, 광고 주관 영역별(광고주, 광고회사, 소비자)로 광고표현의 강조점이 다를 수 있는데, 창의적인 광고에 대한 기대치나 가중치를 반영하여 광고물의 창의성을 보다 손쉽게 평가할 수 있는 광고 창의성 지수(Iac; *Index of advertising creativity*)의 개발이 필요하다.

셋째, 선행연구에서는 광고주, 광고회사, 소비자가 인식하는 광고 창의성의 기준에는 일부 차이가 있는 것으로 나타났는데, 이는 광고를 주관하는 영역에 따라서 광고 창의성의 4가지 요인 중 강조점을 달리 할 수 있다는 의미이다. 광고주와 광고회사, 광고회사와 소비자, 그리고 소비자와 광고주의 기대치가 다른 데서 오는 광고 창의성에 대한 인식격차를 줄인다면 광고주와 광고회사 간의 의사결정이 보다 용이해질 것이다. 따라서 향후 연구에서 상호지향성 모형(*coorientation model*)을 바탕으로 광고 창의성에 대한 기대치 충족과 위반의 관계를 규명해보면 광고 실무계에 보다 유용한 시사점을 제시할 것으로 예상된다.

넷째, 광고 크리에이티브가 창의적인 아이디어 발상의 결과라는 점에서 창의적인 아이디어를 도출할 수 있는 선행요인이나 발상과정의 내적 구조를 규명하고 구성원의 창의성 향상을 위한 실천전략을 모색하는 연구들이 다각도로 수행되어야 한다. 이는 조직과 제도적인 환경요인이 광고 창의성 향상에 구체적으로 어떤 영향을 미치는가 하는 맥락과 연계하여 살펴볼 때 보다 의미 있고 현실적인 시사점을 제시해줄 것이다.

다섯째, 창의적인 인물의 특성에 대한 연구로 창의적인 개인의 기질이나 창작 방법론을 알아보고 광고 창작자의 특성을 규명해보는 연구들이다. 한국 광고학계에서는 논리 실증주의를 기반으로 하는 양적 연구가 지나치게 우세하고 있는데, 다양한 질적 연구방법을 적용하여 광고 창작자의 특성을 규명할 필요가 있다. 문학이나 영화연구에 있어서 작가론은 그 분야 학문발전의 주요 원동력이 되었는데 현재 우리 학계에서는 이 분야 연구가 거의 전무하다. 따라서 향후 연구에서는 광고 실무자들에게 현실적인 교훈과 역할모델을 제시할 수 있는 광고 작가론 연구가 수행되어 창의적인 광고인의 특질을 규명할 필요가 있다. 이러한 시도는 사회과학에 인문학적 상상력을 접목시키는 새로운 연구영역의 개척이라 할 수 있다.

광고회사마다 광고물 평가기준이 다르고 광고상마다 측정기준이 다르다면, 무슨 근거로 창의적인 광고인지 아닌지를 판별할 것인가? 그러나 이는 우리나라 광고업계에서 부정하지 못할 엄연한 현실이다. 광고회사마다 리뷰보드가 있다고는 하지만 주로 상사의 직관에 의하여 광고물의 창의성 여부가 평가되고 있는 작금의 상황에서, 광고 창작자들의 노력이 객관적으로 평가될 수 있는 평가준거의 마련이 무엇보다 시급하다.

한편, 광고실무에서는 이상에서 논의된 여러 광고 창의성의 평가준거들을 광고 창작 과정에 반영하면 보다 창의적인 광고물을 만들 수 있을 것으로 예상된다. 사람에 따라 창의적인 광고물은 개인의 직관적인 상상력에서 나오기 때문에 그런 평가준거를 사전에 고려하면 오히려 창의성의 발현에 장애요인이 된다고 생각하는 경우도 있을 수 있으나, 크리에이티브도 효율을 추구한다는 점에서 일반화하기는 어렵다. 대신에 이 장에서 언급한 광고 창의성의 평가준거를 고려하고 이를 어떤 가이드라인으로 삼는다면 보다 창의적이고 효과적인 광고를 만들 가능성이 높다.

●○● 생각해볼 문제

1. 광고와 예술의 관계 속에서 광고물에 대한 평가를 위해서는 왜 객관적인 평가준거가 필요한지 논의해보시오.

2. 지금 방송중인 정보통신 광고 3가지를 보고 각 TV-CM의 창의성을 비교해보자. 주관적인 느낌에 따라 평가하기보다 이 장에서 제시한 평가준거에 따라 평가해보시오.

3. 광고 창의성을 평가하는 데 있어서, 독창성, 적합성, 명료성, 상관성이라는 4가시 평가준거는 모든 매체에 공통적으로 적용될 수 있을까? 텔레비전 광고, 라디오 광고, 인터넷 광고 등 매체의 특성에 따라서 달라지지 않을까? 각자 자신의 생각을 기술해보시오.

●○● 참고문헌

곽원섭 · 차경호(2001). 창의성을 위한 자원과 광고교육. 《광고연구》 53: 7~29.

김광규 · 최동만 · 손훈수 역(1998). 《크리에이티브 워크샵》. 서울: 한국광고연구원.

김병희(2002). "광고 창의성에 관한 현상학적 연구". 《광고연구》 55: 183~207.

_____(2004). 《크리에이티브의 길을 묻다》. 서울: 살림출판.

_____(2006). "광고 창의성 척도개발에 관한 이론적 논의". 《한국광고홍보학보》 8(1): 28~66.

_____ · 한상필 (2006). "광고 창의성 측정을 위한 척도개발과 타당성 검증". 《광고학연구》 17(2): 7~41.

김정현(2003). "광고 표현요소의 커뮤니케이션 효과에 관한 연구". 《광고학연구》 14(2): 209~229.

문달주 · 전성률 · 김태원(2004). "크리에이티브 요소를 통한 계층적 광고효과 모델에 관한 실증연구". 《광고연구》 64: 109~137.

성영신 · 이일호 · 허연주 · 이지량(2002). "창의적 광고의 심리학적 메커니즘". 《한국광고학회 2002 연차 학술대회 논문집》. pp.60~70.

유창조(2000). "광고에 대한 평가요인의 효과에 관한 연구". 《광고학연구》 11(1): 35~51.

_____ · 김광수 · 신강균 · 김철민 · 이화자(2001). "광고 창의성의 구성 및 선행 요인에 관한 연구" 《광고학연구》 12(3): 125~143.

한상필(2002). "국제광고연구에 있어서 제1차 자료 수집의 방법론적 문제점: 비교문화연구를 중심으로". 《언론과학연구》 2(1): 190~230.

홍재욱(2003). "광고 호감도, 광고 기억 및 광고 크리에이티비티 간의 관계 연구". 《광고학연구》 14(4): 233~256.

Altsech, Moses B.(1996). "The Assessment of Creativity in Advertising and the Effectiveness of Creative Advertisements". Unpublished Doctoral Dissertation. Pennsylvania State University.

El-Murad, Jaafar, & Douglas C. West(2004). "The Definition and Measurement of Creativity: What Do We Know?". *Journal of Advertising Research* 44(2): 188~201.

Haley, Russell I., & Allan L. Baldinger(2000). "The ARF Copy Research Validity Project". *Journal of Advertising Research* 40(6): 114~135.

Johnson, Craig E., & Michael Z. Hackman(1995). *Creative Communication: Principles & Applications*. Prospect Heights, IL: Waveland Press.

Kover, Arthur J., Stephen M. Goldberg, & William L. James(1995). "Creativity vs. Effectiveness? An Integrating Classification for Advertising". *Journal of Advertising Research* 35(6): 29~40.

Marra, James L.(1990). *Advertising Creativity: Techniques for Generating Ideas*. Englewood Cliffs, NJ: Prentice Hall. pp.52~63

Michell, Paul C.(1984). "Accord and Discord in Agency-Client Perceptions of Creativity". *Journal of Advertising Research*, 24(5): 9~24.

Sternberg, Robert J., & Todd I. Lubart(1999). "The Concept of Creativity: Prospects and

Paradigms". In Robert J. Sternberg(Ed.). *Handbook of Creativity*. New York, NY: Cambridge University Press. pp.3~15.

Stone, Gerald, Donna Besser, & Loran E. Lewis(2000). "Recall, Liking, and Creativity in TV Commercials: A New Approach". *Journal of Advertising Research* 40(3): 7~18.

Vanden Bergh, Bruce G., Leonard N. Reid, & Gerald A. Schorin(1983). "How Many Creative Alternatives to Generate?". *Journal of Advertising* 12(4): 46~49.

White, Alisa, & Bruce L. Smith(2001). "Assessing Advertising Creativity Using the Creative Product Semantic Scale". *Journal of Advertising Research* 41(6): 27~34.

Young, Charles E.(2000). "Creative Differences between Copywriters and Art Directors". *Journal of Advertising Research* 40(3): 19~26.

●
◎
●
제
2
부

[방송광고와 제도비평]

제 5 장

다매체 시대 방송광고의 제 문제

이 희 복

다매체 시대 방송광고에는 큰 변화가 예상된다. 그 변화를 살펴 방송광고라는 제도가 다매체 시대에 만나게 될 이슈에 대해 논하고자 한다. 앞으로의 커뮤니케이션은 과거와 달리 그 중심에 송신자인 방송이 아니라 수용자인 소비자가 있다. 급격히 재편되는 매체환경 속에서 방송광고에 대한 회의적인 목소리가 높다. 무엇보다 전달과정에서 많은 복병들을 만나게 될 것이다. 매체효과를 과거처럼 도달(*reach*)이나 빈도(*frequency*)로 계산하는 것이 무의미해지는 상황이 올 수도 있다. 새롭게 방송광고를 바라보는 시각이 필요하다.

이 장에서는 방송광고를 가치사슬로 살펴보는 새로운 분석을 시도하였다. 방송광고를 방송광고의 생산과 유통, 소비단계로 나누고 첫째, 생산단계에서는 거시적 변화와 더불어 광고산업의 변화, 방송광고의 기획과 제작, 심의문제를 다룬다. 둘째, 유통단계에서는 광고가 소비자에게 전달될 때 야기되는 슬립광고와 PPL, 매복광고, KODEX를 논하였다. 셋째, 방송광고의 소비단계에서는 방송광고를 활용한 새로운 교육시스템으로 AIE의 가능성과 수용자의 PVR 시청의 문제를 다루었다.

이렇게 할 때 궁극적으로는 변화된 매체환경에서의 방송광고를 보는 다양한 시각에 대해 이해할 수 있을 것이며 따라서 다원화되는 매체환경 속에서 방송광고에 제기된 여러 측면들을 살펴보고 사례와 연결하여 방송광고를 비평하고자 한다. 마지막으로 다매체 시대 방송광고의 문제들을 살펴 앞으로의 방송광고를 전망해 본다.

∶∶ 1. 문제의 제기

오늘날 현대인은 크게 두 개의 키워드를 중심으로 환경의 변화를 실감하며 살고 있다. 첫 번째 키워드는 글로벌이다. 이미 미디어 결정론자 마셜 맥루한(Marshall McLuhan)이 주창한 지구촌(*global village*)과 같이 세계는 빠른 전지구화(*globalization*)가 진행되어 그가 예견한 것과 같이 미디어로 연결되어 하나의 마을, 하나의 시장, 하나의 공동체를 형성하고 있다. 두 번째 키워드는 아날로그적 삶을 영위해온 인류의 패러다임을 송두리째 바꿔놓은 디지털이다. 디지털의 새로운 바람(*digitalization*)으로 인한 영향은 융합(*convergence*)과 유비쿼터스(*ubiquitous*)라는 새로운 변화를 제공하였다.

이와 같은 흐름은 필연적으로 기존 질서의 붕괴를 가져왔다. 대표적인 것이 바로 방송과 통신의 크로스오버이다. 즉, 방송과 통신의 경계가 무너지면서 각각의 영역이 모호해지고 하나로 통합되는 현상이 여기저기서 나타난다. 컴퓨터를 켜고 인터넷으로 방송 프로그램을 보았다면, 이것을 방송시청으로 볼 것인지, 인터넷이라는 통신서비스에 접속한 것으로 봐야 할지 판단이 어렵다. 이미 VOD(*Video On Demand*)를 기반으로 한 하나 TV의 등장과 곧 이어질 IP-TV의 등장은 방송위원회나 정보통신부 당국은 물론, 일반인의 판단마저도 흐리게 하고 있다.[1] 만약 디지털방송 시청 중 TV 수신기로 쇼핑이나 은행업무 등 다양한 통신서비스를 함께 받는다면 기존의 패러다임으로는 설명하기 어렵다. 방송을 보면서 상거

1. 케이블TV협회는 하나로텔레콤의 하나TV가 TV수상기를 통해 제공되는 동일한 유료방송서비스이므로 '동일서비스 동일규제'를 주장한 반면 하나로텔레콤은 하나TV 서비스가 기획, 편성, 제작을 하지 않기 때문에 방송이라 볼 수 없으며, 특히 하나TV는 재생될 콘텐츠의 종류 · 내용 · 분량 · 시각 · 배열을 모두 이용자가 정하고 통제하기 때문에 초고속 인터넷의 부가통신서비스라고 주장하였다.

래를 하는 T-commerce와 인터넷 프로토콜을 기반으로 한 TV인 IP-TV, 인터넷 VOD로 TV 프로그램을 시청하는 행위 등을 방송으로 볼 것인지, 아니면 통신으로 볼 것인지에 대한 의견이 분분하다.

우리나라는 2005년 5월과 12월 세계에서 가장 먼저 위성과 지상파를 통한 DMB(*Digital Multimedia Broadcasting*) 시청을 경험했다. 1995년 CATV의 출범 이후 불과 10년여 만에 위성TV와 DMB방송 등 방송산업은 눈부신 발전을 거듭해 왔다. WiBro나 HSPDA, BcN 등 자고 나면 새로운 디지털 기술이 소개되고 있다. 우리나라는 국제전기통신연합(ITU)이 소득과 통신요금, 초고속 인터넷 보급률 등을 통해 정보통신의 발전 정도를 평가한 디지털기회지수(DOI; *Digital Opportunity Index*)에서 세계 1위로 선정된 IT 미디어 분야에서 앞선 나라이다.

그러나 새롭게 등장하는 미디어에 대한 정책은 기술의 진보에 비해 한참 뒤져 있는 게 사실이다. 방송정책과 통신정책의 혼선은 오히려 성장을 막는 결과를 초래하기도 하였다. 그나마 다행인 것은 2006년 방송통신융합추진위원회[2]가 출범하였다는 사실이다. 너무 늦은 게 아니냐는 지적과 함께 그 역할을 제대로 수행할는지는 촉박한 시일에 비추어 매우 부정적이다. 그러나 그만큼의 기대도 있는 기대 반, 걱정 반 위원회의 행보가 주목된다.

이렇듯 빠르게 전개되는 매체환경의 변화는 필연적으로 주요 광고매체인 방송광고에 많은 영향을 주게 되었다. 김희진(2006)은 새로운 매체가 도입되고, 기존 매체가 새로운 역할을 수행하며, 채널 선택 역시 송신자인 매체에서 수용자인 시청자에게 넘어가게 된다고 하였다. 광고 수용자인 소비자의 매체 이용행태가 바뀌면서 다매체 다채널 시대의 도래와 매체의 융합, 상호작용의 증가와 같은 매체 환경의 변화를 초래할 뿐 아니라 수용자의 매체는 곧 광고매체로 활용되기 때문에 방송광고산업차원에서는 이러한 변화의 흐름은 매우 중요한 의미를 갖는다는 것이다.

김대호(2002)는 방송과 통신의 융합에 따른 매체와 소비자의 변화를 크게 세

2. 방송통신융합추진위원회, 디지털 기술의 발전으로 기존의 방송과 통신의 경계가 허물어짐에 따라 두 시장에 대한 통합규제기구 마련을 위해 2006년 7월 28일 출범했다. 위원회는 IP-TV, 디지털방송, 디지털 콘텐츠 활성화를 위한 제도정비 및 지원방안 등을 논의한다. 위원장을 비롯한 민간위원 14명과 주무 부처인 문화관광, 산업자원, 정보통신부 장관과 방송위원장, 공정거래위원장, 국무조정실장 등 정부 당연직 인사 6명 등 모두 20명의 위원으로 구성돼 있다(《조선일보》 2006. 8. 29).

가지로 정리하였다. 첫째, 기술결정론적 측면에서 커뮤니케이션 기술발전, 특히 디지털 기술의 발전이 융합을 가속화하는 주요 요인이며, 둘째, 정책적 추진론 측면에서는 국가 정책이 방송과 통신의 융합을 주도하며 이를 위한 법제와 규제의 정비를 추진하고 셋째, 산업결정론 측면에서 산업이 융합을 이끌며 이를 통해 온라인 서비스, 시스템 통합 등 새로운 서비스의 개발과 발전기회를 창출하는 것으로 보았다.

강승구(2005)의 경우에도 디지털 뉴미디어 시대의 국내 방송산업의 변화를 융합과 상호작용, 이동성, 다매체 다채널, 그리고 개인화로 꼽으면서 방송과 통신의 융합은 산업의 체계를 개편하고 시장의 구조를 변화시키며, 시장경쟁의 증대를 가져와 미디어산업의 성격 전반을 변화시킨다고 하였다.

그러나 매체환경의 변화는 반드시 장밋빛 청사진을 예고하지 않는다. 새것은 좋은 것이고, 옛것은 나쁜 것이라는 이분법적 판단이 항상 옳은 것은 아니기 때문이다. 새로운 매체가 나오면 기존 매체는 사라져 버리는 것이 아니라 원래의 자기 기능을 되찾아 가거나(매체 회복효과), 자기만의 독특한 기능을 만들어 간다(매체 특화현상).[3] 따라서 다매체시대의 방송광고에 대한 여러 가지 문제점을 살펴보고 그것들의 함의를 찾아보는 것은 매우 중요한 일이며 방송과 광고를 연구하는 연구자들에게 맡겨진 과제이기도 하다.

이 장에서는 매체환경의 변화를 살펴보고, 방송광고에서 현재, 또는 잠재적으로 대두될 몇 가지 문제점들을 가치사슬 측면에서 생산과 유통, 그리고 소비의 관계로 짚어보고자 한다. 또한, 이 문제점들의 해결을 위한 방법 모색도 함께 제시될 것이다. 새로운 매체가 등장하면서 대두될 역기능을 최소화하고 순기능을 극대화함으로써 기존 매체와의 조화를 모색할 필요가 있다. 구체적인 방법론을 사용하지 않았지만 선행연구와 2차 자료, 개인의 견해에 의존한 비평 중심의 논의가 될 것이다. 다매체시대를 맞는 방송광고의 여러 문제를 살펴 앞으로 방송광고가 맞게 될 환경변화의 특징과 문제점 및 해결방법을 찾아본다.

---

3. 매체 회복효과는 새로운 미디어가 탄생과 함께 폭발적인 인기를 모아 기존의 전통적 미디어가 열세에 몰리게 되지만 시간의 경과에 따라 서서히 제자리를 회복하여 간다는 것이며, 매체 특화현상은 새로운 미디어가 나올 때마다 기존의 미디어가 소멸되지 않고 그 미디어의 특성을 살려 특화한다는 것이다(오택섭, 2005).

:: 2. 매체환경과 수용자의 변화

1) 매체환경의 변화

방송의 디지털화는 방송의 새로운 패러다임을 가져왔다. 또한, 디지털 기술의 도입으로 방송광고를 둘러싼 환경은 본격적인 융합과 유비쿼터스 시대를 맞았다. 인터랙티브 방송, 다채널 방송, 방송과 통신, 그리고 인터넷이 하나되는 방송환경, 방송(*Broadcasting*)에서 점송(*Point-casting*)으로 전환되고 있다. 따라서 방송광고의 시청 행태도 시청자 스스로가 광고를 선택하고, 시청자에 맞춤식 광고, 시청자가 용도를 결정하는, 시청자에 즉각 반응하는 광고로 성격과 기능이 변화하고 있다(안종배, 2002).

미디어를 주요수단으로 활용하는 광고의 경우 미디어 환경을 변화시키는 중요한 역할의 중심에는 '디지털'이 자리하고 있다. 오늘날 미디어의 역할과 영향력을 감안할 때 미디어 환경의 변화는 단순한 기술이나 기계적 발명과는 비교할 수 없을 만큼 생활의 근본을 바뀌 놓았다. 이러한 변화는 다매체 다채널, 매체융합, 쌍방향성 세 가지 특징으로 나타난다(김희진, 2005). 이에 따라 복수의 채널들이 나타나 지상파 TV의 경쟁력이 줄어들고 있다. TV, 라디오, 신문, 잡지를 대표적인 4대 매체로 보았던 시대에서 인터넷, 위성TV, DMB, WiBro, IP-TV 등의 등장으로 이미 본격적인 다매체 다채널의 시대로 접어들었다. 디지털이 가져온 대표적인 방송의 변화는 〈표 5-1〉과 같다.

소비자의 미디어 선택권이 강화되면서, TV와 신문 등 기존의 4대 매체 중심의 ATL(*Above The Line*)에서 수용자 중심의 BTL(*Below The Line*)로의 패러다임이 바뀌고 있다. 단순한 광고비의 비교로 본다면 신문광고는 물론 방송광고에도 위협이 아닐 수 없다.

광고회사 제일기획의 1998~2005년 광고비 분석에 의하면 전체 광고비 중 신문이 차지하는 비중은 1998년 38.6%에서 2005년 23.7%로, 방송은 2002년 37.7%를 최고점으로 2005년 30.5%로 하락하고 있다. 반면 온라인과 CATV 등 신규매체는 지난 3년간 2.5배의 고성장을 한 것으로 나타났다. 방송에서도 인터넷, DMB의 영향력이 증가하고 있는데, 2006년 3월 월드베이스볼클래식(WBC) 8강전에서 야후

〈표 5-1〉 디지털이 가져온 방송의 변화

파생영역	서비스 내용
MMS (*Multi-Mode Service*)	멀티모드서비스, 지상파 TV가 복수 채널화 되는 것. 11번 채널의 MBC 1, MBC 2 등 여러 개의 오디오, 비디오, 데이터 채널로 나뉜다. 독일 월드컵 기간 중 지상파 TV 방송 4사에 MMS가 허용되었으나 HD화질 저하와 수신기 오작동의 이유로 축소됨.
양방향 데이터방송	아날로그 방송이 영상과 음성신호로 제한되었다면 디지털 방송에는 데이터가 추가된다. TV 프로그램을 보면서 해당 프로그램이나 출연자에 관한 추가 정보를 얻고, 날씨 · 교통 · 증권 등 생활형 정보를 보며, TV 상품을 구매하거나 금융거래가 가능한 방송.
DMB (Digital Multimedia Broadcasting)	'이동멀티미디어방송'이라 불리는 DMB는 디지털 방송에서 파생된 매체로 DAB (*Digital Audio Broadcasting*)가 기술발전에 힘입어 영상까지 전송 가능한 지금의 DMB로 발전.
IP-TV (Internet Protocol Television)	IP-TV는 전용 셋톱박스로 TV를 통해 인터넷, 방송, 전화 등을 한꺼번에 이용하는 서비스. 인터넷망을 활용한다는 점에서 통신 사업자가 통신 부가서비스로 준비하고 있지만 방송과 유사하다는 점에서 논란이 예상. 총리실 산하 '방송통신융합추진위원회'가 구성되어 논의 중.

의 인터넷 중계 시청자는 160만 명으로 지상파 방송 시청자수 140만 명을 추월하였으며 대회 기간 중 위성 DMB의 가입자도 3만 명으로 대폭 증가하였다. 이로써 디지털화가 미디어산업의 변화를 촉발하게 될 것이며 제작, 유통, 소비 등 미디어산업의 가치사슬 전반에 변화가 이뤄질 것으로 보았다(권기덕, 2006).

안종배(2002)는 디지털 시대가 되면 광고업계의 존립을 위협하는 위기인 동시에 새로운 도약과 성공을 약속할 기회라고 지적하며, 시청자가 광고를 쉽게 건너뛰거나 회피할 수 있어 기존의 광고효과를 기대하기 어렵게 되고 시청자와 미디어의 계속된 변화에 부응하기 어려워 효과적 대응을 할 수 없기 때문에 광고회사는 어려운 상황에 놓일 수 있다고 하였다. 즉, 소비자의 선택권 강화와 적극적인 광고회피가 시도된다면 광고의 최소 노출조차도 보장되지 않는 상황이 연출될 수도 있기 때문이다.

반면 광고의 기능과 역할이 다양해져서 시청자에게 혜택과 정보제공, 고객관리와 제품판매 등 방송광고가 마케팅의 주된 기능을 담당할 수 있어 전문성을 인정받고 원소스 멀티유즈(OSMU; *One Source, Multi Use*)가 가능해 수익성에도 좋은 기회가 된다고 하였다. 다시 말해, 업계가 스스로 디지털 방송광고의 변화와 특징을 정확히 인식하고 전문인력 양성과 방송광고 서비스의 효율적 운영이 뒤따라야 하며 방송법 등 광고관련 법령개정에 적극적으로 의견을 개진하여 디지털 방송광고가 활성화될 수 있도록 해야 새로운 도약과 성장을 할 수 있고, 궁극적으로 방송광고와 방송 콘텐츠가 활성화됨으로 국가발전에 기여할 수 있을 것이라고 하였다.

염성원(2005)은 디지털 시대, 방송통신 융합시대의 광고형태는 기본적인 정보제공 기능과 더불어 제품구매라는 마케팅 기능까지도 담당하게 될 것이라고 보았다. 쌍방향성이 가능함에 따라 수용자가 원하는 정보선택은 물론, 동일한 내용의 메시지에서 개개인의 취향에 따라 취사선택이 용이할 수 있다는 것이다. 따라서 디지털 환경에서의 광고제작은 디지털 기술의 발달로 기존의 광고가 표현하지 못했던 부분에 대한 표현도 가능해질 것이며, 이와 같은 점에서 광고제작시 메시지 구조에 맞는 광고형태의 개발은 변화하는 광고환경에 필수적으로 요구되는 부분이라고 했다. 즉, 매체를 둘러싼 환경은 다매체 다채널 시대가 다가옴에 따라 매체의 융합은 필연적이며 이 과정에서 수용자와의 상호작용의 증가를 위한 광고기획과 제작의 노력이 뒤따라야 함을 핵심적인 내용으로 지적하고 있다.

2) 수용자의 변화

과거 마케팅이나 소비자를 연구하는 사람들은 시장과 소비자를 분석하여 세분화하는 노력을 기울였다. 이런 노력은 소비자의 다양한 욕구와 필요를 반영한 파편화로 발전했으나 최근에 와서는 MPR(마케팅PR) 관점의 관계를 통한 고객의 특성 모으기(*aggregation*)로 전환되고 있다. 이런 노력의 결과 미시족에서 X세대, N세대, P세대, Want세대에 이르기까지 수용자를 이르는 말은 매우 다양하다. 이 중 최근까지 설득력을 갖는 것은 프로슈머(*Prosumer*)4이다. 분명한 것은 과거와 달리 오늘날 매체 수용자(또는 소비자)들이 자신의 주장을 적극적으로 표현하고 있다는 것이다. 기업에서 만든 것을 그냥 구매하는 수동적 존재에서 벗어나 제품개발과 판매에 영향을 미치고 자신의 개성에 따라 물건을 구매하는 주체적 소비자로 변신하고 있다. 프로슈머의 유형도 다양해지고 특정의 성격들로 분화되는 것

4. Producer+Consumer, 단순한 소비자가 아니라 적극적으로 생산과정에 참여하는, 또는 자신의 소비를 계획하고 요구하는 적극적인 소비자.

을 볼 수 있다. 가령, 크리슈머, 트윈슈머, 맨슈머, 보떼슈머, 그린슈머, 스포슈머 등은 크게 보면 프로슈머와 같으나 창의, 댓글, 남자, 미용, 환경, 스포츠로 각각의 관심영역이 다르다. 〈표 5-2〉는 수용자로서 소비자의 변화양상을 잘 보여주고 있다.

〈표 5-2〉 수용자로서 소비자의 변화

유 형	내 용	사 례
크리슈머(*Cresumer*)	Creative+ consumer	마니아들은 수입 스포츠카를 살 여유가 없어 현대 투스카니 스포츠카를 산 다음 차량을 개조. 스포츠카를 튜닝하는 사람이 많아지면서 일부러 고급부품을 쓰지 않은 스포츠카가 생산된다. 제조 회사에 영향을 미쳤다.
트윈슈머(*Twinsumer*)	Twin + consumer	인터넷 구매시 인터넷에 올라 있는 소비자 반응을 보고 제품구매 여부를 결정한다. 다른 사람의 사용후기를 참고해 구매한다.
맨슈머(*Mansumer*)	Men + consumer	소비에 적극적이고 취향이 확실한 남성 소비자. 남성고객이 직접 제품기획에 참여하는 남성복 TNGT는 별도의 프로그램을 운영하고 있다.
보떼슈머(*Beautsumer*)	Beaut + consumer	정장·구두를 사고 피부관리 비용을 마련하기 위해 친구들과 계를 들어 한 달에 10만원씩 붓고 한 달 월급의 20% 정도를 미용·패션 쪽에 쓰는 사람. 미(美)를 위해 투자를 아끼지 않는 소비자.
그린슈머(*Greensumer*)	Green + consumer	친환경, 유기농 제품을 찾는 소비자. 친환경 식단으로 손수 음식을 만들어 먹는다.
스포슈머(*Sporsumer*)	Sports + consumer	스포츠에 돈을 아끼지 않는 소비자. 수상스키 장비, 스노보드 등 100만 원대 이상 제품도 서슴없이 구매한다.

자료원: 《조선일보》(2006). "소비자의 공격적 변신". 8월 19일자.

∴ 3. 다매체 시대 방송광고의 주요 이슈

매체와 소비자의 변화는 다매체 시대의 방송광고에 많은 영향을 주었고 그에 따른 위기와 기회가 함께 제공되었다. 양영종(2005)은 방송환경의 변화는 방송광고의 커다란 변화를 가져올 것으로 보았다. 방송광고 환경의 변화를 살펴보면 크게 방송환경에서도 디지털에 의한 융합과 유비쿼터스 환경이 구현되어 방송의 새로운 패러다임이 전개될 것으로 보았다. 디지털 방송시대의 도래로 방송광고는 크게 다음의 4가지의 변화가 있었다. 첫째, 방송광고 개념의 변화는 개인적 활동 또한 중요시되고 있다. 둘째, 시청자에게 선택되는 광고, 시청자에게 맞추는 맞춤광고, 시청자가 원하는 용도를 결정하는 광고, 시청자 반응에 즉각 부응하는 광고 등을 들 수 있다. 셋째, 디지털 방송에서의 방송광고 유형변화에 있어서 보다 훨씬 다양한 유형의 광고가 가능해 질 것이다. 넷째, 디지털방송시대 방송광고 프로세스의 변화가 있을 것이라고 내다봤다.

이런 예상을 보다 실질적인 내용으로 분석하여 바라보기 위해 방송광고를 가치사슬[5] 차원으로 분석하여 보고자 한다. 즉, 방송광고의 생산, 유통, 소비 측면의 주요 이슈에 대해 논하면서 그 흐름을 살펴보는 방법이다. 각 내용은 〈그림 5-1〉과 같이 먼저 생산단계에서는 광고의 기획과 제작을 포함하고 광고주, 광고회사, 제작사, 광고의 유형, 심의를 다루고 말 그대로 광고가 만들어지는 과정에서 겪게 될 변화를 점검한다.

유통단계는 광고가 전달되는 과정의 문제이다. 즉 방송사의 예고자막 등의 슬립광고, 제품배치를 통해 간접광고 효과를 의도한 PPL, 스폰서와 매복자의 대결을 다룬 매복광고, 디지털 광고소재 전송시스템 KODEX, DMB가 그것이다. 마지막으로 소비자들이 광고를 선택하고 활용하는 문제를 다룬 PVR, AIE의 이슈를 다뤄보기로 한다. 주요 이슈는 〈표 5-3〉과 같이 정리할 수 있다.

이렇듯 방송의 디지털화는 방송의 새로운 패러다임을 제공하게 될 것이며 이에 따라 방송과 방송광고는 변화의 소용돌이 속으로 빠져들 수밖에 없다. 위기나 기회를 섣불리 이야기하기에는 아직 성급하다. 다만, 능동적이고 장기적인 관점에

---

5. Value Chain, 마이클 포터에 의해 제안된 가치사슬이론은 기업의 경영정보 차원에서 주요활동과 보조활동의 가치결합을 의미하지만 이 글에서는 생산과 유통, 소비의 가치연결에 의미를 두었다.

서 준비할 때 매체환경 속에서 앞서 갈 수 있는 토대를 마련할 수 있다는 것은 분명하다.

〈그림 5-1〉 변화된 방송광고의 가치사슬 측면의 주요 이슈

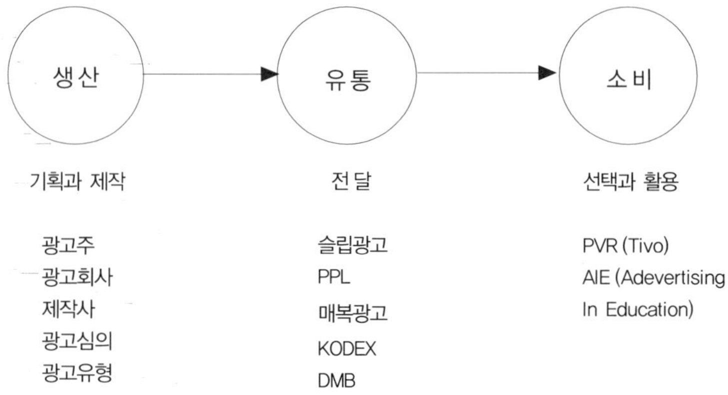

〈표 5-3〉 다매체 시대 방송광고의 주요 이슈

단계별	이 슈	비 고
생 산	기 획	
	제 작	
	방송광고제도	심의, 중간광고, 방송광고 총량제, 가상광고
	UCC광고	User Created Contents
유 통	슬립광고(Slip Ad)	
	제품배치(PPL)	
	매복광고(Ambush Ad)	
	KODEX	한국방송광고공사 광고소재 전송시스템
	DMB	
소 비	광고활용교육(AIE)	Advertising In Education
	PVR	Personal Video Recorder (TiVo)
	T-Commerce	

1) 방송광고의 생산단계 : 광고주와 광고회사, 제작사의 변화, 광고심의, 광고유형 변화

⑴ 광고주

매체간의 융합으로 방송광고계가 만나게 될 생산단계의 첫 번째 이슈는 광고 주체인 광고주와 광고회사, 광고제작사로 나눠볼 수 있는데, 먼저 광고주는 기존 매체에 대한 불신과 새로운 매체에 대한 기대감으로 더 나은 매체기획을 통해 광고효과를 극대화하려 할 것이다. 따라서 비교적 큰 광고주일 경우 새로운 광고매체 도입에 적극성을 갖게 되며 이를 통해 매체효과를 극대화하는 쪽으로 노력할 것이다. 마케팅 중심의 매출 극대화보다는 고객과의 관계 관리에 관심을 기울이게 되고 방송광고를 통해 그 관계의 호전과 지속을 유지하려 할 것이다.

⑵ 광고회사와 제작사

지상파 TV 중심에서 다양한 매체로 관심이 넓어진다. 고비용 매체인 TV나 신문 위주에서 케이블 TV, 온라인 등 저비용 매체의 활용이 늘어날 것이며 궁극적으로 도달률보다 광고노출 횟수에 더 많은 관심을 갖게 될 것이다. 또한, 광고 제작사의 경우, 제작환경이 디지털로 변화함에 따라 고해상도 화면과 디지털 수상기 및 인터랙티브 TV가 시청사에세 일반화됨으로써, 소비자의 이목을 끌 수 있는 보다 강력한 광고의 기획력과 크리에이티브가 요구된다. 따라서 제작비가 늘어나며, 인력의 고급화와 증가를 가져온다. 또한 1인 프로덕션과 저비용 CM의 출현도 예상할 수 있다. 이밖에도 매체기획의 중요성이 강조되고 효과측정의 중요성도 높아진다.

⑶ 광고의 유형

다매체 시대의 디지털 방송은 다양한 유형으로 등장할 것이다. 기술의 진보에 따라 다양한 방송광고의 유형이 새롭게 등장할 수 있겠으나 인터랙티브 TV를 중심으로 살펴본 이시훈(2001)은 광고의 유형을 6가지 기준으로 분류하였는데 첫째, 기존 주파수의 여유공간을 활용하는 연동형(부가서비스), 둘째, 시청자의 노출선택 여부에 따라 선택 노출형과 강제 노출형, 셋째, TV광고의 등장형태에 따라 클릭형,

배너형, 전체화면형, 동영상 광고형으로 나누었다. 넷째, TV광고의 위치에 따라 데이터형, 프로그램형, 광고형으로 나누었고, 다섯째, T-Commerce 연동되는 인터랙티브 TV 광고는 판매형태에 따라 쇼핑몰형, 정보제공형, 주문대행형으로 분류하였다. 여섯째, 타깃과 관련하여 일대일광고와 인공지능형 광고로 분류하였다.

매체가 다원화되고 채널이 다양해지면 소비자의 선택권은 강화되고 방송광고의 효과는 반감될 수밖에 없다. 따라서 필연적으로 중간광고나 가상광고, 광고총량제 등 제도차원에서 먼저 해결책이 강구되어야 하며, 곧이어 방송광고의 효과를 극대화할 새로운 광고가 나타날 것이다. 보다 경쟁력 있는 방송광고와 소비자가 용인할 수 있는 새로운 형태의 광고를 만나게 될 날이 멀지 않았다.

(4) 기획과 제작

가장 특징적인 방송광고의 기획에서 제작, 유통 효과측정, 매체기획에 이르기까지 프로세스가 바뀐다. 광고기획의 경우 소비자 프로파일에 따른 타깃광고가 가능하게 되고 전통적인 커머셜과는 달리 쌍방향으로 인터랙티브 광고가 실시간으로 평가받는다. 따라서 수용자의 반응에 따라 서로 다른 메시지를 보낼 수 있으며 적절한 인센티브를 제공하여 광고를 적극적으로 받아들이도록 기획할 수 있다. 광고제작에 있어서도 쌍방향 프로모션과 프로그램연동 방송광고(CIP; *CM in Program*)의 제작도 가능하다. 특히, 기술적으로 기존의 4 : 3 화면과 다른 16 : 9 화면으로 광고제작시 새로운 앵글과 촬영감각이 필요하며 화질과 음질이 기존방송보다 뛰어나므로 방송환경에 적합한 아이디어를 제작기술과 결합해야 한다.

분명한 것은 마케터와 광고기획자들과 소비자들의 보이지 않는 줄다리기는 더욱 치열해질 것이며 이에 따라 더욱 창의적인 크리에이티브가 등장하게 될 것이다. 그렇게 되면 기존의 기업중심에서 소비자 중심의 패러다임 변화는 방송광고 매체 변화의 서곡에 불과했음을 실감하게 될 것이다.

(5) 광고심의

매체환경의 변화는 광고산업 여러 분야에 영향을 줄 것이다. 그 중에서도 다양한 기술의 발전과 멀티미디어의 활용, 데이터방송이나 인터넷 등에서 이전에 경험하지 못했던 새로운 형태의 광고가 등장하고 그 안에 담겨질 광고의 표현에 영향을 줄 것이다. 형식적인 차원의 변화뿐만 아니라 기술적 지원이나 새로운 매체 안에 담길 내용에도 영향을 줄 것은 분명하다.

염성원(2005)은 다양한 광고형태가 많이 등장하고 기술적으로 더욱 풍요롭고 다채로운 표현이 가능하며, 광고가 하나의 창조적인 행위로서 더 많은 표현의 자유가 보장되어야 한다는 자유론 입장의 주장에 힘이 실리게 될 것이지만 디지털 시대를 맞아 광고시장의 확대, 광고형태의 다양화, 광고표현의 자유화가 확대될수록 광고의 사회적 책임도 강조될 수밖에 없다고 하였다. 따라서 광고가 광고주의 매출증가와 소비자의 선택기회 확대라는 상업적 이익에 충실하더라도, 윤리적 측면에서 광고형태나 표현방식 등에 있어서 해당 사회에 존재하는 공통적인 인식과 가치를 넘어서기는 어려워 보인다고 주장하였다. 그의 대안은 대략 세 가지로 첫째, 제도적 측면에서 규제형태를 명확하게 확립하고, 미디어 환경의 변화에 따른 심의방식으로의 진화, 둘째, 운영적 측면에서 자율심의기구에 대한 정비와 수용자의 적극적인 참여를 유도, 셋째, 내용적 측면에서 심의규정의 개선과 최소한의 규제를 제안하였다.

방송통신의 융합과 디지털 기술의 도입 등 새로운 매체가 등장하였음에도, 광고규제 시스템의 정비에 대한 논의는 부족하고 광고 심의문제는 지속적으로 쟁점화되고 있다. 예컨대, 인터넷 광고의 심의문제를 보면, 무엇보다 정보의 자유로운 흐름을 강조하고 익명성은 물론, 동시성과 비동시성으로 시간으로부터 자유로운 매체인데도 자율과 타율 사이에서 정부와 민간의 의견은 대립되고 있다. 그러나 해결책은 그리 쉽지 않다. 제도와 운영 및 내용에 대한 모델을 제시하기에는 매체의 도입과 변화가 예측할 수 없기 때문에 근본적 틀을 유지하는 선에서 그칠 뿐 시대정신에 위배되지 않으면서 최소한의 규제와 가능한 수준의 자율을 보장하고 광고산업 구성원들의 합의를 이루는 것이 그 무엇보다 중요하다 하겠다. 기술적 우위를 확보한 송신자가 잠재의식 광고(*Subliminal Ad*)나 그 어떤 뉴미디어 기술로 사람의 인지과정을 조작하는 일은 있어서는 안 된다.

2) 방송광고의 유통

변화된 매체환경에서 방송광고의 전달과정에서 발생되는 이슈는 매우 많다. 그러나 대표적인 몇 가지를 정리하면 슬립광고, 제품배치(PPL), 매복광고, 방송광고 소재전송 시스템(KODEX), DMB를 꼽아 볼 수 있는데 이는 방송광고가 소비자에게 유통되는 과정에서 살펴봐야 할 핵심적인 내용들이다.

(1) 슬립광고

광고주가 일정한 광고요금을 지불하고 방송 시간대를 구매하고 나면 그 시간만큼은 구매자인 광고주의 시간이다. 즉 15초 동안 상업언론으로 자유(*Freedom of speech*)를 누릴 수 있는 것이다. 그러나 방송국의 예고자막이 화면을 차지하여 광고보다 더 주목을 끄는 일이 종종 있다. 이미 관행처럼 굳어버린 이와 같은 악습은 광고가 방영되는 시간에 오른쪽 상단에 현란한 프로그램 또는 방송국 안내자막이 삽입되는 슬립광고(*Slip Ad*)이다. 시청자의 시선을 방해하고 이로 인해 광고효과가 감소되어 광고주의 불만을 사고 있다. 물론, 이는 재난방송이나 긴급한 뉴스를 알리는 하단자막(*scroll*)에 대한 지적은 아니다. 컴퓨터 그래픽과 자막효과를 이용한 예고는 원칙적으로 광고시간대에 나가서는 안 된다. 한 해에도 몇 번씩 광고주협회와 광고단체연합회는 공문을 통해 각 방송사 및 방송협회, 한국방송광고공사, 케이블TV방송협회에 슬립광고의 중지를 요청한다. 광고주와 함께 방송사도 광고효과를 극대화하기 위한 노력을 기울여야 하며, 광고주가 광고활동에 지장을 받지 않도록 해야 한다.

업계의 요청문에는 첫째, 광고시간은 광고주의 것이기에 이에 대한 배려가 있어야 하며, 둘째, 슬립광고를 피하기 위한 TV광고 제작상의 어려움이 있고, 셋째, 슬립광고는 광고효과를 심각하게 감소시킬 뿐만 아니라, 넷째, 외국에서는 슬립광고가 없고 자사의 로고를 소개하는 정도이며, 우리처럼 광고 위에 삽입하는 일은 없다는 점을 강조하고 있다.

〈그림 5-2〉는 슬립광고의 몇 가지 예를 보여주고 있다. 가령 KT 국제전화 001의 광고의 경우 모델 조인성의 머리 위에 다양한 컬러의 상상플러스 예고자막이 회전하면서 전체적으로 푸른 광고의 색상을 무너뜨릴 뿐 아니라 주의를 분산시켜

광고주의 광고시간을 빼앗고 있다. 농심 육개장 사발면의 경우에도 “나는 한국사람, 육개장 사발면”이라는 자막의 일부를 다음 프로그램 예고자막인 “해피투게더”가 가리고 있다. 경남제약 레모나의 경우 “상큼해요”라는 자막이 제대로 전달될 수 없을 정도로 자사의 프로그램 “즐겨찾기”를 알리기에 급급하다. 이것은 인기 출연진의 이름을 교대로 알리면서 시청을 유도하는, 지나친 시청률 경쟁에서 기인한 것이지만 피해는 고스란히 광고주에게 전달되며, 시청자의 주목을 떨어뜨리고 불쾌함을 제공하며 시청을 방해한다. 앞으로 매체가 다양화되고 새로운 기술이 도입된다면, 또 다른 형태의 슬립광고가 등장하지 않는다는 보장은 누구도 할 수 없다. 광고시간과 공간에 대한 존중은 광고산업의 기본을 지키는 일인데, 다매체 시대 광고산업의 보호를 위해서 반드시 슬립광고를 규제할 필요가 있다.

〈그림 5-2〉 슬립광고의 사례

(2) 제품배치

오늘날 치열해진 마케팅 커뮤니케이션의 혼잡(*clutter*) 속에서 제품배치(PPL)는 수용자에게 심리적 차폐막을 걷게 하는 효과가 있으며 비교적 비용효율이 높아 점차 기대가 커지고 있다. PPL은 제품배치(*Product Placement*)를 줄인 말로, 영화 현장에서 처음 시작된 용어라고 한다. 1945년 미국 영화계 영화소품 담당자들 사이에서 사용된 말로 소품을 스폰서로부터 협찬받으면서 시작되었다. 우리나라에서도 본격적인 PPL은 영화에서 시작되었다. 1991년의 〈결혼이야기〉에서 삼성전자, 〈쉬리〉에서 포카리스웨트 등 30개사, 〈집으로〉의 초코파이와 에프킬라, 그리고 국내에 소개된 외화 중 〈고질라〉의 동원참치, 〈스파이더맨〉의 삼성전자 등을 사례로 들 수 있다. 뿐만 아니라 TV 드라마와 심지어 광고 속에서도 PPL은 등장한다.

PPL이 최근엔 통합적 마케팅 커뮤니케이션의 일환으로 사용되는데 그에 대한 정의는 "자기회사의 제품이나 브랜드, 서비스를 배치하여 관객들의 무의식 속에 상품 이미지를 심어 수용자에게 거부감을 주지 않으면서 상품을 자연스럽게 인지시키는 것으로 제작비 절약과 광고효과의 상부상조하는 간접광고의 일종"인데, 말 그대로 제품의 배치라고 보면 된다. 시청자의 거부감을 제거하고 수용자의 인지를 극대화하기 위한 새로운 도구로 인식되고 있다.

〈그림 5-3〉의 LG에어컨 휘센의 경우 해외여행을 떠나려는 여자 모델(이영애)이 항공권을 들고 집을 나서는 장면이 있다. 광고를 만든 사람들이 자사의 광고주 중 하나인 대한항공을 LG휘센 광고 속에서 PPL을 한 것이다. 아시아나, 또는 다른 외국항공사가 아닌 대한항공 로고가 크게 들어간 항공권 봉투, 이렇게 작은 소품 배치 하나에도 PPL은 숨어있다. 그러나 이러한 영화나 드라마, 그리고 광고에서의 PPL은 법적, 윤리적 차원에서 문제가 없도록 기획되어야 한다.

방송위원회 심의규정 제63조에 의하면 "방송은 특정 상품이나 기업, 영업장소, 또는 공연내용 등에 관한 사항을 구체적으로 소개하거나 의도적으로 부각시켜 광고효과를 주어서는 아니 된다"라고 하여 PPL 불가론을 경고하고 있다. PPL은 의도된 간접광고이므로 엄밀하게 말하면 적어도 방송에서는 모든 PPL은 불가능하다 할 수 있다. 그러나 방송에서는 이와 달리 무수한 PPL을 만날 수 있다.

매체가 발달하고 기술이 진보하면 더 자연스럽게 영화, 또는 드라마나 광고 속

〈그림 5-3〉 LG에어컨 휘센 '세계의 바람' 편

에서 PPL이 녹아들 수 있기 때문에 PPL이 사랑받는 것이다. 의도적이라 할지라도 지나치지 않게, 그리고 좋은 정보를 제공한다면 궁극적으로 통합 마케팅 커뮤니케이션(IMC)의 유용한 수단이 될 것이다. 지나치면 모자람만 같지 않다는 공자님의 이야기를 떠올려 봐야 한다. PPL에서도 커뮤니케이션에서도 과유불급(過猶不及)은 역시 불변의 진리이다.

⑶ 매복광고

매복광고(*Ambush Advertising*)는 최근 월드컵과 올림픽, 프로스포츠가 흥행하면서 이와 관련된 배타적 마케팅 커뮤니케이션 권리로서 스폰서십 제공업체에게 부여되는 권리를 정면으로 파고드는 마케팅 기법이다. 기생마케팅이나 해적마케팅으로도 불리는 매복광고는 말의 뜻처럼 부정직한 방법으로 매도되기도 한다. 그러나 스폰서가 아니라고 해서 안 된다, 또는 나쁘다고 몰아 세워서는 곤란하다. 광고는 '인식의 싸움'이기 때문이다. 먼저 소비자의 인식에 파고들기 위한 기업의 경쟁이라면 어느 쪽이 더 효과적인가를 살펴봐야 한다.

가령, 지난 독일 월드컵에서 국민들의 모든 관심이 온통 축구에만 집중되었을 때, 아무런 스폰서십도 없는 SK텔레콤은 〈그림 5-4〉와 같이 프랑스전 필승전략을 압박축구로 제시함을 통해 월드컵 분위기에 편승하였다. 물론 FIFA는 내부 규정으로 으름장을 놓을 뿐 어떤 항의나 법적 조치를 강구할 수 없는 입장이다. 매복광고는 불법과 적법의 사이에서 유유히 줄타기할 뿐이기 때문이다. 또한 명백한

〈그림 5-4〉 월드컵 스폰서십과 매복 광고의 비교 : SK텔레콤과 KTF

SKT 매복광고 | KTF 스폰서십광고

위법사유가 없으면 양심의 자유와도 같이 양측의 주장이 팽팽할 뿐이다. 반면 한국축구협회와 붉은 악마의 공식 스폰서인 KTF로서는 당연히 우리 선수들을 많이 보여주고 붉은 악마 이미지를 활용하는 것이 옳은 전략이겠지만 보다 중요한 것은 소비자의 마음을 누가 먼저 얻느냐의 문제이다. 다매체 시대에도 광고에서도 스폰서십과 매복광고에 대한 공방이 더욱 치열하게 대두될 것은 물론이며 그 결과에 따라 운동장 밖 경기에서도 승자와 패자가 나타나게 될 것이다.

(4) 소재전송 시스템 (KODEX 6)

우리나라 방송계의 현안 중 하나가 바로 디지털방송이다. 단순히 방송의 제작과 송출과정의 변화만을 의미하지는 않는다. 과거 1980년대 컬러방송의 시작이 방송내부는 물론, 엄청난 사회적 반향을 일으킨 것과 비견될 만한 변화가 예고되고 있다. 방송광고의 경우에 이를 준비하고 있는데 기존의 아날로그 방송시스템에 초점이 맞춰져 있던 광고 관련업무의 디지털화를 앞당긴 것은 물론, 방송광고

6. 한국방송광고공사(2005). KODEX 보도자료.

의 전달과정의 혁명이라고 할 한국방송광고공사의 KODEX 시스템은 방송광고의 유통면에서 주목할 만하다.

그동안 광고소재는 테이프 중심으로 유통되었는데 제작과 전달, 편집과 보관과정에서 많은 인력과 시간, 그리고 비용의 지불이 불가피하였다. 특히, 인편이나 우편으로 전달하는 오프라인 방식은 전달과정에서 문제가 발생하여 정해진 시간을 넘기거나 잘못된 소재가 전달되어 곤욕을 치르는 사례도 적지 않았다. KODEX 시스템은 이러한 문제점을 근본적으로 해결하였다. 온라인 방식으로 전송하는 온라인 전송시스템으로 광고소재에 코드를 삽입하여 검출해 운행결과를 자동으로 확인할 수 있는 자동 모니터링 시스템으로 구성되었다. 이 사업은 2005년 3월 라디오 광고소재 온라인 전송을 실시한 데 이어, 10월 TV 광고소재 온라인 전송을 실시하였고 디지털 광고소재 관리시스템은 광고소재의 디지털화 및 영구보관이 가능하게 되었다.

기존의 아날로그 방송 시스템에 맞게 릴 테이프나 베타 테이프로 제작, 전달되던 광고소재를 디지털 방송 시스템에 적합한 MPEG(*Moving Picture Experts Group*) 기반의 디지털 파일로 대체하고, 특히 디지털 TV에 적합한 MPEG2 파일로 변환, 디지털 아카이브(*Digital Archive*)를 운용하여 방송용 화질 수준의 멀티미디어 정보 및 각종 데이터가 체계적으로 관리됨으로써 효율적인 자료관리가 가능하게 되었다.

소재전송(KODEX) 시스템은 한국방송광고공사(KOBACO)의 앞글자와 Data Express의 합성어로 방송광고소재 전송시스템을 말하는데, 방송광고 청약에서부터 광고소재 접수, 관리, 방송사 전달, 확인까지 광고소재와 관련된 제반업무를 디지털과 온라인으로 관리하는 시스템을 말한다. 방송사, 광고회사, 시청률 조사회사, 모니터링 회사 등 방송광고 관련업체들이 인터넷을 통해 방송광고 편성, 청약, 신탁정보 조회 등의 업무를 수행할 수 있는 전자상거래시스템인 KOBAnet (portal.kobaco.co.kr)을 통해 광고소재 등록, 동영상 검색, 광고소재 다운로드 등 소재와 관련된 업무를 언제 어디서든 실시간으로 할 수 있다.

광고회사에서 광고주명, 광고회사, 소재제목, 심의번호, 초수 등과 같은 소재정보를 KOBAnet에 등록한 후, 정해진 규격으로 제작 파일이나 테이프 형식의 소재 한 벌을 한국방송광고공사로 보내면 CMS(*Contents Management System*) 프로그

〈그림 5-5〉 방송광고의 유통 : 전달 네트워크로서 KODEX

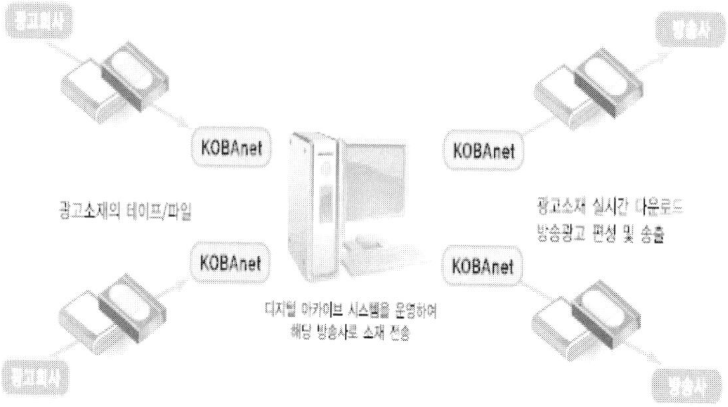

램과 각종 장비를 통해 테이프 형식으로 온 소재는 등록정보와의 일치 여부를 확인한 후 방송사 시스템에 맞게 디지털 파일로 변환하고, 파일형식으로 업로드된 소재는 전송 서버로 넘긴다. 방송사에서는 전송서버에 있는 디지털화한 소재들을 인터넷이나 전용망을 통해 다운로드 받은 다음 이를 편집프로그램으로 VCR 편집을 한 후 방송을 내보낸다(〈그림 5-5〉 참조).

이 덕분에 우리는 2006년 독일 월드컵에서 과거에는 상상할 수 없는 스피드로 방송되는 광고들을 시청할 수 있었다. 방금 전에 끝난 경기의 승패에 따라 그에 맞도록 사전에 준비된 광고소재가 방송을 타게 된 것이다. 과거 같으면 광고심의와 소재전달, 편집과 방영 등 아무리 빨라도 7일 이상은 족히 걸렸을 시간이 간단한 조작으로 몇 초만에 가능하게 된 것이다. 때문에 앞으로도 사전의 기획에 따라 시청자의 의표를 찌르는 시의성(*Timeliness*) 있는 방송광고가 줄을 잇게 될 것이며 이것들이 광고효과를 극대화하는 데 기여할 것이다.

그러나 방송광고 유통의 획기적인 변화를 가져온 KODEX에도 몇 가지 문제점이 있다. 광고산업 주체들의 적극적인 참여가 그것이다. 아무리 잘 만들어진 시스템이라도 많은 구성원들이 능동적으로 시스템 안에 들어와 활용하여야 한다. 또한 효율성에도 불구하고 지나친 집중화와 지적재산권인 광고물에 대한 소유의 문제도 남는다. 물론, 공익적 기능이 강조되었다고는 하지만 네트워크를 정점으로 거대한 권력이 나타날 수 있으며 방송광고 제작물의 소유권에 대한 해석이나 시비를 심도 있게 검토하여 운영할 필요가 있다.

(5) DMB

DMB서비스는 휴대용 수신기나 차량용 수신기를 통해 시간과 공간의 구애 없이 복수의 채널로 멀티미디어 방송을 자유롭게 시청할 수 있는 방송과 통신 융합 서비스의 하나이다. 디지털 방송기술에 기반을 두어 새로이 출현한 DMB 서비스는 HD급 고품질 라디오, TV 동영상 및 문자방송 수신이 가능한 서비스로 새로운 방송법에서는 이동멀티미디어 방송으로 분류되며, 전송매체에 따라 지상파DMB와 위성DMB로 나뉘는데, 단말기를 생산하는 업체를 비롯해서, 통신 서비스회사와 방송국, 콘텐츠 제작사 등 DMB산업을 둘러싼 다양한 구성원들은 DMB사업 성공에 큰 기대를 걸고 있으며 향후 국내 관련 산업은 물론, 경제적 파급력이 매우 클 것으로 보인다.

DMB 서비스는 DAB로 불리는 라디오 방송의 디지털화(*Digital Audio Broadcasting*)에서 시작하여 DMB(*Digital Multimedia Broadcasting*)로 발전하였다. 국내의 경우 위성DMB 방송은 2005년 5월, 지상파DMB는 12월 상용화되어 현재 서비스 중이다. 박천일(2004)은 지상파DMB 광고시장 규모는 2010년 976억 수준이 될 것으로 전망하면서, 지상파DMB는 개인 휴대형 단말기 위주로 시행될 때 확산가능성이 높으며, 500만 명의 이용자 수가 확보되어야 독립 광고매체로서 의미를 갖는다고 하였다. 그러나 서비스 7개월 만에 빨간 불이 켜졌고 적자를 이유로 중단의 위기에 처한 것이다.

동아일보(2005. 9. 21)는 지상파DMB 본방송 시작 7개월 만에 1000억 원이 넘는 적자를 내 사업 중단 위기에 처한 것으로 보도하였다. 자료에 따르면 3월 본방송 시작 이후 9월까지 KBS, MBC, SBS, YTN DMB, 한국 DMB, 유원미디어 등 6개 지상파 DMB 사업자의 총수입(광고매출액)은 10억 9550만 원에 그친 것으로 나타났다. 이와 같은 이유에 대해 방송위원회가 사업 수익성을 제대로 예측하지 못하고 무리하게 사업을 추진했기 때문이라는 지적이 있다. 이 때문에 연내 전국으로 확대하려던 지상파 DMB 방송에 제동이 걸리고 있다. 특히, 지상파 DMB의 경우 위성 DMB가 월 단위의 약정요금을 지불하는 것과 달리 방송광고를 기반으로 무료로 제공되는 것이어서 방송매체로서 지상파 DMB의 존립기반을 위협하고 있다. 그러나 CATV 등 새로운 매체의 도입기에 일정한 기간 안정적인 수신자 규모를 확보하기 전까지 판단하기는 아직 이르며 이에 대한 광고기획과 제작기법 등에 대한 준비도 부족한 형편이어서 당분간 수신자를 확보하여 내실을 기하는 것이 현실적인 생존전략이 될 수 있을 것이다.

3) 방송광고의 소비

(1) PVR

〈그림 5-6〉
개인용 디지털비디오 녹화기(PVR)

광고주에게 개인용 디지털비디오 녹화기인 PVR(*Personal Video Recorder*)의 등장은 과거 리모컨이나 VTR의 출현으로 지핑과 재핑(*Zipping & Zapping*)효과를 훨씬 뛰어넘는 매우 위협적인 뉴스가 아닐 수 없다. 광고를 회피할 수 있는 소프트웨어와 하드웨어의 지원은 광고시청이라는 지불 없이 프로그램 시청이라는 대가를 얻게 하는 일종의 '불로소득'인 것이다.

시청자는 티보(TiVo)와 리플레이TV(Replay TV) 같은 PVR을 보고자 하는 프로그램을 녹화해서 편리한 시간에 볼 수 있게 되었다. 디지털 기술의 진보에 따라 VTR의 한두 시간 녹화분량이 PVR은 최고 60시간까지 가능하게 되었다. 녹화 테이프에서 하드 드라이브에 프로그램을 저장하게 되어 시청자는 좋아하는 프로그램이 방송될 때마다 녹화하고 좋아하는 배우나, 스포츠 팀, 취미나 관심 주제만을 선택하여 시청할 수 있다.

또한, 시청자들은 프로그램을 녹화하면서 광고 건너뛰기(*Zapping*)를 할 수 있다. 광고의 방해 없이 프로그램만 골라 볼 수 있게 된 것이다. 이렇게 되면 광고비의 산정이 매우 불안정할 수밖에 없다. SA, A, B 등 시급에 따른, 또는 시청률에 따른 방송광고비 계산은 무의미하다. 어쩌면 PVR의 소유 여부를 중심으로 광고비를 재산정해야 할지도 모른다. 또한 광고주의 소극적 대응으로 방송광고를 배제하려는 경향이 생겨나면 이를 재원으로 삼아 운영하던 방송국에는 수입원의 감소로 인한 경영상의 문제가 발생한다. 결국, 그 피해는 다시 시청자에게 돌아와 좋은 프로그램을 최소한의 부담으로 시청할 수 없게 된다. 아직 오지 않은 미래의 일로 치부하기에는 매우 심각한 문제를 안고 있기에 모두의 지혜를 모아야 할 것이다.

(2) 광고활용교육(AIE)

다매체 시대를 맞으며 광고에 대한 부정적 인식이나 광고의 역기능을 해소하기 위한 노력이 요구되고 있다. 이와 관련하여 광고를 활용하여 교육할 것에 대한 관심과 제안도 뒤를 잇고 있다. 새로운 매체의 등장과 디지털로 인한 문제를 문식성, 또는 리터러시(*Literacy*)로 부른다. 즉, 매체에 대한 문식성(*media literacy*)이 '디지털 격차'(*digital divide*)를 해결할 대안으로 생각하는 학자들이 많다. 방송광고의 이해와 활용을 통한 교육 역시 그 중 하나이다. 광고를 활용한 교육(AIE; *Advertising In Education*)의 기본적인 아이디어는 NIE에서 출발하였다. 그러나 AIE는 NIE와 달리 광고에 대한(*about*), 광고를 이용한(*through*)의 성격을 모두 담고 있다. 광고활용교육(AIE)은 특정 집단의 이해관계와 직결되지 않기 때문에 NIE가 갖고 있는 도구적 성격을 벗어날 수 있으며, 신문사의 상업성을 경계하는 비판에도 자유로울 수 있다. 미디어교육에 보다 적합하도록 〈그림 5-7〉과 같이 모델을 구성하였다.

AIE를 "광고를 활용한 교육"이라고 한 것은 미디어로서 광고가 갖는 교육적 가치를 말하고자 함이었다. 미디어의 의미가 도구적 성격에 머물지 않고 미디어에 대한 학습을 통해 '미디어 능력' 배양에 있다는 것을 강조하고자 함이었다. 특히, AIE는 광고의 창의적(*creative*) 특성을 활용하여 교육기본법 1장[7]에 나와 있는 '창

---

7. 교육기본법 1장 2조에서 "교육은 홍익인간의 이념 아래 모든 국민으로 하여금 인격을 도야하고 자주적 생활능력과 민주시민으로서 필요한 자질을 갖추게 하여 인간다운 삶을 영위하게 하고 민주국가의 발전과 인류공영의 이상을 실현하는 데 이바지하게 함을 목적으로 한다." 또한 9조(학교교육)에서는 "② 학교는 공공성을 가지며, 학생의 교육 외에 학술과 문화적 전통을 유지·발전시키고 주민의 평생교육을 위하여 노력하여야 한다. ③ 학교교육은 학생의 창의력 계발 및 인성의 함양을 포함한 전인적 교육을 중시하여 이루어져야 한다."라고 밝히고 있다.

〈그림 5-7〉 AIE의 모델

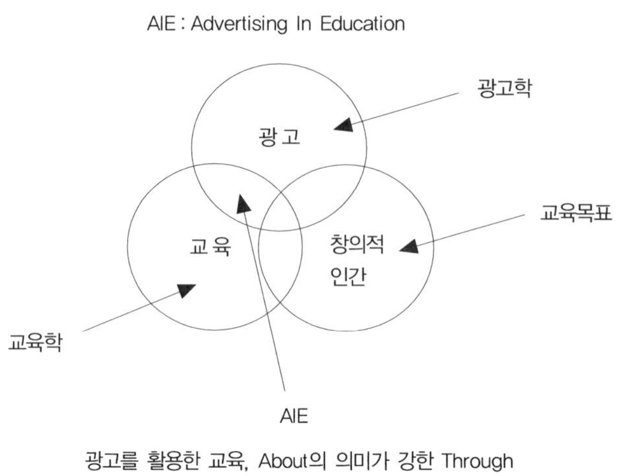

〈그림 5-8〉 AIE의 기능

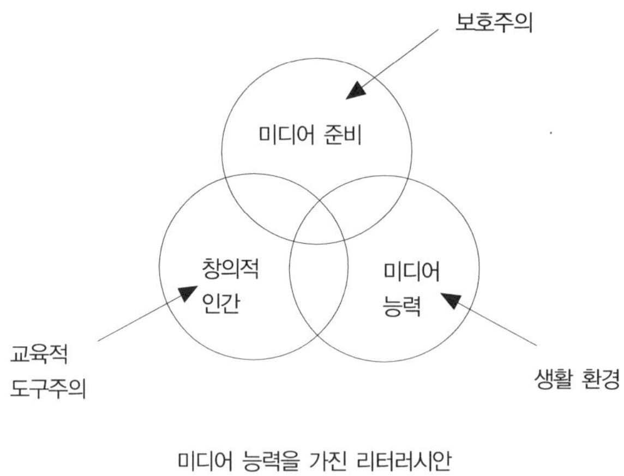

의력 계발'과 '전인적 교육' 등 학교교육이 지향하고 있는 목표를 달성할 수 있다. 이는 교수법과 학습법 등을 풍부하게 개발함으로써 피교육자로 하여금 적극적으로 교육에 참여할 수 있는 계기를 제공하게 될 것이다.

AIE의 교육적 기능을 다양하게 살펴볼 수 있으나 대략 세 가지로 나눠 볼 수 있다. 첫째는 같은 보호주의8이다. 미디어의 폐해로부터 피교육자를 보호하기 위한 보수적인 태도로 일관하였던 것과 맥락을 같이한다. 그러나 광고를 활용한 교육에서는 "보호보다는 준비"의 개념으로 발전시켜 보고자 한다. 어린이와 광고 등 오늘날 광고를 둘러싼 부정적인 견해와 역기능을 예방할 수 있는 AIE의 접근방법이다. 둘째, 교육 미디어로 도구적 활용도 가능하다. 물론, 이때에도 단순한 이용(*through*)보다 광고에 대한 교육이라는 목적 달성을 위해 적극적인 자세가 필요하다. 이론과 실제를 통해 광고를 활용한 창의력, 기획력, 설득력 등의 향상을 기대할 수 있다. 마지막으로 광고를 활용한 교육은 미디어 능력을 높여줄 것이다. 팀 프로젝트로 진행하여 협동심을 비롯하여 언어능력과 의사소통 등 커뮤니케이션 능력과 현실참여 능력을 높여줄 것이다.

:: 4. 결론 및 전망

매체가 많아진다는 것은 그만큼 수용자와의 만남이 어려워진다는 것이다. TV에 광고를 내보내면 전 국민이 반응하던 시대는 오래전 이야기가 되었다. 시청자는 점점 TV에서 멀어지고 있다. 일찍이 이러한 변화를 경험한 라디오는 매우 특화된 형태로 나름의 시장을 형성하였는데, 인터넷과 결합하면서 이전보다 청취자의 옆자리로 다가갔다. 방송광고는 글로벌과 디지털의 바람 속에서 시청자와 만나야 한다. 이전의 위치에 만족하지 말고 제 역할을 다하기 위해서 끊임없는 노력을 기울여야 한다. 칼자루는 수용자에 쥐어져 있고, 선택은 시청자가 한다.

---

8. 보호주의, 보호 미디어 교육은 20세기 초 영화장르의 출현과 함께 출발하여 어린이와 청소년들에게 해가 될 수 있는 미디어로부터 이들을 보호하자는 '보호 미디어교육'이 중심이었다. 이것은 후에 비평적 수용과 계몽적 정치적 미디어 교육, 교육 기술적 미디어교육, 행동지향 · 생활지향적 미디어교육으로 발전하여 오늘에 이른다(문혜성, 2004).

〈그림 5-9〉 방송매체의 출현과 방송영역의 분포(강승구, 2005)

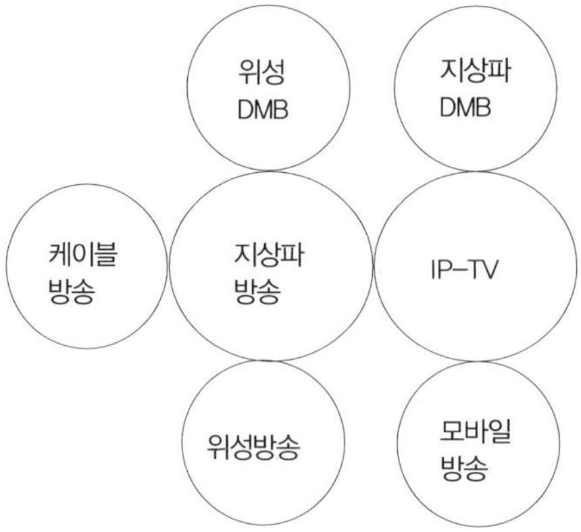

강승구(2005)는 방송의 디지털화로 인해 다매체 다채널시대는 필연적이며, 인터넷 발달로 인해 젊은 세대의 인터넷 선호는 더욱 강화될 것으로 보면서 방송과 인터넷(통신)의 융합이라는 큰 흐름이 시대의 변화를 이끄는 패러다임을 만들 것이라 하였다. 첫째, 매체간 대체성에 대한 진단과, 둘째, IP-TV 등장으로 인한 방송광고 시장의 변화, 셋째, 새로운 방송매체 등장과 지상파 방송의 영향을 예상하였다. 특히, 지상파DMB보다 IP-TV의 파괴력을 "종합선물세트"로 표현하면서 기존의 지상파방송과 케이블 위성방송을 무섭게 대체할 것이라고 하였다.

이에 따라 방송광고의 형태와 광고단가에 영향이 생길 것이며 이것은 광고정책과 광고요금의 기준이 달라질 수밖에 없다고 전망하였다. 과거 시청률 중심의 지상파방송광고는 IP-TV의 VOD시청 위주의 방송시청 형태에 따라 변화를 가져오게 된다는 것이다.

방송광고의 생산과 유통, 소비의 가치사슬에 적지 않은 변화가 진행 중이다. 이런 가치의 핵심에는 시청자가 있다. 방송광고와 만나는 시간과 장소의 선택이 수용자에게 달려있다. 다매체 시대의 방송광고를 둘러싼 많은 문제를 모두 다루지는 못했지만 주요한 이슈를 중심으로 살펴본 결과 더 많은 준비와 노력이 필요하다는 것이다. 그리고 변화의 방향을 예의주시하여 빠르게 적응하는 것이다.

광고주와 광고회사, 매체사는 좋은 방송광고를 생산하는 데 노력을 기울여야 하고 정책적으로는 이를 뒷받침하되 역기능을 막기 위한 최소한의 제도가 만들어져야 하겠다. 또한 유통과정도 이전과는 달리 새롭게 등장할 수 있는 문제점에 대해서도 관심을 기울여야 한다. 방송과 통신이 융합되면서, 또는 새로운 매체가 광고에 활용되면서 슬립광고나 PPL, 매복광고와는 또 다른 형태의 문제를 제기하게 될 것이다. DMB 등 도입초기 규모의 경제는 좀더 시간을 갖고 지켜봐야 한다. 시장이 경쟁력을 인정한다면 생존은 가능할 것이다. 또한 기술의 진보로 방송광고의 소재전달 시스템이 원소스 멀티유즈(*One Source Multi Use*)된다면 연구와 교육을 위한 광고의 아카이브가 만들어지고 다양한 용도로 활용되어 공익적 기능을 수행하게 될 것이지만 중앙 집중화와 소유권의 문제 등도 잘 살펴야 할 것이다.

소비과정에서는 PVR의 도입을 눈여겨봐야 한다. 이는 광고 냉소주의와 회의주의를 넘어 자칫 무용론까지 대두될 수 있는 매우 조심스런 사안이다. 광고인들은 광고의 기능이 인정되고 사랑받을 수 있도록 PVR의 도입에 능동적으로 대응해야 하며, VTR이 세상에 나왔을 때 못지않게 제 역할을 수행할 수 있도록 창의적인 아이디어를 개발해야 한다. 특히, 광고로 인한 역기능을 바로잡고 교육과 연구 차원에서 활용도가 높은 AIE의 도입에도 적극적인 관심을 가져야 한다. 이는 미래의 소비자에게 광고 리터러시를 제공하는 하나의 대안이 될 것이다.

●○● 생각해볼 문제

1. 본인이 생각하는 다매체 시대의 방송광고의 핵심적인 문제점 한 가지를 생각해 보시오.

2. 다매체 시대의 방송광고 활성화 방안에 대해 생각해 보시오. 그것을 위해 제도적으로 선행되어야 할 과제는 무엇인가?

3. 방송광고에 있어서 광고를 활용한 교육(AIE)의 의미는 무엇이며, 미디어에 의해 만들어진 차이(*media devide*)를 극복하는 대안이 될 수 있는지 논의해 보시오.

●○● 참고문헌

강승구 · 성민정(2005). 〈디지털시대의 매체간 대체성에 관한 연구〉. 한국방송광고공사 연구보고서.

권기덕 · 김재윤(2006). 《인터넷이 바꾸는 미디어산업》. 삼성경제연구소.

김대호(2002). "미디어 산업의 방송 · 통신 융합 대응 유형에 관한 연구". 《한국방송학보》 16(4): 7~39.

김서중 · 정연우(2005). 〈방송통신융합에 따른 방송광고제도 개선방안에 관한 연구〉. 한국방송광고공사 연구보고서.

김희진(2005). 〈매체환경 변화와 광고산업: 광고산업 현실진단과 제안〉. 한국방송광고공사 연구보고서.

남궁협 외(2005). 〈디지털시대 방송광고 활용도 제고를 위한 연구〉. 한국방송광고공사 연구보고서.

박성호(2005). "광고매체로서 뉴미디어 활성화 방안 연구". 《한국통신학회 학술발표논문집》. pp.321~325.

박천일(2004). 〈지상파DMB서비스 수요예측 및 광고시장 전망〉. 한국방송광고공사 연구보고서.

방송위원회(2004). 《방송심의규정》. 방송위원회.

안종배(2004). 〈디지털방송에서의 광고의 특성과 광고업계의 위기와 기회〉. 한국방송광고공사 연구보고서.

양영종(2005). 〈미디어융합에 따른 광고산업 발전모델 연구〉. 한국방송광고공사 연구보고서.

여송필(2005). 〈지상파 디지털TV 전환과 디지털 방송광고〉. 한국방송광고공사 연구보고서.

염성원(2005). 〈한국의 방송광고 심의제도에 관한 연구〉. 한국방송광고공사 연구보고서.

오택섭(2005). 《미디어와 정보사회》. 서울: 나남출판.

이건창(2003). 《최신경영정보시스템》. 서울: 무역경영사.

이수지(2005). "슬럼광고 광고주 권리침해 갈수록 심각". 《KAA저널》 5월호. pp.24~25.

이시훈 · 김세철(2001). "인터랙티브TV 광고의 도입과 지상파 방송광고의 위상". 《광고연구》 52: 225~228.

이정아 역(2005). 《광고의 미래》. 서울: 커뮤니케이션북스. Joe Cappo(2005). *The Future of Advertising*.

이희복(2003). "또 하나의 광고, PPL". 《건국대학교 학보》 12월.

______(2006a). "키워드로 본 월드컵마케팅 크리에이티브". 《MBC애드컴 사보》 3, 4월호. pp.9~14.

______(2006b). "광고활용미디어교육(AIE)". 《미디어교육과 교과과정》. 서울: 커뮤니케이션북스.

조선일보(2006). "소비자의 공격적 변신". 8월 19일자.

한국방송광고공사(2005). KODEX 보도자료.

www.fifa.com

www.tivo.com

제 6 장

방송광고 심의제도와 관련된 쟁점들

정 기 현

방송광고가 실시된 이래 우리나라의 방송광고 심의제도는 많은 변화를 거듭해 왔다. 우리나라의 방송광고 규제는 1962년 6월에 출범한 한국방송윤리위원회를 통해 자율규제 형태로 이루어졌다. 그 이후로 방송광고심의를 담당하는 규제기관이 방송심의위원회, 한국방송광고공사, 방송위원회로 바뀌었고, 규제형태 역시 사후심의로 시작하여 사전심의가 계속되다가 언론기본법에 따라 사후규제 형태였으나 한국방송광고공사가 심의업무를 맡으면서 다시 사전심의를 계속해 오고 있다.

2000년 1월 12일에 제정된 통합방송법에 의해 법적 정부규제의 기본 성격은 유지하면서 심의업무는 한국광고자율심의기구에 위탁하는 형태로 바뀌었다. 이 장에서는 2000년 8월에 방송위원회에서 위탁한 이후에 방송광고 심의제도를 둘러싸고 논의되고 있는 쟁점들을 종합적으로 정리하고 각 쟁점들에 대한 논의를 통해 바람직한 방송광고 심의제도의 정착을 위해 심의기준이 어떤 방향으로 나아가야 할지 현실적인 방안을 제시하고자 한다.

:: 1. 연구배경

광고심의란 사회적으로 문제가 될 가능성이 있는 광고로부터 소비자를 보호하고자 함을 목적으로 한다. 광고는 소비자에게 제품에 대해 단순히 정보만을 전달하는 것이 아니라 같은 제품군의 많은 브랜드들이 제품경쟁보다는 광고경쟁을 하려다 보니 대부분이 이미지 광고를 하게 되었다. 이미지 광고의 경쟁이 치열하게 되어 광고표현에 있어서 사회적으로 부정적 영향을 미칠 수 있는 광고의 출현빈도가 높아지고, 이러한 광고의 사회적 영향력을 우려한 나머지 광고심의를 하게 된 것이다. 광고심의를 둘러싸고 논의되어온 핵심주제는 광고심의가 타율적으로 이루어지고 있느냐와 자율적으로 이루어지고 있느냐의 문제로 나누어지고 또 한편으로는 매체집행 전에 심의가 이루어지고 있느냐와 매체집행 후에 이루어지고 있느냐의 문제로 집약된다.

2000년 방송법이 시행되기 전의 방송광고 심의제도는, 방송위원회에서 방송광고를 사전에 타율적으로 심의함으로써 규제의 정도가 가장 강력한 제도라고 할 수 있었다. 그러나 2000년 방송법 시행에 따라 우리나라의 심의제도는 자율이면서 사전심의의 성격을 띠게 되었다. 하지만 실제로는 방송위원회가 선정한 기관에 광고심의업무를 위탁만 했을 뿐이지, 규정도 바뀌지 않고 심의절차도 변경되지 않은 채 한국광고자율심의기구에 위탁을 하였기 때문에 겉으로 보기에만 자율심의로 전환하였다고 보는 것이다. 현행 심의제도는 법적 정부규제라는 기본 틀을 유지하고 있고, 방송위원회가 제정한 심의규정이 법규로서의 강제력을 지니고 있으며, 그 규정에 따라 심의의 일관성과 형평성을 유지해야 한다는 점 등에서 종전의 심의와 크게 달라질 수도, 또 달라져서도 안 되는 태생적 한계를 벗어날 수 없었던 것이 현실이다(조병량, 2002a: 138).

이 장에서는 방송광고심의를 둘러싸고 논의되었던 쟁점들을 종합적으로 정리하고 각 쟁점들에 대한 논의를 통해 가능한 대안을 모색해 보고자 한다. 각 쟁점들을 종합해 보면 사전심의의 위헌성, 심의제도의 문제, 심의기구의 문제, 그리고 심의규정의 문제로 나누어 볼 수 있다. 또한, 한국광고자율심의기구에 위탁된 2000년 8월부터 현재까지 실시된 심의 업무현황에 대한 분석을 통해서 현재 실시되고 있는 광고심의가 진정한 의미의 자율심의제도의 정착에 기여하고 있는지를 알아보고 그에 대한 개선방안에 대해 논의하고자 함을 목적으로 하고 있다. 현재 한국광고자율심의기구에서는 세 분야로 나누어서 심의업무가 진행 중이다. 제1심의위원회에서는 지상파 방송광고를, 제2심의위원회에서는 케이블 텔레비전, 위성방송, 전광판 광고를, 제3심의위원회에서는 인쇄매체광고를 담당하고 있다.

:: 2. 방송광고심의에 대한 쟁점들

1) 사전심의의 위헌성

방송광고 심의제도의 정당성을 논의할 때 가장 문제되는 것은 광고표현의 자유가 헌법상 언론의 자유의 보호대상이 되는가 여부이다. 현재 방송광고의 사전심의가 위헌인지에 대한 결정을 요구하는 안건이 헌법재판소에 회부되어 있는 상태이다.

이승선(2005)은 방송용 광고를 사전심의를 통해 '불가' 판정하는 것은 헌법이 보장하고 있는 표현의 자유를 억압하고 있지 않는가 라는 위헌논란이 제기될 수 있다고 주장하면서 실제로 헌법재판소에 방송광고 사전심의의 위헌여부를 심판해 달라는 헌법소원 청구가 있었으나 헌재는 형식상의 흠결을 이유로 각하결정을 내린 바 있다고 하였다. 연구자는 광고 특히 방송광고가 헌법 제21조 제1항이 보장하고 있는 표현의 자유에 포함되는가 하는 점과 헌법이 보장하는 표현의 자유영역에 광고가 포함된다면 방송을 위해 제작된 광고물을 사전심의를 통해 '방송불가' 판정하는 것은 헌법상의 과잉금지원칙을 위반한 것이 아닌가 하는 점을 연구하였다. 연구결과, 소비자들을 보호하기 위한 심의규정, 이를테면, 효능 · 효과에 대한 소비자들의 오인을 불러일으키거나 혼동 · 혼란을 야기할 수 있는 표현 등에 대한 제한은 소비자의 이익을 보호하고 건전 · 공정한 경쟁을 유도하기 위한 필요최소한의 제한조치로서 입법목적의 정당성, 방법의 적정성 등의 측면에서 볼 때 과잉금지원칙에 위배된다고 보긴 어렵다고 판단하였다. 다만, '음란'과 '저속'을 구분하여 '저속'한 표현에 대해서는 표현의 자유영역으로 보호하고 있는 헌법재판소의 결정이나, 설령 저속한 표현이라고 하더라도 '공공의 안녕질서'와 '미풍양속'에 반하는 것이 얼마든지 있을 수 있다고 본 헌법재판소의 견해에 비춰볼 때 '방송품위'를 손상하고 국민의 자긍심과 감정을 훼손하였다는 이유로 방송광고물에 대해 '방송불가'결정을 내리는 것은 입법목적의 정당성과 방법의 적정성 등에도 불구하고 명확성의 원칙과 과잉금지원칙의 법익 균형성, 피해의 최소성 원칙을 침해한 것이어서 표현의 자유를 과도하게 침해하는 것이라고 평가할 수 있을 것이라고 결론짓고 있다.

손수진(2005)은 현행 사전심의제도가 행정권이 허가를 받기 위한 표현물의 제출의무, 행정권이 주체가 된 사전심사 절차, 허가를 받지 아니한 의사표현의 금지, 심사절차를 관철할 수 있는 강제수단 등 검열의 요건을 모두 갖춤으로써 헌법에서 금지하는 사전검열에 해당한다고 주장하였다. 그리고 과잉금지의 원칙과 관련해서는 아동이나 청소년에 대한 노출을 방지할 필요가 있는 광고에 대해서는 조건부방송가 결정을 하는 한에 있어서만 합헌이고, 그렇지 아니하고 방송불가 결정을 하는 경우에는 피해의 최소성, 법익의 균형성을 충족시키지 못하므로 과잉금지의 원칙에 반한다는 사실도 주장하였다. 연구자는 비록 방송법 제32조의 위헌확인을 구하는 헌법소원사건이 기본권침해의 직접성 요건의 흠결로 각하되었지만, 사전심의제도의 위헌성과 관련한 논란은 앞으로도 계속될 것으로 예상된다고 하면서 현행 사전심사제도에 대한 개선책이 강구되지 않으면 안 될 것임을 지적하였다.

사전심의의 위헌성에 대한 논의는 일반적으로 헌법에서 금지하는 사전검열에 해당한다고 볼 수 있다. 효능 · 효과에 대한 소비자들의 오인을 불러일으키거나 혼동 · 혼란을 야기할 수 있는 표현과 같이 소비자를 보호하기 위한 심의규정을 최소한의 제한 조치로 인정하고 있다. 그리고 아동이나 청소년에 대한 노출이 우려될 경우의 조건부방송가 결정 또한 보호받아야 하지만 그 이외의 방송불가 판정을 위헌이라고 보는 시각이 일반적이라고 볼 수 있다.

2) 심의제도의 문제

광고심의제도의 문제점에 대한 논의는 자율규제냐, 혹은 타율규제냐의 문제이다. 광고업계에서는 광고의 크리에이티브 측면이 훼손된다는 이유로 자율규제를 주장해 왔고 소비자단체를 중심으로 한 소비자 입장에서는 타율규제를 계속해서 실시해 줄 것을 요구하고 있다. 타율규제의 문제점을 지적하는 광고업계에서는 심의의 객관성 및 일관성 문제를 제기하고 있다. 이러한 심의제도에 대해 관련 분야에서는 어떤 의견을 갖고 있는지에 대해 연구가 이루어져 왔다.

리대룡, 이상빈, 한은경, 김재영(1997)이 광고주, 광고회사, 방송 매체사, 광고 관련기관 및 소비자집단 등 5개 집단에서 광고 업무에 종사하고 있는 전문가 100명을 대상으로 광고심의제도에 대한 조사를 한 결과는 다음과 같다. (1) 인쇄매체와 기타매체 광고에 대해서는 사후에 광고심의를 해도 크게 문제가 없지만, 방송매체 광고에 대해서는 사전에 심의할 필요성이 크다. (2) 광고가 비록 크리에이티브하더라도 사회정서나 윤리적으로 저촉될 때는 규제할 필요가 크다. (3) 방송광고의 타율적 규제방법으로서는 일차적으로 관련 부분을 수정하는 방법과 방송금지, 벌금부과나 형사처벌 등의 강력한 방법도 고려해봄 직하다. (4) 광고주 자체에 의한 방송 전 사전심사나 업계자체에 의한 방송 전 사전심의의 효과에 대해서는 비교적 긍정적이므로, 이를 적극 권장할 필요가 있다. 결과적으로, 광고 업무에 종사하고 있는 전문가들은 방송매체에 대해서는 현재 실시되고 있는 사전심의의 필요성을 주장하고 있으며 특히 사회정서나 윤리적으로 저촉될 때는 규제를 해야 한다고 생각하고 있었다. 다만 광고주나 광고업계 자체의 사전심의를 권장하고 있다.

그러나 양성관(2000)이 광고인을 대상으로 광고규제제도에 대한 의식조사를 실시한 결과를 보면 광고인은 '외부참여의 부분적 자율규제'를 가장 선호하였으며, 다음으로 '자율규제'를 선호하였다. '타율규제'의 선호도가 가장 낮았다. 광고인들이 선호하는 광고자율규제의 외부참여의 자율규제란 시민단체나 소비자단체, 광고주, 광고회사, 매체사 등이 함께 참여하여 합동으로 규제하는 것을 의미하고 있다. 또한, 이러한 규제는 완벽한 자율규제라기보다는 부분적이고 선별적인 자율규제의 성격을 지닌다고 할 수 있다. 이러한 결과로 볼 때, 아직까지 우리나라 광고주나 광고매체, 광고인 등 광고업계 전체가 완벽한 광고자율규제를 수행해 나갈 만한 여건이 성숙되어 있지 못하다는 의식을 갖고 있는 것으로 추측된다.

염성원(2005)은 광고심의 업무는 자율심의기구에서 수행하고 있지만, 그 외의 전반적인 광고심의 정책에 관한 부분은 여전히 정부기관인 방송위원회가 담당하고 있기 때문에 현재 우리나라의 광고규제 체계는 자율규제라기보다는 다소 모호한 형태이긴 하지만, 절충형 규제 체계에 더욱 가깝다고 지적하였다. 따라서 현재의 모호한 절충형 규제 형태를 체계적으로 개선하여, 영국이나 프랑스와 같은 공동규제시스템(*co-regulatory system*)이 정착된 진정한 의미의 절충형 규제가 현실적으로 타당한 방안이라고 제언하였다. 또한, 방송과 통신의 융합과 다매체 다채널 디지털 시대를 맞이하여, 향후 우리가 접하는 미디어의 수는 급격하게 증가할 것이고, 이에 따른 광고량의 증가는 이미 예견되어 있기 때문에 방송광고의 경우 시행되고 있는 사전심의는 향후 변화하는 미디어 환경과 사회 환경에서 현실적으로 불가능할 가능성이 크다고 생각하였다. 따라서 이와 같은 환경의 변화를 고려할 때, 지금 같은 강제적 사전심의 형식을 채택하기보다 점진적으로 자율적이고 변화된 사전규제 형태를 취하는 것이 바람직하다고 주장함으로써 현행의 사전심의제도는 유지되어야 한다는 것이다. 다만 사전심의제도가 강제적이기보다는 자율적으로 이루어져야 한다는 것이다.

김봉철, 조병량, 이병관(2004)은 채피(Chaffee)와 맥레오드(McLeod)의 상호지향성(*coorientation*) 모델을 한 단계 확장하여 방송광고 심의의 주요 행위자인 광고인-심의기구-소비자단체 사이의 방송광고 심의에 관한 갈등의 폭을 알아보고자 하였다. 연구결과, 광고심의에 대한 광고인-심의기구-소비자단체의 인식이 서로 다르다고 볼 수 있다. 특히 광고인과 심의기구 간의 불신의 폭이 크다는 것을 알 수 있었다. 즉, 광고인은 심의기구에 대해 자신들과 다른 생각을 갖고 있을 것이라고 인지하고 있으며, 반대로 심의기구도 광고인에 대해 그렇게 인지하고 있음을 알 수 있다. 결국 방송광고 심의에 대한 서로의 생각을 정확하게 이해하지 못하고 있는 것이 오늘날 방송광고 심의에 대한 여러 가지 갈등이 생기는 이유라고 여겨진다. 결론적으로 아직까지 우리나라 방송광고 심의제도에 대해서는 광고인-심의기구-소비자단체 사이의 상호 이해도가 낮다는 것을 알 수 있다. 따라서 앞으로 광고인-심의기구-소비자단체 모두가 합의하고 동의할 수 있는 제도의 개선이 필요하며 이를 위해서는 광고인-심의기구-소비자 단체들이 방송광고 제도개선에 대해 서로 논의하고 의견을 수렴할 수 있는 채널의 구축이 필요하다고 제언하였다.

진정한 자율심의를 이루어내기 위해서는 미국의 광고자율심의기구인 경영개선위원회 산하의 전국광고부(NAD; National Advertising Division)와 전국광고심의위원회(NARB; National Advertising Review Board)의 자율적 광고규제 시스템을 우리나라 상황에 맞추어 도입할 필요성이 있다. 미국의 광고규제는 소비자의 광고에 대한 불만을 광고업계 스스로가 해소하기 위한 방안으로 사업자의 자발적인 규제, 소비자와 사업자의 교육 및 서비스의 증대를 통해 사업자와 소비자 간의 윤리적 관계를 증진시키는 것을 목적으로 한다. NAD는 광고산업 종사자들로 구성된 경영개선위원회내의 한 기구로, 전국 광고의 진실성과 정확성에 대한 소비자 불만조사, 사실이 아니거나 정확하지 않은 광고내용을 자발적으로 수정하거나 중지하도록 광고주에게 권고, 소비자와 광고산업 전체의 필요에 부응하는 신속하고 공정한 자율규제 메커니즘 제시 등과 같은 기능을 수행한다. NAD의 권고는 법적 구속력은 없지만 대부분의 경우 광고주는 NAD의 권고를 수용하고, 이해 당사자가 수긍하지 못하는 경우에 한하여 NARD에 이관되어 재심을 받는다(《광고심의》, 2000년 9월호).

이상과 같이 광고심의제도에 대한 연구를 종합해 보면, 여러 연구자들은 방송광고 심의제도에 대해 자율적 규제로 방향이 설정되는 것을 바람직하다고 결론짓고 있다. 광고심의 주체들은 광고업계에서 요구하는 사후심의에 대해서는 부정적이었다. 아직은 사전심의의 필요성을 주장하고 있으나 변화하는 미디어 환경에서 타율적 사전심의의 실효성에 대한 문제제기와 함께 결국 자율적 사전심의가 가장 바람직한 제도라고 제언하고 있다.

3) 심의기구의 문제

한국광고자율심의기구는 광고주, 광고회사, 매체사의 자율적 성격을 띠는 기구로서 구체적으로는 광고단체연합회의 발의로 광고관련 8개 단체가 구성한 독립된 사단법인이며 지금은 학회와 업종별 단체도 회원으로 들어와 있는 상태이다. 한국광고자율심의기구는 2000년 8월 방송위원회로부터 광고심의를 위탁받기 전에는 인쇄광고만을 사후에 심의하는 기관이었다. 따라서 그때까지는 한국광고자율심의기구의 위상이나 자율성에 대한 문제는 논의의 대상이 되지 않았다. 그러나 2000년 8월에 방송위원회로부터 방송광고심의업무를 위탁받고 나서는 광고자율심의기구의 위상에 대한 논의가 계속되고 있다. 현재 진행되는 한국광고자율심의기구의 심의업무를 살펴보면 진정한 자율심의기구라고 보기에 무리가 있는 면이 있다고 볼 수 있다. 왜냐하면 한국광고자율심의기구의 방송광고 사전심의가 방송위원회의 위탁사항이라는 점에서 검열에 해당하는 요건을 충족시키고 있다고 보는 의견이 지배적이기 때문이다.

이상훈(2005)은 한국광고자율심의기구에 대한 위상 재정립을 논의함에 있어서 방송광고에 대한 사전심의제도의 폐지를 전제로 하여 한국광고자율심의기구의 새로운 위상을 다음과 같이 제언하였다. 첫째, 한국광고자율심의기구의 체제가 사후 모니터링 시스템으로 전환되어야 한다. 광고 전반에 대한 사후 감찰기능이 강화되고 강력한 사후 제재조치가 가능하도록 전문화된 모니터링을 통해 사후 규제의 객관적이고 공정한 기준이 마련되어야 한다. 둘째, 소비자들의 광고로 인한 피해와 불만을 해결할 수 있는 법적, 제도적 기구로 거듭나야 한다. 셋째, 한국광고자율심의기구는 광고의 자율성과 창의성, 효율성을 극대화할 수 있는 연구기관으로 거듭날 수 있다. 단지 국내시장뿐 아니라 글로벌 시대에 걸맞게 한국광고가 글로벌 시장에서 경쟁하고 경쟁우위를 확보할 수 있는 전략적 싱크탱크의 역할을 담당할 수 있어야 한다. 넷째, 한국광고자율심의기구는 현재 한국방송광고공사 공익광고협의회가 담당하고 있는 공익광고 업무를 수임할 수 있다. 공익광고의 성격상 광고주, 광고회사, 매체사가 협업을 해야 한다는 점에서 보면 한국방송광고공사보다 한국광고자율심의기구에서 그 업무를 수행하는 것이 타당하다. 다섯째, 한국광고자율심의기구는 그 조직의 성격상 우리나라 광고산업의 중심에 있어야 한다. 우리나라 광고관련 모든 단체의 전략과 정보를 제공하는 기능을 수행하면서 광고문화 창달에 기여하고 공정한 거래의 규범이 될 수 있도록 언론중재위원회나 공정거래위원회와 같은 권한과 직능을 부여받아 새롭게 거듭나야 한다.

리대룡, 이상빈, 한은경, 김재영(1997)이 전문가를 대상으로 자율심의기구에 대한 서베이를 실시한 결과는 다음과 같다. 한국광고자율심의기구의 성격 강화와 권위를 제고시키기 위해서는 심의기구의 전문성을 강화시켜야 하고, 또한 심의기준을 객관화시키고 심의기준을 엄정하게 적용해야 하며, 한편 방송광고자율심의가 전문적인 사회제도라는 인식제고를 위해 교육과 홍보도 필요하다고 결론짓고 있다. 염성원(2005)은 한국광고자율심의기구는 방송위원회로부터 광고심의의 권한을 위탁받아 수행하고 있고, 심의기구의 선정도 방송위원회가 결정하는 등 방송위원회의 영향력으로부터 자유롭지 못하다고 하였다. 따라서 자율심의기구가 '민간자율'이라는 명확한 가치를 내포하고 있음에도 불구하고, 그 위상은 모호한 상태이기 때문에 진정으로 '민간자율'의 가치를 실현하기 위해서는 자율심의기구의 '자율성'과 '독립성'이 보장되어야 한다고 주장하였다.

이상의 연구들을 종합해 보면, 한국광고자율심의기구의 위상에 대해서는 기구의 자율성, 전문성, 독립성이 보장되어야 한다는 것이다. 우선 자율성의 문제를 보면, 현재 방송광고 심의업무를 대행하고 있는 한국광고자율심의기구는 방송위원회로부터 자유롭지 못한 구조적 한계를 가지고 있기 때문에 진정한 자율심의가 이루어지지 못하고 있다. 자율심의기구는 광고주, 광고회사, 매체사 자체 내의 자율적 심의를 자문하고 보조하는 기능을 갖고 있어야 하고 동시에 문제가 되는 광고에 대해서는 감시기능을 강화하고 강력한 사후 제재조치를 할 수 있는 기구의 역할을 해야 한다. 한국광고자율심의기구가 전문적인 심의기구로서 역할을 하기 위해서는 심의상담업무를 담당하는 상담원들의 전문적인 지식이 있어야 하고 동시에 전문적인 사회제도라는 인식제고를 위해 교육과 홍보도 필요하다. 이를 위해서는 자율심의기구의 인력부족과 과다한 업무량이 해소되어야 함은 물론 직원들을 위한 재교육 프로그램도 있이야 한다. 한국광고자율심의기구의 독립성의 문제는 어떤 다른 기관의 영향을 받지 않는 독립적인 기구로서의 권한과 기능을 갖추어야 한다.

4) 심의규정의 문제

방송위원회에서는 한국광고자율심의기구로 심의업무가 위탁되었음에도 불구하고 방송광고심의에 관한 규정은 전혀 달라진 것이 없이 그대로 적용하고 있었다. 방송위원회에서 심의업무를 담당하고 있을 때부터 규정의 모호성이라든지 그에 따른 심의업무의 일관성은 끊임없이 제기되어온 문제들이었다. 예를 들어, 방송광고 심의에 관한 규정 '품위'(제 5조)에 관한 조항에서 '시청자의 정서를 해치거나', '지나친 공포감', '지나치게 비속하거나'와 같은 표현이라든가 '공정성'(제 6조), '어린이 사행심을 조장하는 표현'(제 24조 5항) 등의 조항이 이에 해당된다.

1987년 이후 현재까지의 심의규정은 방송위원회 규칙으로 되어 있어 법규의 성격과 지위를 갖는 강력한 규정이 되었다. 심의규정의 내용은 시기별로 시대상황을 반영하는 조항이 신설되었다가 폐지되는 등 적지 않은 변화를 나타냈다. 특히, 1970년대 후반부터 1980년대 초반까지의 심의규정에는 당시 시대상황을 반영하는 규정이 많이 나타났다. 주체성함양, 정서함양, 수입상품광고, 기술도입표현, 내의류의 인체표현 등은 당시 시대상황을 반영하는 조항들이다. 반면에 시기별로 변화되지 않고 계속 강조되는 조항도 적지 않게 발견되었다. 일반기준에서 광고의 진실성, 공정성, 품위 프로그램과의 구별, 광고언어, 어린이 청소년보호, 입증 등의 조항과, 광고품목 중에서 식품, 주류, 의약품, 농약, 부동산, 의료용구 등은 시기와 관계없이 계속 강조되고 있는 조항들이었다. 심의규정의 내용변화에서 발견되는 또 하나의 특징은 초기의 추상적, 선언적, 윤리적 조항이나 표현이 크게 줄어들고 1990년대 이후 규정에는 구체적이고 실제적이며 법률적 조항과 표현이 주를 이루고 있는 점이다(조병량, 2002b: 89~90).

염성원(2005)의 연구에서 전문가 인식조사에 따르면 광고심의에 있어서 가장 중요한 기준은 '객관성'과 '공정성'이다. 즉, 어느 한편에 치우치지 않는 불편부당한 태도가 필요하며, 동일한 기준을 사용하여 정확하고 타당한 심의가 이루어져야 하는 것이 지배적 의견이다. 그리고 이것은 곧 심의규정과 기준에 대한 문제로 귀결된다. 사실 명확한 규정이나 기준이 부재하기 때문에 자의적인 해석으로 인해 객관성과 공정성을 상실하는 단초를 제공한다고 할 수 있다. 이와 같은 점에서 명확한 심의규정을 통한 기준이 제시되어야 하고, 해석하는 사람에 따른 자의성을 최소화시킬 수 있는 틀이 제공되어야 한다.

그동안 방송광고심의규정에 대한 소극적인 개정작업이 지극히 부분적으로 미미하게 진행되어 왔다. 그러나 방송위원회에서는 방송광고심의규정에 대한 대폭적인 개정작업을 실시하여 방송광고환경의 변화에 따른 광고업계의 개정요구와 규제의 실효성이 없는 일부 조항을 삭제하는 등 표현규제를 완화하고, 불명확하고 모호한 심의기준을 정비하여 광고제작의 활성화를 도모하는 한편, 광고관련 타법령의 개정취지에 맞게 규정을 정비하고 현행제도의 운영과정에서 나타난 일부 미비점을 개선하고 보완하기 위해 방송광고심의에 관한 규정개정 작업을 추진해 왔다. 방송위원회는 2005년 11월 18일 각계의 의견을 수렴하기 위한 공청회를 개최하고 규제심사를 통해 최종적으로 "방송광고심의에 관한 규정" 개정을 확정하였으며 2006년 1월 1일부터 본격적인 시행에 들어갔다. 개정된 규정에서 괄목할 만한 것은 사회환경의 변화를 반영키 위해 외국어로 된 브랜드 슬로건의 허용이라든지 직업소개업, 장의업 등 금지품목에 대한 상품과 용역의 방송광고를 허용하는 등 광고의 다양성과 표현영역을 보다 확대할 수 있도록 하였다. 개정의 주요 골자는 다음과 같다.

가. 특정기관이나 단체의 이름, 상징물, 시설 등을 부적절하게 이용하는 경우 외에는 해당기관·단체의 사용동의가 없더라도 방송광고가 가능하도록 완화하고자 함(제 12조 제 2항)

나. 다른 광고를 표절하거나 현저하게 모방하는 방송광고라 하더라도 상호간의 사용동의가 있는 경우에는 허용하고자 함(제 13조)

다. 비교광고가 실질적으로 가능하도록 일부 조항을 신설 또는 삭제하는 등 공정거래위원회의 '비교표시·광고에 관한 심사지침'의 비교광고 허용기준을 반영하고자 함(제 17조)

라. 소비자에게 중요한 영향을 끼치는 객관적인 주장에 대해서는 광고주가 좀더 용이하게 입증할 수 있도록 하기 위하여 문구를 조정, 완화하고자 함(제 18조)

마. 소비자오인 표현과 관련하여 '사실이 아니거나 근거가 불확실한 표현'의 경우 자의적으로 인용될 소지가 있을 뿐만 아니라 동조 제 1항과 제 18조의 규정에 의해서도 규제가 가능하다는 점을 고려하여 삭제하고자 함(제 19조 제 2항 제 1호)

바. 전문인의 추천·보증에 대한 대표성 입증방법이 현실적으로 어려운 점을 반영하여 문구를 조정하고자 함(제 21조 제 3항)

사. 상품표어에 대한 외국어를 허용하고, 상품명이나 기업명, 기업표어 등의 외국어 표현시 한글병기를 의무화한 조항을 삭제하는 등 외국어 표현규제를 완화하여 글로벌한 방송광고환경을 반영하고자 함(제 22조 제 3항 및 제 4항)

아. 방송광고에서 외국어로 된 광고노래 사용을 전면금지하기보다는 허용을 하되, 남용하지 않도록 함으로써 규제의 실효성을 높이고자 함(제 23조 제 1항)

자. 어린이 대상 방송광고에서는 주된 상품이 아닌 부수적인 제품이나 경품을 강조하지 않도록 신설함으로써 어린이를 보호하고자 함(제 24조 제 4항)

차. 건강기능식품에 관한 법률 등 식품관련 법령의 개정에 따라 광고기준 내용을 반영하고, 건강기능 식품에 관한 조문을 별도로 분리·신설하고자 함(제 26조 및 제 26조의2)

카. '의약품 대중광고 관리기준'의 개정에 따라 의약품 등의 방송광고 금지 품목 중

별표의 의약품을 삭제하고, 해석상 논란이 있는 부분을 명확히 하며, 질병예방 등의 목적이 있는 피임기구 및 약품의 방송광고를 허용하고자 함(제 27조 제 6항 제 1호, 제 3호 및 제 4호)

타. 약사법 및 의료기기법 등의 개정에 따라 조문을 분리 · 신설하고, 관계법령의 내용을 반영하고자 함(제 27조의2 및 제 28조)

파. 주류에 관한 방송광고에 등장하는 인물의 연령을 청소년 연령기준인 19세로 낮추고, 국민건강증진법시행령의 광고의 기준을 반영하고자 함(제 32조 제 2항)

하. 학교 · 학원 · 강습소 또는 학습교재 등의 방송광고에서 근거 없이 학습효과를 과장하는 표현을 제한하는 내용을 신설하고자 함(제 35조 제 4호)

거. 방송광고 금지품목 중 직업소개업, 지상파텔레비전 방송광고의 경우 묘지업 · 장의업 등의 상품과 용역에 대한 방송광고를 허용함으로써 사회환경의 변화를 적극 반영하고자 함(제 42조 제 2항 제 13호, 동조동항 제 15호)

너. 텔레비전 자막광고의 경우, 자막의 크기를 고려하여 라디오 방송광고에 준할 수 있도록 규제를 완화하고자 함(제 55조)

양성관(2000)의 연구에 의하면 심의내용에 대한 광고인의 의식에 대해서 광고인들은 '엄격한 규제', '사회적 책임', '자율적인 윤리성' 순으로 중요하다고 생각하였다. '엄격한 규제'란 국민건강에 유해한 의약품이나 식품 등에 대한 광고규제 기준을 강화해야 한다는 것이다. 의약품이나 식품 등은 그 효능이 제한적이고 특수한 분야에만 유효할 뿐만 아니라 부작용의 문제가 수반되거나 오용이나 남용은 국민건강에 큰 위협요소가 된다는 점에서 광고에 대한 시간이나 횟수 등에 대하여 세부적인 규제를 해야 할 것이다. 다음으로 광고인들은 광고자율규제의 실행을 위해서는 '사회적 책임'이 강조되어야 한다는 의식을 가지고 있는 것으로 나타났다. 사회적 책임의식이란 저작권을 침해한 광고나 함량미달 등의 허위광고, 기만광고, 명예를 훼손한 광고, 사생활을 침해한 광고, 원산지 표시 등을 잘못한 광고 등을 의미한다. 불분명한 광고나 중요한 사항이 누락된 광고의 규제요건을 명확하게 함으로써 소비자 선택정보의 제공을 충실하게 할 수 있을 것이다. 반면, 광고인들은 광고자율규제 내용에 있어서 품위를 손상한 반윤리적 광고나 건전하지 못한 반사회적 광고, 청소년 정서에 우려가 되는 광고, 오도광고 등에 대한 규제는 상대적으로 규제의 필요성 정도를 약하게 해야 한다는 의식을 갖고 있었다. 이러한 결과는 아직도 우리나라에서는 광고는 사적소유물이라는 의식보다는 공유물이라는 의식을 광고인들도 갖고 있는 것으로 보인다.

심의규정에 대한 논의들은 종합적으로 볼 때 객관성과 구체성이 결여되어 있다는 점이다. 그러나 그 많은 광고품목과 그 많은 광고표현을 심의함에 있어서 규정이라는 것이 얼마나 구체적이어야 하는가 하는 문제는 여전히 존재한다. 규정이라는 것은 어차피 일반적 사항에 대한 제재조치이기 때문에 객관성과 구체성이라는 조건을 만족시키기에 한계가 있을 수밖에 없다. 조병량(2002b)도 심의규정이 구체화되고 세분화되면 될수록 규제의 강도가 높아지는 것을 의미한다는 점에서 긍정적으로만 평가하기 어렵다고 하였다.

방송광고의 심의규정에서 심의기준이 애매모호하여 심의결정의 일관성을 찾기 힘들다는 의견들은 이미 많이 거론되어 왔으나(정기현, 2004; 정만수, 2002; 한은경, 2000), 규정이라는 것이 아무리 잘 만들어진 규정이라 할지라도 일반적인 사항을 이야기할 수밖에 없는 것이므로 모호할 수밖에 없고 그렇다 보니 당연히 일관되게 적용하기 힘들다. 애매모호한 심의기준문제와 심의의 일관성문제, 그리고 심의위원의 정기적인 교체문제는 서로 밀접하게 연계되어 있는 문제이다. 애매모호한 심의기준에 따라 교체된 심의위원이 결정한 심의결과는 다를 것이고 당연히 심의의 일관성 문제가 야기될 수밖에 없다. 따라서 이러한 추상적인 규정의 문제점을 해결할 수 있고 교체된 심의위원이라도 일관성 있는 심의결과를 도출할 수 있는 방법은 판례집 제작이다. 김서중(2002)도 현행 방송광고 심의제도를 개선하기 위한 방안으로 세 가지 사항을 제시하고 있다. (1) 한국광고자율심의기구의 심의 상설화, (2) 광고심의에 대한 가장 큰 불만인 일관성 부족의 문제를 해결하기 위해서는 심의결과의 완전 공개화와 판례화의 필요성, (3) 2단계(1단계: 스토리보드, 2단계: 완성물) 심의제도의 도입의 필요성이다.

:: 3. 방송광고 심의 현황

지상파 방송광고물의 심의는 제1광고심의위원회에서 일주일에 두 번에 걸쳐 심의하고 있다. 7명으로 구성된 심의위원의 과반수 출석과 출석위원의 과반수의 찬성으로 방송가, 조건부방송가, 방송불가의 세 가지로 심의결정을 할 수 있다. 조건부방송가의 경우에는 부분적 수정이 필요하거나 입증이 필요한 때 내리는 결정으로 후속결정에 대해서는 사무국에서 판단하기도 하고 다시 심의회의에 상정된다.

〈표 6-1〉은 한국광고자율심의기구가 방송위원회로부터 광고심의업무를 위탁받은 2000년 8월 1일 이후의 지상파 방송광고물 심의의결 현황을 정리한 것이다. 따라서 2000년 수치는 8월부터 12월까지 5개월간의 방송광고물 심의결과이다. 참고로 방송위원회에서 심의를 담당했던 2000년 상반기인 1월부터 7월까지의 방송광고물 심의결정에서 방송가 결정 비율은 40.42%에 머물고 있었으나 광고자율심

〈표 6-1〉 지상파 방송광고물 심의의결 현황

구분	TV				라디오				계	방송가 결정비율 (%)
	방송가	조건부 방송가	방송불가	소 계	방송가	조건부 방송가	방송불가	소 계		
2000*	7789 (58.4)	5509 (41.3)	26 (0.2)	13324	3349 (63.9)	1888 (36.0)	3 (0.05)	5240	18964	58.73
2001	17522 (54.5)	14541 (45.2)	78 (0.2)	32141	7379 (58.0)	5334 (41.9)	20 (0.2)	12733	44874	55.55
2002	21110 (51.7)	19750 (48.3)	56 (0.1)	40866	9094 (57.3)	6771 (42.6)	18 (0.1)	15883	56749	53.22
2003	23871 (56.3)	18457 (43.6)	35 (0.08)	42363	8465 (59.7)	5717 (40.3)	6 (0.04)	14188	56551	57.18
2004	25603 (55.5)	20514 (44.5)	12 (0.02)	46129	7641 (58.6)	5391 (41.4)	4 (0.03)	13036	59165	56.2
2005	29499 (59.1)	20394 (40.1)	24 (0.05)	49917	8025 (65.8)	4171 (34.2)	0	12196	62113	60.4

* 2000년 8월~12월까지의 현황이며 괄호 안은 각 소계에 대한 %임.

의기구로 위탁한 후에는 58.73%로 18.3%의 증가를 보이고 있다. 2001년에는 총 44,874건을, 2002년에는 56,749건을, 2003년에는 56,551건을, 2004년에는 59,165건을, 2005년에는 62,113건을 심의하여 방송가 결정비율은 2001년에는 55.55%, 2002년에는 다소 감소하여 53.22%, 2003년에는 57.18%로 2002년도에 비해 거의 4%의 증가를 보이고 있다. 2004년에는 56.2%로 2003년에 비해 약간 감소하였으나 2005년에는 60.4%로 증가하였다. 〈표 6-1〉에서 특기할 만한 사항은 텔레비전 광고나 라디오 광고나 공통적으로 방송불가 결정이 해마다 점점 감소하고 있다는 점이다. 텔레비전 광고의 경우에 2001년에 0.2%, 2002년에 0.1%, 2003년에는 0.08%, 2004년에는 0.02%, 2005년에는 0.05%로 감소하고 있고, 라디오 광고의 경우에도 2001년에 0.2%, 2002년에 0.1%, 2003년에는 0.04%, 2004년에는 0.03%로 감소하여 2005년에는 한 건도 없었다. 이러한 감소추세는 광고주들이 방송불가에 대해 점점 더 확실하게 인식하고 있다고 볼 수 있고 동시에 방송광고심의에 있어서 최소한의 규제 원칙을 주장해 온 광고업계의 의견이 반영된 결과로 효율적인 광고심의를 위해 바람직한 현상이다.

〈표 6-2〉는 2003년부터 2005년까지 지상파 방송광고물 심의결과 조건부방송가 판정에 대한 사유별 현황이다. 2003년부터 2005년까지 조건부방송가 사유별 현황을 살펴보면 매년 지적된 사유가 거의 비슷하게 지적되고 있음을 알 수 있다. 사유 중에서 '관련자료 제출'로 인해서 조건부방송가 판정을 받은 것을 보면 아직도 광고에서 근거를 제시하지 않은 채 허황된 주장을 하고 있다는 사실을 알 수 있다. 이러한 현상은 해를 거듭하면서 그 빈도수가 늘어나고 있다(2003년: 23.3%, 2004년: 26.1%, 2005년: 27.1%). 〈표 6-2〉에서 특기할 만한 점은 '불필요한 외국어 표현'의 사유가 눈에 띄게 증가하고 있음을 알 수 있다(2003년: 14.1%, 2004년: 15.2%, 2005년: 19.5%). 이러한 결과와 함께 광고업계에서는 근본적인 외국어 표현에 대한 규정개정을 요구하게 되었고 2005년 외국어에 대한 규제가 완화되었다. 그 다음으로 비교적 많은 빈도수를 보이는 사유들을 보면 '소비자 오인표현'(2003년: 9.7%, 2004년: 12.8%, 2005년: 8.3%), '사실과 다른 표현'(2003년: 3.9%, 2004년: 3.3%, 2005년: 3.2%)과 '상품관련 구체적 정보표시'(2003년: 6.1%, 2004년: 8.0%, 2005년: 6.9%)로 소비자를 오도할 수 있는 가능성이 많은 부당광고일 가능성이 많다고 볼 수 있다.

〈표 6-3〉은 2000년 8월 1일부터 2003년 11월 30일까지 지상파 방송광고물 방송불가 사유별 현황을 정리한 표이다. 방송 불가에 대한 사유는 2003년에는 '허위 · 기만적인 내용 및 소비자 오인표현'(23. 4%), '식품의 효능오인 및 의약품 혼동 우려가 있는 표현'(34. 1%), '방송금지품목 및 출연제한 모델의 출현'(25. 5%)의 사유로 압축되고 있음을 알 수 있다. 2000년부터 2003년까지 사유별 현황에 대한 분석을 해보면 '허위 · 기만적인 내용 및 소비자 오인표현'이 증가추세에 있고(2001: 9.1%,

〈표 6-2〉 지상파 방송광고물 조건부방송가 사유별 현황

구분	2003년	2004년	2005년
관련자료제출(자료확인)	8, 753(23. 3)	14, 407(26. 1)	11, 272(27. 1)
소비자오인표현	3, 650(9. 7)	7, 068(12. 8)	3, 451(8. 3)
근거불확실한표현	162(0. 4)	231(0. 4)	150(0. 4)
사실과다른표현	1, 478(3. 9)	1, 847(3. 3)	1, 330(3. 2)
과다한신체노출 및 선정적인 표현	283(0. 8)	258(0. 5)	177(0. 4)
시청자정서저해표현	267(0. 7)	306(0. 6)	302(0. 7)
불필요한외국어표현	5, 287(14. 1)	8, 383(15. 2)	8, 096(19. 5)
효능효과오인표현	153(0. 4)	124(0. 2)	378(0. 9)
부당비교, 배척표현	294(0. 8)	538(1. 0)	362(0. 9)
어린이상업문전달표현	806(2. 1)	1, 185(2. 1)	674(1. 6)
어린이 · 청소년품성저해표현	44(0. 1)	15(0. 0)	108(0. 3)
바른언어생활저해표현	427(1. 1)	735(1. 3)	378(0. 9)
방송광고금지품목표현	301(0. 8)	314(0. 6)	324(0. 8)
행사관련공정거래법위반여부	623(1. 7)	753(1. 4)	594(1. 4)
상품관련구체적정보표시	2, 276(6. 1)	4, 447(8. 0)	2, 859(6. 9)
의무표시사항미비	252(0. 7)	385(0. 7)	235(0. 6)
법규위반	334(0. 9)	513(0. 9)	364(0. 9)
강조성분함량표시	295(0. 8)	407(0. 7)	233(0. 6)
기타(신청서 재작성 등)	12, 452(33. 2)	13, 359(24. 2)	10, 319(24. 8)
계	37, 539(100. 0)	55, 286(100. 0)	41, 610(100. 0)

자료원: 《광고심의》 2004년 1월호, p.12, 〈2004년 연차광고심의 종합보고서〉, 〈2005년 연차광고심의 종합보고서〉.

2002: 16.0%, 2003: 23.4%) '식품의 효능오인 및 의약품 혼동 우려가 있는 표현'은 특단의 조치를 해야 할 정도로 급격히 증가(2001: 4.0%, 2002: 28.0%, 2003: 34.1%)함을 볼 수 있다. 그러나 '시청자 정서 저해 및 방송품위 손상표현'의 사유는 현저히 줄어들었다(2001: 29.3%, 2002: 3.0%, 2003: 2.1%)는 사실로 볼 때 실제로 이러한 사유의 광고물이 감소했는지 아니면 심의결정이 완화되었는지 판단하기가 힘들다.

〈표 6-3〉 지상파 방송광고물 방송 불가 사유별 현황(2000.8.1~2003.11.30)

사유별	2000			2001			2002			2003		
	TV	R	계	TV	R	계	TV	R	계	TV	R	계
허위·기만적인 내용 및 소비자 오인 표현				9 (11.4)		9 (9.1)	10 (13.2)	6 (25.0)	16 (16.0)	11 (26.8)		11 (23.4)
부당 비교·배척 표현										2 (4.9)		2 (4.3)
시청자 정서 저해 및 방송품위 손상 표현				28 (35.4)	1 (5.0)	29 (29.3)	3 (3.9)		3 (3.0)	1 (2.4)		1 (2.1)
어린이·청소년 정서를 해치는 표현 (어린이·청소년 관련 조항)	9 (39.1)		9 (32.1)	3 (3.8)		3 (3.0)	7 (7.1)		7 (7.0)			
식품의 효능 오인 및 의약품 혼동 우려가 있는 표현					4 (20.0)	4 (4.0)	24 (31.6)	4 (16.7)	28 (28.0)	16 (39.0)		16 (34.1)
국민감정 저해표현(일본 대중문화 개방 관련 포함)	5 (21.7)		5 (17.9)	10 (12.7)	2 (10.0)	12 (12.1)	14 (18.4)	1 (4.2)	15 (15.0)			
법규위반 및 위법 행위 조장	5 (21.7)	2 (40.0)	7 (25.0)	4 (5.1)	2 (10.0)	6 (6.1)						
방송금지품목 및 출연제한 모델의 출현	1 (4.3)	3 (60.0)	4 (14.3)	25 (31.6)	11 (55.0)	36 (36.4)	14 (18.4)	8 (33.3)	22 (22.0)	6 (14.7)	6 (100.0)	12 (25.5)
기 타	3 (13.0)		3 (10.7)				4 (5.3)	5 (20.8)	9 (9.0)	5 (12.2)		5 (10.6)
계	23	5	28	79	20	99	76	24	100	41	6	47

* 방송 불가 사유별 건수는 건당 중복사유가 있을 수 있음. 《2001 광고심의》, 《광고심의》 2004년 1월호와 한국광고자율심의기구 사무국 소장 자료를 토대로 재구성하였음.

〈표 6-4〉 지상파 방송광고물 방송 불가 사유별 현황(2004년~2005년)

사유별	2004			2005		
	TV	R	계	TV	R	계
어린이 청소년의 품성저해, 시청자 정서 저해 및 방송광고 품위 손상 표현		4 (66.7)	4 (25.0)	22 (91.7)		22 (91.7)
방송광고금지 품목 표현	5 (50.0)	2 (33.3)	7 (43.8)	2 (8.3)		2 (8.3)
기타	5 (50.0)		5 (31.3)			
계	10 (100.0)	6 (100.0)	16 (100.0)	24 (100.0)		24 (100.0)

자료원: 〈2004년 연차광고심의 종합보고서〉, 〈2005년 연차광고심의 종합보고서〉.

2004년과 2005년에는 방송불가 판정을 받은 광고물이 현저하게 줄어들었기 때문에(2004년: 16건, 2005년: 24건) 방송불가 사유 또한 2003년까지의 다양한 사유에 비해 현저히 줄어들었음을 알 수 있다(〈표 6-4〉 참조). 방송불가 사유가 단순화되어 어린이 청소년의 품성 저해, 시청자 정서 저해 및 방송광고 품위손상 표현과 방송광고금지 품목 표현의 사유만이 있었다. 더구나 2005년에 라디오 방송광고물의 경우에는 단 한 건도 방송불가 판정을 받은 경우가 없었다.

:: 4. 종합적 제언

우리나라 광고심의제도를 둘러싸고 제기되었던 문제는 타율과 자율에 대한 논의와 사전과 사후의 논의로 집약되고 있다. 이러한 논의는 소비자보호와 건전한 광고문화 조성을 기저로 하여 논의되어 왔다. 방송광고의 사후심의에 대해서는 법적으로나 지상파 방송의 성격상 논의조차 되고 있지 않지만 2000년도에 방송법 시행과 더불어 방송위원회에 의한 타율규제에서 민간기구에 의한 자율규제가 허용되었다. 그러나 자율규제라 하더라도 방송위원회가 민간기구를 선정하여 위탁하도록 되어 있다. 현재와 같은 방송위원회의 위탁체제는 완전한 자율심의로 넘어가는 과도기적 제도라고 말할 수 있다.

첫째, 현행 방송위원회가 위탁한 한국광고자율심의기구에 의한 사전심의제도는 법적으로 볼 때 행정권이 주체가 되어 실시되는 사전검열이라고 보는 의견이 많았다. 광고심의와 광고표현의 자유는 서로 상충되는 개념이다. 소비자의 알 권리와 광고의 창의성을 주장하는 광고주와 광고업계의 입장에서는 광고표현의 자유를 우선시하고, 소비자단체와 규제기관의 입장에서는 광고의 사회적 책임을 중요시하여 광고심의를 우선시하고 있다. 이러한 대립되는 입장을 해결할 수 있는 방안은 광고표현의 자유는 최대한 보장하면서 동시에 공익에 반하거나 반사회적 영향력의 우려가 있는 광고에 대해서는 제재를 강력히 하는 최대한의 광고표현의 자유와 최소한의 규제가 이루어져야 할 것이다. 또한, 방송사업자 및 광고업계 등 민간이 주축이 되어 순수한 민간 자율규제제도를 마련하여 시행하고 동시에 변화하는 미디어 환경 때문에 사전심의가 현실적으로 불가능하게 될 때를 대비하여 강력한 사후 규제체제를 구축하는 방향으로 나아가야 할 것이다.

둘째, 심의제도에 대한 연구들을 종합해 보면 광고주, 광고회사, 매체사, 광고관련기관 등을 대상으로 조사한 결과 현재로서는 자율적 사전심의제도를 가장 바람직한 제도로 생각하고 있다. 광고인들이 가장 선호하는 규제체제가 '외부참여의 부분적 자율규제'라는 점으로 미루어 볼 때 바람직한 자율심의제도의 형태로서 미국과 같은 완전한 자율심의제도보다는 영국이나 프랑스와 같은 공동규제시스템이 현실적으로 타당한 방안이다. 더구나 앞으로 전개될 디지털 방송환경의 변화는 쌍방향성 광고의 가능성이나 시청자 개개인에 적합한 맞춤형광고를 제공할 수 있다는 가능성은 광고제작자와 시청자 사이에 이루어지는 직접적인 커뮤니케이션으로 인해 어느 누구의 개입도 불가능하기 때문에 사전적 타율심의가 불가능하게 될 것이기 때문이다(김상훈, 2003; 조진영, 2002).

셋째, 한국광고자율심의기구의 위상의 문제점이다. 방송위원회에서 광고심의를 위탁하는 기구는 업무수행능력과 대표성을 갖추어야 하는데 한국광고자율심의기구는 이미 인쇄광고심의업무를 시행해 왔던 기구이고 17개 광고관련 회원단체로 이루어져 있어 자율심의업무를 하는 데 충분한 조건을 갖추었다고 볼 수 있다. 그러나 현재 한국광고자율심의기구처럼 방송위원회에서 광고심의업무를 위탁받고 위탁업무를 한시적인 계약관계로 할 경우에는 재계약을 보장받지 못하기 때문에 공신력을 부여받은 기구로서 역할을 하기 힘들 뿐 아니라 심의업무의 지속성과 일관성이 유지되기 힘들다.

프랑스의 광고자율심의기구는 광고배포 전에 광고주와 광고회사를 위해 사전 조정기능을 하기 때문에 광고주나 광고회사가 광고물을 모두 만든 후에 광고심의에서 부적합 판정을 받는 경우보다 더 합리적인 방안이라고 할 수 있으며, 프랑스의 광고자율심의기구로부터 적합성 판결을 받은 광고물은 심의규정에 위반되지 않았음을 알려주는 일종의 인증서라고 할 수 있다(한은경, 2000). 이와 같이 프랑스에서는 광고자율심의기구가 대외적으로 공신력 있는 기관으로 인정받고 있는 것이다.

한국광고자율심의기구는 독립성을 확보해야 한다. 심의규정 조항들이 애매모호하기 때문에 판례집이 필수적이지만 이와 같이 계약에 의해서 심의업무가 위탁될 때는 판례집과 같은 지속적인 사업의 실행이 불가능하다. 규정이 모호하고 심의위원이 정기적으로 교체되는 현 체제에서는 자의적 판단에 대한 비판이 있을 수밖에 없다.

넷째, 심의규정이 모호하다는 문제점이다. 애매모호한 심의규정은 다양한 해석과 적용을 할 수밖에 없을 뿐 아니라 심의위원이 정기적으로 교체되고 있기 때문에 심의결정의 일관성을 찾기가 거의 불가능한 모순을 안고 있다. 디지털 기술의 발달과 함께 하루가 다르게 빠르게 변화되는 우리의 방송환경에 따른 광고환경의 변화에 대처하도록 규정개정작업이 정기적으로 이루어져야 한다. 일단 만들어진 규정을 자주 개정하기는 힘들다 하더라도 한국광고자율심의기구가 일선에서 광고심의를 하면서 당면한 문제를 해결할 수 있도록 세칙을 정할 수 있는 권한이 부여될 때 더욱 효율적인 광고심의가 이루어질 수 있을 것이다.

마지막으로, 광고는 일반 소비자가 보고 반응하는 것이므로 해당광고의 허위·과장·기만 등의 부당성이나 선정·폭력 등의 윤리성 등은 일반 소비자 시각에서 읽고 보아야 제대로 된 평가를 할 수 있다. 광고표현이나 주장에 대한 최종적 판단 주체는 광고전문가도 광고인도 아닌 일반 소비자가 될 수밖에 없다(설승현, 2002: 159). 더구나 앞으로 가속화될 디지털 다매체 다채널 시대에는 집단적 성격을 띤 소비자로서가 아니라 다양한 배경을 가진 소비자와 일대일로 쌍방향의 커뮤니케이션을 하게 된다. 따라서 소비자를 대표하는 일부 전문가나 기관이 아니라 소비자가 직접 광고를 평가하게 될 것이고 소비자에 의한 지속적인 감시와 소비자에 의한 고발만이 가장 강력하고 설득력 있는 광고심의의 방향이 될 것이다.

●○● 생각해 볼 문제

1. 일반적으로 방송광고 심의제도를 논의할 때 어떠한 차원의 쟁점들을 생각해야 하는가?

2. 우리나라 방송광고 심의제도를 둘러싸고 논의되는 쟁점들은 무엇이며 각 쟁점들에 대한 대안으로 생각할 수 있는 사항은 무엇인가?

3. 방송광고 심의현황을 통해서 예측할 수 있는 광고환경의 변화는 무엇인가?

●○● 참고문헌

김봉철 · 조병량 · 이병관(2004). "방송광고 심의제도에 대한 상호지향성 연구: 광고주, 심의기구, 소비자단체 간 비교분석". 《광고연구》 62: 161~186.

김상훈(2003). "디지털 다매체 다채널 시대의 광고개념의 변화와 쌍방향 광고심의에 관한 탐색적 연구". 《광고학연구》 14(1): 229~255.

김서중(2002). "방송광고 심의제도의 문제점과 개선에 관한 연구". 《한국광고홍보학회 2002 추계 학술대회 발표논문집》. pp.225~237.

설승현(2002). "소비자보호를 위한 광고심의제도 개선방안". 《2001 광고심의》. pp.153~161.

손수진(2005). "방송광고사전심의제도 및 심의규정의 위헌성에 관한 연구". 《광고연구》 69: 101~114.

양성관(2000). "한국 광고자율규제에 관한 광고인의 의식연구". 《한국광고학보》 2(1): 76~110.

염성원(2005). 〈한국의 방송광고 심의제도에 관한 연구〉. 한국방송광고공사 연구보고서.

이병주(2004). "2003년도 지상파 TV · 라디오 광고심의 평가". 《광고심의》 1월호. pp.10~16.

이상훈(2005). "광고환경의 변화에 따른 한국광고자율심의기구 위상 재정립에 관한 논의". 《2005년 한국광고홍보학회 춘계학술대회 발표논문집》. pp.199~209.

이승선(2005). "'방송불가' 판정 광고사전심의의 위헌성에 관한 연구: 과잉 금지 원칙을 중심으로". 《광고연구》 69: 219~249.

정기현(2004). "광고심의제도의 현황과 과제". 《한국광고홍보학보》 6(3): 164~195.

정만수(2002). "방송광고심의 발전방향". 《2001 광고심의》. pp.108~122.

조병량(2002a). "광고의 자율과 소비자 보호를 위한 방송광고 심의규정의 발전방향". 《2001 광고심의》. pp.137~142.

______(2002b). "한국방송광고 심의규정의 성격과 내용의 변화에 관한 연구". 《광고학연구》 13(2): 75~91.

조진영(2002). "디지털 방송환경 변화와 광고". 《광고심의》 1월호. pp.25~28.

한은경(2000). "글로벌시대의 광고규제의 현황과 전망: 우리나라 방송광고를 중심으로". 《광고연구》

48: 123~137.
홍보출판부(2000). “미국의 광고자율심의기구 NAD, NARB”. 《광고심의》 9월호. pp.26~27.
한국광고자율심의기구(2002). 2002 광고심의.
______(2005). 〈2004 연차광고심의 종합보고서〉.
______(2006). 〈2005 연차광고심의 종합보고서〉.

제 7 장

우리나라 광고상 제도 비판

이재록

상(*awards*)이란 일반적으로 나름대로 열심히 이루어 낸 성과에 대한 보상이며, 상을 받은 성과물과 그렇지 않은 성과물에 대한 피드백을 제공함으로써 상을 받지 못한 측에게는 결과를 겸허히 수용하고 자기발전의 계기가 될 수 있게 하며, 상을 받은 측에 대해서는 일종의 보상이 이루어진 것이라고 할 수 있다. 이렇게 볼 때 광고상은 전체 광고인들에게 보다 나은 성과물을 제시하여 좋은 결과를 얻게 되면 일종의 보상이 되기도 하며, 보다 나은 광고를 만들 수 있는 동기부여가 되기도 한다.

우리나라에는 한국광고단체연합회에서 주관하는 가장 큰 행사인 '대한민국광고대상', 각 신문사에서 시상하는 광고상, 광고관련 학회에서 수여하는 광고상 및 광고주협회가 주관하는 '소비자가 뽑은 좋은 광고상' 등이 있다. 이와 함께 한국방송광고공사가 주관하는 대한민국공익광고대상과 국내 주요 광고회사들이 대학생을 대상으로 실시하는 공모전 형식의 광고상 제도가 있으며, 그 외에도 기업이나 기관 등에서 대학생 혹은 일반인까지 대상으로 하는 공모전 형식의 광고상이 있다.

이 장에서는 광고상의 국내외 현황을 살펴보고 국내 광고상과 해외 광고상을 비교분석하여 몇 가지 측면에서 우리나라 광고상이 가지고 있는 문제점을 파악하고 이에 대한 발전방안을 모색하고자 한다.

∷ 1. 서론

1993년 우리나라 총 광고비는 3조 2287억 원이다. 그 가운데 지상파 TV, 신문, 4대 매체 합계 등이 차지한 점유율은 각각 28%, 41%, 77%였다. 2005년 우리나라 총 광고비는 1993년 대비 2배 이상 증가한 7조 539억 원이다. 그 가운데 지상파 TV, 신문, 4대 매체 합계 등이 차지한 점유율은 각각 31%, 24%, 64%였다(제일기획, 2005). 또 2005년의 케이블 TV와 온라인이 차지한 점유율은 각각 7%와 8%를 기록하고 있다. 매체별 광고비 구성비를 비교해 보면 지상파 TV는 오히려 3% 증가하였으나 신문은 17%나 감소하였다. 신문의 감소분은 2005년의 케이블 TV와 온라인의 광고비 구성비와 거의 일치한다.

외환 부족에 따른 국제적인 경제위기를 슬기롭게 극복하고 매우 침체되었던 광고계도 완전히 IMF 사태 이전으로 회복되어 상당한 발전을 거듭하였다. 이와 더불어 TV광고는 양적으로나 질적으로 높은 성장을 해왔다. 또한 외국계 광고회사의 대거 국내진출에 따라 국내광고업계도 상당한 변화가 일어나고 있다. 그러나 이러한 성장과 변화에도 불구하고 국내에서 제작되는 광고물은 외국의 경우와 비교하여 여전히 격차가 있음을 부인할 수 없다. 특히 크리에이티브 분야의 열세가 지적되고 있다.

국내에서 방송광고와 관련된 상으로는 대한민국광고대상이 유일하다. 1994년 처음 출범한 대한민국광고대상은 한국방송광고대상이 승격한 것으로 이나마 승격하는 과정에서 크리에이티브 부문이 없어져 크리에이티브 활동의 올바른 평가는 더욱 이루어지기 힘든 실정이다. 더욱이 국내 광고시장의 성격상 광고주의 의지가 많이 반영되는 상황에서는 크리에이티브의 전문성을 확보할 수 있는 영역은 점점 더 좁아지고 있다.

이에 비해 인쇄광고는 제 24회 서울올림픽을 기점으로 다소 주춤하기는 하였으나 여전히 발전을 거듭해 오고 있으며, 인쇄광고 부문에 대한 광고상 역시 공모전의 확산으로 양적으로는 상당한 발전이 있었다. 그러나 인쇄매체 대상의 광고상 역시 양적 팽창에도 불구하고 나름대로의 한계를 가지고 있으며 보다 진전된 광고물이 많이 나와야 할 것이다. 광고상은 국제경제와 연결된 고도의 크리에이티브 산업이며 창작의욕과 보람을 더해 주는 월계관이라고 할 수 있다.

이 장에서는 광고상의 국내외 현황을 살펴보고 국내 광고상과 외국 광고상을 비교분석하여 몇 가지 측면에서 우리나라 광고상이 가지고 있는 문제점을 파악하고 이에 대한 발전방안을 모색하고자 한다.

:: 2. 국내 광고상 현황

현재 국내 광고상은 한국광고단체연합회에서 주관하는 가장 큰 행사인 '대한민국광고대상', 각 신문사에서 시상하는 광고상, 광고관련 학회에서 수여하는 광고상 및 광고주협회가 주관하는 '소비자가 뽑은 좋은 광고상' 등이 있다. 이와 함께 한국방송광고공사가 주관하는 대한민국공익광고대상과 국내 주요 광고회사들이 대학생을 대상으로 실시하는 공모전 형식의 광고상 제도가 있으며, 그 외에도 기업이나 기관 등에서 대학생 혹은 일반인까지 대상으로 하는 공모전 형식의 광고상이 있다. 최근 들어서는 인터넷투표에 의해 일반인들이 심사하여 홍미위주로 진행되는 수상제도도 등장하였다.

1) 대한민국광고대상

대한민국광고대상은 1994년 첫 번째 수상작을 발표한 이후 양적 성장과 함께 세계화, 선진화, 과학화를 위한 질적 성장도 상당히 이루어졌다. 현재의 대한민국광고대상은 1981년부터 1993년까지 한국방송광고공사가 시행해온 '한국방송광고대상'을 이관 받아 인쇄 및 옥외광고부분과 인터넷 광고를 포함시켜 명실상부한 국내 최고의 종합 광고상으로 확대 발전되었다. 한국광고단체연합회가 주관하는 대한민국광고대상에는 한국광고주협회, 한국광고업협회, 한국신문협회광고협의회, 한국잡지협회, 한국광고영상제작사협회, 한국광고사업협회, 한국광고사진가협회, 한국광고학회, 한국방송협회 등이 참여하고 있다. 순수 민간단체가 주관하는 TV, 라디오, 신문, 잡지, SP, 인터넷 등 모든 매체를 망라하는 광고시상제도는 대한민국광고대상이 유일하다.

출품분야는 신문, 잡지, TV, 라디오 부분, SP 부문, 인터넷부문, 그리고 특별상

부문으로 이루어지며, 출품되는 광고물은 전년도 9월 1일부터 당해연도 8월 31일 사이에 국내 광고주나 광고회사 또는 광고제작자에 의해 제작되어 국내에서 게재, 발송, 설치된 광고물에 한하고 있다(http://www.adic.co.kr/event/adawards).

대한민국광고대상의 심사기준은 제 1항이 크리에이티브의 독창성, 2항은 소구방법상의 창의성, 3항은 상품 장점(*benefit*)의 표현성, 4항은 광고 콘셉트의 전달 및 집행성, 5항은 사회반영적 표현성, 6항은 사회문화적 순기능 표현성 등에 두고 있다(제일기획, 2005). 또한 심사의 기본방향으로 다음 항목을 설정하고 비율을 할당하고 있다. 효과성(30%), 독창성(20%), 기술성(20%), 윤리성(20%), 그리고 밝고 고운 우리말(10%) 등이다.

그동안 대한민국광고대상은 사회 전반에 광고에 대한 인식을 제고하여 광고산업의 위상을 한 단계 높이고 공정한 경쟁을 통해 우수한 광고를 육성, 발굴하여 왔다. 매년 광고시장 및 산업발달에 따라 출품업종을 신설 및 추가하여 급격하게 변화하는 광고환경에 맞게 출품업종, 매체부문, 특별상 내역 등에서 차이가 있었다. 1997년에는 단발광고와 시리즈광고를 구분하여 접수 및 심사하였고, 1998년에는 인터넷 광고 부문을 신설하였으며, 2001년에는 캠페인 광고를 별도로 구분하였다. 1999년에는 일반인들에게 광고에 대한 관심을 환기시키고 광고인의 저변을 확대하고 예비 광고인들에게도 기회를 부여하며 광고인들에게 크리에이티브 창작능력을 고취시키기 위하여 창작광고 부문을 신설하였다. 그러나 2003년에 창작부문의 발전적 도약을 위해 시행을 중단하였다. 2002년과 2003년에는 새로운 광고매체로 자리매김한 인터넷광고부문을 격상시키는 등 업계의 의견을 수렴하여 즉시 광고대상 시행에 반영하여 광고업계와 함께 하는 광고상제도로 자리를 잡았다.

수상자에게는 상금과 함께 해외 광고계의 시찰 기회를 부여한다. 또한 광고가 공동작업이라는 점에 중점을 두어 광고주, 광고회사, 제작사가 공동수상하도록 하고 있으며, 출품신청서와 수상작의 상장 등에 참여한 사람의 이름을 기입하도록 하여 대한민국광고대상에 대한 수상의 영광이 회사뿐만 아니라 개인에게도 이어질 수 있도록 배려하고 있다.

2) 신문사 등의 광고 공모전

광고 공모전은 일반광고가 지닌 크리에이티브의 한계를 극복할 수 있는 대안이라는 인식이 각 광고주체간에 자리잡아 가고 있다.

이 제도는 기성 광고인들의 타성, 고정관념, 마케팅목표의 왜곡, 물량 위주의 매체예산집행, 비효율적인 관행, 크리에이티브 판단기준의 불명확 등에서 초래되는 광고효과의 저해를 해소할 수 있는 돌파구를 마련하는 데 기본 목표를 두고 있다.

(1) 광고 공모전의 시행취지

먼저, 조선일보는 광고대상의 모집요강에서 이 제도의 시행취지를 명문화하고 있다. 즉, 광고인의 자질향상과 광고의 전문화로 국내 산업발전에 기여하고, 기업광고의 올바른 방향을 제시하고 그 질을 향상시키고 광고국제화에 일조하며, 신인상 제도를 신설하여 신인들의 광고계 진출을 적극 돕고 육성하는 올바른 광고상 정립을 목적으로 하고 있다. 이를 위해 최우수광고상 수상자 전원에게는 해외광고계 시찰의 기회를 부여하며, 신인창작광고상의 대상을 수상한 자는 칸 국제광고제 시찰의 기회를 부여하고 있다(http://cf.chosun.com/caa/index.htm).

한국일보에서 시행하는 한국광고대상은 특별공모부문으로 공익광고를 모집하고 있다. 그 취지는 우리나라 광고산업의 건전한 육성발전을 도모하고, 신문광고 제작에 참여하는 기성 및 신인 광고인의 의욕적인 창작활동을 고취시키며, 우수 광고전문 크리에이터를 발굴 육성하는 것 등으로 집약된다(http://www.hankooki.com).

중앙일보에서 시행하는 중앙광고대상은 신문광고의 품위와 질을 향상시키고 광고산업의 발전에 기여하는 것을 주된 시행취지로 하고 있다. 이와 더불어 최근에는 공정하고 투명한 심사를 위해 현역에서 활동하고 있는 명망 있는 광고전문가들로 심사위원단을 구성하고, '대상' 시상제도를 부활하고 상금을 기존의 3백만 원에서 1천만 원으로 대폭 올렸으며, 시상부문을 기존의 업종별 시상에서 작품자체의 크리에이티브를 평가하는 것으로 전면 개편하였다. 또한, 신인광고인의 참여를 장려하기 위해 신인부문의 상금도 대폭 증액하였다(http://ad.joins.com).

경향광고대상은 대학생을 대상으로 한 신인광고부문을 시행하고 있다. 그 시행취지는 국내 광고산업의 발전과 신문광고의 새로운 위상정립을 모색하기 위해 제정했음을 천명하고 있다(http://www. khan. co. kr).

세계광고대상의 주요 시행취지는 우수광고들을 유치함으로써 광고매출을 증가시키고, 사세를 대외적으로 신장시키고, 광고 수주자와 발주자 간의 개인적 유대를 회사 차원으로 상향 발전시키며, 광고계의 우수한 신인들을 발굴하여 업계발전에 기여하는 것 등이다(http://www. segye. com/).

그 외 공모전의 경우 시행취지는 위에서 언급한 신문사의 경우와 거의 대동소이하다. 다만 신문사의 공모전은 신인상을 제외하고는 모두 기존에 게재된 것에 한하지만 광고회사 및 기타 기관의 공모전은 순수창작광고만을 대상으로 한다는 점에서 차이가 있다.

신문사 광고대상의 기본개념은 신문사별로 약간의 차이점은 있지만 그 기본개념은 동일하다고 볼 수 있다. 기본 개념은 첫째, 광고인의 자질향상과 광고의 전문화로 국내산업 발전에 기여하는 것이며, 둘째, 기업광고의 올바른 방향을 제시하고 그 질을 향상시키는 것이며, 셋째, 신문광고 제작에 참여하는 기성 신인광고인들의 의욕적인 창작활동을 고취하려는 데 있다. 마지막으로 올바른 광고상을 정립하려는 것이 광고대상의 기본 개념이라 할 수 있다(김용운, 1995).

⑵ 심사기준 현황

창작 광고상으로 권위와 정평을 얻고 있는 조선일보 광고대상의 심사기준은 작품의 예술적 가치보다는 마케팅적 역할을 우위로 하고 있다. 이는 일반적으로 광고상이 크리에이티브 위주의 심사기준에 치중하는 경향을 탈피해서 마케팅의 실행력을 주안점으로 한 것으로 보인다. 따라서 수상작은 일정한 정도까지 상표태도와 구매의도에 긍정적 영향을 미칠 것으로 판단된다(〈표 7-1〉 참조).

세계광고대상은 기성광고부문과 신인광고부문을 분리해서 심사기준을 정해 놓고 있다. 즉 기성광고부문은 광고전략의 적합성, 크리에이티브 콘셉트의 우수성, 제작완성도를 중심으로 마케팅기여도 전반을 평가하며, 신인광고부문은 크리에이티브, 아이디어의 독창성, 표현기법의 참신성, 제품적합성 등 신인으로서의 자세와 노력을 평가한다고 명시하고 있다. 또한 공통기준으로 광고의 주목효과, 크리에이티브 아이디어의 독창성, 광고 임팩트, 카피와 아트의 조화, 마케팅 기여도 등을 심사기준으로 정하고 있다.

〈표 7-1〉 주요 신문사별 광고대상 심사기준 현황

광고대상명	조선광고대상	중앙광고대상	한국광고대상
주 최	조선일보사	중앙일보사	한국일보사
창설연도	1964년	1965년	1984년
심사기준	'조선일보광고대상'과 '최우수광고주상'으로 구분심사. 작품의 예술적 가치보다 마케팅적 역할을 우위로 함. 작품의 기형화를 막고 신문광고 본연의 작품형태를 찾기 위하여 동급 수준인 경우에는 규격이 작은 것을 우선으로 함. 사계의 권위 있는 인사에게 심사를 위촉하며, 예선 및 본선 심사인 명단은 수상자와 동시에 발표. '최우수광고주상'은 연간 광고물의 종합심사이므로 메이커의 광고활동 상황과 소비자를 위한 정직한 광고를 중점적으로 심사하여 어느 한 작품을 선정하는 것이 아니고 품목을 시상. 모든 심사는 '조선일보 광고게재 기준'에 의함.	응모작품은 '중앙광고대상'으로 게재된 것에 한함. 신문은 5단 이상 잡지는 전면으로 함. 심사위원 선정 및 채점방법 등은 당선작 발표와 동시에 함.	제1~5부는 전년도 10월 1일부터 당해연도 9월 1일까지 1년간 한국일보사에서 발행한 전매체에 '한국광고대상'출품작으로 게재된 광고 중에서 심사를 실시함(단, 잡지부문의 월간지는 5월~10월). 마케팅은 전년 9월 1일~8월 31일 기간 중 한국일보에 게재된 광고 중에서 선정. 제6부 특별공모 부문은 사회공공광고를 모집하는 것으로서 당해연도의 주제로 작품을 제시하여야 함. 디자인상, 카피상, 사진상, 일러스트상은 별도 선정함.

∴ 3. 해외 광고상 현황

해외 광고상은 세계화(*globalization*)에 기초를 둔 창작경쟁축제(*Creative Competitive Festival*)로 이해되어야 하며 광고회사가 질적인 면에서 세계화를 지향하는 데 있어 가장 중요한 요소가 된다. 따라서 세계적 광고회사로 성장하기 위해서는 세계 유수의 광고제에서 괄목할 만한 성과를 획득하는 것이 가장 효과적일 것이다.

1953년 시작된 칸 국제 영화제를 필두로 대규모 국제 광고제들은 각국의 광고 크리에이티브 경연장인 동시에 세계광고 크리에이티브의 질적, 양적, 발전을 도모한다. 광고상은 지역별로 크게 아메리카권, 유럽권, 그리고 오세아니아를 포함한 아시아권으로 나눌 수 있으며, 참여부문으로 보면 방송매체를 대상으로 한 전문 광고상과 방송광고에 인쇄매체를 포함한 전 매체 광고상으로 나눌 수 있다. 지역권으로 보면 수년 전까지만 해도 미국권(*Clio, IBA, New York Festival*)이 주도했으나, 클리오의 실추와 함께 현재는 유럽권(*Cannes: International Advertising Festival*)에 밀리고 있다.

참여 부분으로 본 방송광고제는 칸 광고상(1992년부터는 인쇄부분 신설)이 강세를 보이고 있으며, 전 매체를 대상으로 한 광고상은 최근에 뉴욕 페스티벌이 클리오에 이어 두드러진 약진을 보이고 있다. 위에서 언급한 광고상은 일반적으로 세계 4대 광고상이며 우리가 가장 먼저 이해하고 접근해야 할 광고상이다.

우리나라가 지금까지 칸에서 받은 상은 총 12점이며, 2005년과 2006년에는 TV와 인쇄부문에서 성과가 전무했고, 사이버 부문에서 연속 수상한 실적은 실버와 골드 각 1점이었다.

1) 칸 국제 광고상(*International Advertising Festival CANNES*)

1953년 영국런던에서 극장용 광고 중심으로 창립되었으나 점차 TV매체의 발달과 성장에 따라 TV 및 Cinema부문 위주로 진행되어 왔으며 1992년 인쇄부문이 경쟁부문으로 추가되었고, 1998년 사이버 부문상, 1999년에는 매체 부문상을 신설해 명실공히 전파, 인쇄, Cyber 매체를 망라하는 세계 광고제를 대표하는 페스티

〈그림 7-2〉 2006 칸 국제광고상 수상작

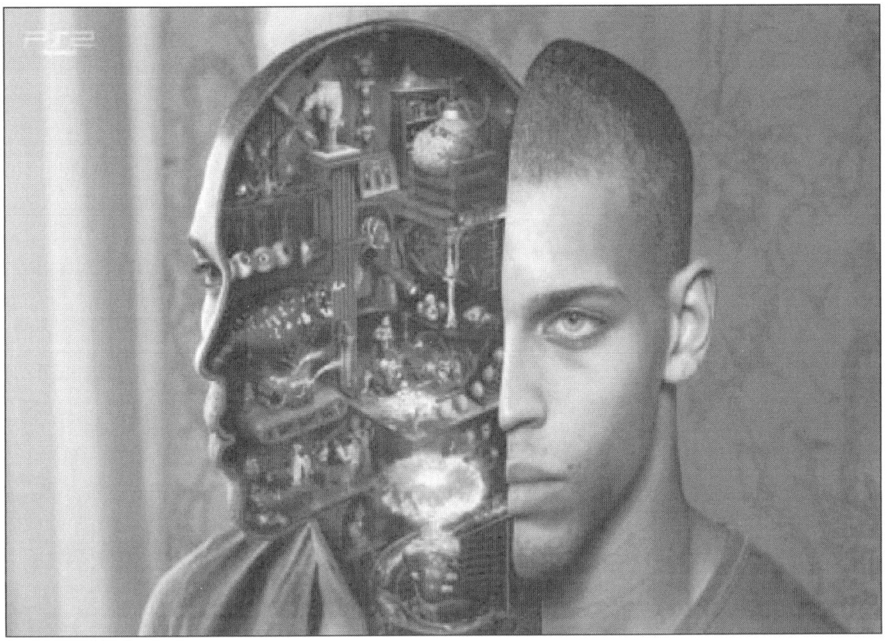

소니 플레이스테이션 2(금상)

벌로 성장하여 현재는 권위와 명예가 있는 광고상으로 자리하고 있다. 설립목적은 세계의 창작자(Creator)들에게 그들이 최선을 다해 만든 제작물을 페스티벌이라는 이벤트를 통해 스스로 재조명하여 진정한 실력을 키우고, 또한 광고문화의 교류증대와 광고산업의 발전을 목적으로 하고 있다.

주최는 영화광고 세계협회(SAWA; Screen Advertising World Association)이며 출품부문은 광고 및 커뮤니케이션에 관한 모든 제작물로 필름 부문은 주류, 비주류 음료, 식품, 가구, 자동차 등 29개로 나뉘며, 신문/잡지 23개 부문, 포스터 20개 부문이다. 심사위원은 주최측이 각국의 유명 크리에이터를 추천 받아 필름(*Film*) 부문 약 20명, 인쇄 및 포스터(*Press & Poster*) 부문 15명 내외로 선정하여 구성한다.

칸의 권위는 엄정하고 객관적인 심사에서 나오는데 심사방법은 1점에서 10점까지 각 심사위원들이 컴퓨터로 채점하여 최고점과 최저점을 제외한 나머지 점수를 합산하여 채점한다. 1차 심사는 각 부문별로 일정한 점수를 획득한 작품을 선정하게 되며 대략 출품작의 15% 정도의 쇼트리스트(*Short list*)를 선정하며 2차 심사는 심사위원들의 자유로운 토론을 거쳐 투표로 선정한다.

출품은 특별한 규제 없이 누구나 자유롭게 참가할 수 있으며 다른 광고상에 비해 출품료가 다소 비싼 편이다. 칸은 매년 프랑스의 휴양지인 칸에서 개최되는데 일주일간의 일정으로 필름쇼(*Film Show*), 국제광고대회, 세미나, 유명 광고회사의 마케팅 사례, 크리에이티브 전략, 광고관련 단체의 워크숍 등으로 구성되어 실질적인 광고인의 자질 향상에 기여하고 광고산업의 발전에 공헌하고 있다.

우리나라의 경우 44회(1996년) 칸 국제광고제 인쇄부문에서 삼성전자 와이드 TV(제일기획)가 대회 참가 최초로 금상을 받았으며, 45회(1997년)에서는 광고회사 웰콤이 제작한 대우자동차 레간자 TV-CM '볼륨 조절' 편이 TV-CM부문 은상을 받았다. TV-CM부문에서는 '1991년 공익 캠페인 — 음주운전' 편에 이어 레간자 TV-CM로 두 번째 은상을 차지하였다.

2) 클리오상(*Clio Awards*)

광고계의 오스카라 불리는 클리오 광고제는 1959년 '미국 TV, 라디오 광고제'라는 이름으로 창설되었다가 1963년에 '클리오 상'으로 공식 명칭을 바꾸었다. 클리오(Clio)는 그리스신화에 나오는 예술을 관장하는 9명의 여신 중 역사를 관장하는 여신의 이름에서 따온 것으로, 1959년 미국지역의 광고만을 대상으로 창설되었다. 1966년 국제TV, 극장광고, 1971년 국제인쇄광고, 1974년 국제라디오광고 부문, 2000년 뮤직비디오 부문을 새로 추가함으로써 전 매체를 대상으로 한 국제광고상으로 성장하였으며 현재 유럽지역의 칸과 더불어 세계 광고상을 대표하고 있다.

그러나 1991년 소유자의 부실경영으로 인해 파산하고 이로 인해 그동안 쌓아왔던 명예와 권위가 실추되어 칸에 정상의 자리를 내주는 사태까지 이르게 되었다. 현재 주최측의 인수로 사태가 수습되고 있으나 과거의 명성을 회복하는 데는 상당한 시간이 소요될 것으로 보인다. 클리오는 심사의 진실성과 민주적인 시스템을 기본 방침으로 삼아 운영되고 있으며 전 세계의 크리에이터들로 심사위원단을 구성하고 있다.

또한, 클리오는 독특한 심사방법을 채택하고 있는데 출품된 작품들을 전 세계

〈그림 7-3〉 클리오 광고상 안내 포스터

의 35개국 65개 도시를 순회하는 지역심사로 1차 심사를 하고 있다. 채점은 칸과 마찬가지로 10점 만점제를 도입하고 있으며, 1차 심사에서 15~20%의 파이널리스트(*Finalist*)로 선정되는 3%의 수상률은 보다 큰 명예가 되고 있다. 1995년부터는 수일간의 일정으로 세미나, 워크숍 등의 프로그램을 만들어 광고인의 페스티벌로 성격을 바꾸고 있다. 1998년 출품작의 수는 1만 7천여 점에 이르고 4대 매체를 포함하여 인터넷, 특수기술효과, 통합미디어 등 선진 매체 마케팅 분야를 망라하고 있다. 특히 클리오는 거의 모든 카테고리에 대학생 경쟁부문이 있어 프로와 아마추어의 지구촌 광고인 모두가 참가하는 크리에이티브 경연장이다.

'The American TV & Radio Commercial Festival'이 주최하며 출품부문은 제품, 서비스(TV/영화, 인쇄, 포스터, 빌보드, 라디오) 29개 부문, 캠페인(TV/영화, 인쇄, 포스터, 빌보드, 라디오) 3개 부문, 기술(TV) 12개 부문, 비즈니스(*Business to Business*) 4개 부문, 디자인 8개 부문, Interactive 광고 11개 부문이다. 우리나라의 경우 1988년 클리오 광고 디자인 부문에서 담배인삼공사의 아리랑담배 패키지디자인이 입상하였으며, 1995년 대홍기획이 나드리화장품 '인현왕후' 편으로 잡지부문 본선에 진출하였다.

3) 국제방송광고상(*International Broadcasting Awards*)

IBA는 1960년 미국 할리우드에서 방송광고의 크리에이티브와 테크니컬 부문의 질적인 향상과 방송 상업 예술을 장려하기 위해 할리우드 라디오와 텔레비전협회(Hollywood Radio & Television Society)에 의해 창설되었다. IBA는 방송매체(TV, Radio)를 이용한 광고물만을 대상으로 하고 있으며 세계 3대 광고상으로서 명성을 갖고 있으나 국내에서는 아직까지 많은 광고회사가 참여하고 있지는 않다. 타 광고상에 비해 경쟁부문이 극히 제한되어 있으며 또한 경쟁부문 자체가 한국적인 이미지와는 상당한 거리가 있어 국내 작품의 수상은 기대하기 힘들기 때문이다. 심사위원은 약 25~30명의 크리에이터들로 구성되며 파이널리스트(*Finalist*)로 선정되면 본선 심사료를 별도로 내야한다.

4) 뉴욕광고상(*The New York Festival*)

1957년 비 방송매체부문의 광고 크리에이티브 발전을 장려하기 위해 설립된 뉴욕광고상(*The New York Festival*)은 1962년 텔레비전, 영화부문과 TV 프로그램과 프로모션부문을, 1970년 TV & Cinema 부문과 TV Programming and Promotion 부문을 신설하였고 1982년에 Radio CM부문 신설, 1984년에는 사진과 일러스트, 인쇄광고, 디자인 부문이 추가되었고 1992년에는 매체의 다양한 발전과 욕구를 수용하기 위해 멀티미디어(*Multimedia*) 부문이 추가되었으며 1980년대 들어 양적, 질적으로 급속한 성장을 해왔으며 매체와 경쟁부문(*category*)이 가장 다양한 광고제이다. 현재 국제광고협회(IAA)와 국제연합(UN)의 후원을 받고 있다. 공익광고 부문은 UN과 공동시상하는 제도로 발전시켜 다른 광고상에 비해 권위가 있으며 수준도 높다. 심사과정에서도 소비자의 패널 테스트(*panel test*)를 정착시켜 소비자가 뽑은 CM 대상 부문을 운영하여 소비자를 심사위원의 일부로 흡수하고 있다.

또한, 클리오와 함께 광고의 전 매체에 가장 다양한 카테고리로 구성되어 있으며 각국의 정서를 반영해주는 일면도 있어 한국에서 적극적 출품을 고려해야 할 광고상이다. 이들 수상작에 선정되는 구체적 요건을 요약해보면 간단하고 충격적(*Simple & Shocking*)이어야 하고, 호기심과 흥미를 유발시키며, 될 수 있으면 카피 대신 비주얼을 강조하고, 아이디어의 궁핍을 컴퓨터 그래픽으로 대신하여서는 안 되고, 이러한 모든 것에 대한 광고주의 설득이 필요한 것이다.

출품분야는 TV · Cinema Advertising 52개 부문, 잡지 · 신문 71개 부문, 그리고 라디오 57개 부문이다. 우리나라에서는 (주)해찬들의 태양초 고추장 인쇄광고 '오이' 편이 2001년 인쇄부문에서 Finalist 상을 수상하였으며, 금강기획이 기획 · 제작한 현대해상화재보험 광고와 리복 광고가 2002년 제 45회 인쇄부분에서 각각 은상과 동상을 수상하였고, SK텔레콤의 'Be The Reds' 캠페인 광고가 2003년 제 46회에서 금상을 수상하였다.

5) ACC상 (*All Japan Radio & Television Commercial Confederation*)

ACC상은 1961년 창설되어 1969년에는 국제부문을 창설하고 1983년 TV커머셜을 4가지(45초 이내, 45초 이상, 애니메이션 3분 이내, 시리즈 3개 커머셜-9분 이내)로 구분하고 있다. 가장 큰 특성은 입상작은 연감과 레코드에 수록된다는 점이며 TV부문은 21개 부문으로 구분하고 15초 이내, 16초 이상, 카드CM(초수 제한 없음), 시리즈 등 4가지로 출품할 수 있다. 심사기준을 보면, 효과성, 윤리성, 독창성을 종합하여 입상작을 선정한 후 3단계의 심사를 거쳐 최종 대상 작품을 선정한다. 심사과정을 보면 1차는 ACC를 구성하는 5개 단체와 오사카 CM 합동 연구회 소속 회원과 JAM대표(1사 1인 원칙), 2차는 각계 소비자 대표, 매스컴 재 동경 방송국의 영업국장들, ACC관계자로 위촉 구성한다. 시상내용을 보면 최우수 SPOT CM상, 우정대신(郵政大臣)상, 최우수 시리즈 CM상, ACC상, 수상작이 있고, 지역 CM부문에 우정대신(郵政大臣)상, 최우수 지역 TV CM상, ACC상, 수상작, 장려상이 있다.

〈표 7-2〉는 앞서 언급한 주요 해외 광고상을 비교한 것이다.

〈표 7-2〉 주요 해외 광고상 개요

구분	Cannes	Clio	IBA	New York
창립연도	Film: 1953년 Print: 1992년	1959년	1960년	1957년
주 최	Screen Advertising World Association	Clio Worldwide Ltd.	Hollywood Radio & TV Society	The New York Festivals IAA (공익광고 스폰서)
출품부문 Category	Film: 28개 부문 Print: 28개 부문	TV, Cinema: 49개 부문 Print: 50개 부문 Radio: 37개 부문	TV: 17개 부문 Radio: 12개 부문	TV: 73개 부문 Print: 75개 부문 신문: 31개 부문 Promotion Marketing Company Literature Speciality Ad 28개 부문
심사기준	1. 독창적, 자유로운 idea 2. Concept가 분명한 광고 3. 메시지를 효과적으로 전달하는 광고	1. 신선한 idea 2. 명쾌한 concept 3. 판매 커뮤니케이션으로서의 효과성 4. 시청자에게 주는 충격 5. 신뢰성과 품위	1. 진실성 2. 독창성, 창의성 3. 효과성	1. 독창적인 아이디어 2. 메시지를 소비자에게 효과적으로 전달하는 기술 3. 표현수단의 기술 4. 소비자에게 주는 신뢰성
Deadline	Film: 3.18 Print & Poster: 4.15	2.15	2.4	TV: 6.30 및 9.13 경 Print, Radio: 3.4 경
발 표	6.20 ~ 6.25	6.8 ~ 6.11	6.15	TV: 이듬해 1.28경 Print& Poster: 6월 중순
Awards	1. Grand Prix 2. Palme d'or 3. Category Prize 4. Shortlist	1. Hall of Fame 2. Best of Show 3. Category Winner 4. Finalist	1. Sweepstakes Winner 2. Trophy Winner 3. Finalist	1. Grand Award 2. Gold, Silver, Bronze 3. UNDPL Awards 4. Consumer Choice Award 5. Finalist

∴ 4. 우리나라 광고상의 문제점

2005년 우리나라에서는 칸 국제광고제에 8개 부문 176편을 출품하였으나 수상작은 한 편도 없었다. 영국, 프랑스, 미국이 거의 휩쓸다시피한 가운데 태국, 아르헨티나, 독일, 호주 등이 분발하였으며, 한때 칸을 점령한 듯이 보였던 브라질도 주춤했다(이유신, 2006).

이러한 결과에 대하여 문화적 차이와 사회적 환경이 다르고 심사기준이 국내 광고상과 다르기 때문이라고 하기에는 너무 빈약한 결과이다. 특히 IMF 경제위기 이후 국내의 많은 광고회사들이 외국의 광고회사로 넘어갔고 세계화가 가속화되는 현실을 그저 환경의 차이라고만 말하기에는 너무 미약하다. 광고의 크리에이티브에 대한 의존도가 매우 높은 현실을 고려할 때 이러한 결과를 결코 간과할 수만은 없다. 따라서 특별히 주목을 받을 수 있는 크리에이티브가 아니면 광고가 소비자의 관심을 얻게 되는 것은 불가능하게 되었다(이현우, 1999).

이러한 크리에이티브의 중요성과는 달리 광고는 양적으로 급속한 성장을 하였고, 시장세분화와 제품확산, 매체비용의 급증, 크리에이티브 수준의 저하는 광고효과의 심각한 감소를 초래하고 있으며, 그 중에서도 특히 광고 크리에이티브의 저하가 가장 심각한 문제점으로 떠오르고 있다(Jones, 1994).

이와 더불어 우리나라 광고상 행사의 중심이 되고 있는 대한민국광고대상에 대해 진지한 관심을 가지고 있는 광고인들은 많지 않다(김홍탁, 2006). 명실 공히 한국의 광고상 행사를 대변하는 대한민국광고대상이 광고인으로부터 권위를 인정받지 못하는 가장 큰 이유는 수상작들에 대한 신뢰도가 떨어진다는 점이다. 특히 2002년 대상을 받은 작품에 대한 논란은 대회의 존립 여부를 묻는 심각한 상황에까지 이르렀으며 대한민국광고대상의 권위와 공정성을을 급락시키는 데 일조했다. 그 이후부터 객관성과 공정성을 담보하려는 노력이 엿보이기는 하지만 광고제의 성격 자체가 변화하지 않는 한 광고인들의 마음을 돌려놓기에는 여전히 역부족인 것으로 보인다. 특히 모든 이의 관심이 쏠리는 대상작 선정은 아이디어의 새로움보다 윤리적 관점에서 우리 사회를 따뜻하게 만든 광고에 집중되는 경향이 있다. 최근 5년 동안 대상을 차지한 광고들의 면면을 보면 공익광고대상의 수상 현장이 아닐까 하는 착각이 들 정도이다.

각종 신문사에서 수상하는 광고상 역시 큰 차이는 없다. 현재 우리나라에는 종합일간지와 경제지, 스포츠지 등 신문사들이 시행하고 있는 광고상만 하더라도 20여 가지가 되지만 모든 광고인들이 인정하듯이 수상작들은 크리에이티브가 특출해서라기보다 그 신문사에 광고를 많이 실어 준 광고를 중심으로 정치적 · 경제적 논리에 의해 결정된다. '한 해 광고비를 많이 주셨으니 고맙습니다'라는 인사를 수상으로 대신하는 것일 뿐이다. 그 외에 소비자가 뽑은 좋은 광고상은 훈훈하고 따뜻한 광고만이 목록에 오를 수 있다. 과연 소비자들은 인정 넘치고 훈훈한 광고만을 좋아하는 것일까.

지금까지의 논의를 통해 살펴 본 바 우리나라 광고상이 가지는 몇 가지 문제점들을 도출해 보면 다음과 같다.

1) TV 광고상의 수적 문제

앞서 언급한 해외 TV광고상의 현황을 살펴보면 모든 광고상에 TV부문의 수상을 제정하고 있다. 이러한 현상은 앞서 언급한 TV광고의 역사와 현황을 살펴볼 때 당연한 일이다. 뿐만 아니라 TV광고 시장은 현재 계속 성장세에 있고 이러한 현상은 TV광고가 가지는 효과를 고려할 때 앞으로도 계속 성장할 전망이다. 하지만, 여타의 많은 해외 TV광고상에 비교하여 현재 국내에는 TV광고를 위해 제정된 상이 '대한민국광고대상'밖에 없는 실정이다. 뿐만 아니라 인쇄광고와 비교할 때도 이러한 점은 두드러진다. 물론 인쇄광고를 위한 광고상이 신문사 주최의 상이 대부분이고, 그 목적 또한 자사의 판촉 혹은 홍보를 목적으로 한다.

이러한 수적 열세는 TV광고가 가지는 효과와 성장세에 비교할 때 매우 열악한 실정이며, 이는 광고를 창작하는 크리에이티브의 기술발전에 효과적인 도움을 주지 못하고 있다.

앞서 언급한 바와 같이 상(*Award*)이란 좋은 광고를 만들기 위한 피드백을 제공한다는 기능을 고려할 때 제한된 수의 상은 결국 좋은 광고를 만들기 위한 기술발전을 저해하는 요인이다. 보상은 많으면 많을수록 그리고 제공되는 빈도가 높으면 높을수록 높은 수행을 이끌어 내고 광고계의 입장에서 보면 많은 수상기회는 결국 보다 좋은 광고를 만들 수 있는 토대가 된다. 그러므로 TV광고의 양적 증가와 더불어 광고상 제정의 수적 증가는 분명 국내 광고의 질적 발전을 도모할 것이며 광고 제작기술 발전의 밑거름이 될 것이다.

2) 심사위원 선정 및 심사과정의 문제

해외 광고상 대부분은 심사위원으로 전 세계 광고계의 크리에이터들이 참여하여 광고기술에 대한 부분을 심의하고 있다. 일반적으로 외국의 광고상들이 이처럼 크리에이티브 측면에서 광고를 평가하는 데 반해 현재 국내 광고상은 전반적인 마케팅 상황부터 전체를 평가하고 있다. 또한 심사위원 구성이 학계, 업계, 소비자단체로 구성된 대한민국광고대상의 경우 크리에이터가 심사위원으로 선정되는 경우는 드물다. 그러므로 국내의 광고상 수상작들이 해외 광고제에서의 참패를 면치 못하고 있고 국내에서 광고상을 수상했다 하더라도 과연 그 광고가 국내를 대표하는 광고가 될 수 있는지에 대해서는 회의적이다.

뿐만 아니라, 해외 광고제들은 대체로 심사과정과 심사위원을 선정할 때 공개적인 방식을 채택하고 있으며 심사과정 또한 매우 정교하다. 칸의 경우를 예로 들면, 출품작의 10% 정도를 쇼트리스트로 선정하고 심사위원들의 토론을 통해 수상작들이 결정된다. 하지만, 국내 광고상의 경우 심사위원 구성자체가 크리에이티브 출신이 아닌 경우가 많아서 크리에이티브의 본질이나 핵심, 마케팅 전략추이를 계산하지 않고 보편적인 상식, 보편적인 가치에 의해서 심사하는 경우가 많다. 이러한 관점에서 볼 때, 광고의 노출빈도가 높은 광고일수록 보다 긍정적인 정서를 형성시킴으로 결국 수상작을 결정하는 심사과정에 영향을 주기 쉽다. 즉, 심사위원들에게 많이 노출된 광고가 수상작으로 결정될 수 있다는 것이다.

뿐만 아니라, 1995년도 대한민국광고대상의 경우 가장 낮은 점수로 예심을 통과한 작품이 본심에서는 대상을 수상하는 일이 발생했다. 결국 심사위원의 구성에 따라 광고의 평가가 달라질 수 있다는 말이다. 이러한 문제는 대한민국광고대상의 경우 비 광고계 종사자들인 소비자단체가 참여함으로써 생기는 문제라고 볼 수 있다. 그러므로 좋은 광고가 올바르게 평가받기 위해서는 심사위원 선정에서부터 심사과정에 이르기까지 정교한 형태의 방식이 필요하다. 또한, 광고의 목적이 판매촉진 효과를 최대화시키는 것이라 볼 때 메시지 전달을 위한 효과적인 기술에 대한 평가가 선행되어야 할 것이다. 그러므로 심사위원 구성에 있어 최소한의 크리에이터 출신 심사위원이 존재해야만 올바르게 광고를 평가할 수 있고 수상작에 대한 회의 또한 나타나지 않을 것이다.

신문사들의 광고대상 심사기준의 공통점은 작품의 예술적 가치보다는 마케팅적 역할에 우위를 두고 있다는 점이다. 그리고 자사에 광고한 작품만이 그 심사기준에 포함되므로 우수한 광고 창작품일지라도 그 신문에 광고하지 않았다면 심사기준에서 제외된다는 점이다.

김용운(1995)의 연구에서는 신문사 광고상의 문제점으로 첫째, 신문사 광고대상이 마케팅이 우수한 작품을 선정한다는 명분아래 더 많은 광고를 유치하려는 수단적 제도로서의 역할에 더 치중한다는 점, 둘째, 작품선정이 공정하지 못하며 광고비를 많이 지출한 대기업 위주의 시상이라는 점, 마지막으로 심사위원 선정기준이 미흡하다는 점을 지적하였다. 한편, 긍정적인 부분으로는 신문사의 광고대상이 그 시대의 문화를 반영하고 광고문화산업에 기여하고 있다는 것이다. 또한, 신문사, 광고주, 광고회사가 공통적으로 신문사 광고대상의 가치를 인정하고 있다는 점이다.

3) 수상 대상의 문제

해외 광고상의 많은 수상부문이 크리에이티브와 관련이 있는 것을 볼 때 현재 국내의 '대한민국광고대상'의 경우 광고주와 광고회사, 광고제작사의 삼자 수상으로 되고 있는 실정이다. 물론 이상적인 광고상이란 광고가 판매촉진의 효과를 목적으로 두고 있기 때문에 광고주에게는 광고상 수상이 판매촉진의 보다 효과적인 기회가 될 수 있고 또한 그 메시지를 효과적으로 전달하기 위한 목적을 고려할 때 광고제작 기술과 마케팅 능력의 향상을 위한 피드백 기능을 할 수 있다. 하지만 수상의 기회가 광고회사나 광고제작이 아닌 광고주에만 초점이 맞춰진다면 광고제작 기술의 발전을 광고상이 담보할 수는 없을 것이다.

국내 광고상의 경우 수상작이 결정되었을 때 수상자들은 일반적으로 광고주들이지 광고제작사나 광고회사가 아니었다. 물론, 광고는 제품의 판매촉진효과를 기대하기 위해 제작되는 것이므로 광고주가 존재해야만 광고가 제작될 수 있고, 보다 양질의 광고를 만들기 위한 투자비용을 광고주가 제공한다는 점에 이의를 제기하는 것은 아니다. 하지만 보다 질적으로 높은 양질의 광고를 제작하는 것은 광고제작사나 광고제작을 위한 마케팅 전략을 수립하는 광고회사들이지 광고주가 아니다. 즉, 좋은 광고를 만드는 주체는 광고주가 아니라는 것이다.

그럼에도 불구하고 광고상의 수상은 크리에이터나 광고 기획자가 아니라 광고주가 시상하는 것이 일반적인 관행이다. 이러한 문제는 광고상이 광고발전에 기여하는 본래의 목적을 상실한 것이라고 볼 수 있다. 즉, 광고제작 기술의 발전을 위해서는 광고 창작을 전담하는 크리에이터들도 보상을 받아야 한다. 광고상을 통해 좋은 광고가 무엇인지에 대한 구체적 방향이 제시되지 않는 한 광고 발전은 기대할 수 없다.

4) 소재 한계의 문제

최근에 요구되고 있는 시장개방의 논리는 결국 광고업계에도 스며들고 있다. 외국 광고회사나 외국의 광고제작사들이 합작이나 지분참여의 형태로 속속 국내 시장에 진출하고 있는 것이다.

광고시장 개방이 타의에 의해 이루어졌음에도 불구하고 광고시장 개방을 통해 광고제작 기술의 발전이나 소재의 다양화, 그리고 외국 광고주들의 국내 광고회사의 수주를 고려하면 오히려 장점이 될 수도 있다. 하지만, 외국 광고회사들이 선진광고 제작기술은 물론 그 소재의 다양화를 시도하고 있다는 점에서, 국내 광고회사들에게 위협 요인이 되고 있다.

매년 대한민국광고대상 수상작들의 단골 소재는 한국적 정서를 반영한 소재이다. 하지만 최근에 이러한 한국적 정서를 가지고 해외 광고제에서 입상한 경우를 찾기는 어렵다. 그러나 이러한 부진에도 불구하고 여전히 한국적 정서를 반영한 소재의 사용은 강세를 보이고 있다. 더 이상 새로운 소재가 없는 것은 분명 광고제작을 위해서는 문제가 될 수 있다. 또한 앞서 언급한 심사위원 구성과 관련하여 보편적 상식이나 가치를 반영한 심사기준이 이러한 한국적 소재의 사용을 부추기고 있는 실정이다.

결국, 현재 국내 광고업계는 소재의 매너리즘에 빠져 새로운 소재를 시도하려는 노력이 줄고 있다. 같은 종류의 소재를 끊임없이 반복하는 데에서 오는 기술축적이나 발전도 무시할 수는 없지만 새로운 소재의 사용은 그 소재를 부각시키고 뒷받침하는 새로운 기술의 필요성이 요구된다는 측면에서 볼 때 같은 소재의 사용은 광고 발전에 고무적이지 않다.

5) 크리에이티브의 문제

한국방송광고대상이 대한민국광고대상으로 승격된 것은 광고발전을 위해 고무적인 일이지만 크리에이티브 부문이 없어진 것은 그렇지 않아도 열악한 크리에이티브의 문제를 가중시키는 결과를 가져왔다. 또한, 광고상이란 광고물의 크리에이티브의 평가에서부터 마케팅, 사회 · 윤리적 상황까지 고려하는 것이 원칙이지만 현재의 국내 광고상은 단순히 인상 비평에 그치기 때문에 한계가 있다.

물론 열악한 국내 광고환경에 비교하여 크리에이티브 측면에서 장족의 발전을 하여 세계적으로도 주목받는 작품들이 많아졌지만 해외 광고제에서의 입상 여부를 볼 때 여전히 국내 광고회사와 외국 광고회사의 수준 격차가 존재한다는 것을 알 수 있다.

이러한 시점에서 광고제작 기술수준의 발전을 위해서 필요한 것은 새로운 광고제작 기술을 실험하고 발전시킬 수 있는 크리에이티브의 활동을 격려하는 것이 필요한데 그 역할을 담보할 수 있는 것이 크리에이티브 부문의 수상을 제정하는 일이다. 크리에이티브의 질적 저하를 초래하는 요인을 광고관련 주체별로 나누어서 살펴보면 다음과 같다(김일철 · 이현우 · 조경섭, 2002).

첫째, 광고주는 질적으로 좋은 광고를 만드는 것보다 양적으로 광고물량을 키우려는 조급함에 사로잡히기 쉽다. 또한, 효율적인 광고회사 활용의 미숙으로 우수한 광고를 제작하는 데 실패할 가능성이 상존하고 있다. 역할모델에 대한 철저한 인식 없이 광고창작에 대한 개입 및 주문을 빈번하게 반복하는 행태도 창의적인 작품을 창작하는 데 걸림돌이 되고 있다.

둘째, 광고회사도 전략적이고 합목적적인 제작실행으로 크리에이티브를 발휘하기보다 단기적, 임시적인 마케팅 목표에 맞추어서 졸속의 크리에이티브를 양산할 개연성이 커지고 있다. 또한 치열한 경쟁상황에서 그때그때의 시장상황에 맞는 소모성, 일회성의 광고캠페인을 전개하는 사례도 빈번하다.

셋째, 매체사 측면에서는 과다한 광고물량 경쟁을 지적할 수 있다. 우수한 광고를 게재하려는 노력보다 많은 양의 광고를 게재하려는 영업실적 위주의 집행관행은 상대적으로 우수한 광고의 비율을 감소시키고 있다. 또한, 우수광고의 선정기준을 창의성에 두고 있지 않다는 것도 광고 효과의 저해요인이다.

넷째, 광고심의 및 규제기관의 통제도 표현의 자유를 위축시키고 크리에이티브의 발휘를 제약할 우려가 높다.

6) 광고 공모전의 한계

광고 공모전이 가지는 몇 가지 한계점을 제시하면 다음과 같다.

첫째, 일부 광고 공모전은 언론매체사의 위세를 과시하기 위한 전시 효과성 행사에 그치고 있다는 지적이 있다.

둘째, 광고주나 광고회사와의 관계 증진을 배려한 비즈니스 차원에서 광고 공모전을 재정하고, 그리한 목적을 진제로 실행 및 유지가 이루어지고 있다.

셋째, 시행기관마다 일관된 기준 없이 작위적, 비합리적 심사기준에 의해 수상작을 선정한다는 점이다.

넷째, 크리에이티브나 독창성, 마케팅 기여도보다 매체이용 실적에 따른 보은성격의 시상을 행하고 있다는 비난도 상당히 제기되고 있다.

광고 공모전과 관련한 이러한 문제점들이 개선 또는 해결되기 위해서는 먼저 일반광고의 측면에서 광고주의 간섭, 광고회사의 비전문성, 매체사의 물량 위주 영업관행, 심의당국의 과도한 규제 등을 극복할 수 있는 제도적 장치가 마련되어야 할 것이다. 그 밖의 공모전은 일반 광고의 한계를 보완하고 크리에이티브의 향상을 담보할 수 있는 현실적 수단이 될 수 있어야 하고, 각종 광고상이 내걸고 있는 수상 취지나 심사기준은 크리에이티브와 마케팅 효과를 적절히 반영하고 있는지의 여부도 주의 깊게 검토되어야 할 것이다.

:: 5. 우리나라 광고상 발전방안

지금까지의 논의결과를 토대로 우리나라 광고상의 발전방안을 몇 가지 관점에서 살펴보면 다음과 같다.

먼저 김일철, 이현우, 조경섭(2002)은 공모전 수상광고와 일반광고를 비교 연구하여 광고의 제작 및 집행과 관련하여 다음과 같은 몇 가지 시사점을 제시하였다. 첫째, 공모전 광고는 일반 광고가 내포한 광고효과의 제약요인을 극복할 수 있는 현실적 대안으로 조심스럽게 검토될 수 있다. 둘째, 광고 공모전은 시행기관에 의해 관행적으로 베풀어지는 '행사를 위한 행사'로 그치지 말고 창의성의 발현을 위한 수단으로 적극 활용되어야 할 것이다. 셋째, 광고 공모전에서 발휘된 크리에이티브는 실제 광고의 제작과 집행에 반영되도록 하는 실무적인 제도화의 노력이 필요하다.

신문사 광고상의 문제점에 대한 개선방안으로는 첫째, 많은 광고비 지출에 대한 보상책에 의한 수상을 배제하여야 한다. 즉 상업성을 수상작품의 일환이 아닌 권위 있는 광고대상으로 위치를 확고히 하기 위하여 꼭 필요한 것으로 자리잡게 해야 한다.

둘째, 심사기준의 공정성이다. 즉, 대상작품의 선정기준이 훌륭한 크리에이티브와 우수한 마케팅 전략으로 소비자 호응을 얻은 작품으로 해야 하며, 심사진 구성도 기존의 덕망 있는 분들에서 현업의 실무자, 관련 교수진 그리고 일반 소비자로 구성한 심사위원으로 공개된 심사기준과 방법에 의해 이루어져야 한다.

셋째, 순수 창작작품에 대한 기회의 확대이다. 즉 신인 대상에 대해 좀더 폭넓은 기회를 부여하자는 것이다.

넷째, 우리 문화에 적합한 광고문화를 주도하는 광고대상이 되어야 한다. 그리하여 광고문화가 정착되고 광고상 시상이 광고문화산업의 성장을 주도할 수 있어야 한다.

마지막으로 진정한 광고 크리에이티브의 축제를 위해 몇 가지의 대안을 제시하면 다음과 같다.

첫 번째 대안으로 범 광고인의 합의를 거쳐 광고상 제도를 설립하고 그 광고제가 명실상부한 대한민국 광고계를 대표하는 행사로 자리매김하도록 하는 것이

시급하다. 물론 그 광고제는 철저히 크리에이티브에 초점을 맞춘 행사이어야 한다.

두 번째 대안으로 현행 대한민국광고대상의 성격을 바꾸는 방법을 제안한다. 구체적으로는 행사의 성격 자체를 '관공서 주도의 관례적 행사'에서 '크리에이티브 페스티벌'로 수정해야 할 것이다. 정치적 안배를 고려한 나눠주기식 행사는 지양하고 철저히 '새로움을 추구한 광고'에 상을 줘야 한다. 심사위원도 크리에이티브 디렉터를 중심으로 감독, 포토그래퍼 등 실제 광고 창작 업무에 종사하는 광고 실무계 인사들과 크리에이티브 전공 교수 위주로 구성하는 것이 수상작의 패턴을 바꿀 수 있는 방법일 것이다. 칸 광고제의 경우 심사위원들은 모두 크리에이티브 디렉터들이다.

세 번째 대안은 기존의 한국광고인협회(AIA)의 힘을 키워나가는 것이다. 크리에이티브에 초점을 맞춘 행사를 통해 광고인, 광고주, 기타 광고산업 관계자들이 크리에이티브를 바라보는 안목을 넓히고 크리에이티브 중심 문화의 저변을 넓혀가는 것이 필요하다. 그리하여 누가 보더라도 그 상이 수상작의 값어치가 있다는 소리를 들어야 하고, 수상자에게는 그 수상 실석이 자신의 브랜드 가치를 평가할 수 있는 척도가 되어야 한다.

●○● 생각해볼 문제

1. 우리나라 광고상의 주요내용과 특징은 무엇인가?

2. 해외 주요광고상의 종류와 특징은 무엇인가?

3. 우리나라 광고상의 주요 문제점과 발전방안을 광고인의 관점에서 논의해 보자.

●○● 참고문헌

김용운(1995). "신문광고대상에 대한 연구: 과거 11년간(1984~1994) 조선, 중앙, 한국일보의 광고대상을 중심으로". 고려대학교 언론대학원 석사학위 논문.

김일철 · 이현우 · 조경섭(2002). "공모전 수상광고와 일반광고의 효과 비교연구: 인쇄광고를 중심으로". 《광고연구》 56: 7~28.

김홍탁(2006). "광고인의, 광고인에 의한, 광고인을 위한 광고상을". 《광고정보》 3월호. pp.58~63.

이유신(2006). "Cannes Lions 2006". 《광고정보》 8월호. pp.86~89.

이종운(1998). "방송광고대상에 대한 연구: 대한민국광고대상의 TV부문 수상작을 중심으로." 동국대학교 정보산업대학원 석사학위 논문.

이현우(1999). "광고표현의 차별화에 있어 자극적인 메시지의 유용성". 연세대학교 언론홍보대학원 석사논문.

제일기획(2005). 《광고연감》.

Jones, J. P.(1994), "Advertising's Crisis of Confidence". *Marketing Management* 2(1): 15~20.

http://cf.chosun.com/caa/index.htm

http://www.adic.co.kr/event/adawards/

http://www.hankooki.com/

http://ad.joins.com

http://www.khan.co.kr/

http://www.segye.com

http://www.clioawards.com

http://www.canneslions.com

제 8 장

방송광고 외주제작 시스템 비판

배 진 환

방송광고는 여러 분야의 전문인들이 하나의 표현 주제를 놓고 집단으로 참여하여 작품을 창작하고 완성하는 협력적인 창조 작업의 하나이다. 광고회사는 광고주로부터 위탁받은 광고 창작물의 상당 부분을 외주 제작 시스템을 통해 생산하고 있다. 이 장에서는 그동안 광고산업의 큰 몫을 담당하면서도 그 중요성에 비해 상대적으로 소외되었던 방송광고의 외주 제작 시스템에 대해 주목하고자 한다.

먼저 외주의 일반적인 의의와 업계의 외주 현황을 알아본다. 이를 통해 현행 외주 제작 시스템의 문제점을 짚어보고 바람직한 개선 방안에 대해 제안하면서 업계와 학계, 그리고 나아가 정부와 일반인의 관심을 촉구하고자 한다. 광고회사와 제작사의 관계가 단순하게 업무를 위탁하고 수급하는 차원을 넘어 전략적 파트너로서 서로가 승자가 되는(*win-win*) 관계를 포괄적으로 조명하고자 한다.

∷ 1. 외주 제작 시스템 논의의 필요성

"… 동포 여러분, 조국이 여러분을 위해 무엇을 해 줄 것인지를 묻지 말고, 여러분이 조국을 위해 무엇을 할 수 있는지를 생각해 보십시오." (*And so, my fellow Americans, ask not what your country can do for you ; ask what you can do for your country.*)

— J. F. 케네디 대통령 취임 연설에서, 1961.

광고회사를 견학차 방문하는 사람들의 첫 반응은 대부분 실망이다. 멋진 조명 아래에서 방송국처럼 카메라가 돌아가고 모델들이 복도를 누비고 하는 등의 모습만을 상상해 왔기 때문일 것이다. 광고회사는 물론 인테리어는 다소 세련되었다 하더라도 책상과 회의실 등 여러 여건들이 일반 회사의 모습과 크게 다르지 않기 때문이다.

필자가 광고회사에 갓 들어간 1980년대 말만 하더라도 광고회사는 자체 제작 기능을 갖추고 있었다. (물론 우리나라에서 가장 규모가 큰 광고회사의 예에 국한되지만) 자체 스튜디오를 갖추고 카메라는 물론 조명, 세트제작(대도구 · 소도구) 등 촬영 이후의 후반작업을 제외한 대부분의 제작 기능을 갖추고 있었다.

광고업의 경우 광고주로부터 광고물 제작을 의뢰받은 광고회사는 제작과정의 많은 부분을 외부에 위탁한다. 이 외주 의존 비중은 우리나라 다른 산업의 외주 의존도에 비해 매우 높은 수준이며 이는 점차 증가하는 추세에 있다. 광고회사는 보다 본원적인 기능에 역량을 집중하기 위해 실행적인 수준의 업무, 즉 방송광고의 실제 제작(*doing*)은 대부분 외주를 주고 있다.

외주(外注)에 해당하는 미국말은 아웃소싱(*outsourcing*)이다. 뉴 옥스퍼드 아메리칸(*New Oxford American*) 사전에서 아웃소스(*outsource*)의 개념을 찾아보면, "특별히 내부를 대신해 외부의 공급자로부터 (재화나 서비스를) 얻는 것. 계약에 의해 (일)을 주다" [*to obtain (goods or a service) from an outside supplier, esp. in place of internal source. contract (work) out.*]로 되어있다. 아메리칸 헤리티지(*American Heritage*) 사전에서는 "비용을 절감하기 위해 외부의 공급자나 제조업체에 (일 같은 것을) 내 보내다" [*to send out (work, for example) to an outside provider or manufacturer in order to cut costs*]로 되어있다. 이 설명에서 알 수 있는 것처럼 아웃소싱을 원래 스스로 수행하던 업무를 외부화한다는 의미로 한정해서 쓰는 경우도 있는 것 같다. 그러나 이 장에서는 본래 내부에서 하던 일이든, 처음부터 외부에 맡기던 일이든 가리지 않고 방송광고 제작 업무의 일부를 외부 기업(이하 '제작사'라 함)에 맡기는 것을 '아웃소싱'이라 부르기로 한다.

1) 아웃소싱의 개념

경쟁이 치열해지고 있는 현재의 경영 환경 속에서 기업은 자신의 핵심역량(*core competence*)만 담당하고 나머지 과정들은 아웃소싱을 통해 외부 전문 기업(*vendor*)과의 효과적이고 효율적인 협력 관계를 구축함으로 새로운 가치 개발과 보다 높은 경제적 혜택(*economic benefit*)을 올릴 수 있다(삼성경제연구소, 2004). 아

〈그림 8-1〉 광고 콘티의 예

웃소싱(*outsourcing*)이란 원래 생산부문에서 시작된 개념으로 특정 부품이나 제품을 기업이 직접 생산할 것인가, 아니면 외주할 것인가를 결정하는 생산관리의 전통적인 문제영역이었다. 하지만 1990년대 들어와서 전통적으로 기업 내부에서 수행하던 많은 일들을 아웃소싱하는 것이 전략적 수단이 되고 있다. 왜냐하면 이제 기업은 모든 면에서 경쟁할 수 없고 우위를 확보할 수 없기 때문이다.

광고회사도 예외가 아니다. 1990년대 중반 IMF라는 분수령을 넘으면서 광고회사 기능의 많은 부분들이 외부화되고 있다. 앞서 언급한 광고 제작의 실 제작 업무는 물론 핵심 기능이라 할 수 있는 광고안 기획(*planning*) 기능까지도 부분적으로 외부화가 이루어지고 있다. 이러한 경향은 광고회사의 직종에도 영향을 주어 제일기획의 경우, 오디오 프로듀서란 직종은 외부화된 지 오래고 지금은 프로듀서마저도 외부화 체제를 갖추고 있다.

2) 방송광고 아웃소싱의 범위

방송광고의 4대 요소는 영상, 카피, 음(音), 그리고 시간이다. 방송광고는 영화와 마찬가지로 여러 요소들이 모이고 짜여서 서로의 상승 효과를 기대하며 만들어지는 종합 예술작품이다. 하나의 방송광고를 기획하여 완성시키기까지는 광고주 담당자를 제외하고도 광고회사와 제작사 그리고 관련 산업의 스태프 등 최소 40여 명 이상의 인원이 동원된다. 광고회사측에서는 캠페인 디렉터(*Campaign Director*)를 중심으로 AE(*Account Executives*)와 CD(*Creative Director*), 카피라이터(*Copywriter*), 아티스트(*Artist*), CM 플래너 등의 광고 창작 그룹이 참여한다. 제작사의 스태프는 플래너와 프로듀서, 그리고 감독을 중심으로 하는 제작 현장 스태프(*Pre-Production Group*)와 완성 과정에 참여하는 포스트 프로덕션(*Post Production*)의 이펙트(*Effect*) 그룹 등이다(윤석태, 2005).

오늘날 영상 표현의 세계는 아날로그에서 디지털 시대로 진입하면서 그 변화의 속도를 더하고 있다. 사실 영상, 가상 영상, 애니메이션, 입체 애니메이션, CG(*Computer Graphics*) 등 여러 가지 표현 기법이 동원되면서 양질의 표현을 위한 제작사들의 역할과 업무 범위는 더욱 넓어지고 있다.

3) 방송광고 아웃소싱의 장점

일찍이 애덤 스미스는 분업에는 세 가지 장점이 있다고 지적했다. 첫째, 특정 작업이나 업무에 집중함으로써 경험효과를 얻을 수 있다. 둘째, 어떤 작업에서 다른 작업으로 옮기기 위한 낭비를 줄일 수 있다. 셋째, 특정 작업에 집중함으로써 새로운 개선을 발견하기 쉽다. 애덤 스미스의 이와 같은 고전적 정의를 되새기며 정리해 본 오늘날 광고회사 아웃소싱의 장점은 다음과 같다.

첫째, 광고회사는 핵심 영역에 초점을 맞출 수 있다. 광고회사의 본원적 기능은 파트너인 광고주 기업이 안고 있는 제반 문제점에 대해 분석, 솔루션이 될 수 있는 아이디어를 찾아내고 이를 다양한 고객 접점, 즉 미디어에 실어 소비자와의 커뮤니케이션을 통해 광고주의 문제를 해결하는 것이다. 아웃소싱은 비 본래적인 업무와 관리비용을 줄여 광고회사 본연의 역할에 충실하게 한다.

둘째, 전문화와 규모의 경제(*economies of scale*)를 통한 경제성을 확보할 수 있다. 흔히들 광고회사는 책상과 사람만 있으면 운영이 가능하다고 한다. 그만큼 장비나 시설에 대한 투자 부담은 크지 않다. 하지만 프로덕션(*Production*)과 포스트 프로덕션(*Post Production*)의 상황은 그렇지 않다. 한 대에 수억 원을 호가하는 장비가 대부분이며, 기술의 발달에 따라 장비의 수명 주기도 점점 짧아지고 있다. 끊임없이 재투자를 요하는 것이다. 이처럼 많은 투자비용이 소요되는 업의 특성상 제작사는 다수의 광고회사와 거래관계를 맺음으로 규모의 경제를 통한 효용 발생이 가능하다. 또한 많은 제작 건을 진행함으로 노하우(*know-how*)의 축적 및 수행 업종의 다양화를 통한 범위의 경제(*economy of scope*)를 이루어 제작물의 질적인 향상에 기여하는 장점도 있다.

셋째, 위험 분산(*risk reduction*)이 가능하다. 모델 에이전시의 예를 들어보자. 대부분의 광고회사는 모델 활용시 모델 에이전시를 통한 구매를 선호한다. 이는 전문성에 대한 고려도 있지만 향후 있을지 모르는 위협, 즉 모델의 계약 성실 이행 여부 등 광고주로부터 제기되는 법적·금전적 부담에 대한 위험 분산 기능에 대한 고려도 크게 작용하기 때문이다.

넷째, 시너지(*synergy*) 창출이 가능하다. 모든 프로세스를 수직 계열화하여 종축으로 진행하면 얼핏 일사불란하게 효율적으로 보일 것이다. 하지만 다른 의견들

간의 창조적 긴장을 중시하는 광고업의 성격에 비추어 볼 때 다양성이 크게 떨어진다. 외부 위탁 전문 업체와의 파트너십 구축은 비용적 측면뿐 아니라 시너지를 창출하는 데에도 효과적이다.

4) 기존의 논의들

방송광고의 외주 제작 시스템에 관한 논의는 많지 않다. 그나마 관련 업계에서 업계의 이익을 옹호하기 위한 용역 연구 수준의 논의가 대부분이다. 서범석(1998)은 광고회사와 광고제작사 구성원들을 대상으로 진행한 설문 연구에서 동일한 항목에 대해 양자가 어떻게 보고 있는가 하는 상호관계에 초점을 맞추었다. 이 연구에서 광고제작의 구조적인 문제점으로 제작계약서 사용문제, 짧은 제작 기간, 적은 제작비가 지적되었으며 이에 대한 해결 방안으로 광고전문 교육을 통한 크리에

〈그림 8-2〉 광고 촬영현장

이티브 능력 향상을 들었다. 그리고 광고 제작사의 문제는 자체의 노력보다 광고계가 함께 노력할 때 가능하다고 결론지었다.

김병희(2000)는 광고제도비평을 통해 여러 대안을 언급하면서 외주 시스템의 평가와 보상 측면에 관심을 가졌다. 광고산업의 속성을 무시한 전근대적인 보상 체계, 즉 사전 견적이 지켜지지 않는 일방적인 제작비 지급 방식, 플래닝 작업을 인정하지 않는 제작비 합의 방식, 감독 연출료의 경우 성과를 고려하지 않는 일괄 지급 방식 등에 문제를 제기했다.

이제까지 광고 분야에서 주로 연구된 회사간 관계(*firm-to-firm relationships*)는 광고주-광고회사 관계였던 데 비해, 홍석민 등(2005)은 기존 연구와 달리 광고회사를 중심으로 한 광고회사-제작사 거래 관계를 분석했다. 사회자본(*social capital*) 이론을 바탕으로 최근 주목받고 있는 연결망적 시각으로 분석한 이 논문은, 중앙성 지표가 높을수록 기업의 생존율 및 성과가 높다는 사회연결망 이론이 한국 광고 시장의 거래 연결망에서도 여전히 유효하다는 것을 입증했다. 즉 제작사와 다양하게 거래 연결망을 형성하고, 특히 연결망에서 중심적 제작사와 많은 거래 관계를 맺는 광고회사가 1인당 취급액이 높은 것으로 나타나 결국 광고회사-제작사 연결망에서 중심적인 위치를 점하는 광고회사일수록 기업의 실적이 좋음을 보여주고 있다. 특히 예상과 달리 다국적 광고회사가 연결망에서 중심적 위치를 차지했는데, 이는 다국적 광고회사의 '이익중심 경영방침'이 제작사의 선택이라는 일상적인 의사결정 영역에도 침투되었다고 보고 있다. 즉, 국내 광고회사처럼 단순히 기존의 거래 관행이나 인맥, 연줄 등에 의해 거래 연결망을 구축하는 것이 아니라 거래하는 제작사를 훨씬 다변화하고 실력 있는 제작사 위주로 거래 연결망을 구축한다고 추론하고 있는 것이다.

∷ 2. 아웃소싱의 딜레마

1) 아웃소싱의 단점

아웃소싱은 앞에서 기술한 바와 같은 장점을 갖고 있는 반면 일반적으로 아래와 같은 단점도 있다. 광고회사가 이러한 단점에 어떻게 대처하느냐에 따라 아웃소싱의 효과는 더욱 높아질 수 있을 것이다.

첫째, 통제와 유연성의 감소이다. 아웃소싱이 기업의 내부 위계(*hierarchy*)에 의한 수행이 아니므로 통제가 잘 안되고 커뮤니케이션의 혼선이 있을 수 있다. 요즘의 제작사는 그 기능이 점점 더 세분화되면서 전문화가 이루어지고 있다. 즉 하나의 작업을 수행하는 데 있어 참여 스태프의 수가 더 많아진 것이다. 이에 비해 일하는 방식은 예전 그대로이다. 즉, ① 구두에 의한 작업 지시 등 문서화가 부족하고, ② 광고회사 담당자가 개념을 명쾌하게 전달하지 못하는 경우가 있으며, ③ 업무 진행 중간 과정에서 재확인을 잘 하지 않는 등의 문제점이 그것이다. 따라서 광고회사와 제작사 간의 미스 커뮤니케이션이 발생하고 이는 질적인 저하를 가져오고 재작업과 이중 작업 등 비용 낭비의 원인이 된다.

둘째, 재무 구조가 취약하거나 낮은 품질의 서비스를 제공하는 업체는 프로젝트 도중 심각한 문제를 야기할 수 있다. 제작사의 전반적인 영세성으로 인해, 안정성이 떨어지는 업체가 수급 받은 업무를 제대로 수행하지 못할 경우 전체적인 프로젝트 진행을 어렵게 한다.

셋째, 상호간의 의사소통과 의견 조정을 위한 시간이 증가함에 따라 높은 거래비용이 발생한다. 앞서 언급한 바와 같이 제작사의 세분화로 참여 스태프가 많다 보니 다채널로 업무가 지시되기도 하고, 서로 해석이 다른 경우 등 커뮤니케이션의 혼선이 많아질 수 있다.

넷째, 광고회사와 이해 충돌의 문제가 우려된다. 제작사들이 그들의 이익을 극대화하고자 할 때 광고회사의 이해와 상충되기 때문이다. 즉 제작사의 자산 전속성(*asset specificity*)이 높아지면 제작사의 기회주의적 행위(*opportunism*)로 인한 별도의 거래 비용이 발생한다. 대개의 경우 광고회사와 제작사 간의 관계는 발주와 수주라는 관계의 특성상 광고회사가 우위에 서는 위계형 구조가 된다. 하지만 몇

몇 경쟁력 있는 제작사의 경우 아웃소싱을 원하는 광고회사가 넘치게 되어 기회주의적 행위를 하는 경우도 있다. 기회주의적 행위라 함은 올리버 E. 윌리엄슨(1985)이 정의한 바와 같이 경제주체가 전략적 행위를 통하여 자기 이익을 추구한다는 전통적 가정을 확대한 것으로 상대방을 기만해서라도 자기 이익을 추구하려는 인간 성향이다. 제작사가 위탁받은 제작 건을 재하청을 준다거나 가끔씩 제작사가 생존권 보장 등을 이유로 담합을 하여 업무 거부를 하는 경우가 있다.

2003년 공정거래위는 (사)한국광고영상제작사협회와 상위 6개 광고회사에 대해 담합 및 불공정행위로 적발, 과징금을 부과했다. 내용에 따르면 광고 영상을 만들어 광고회사에 납품하는 협회가 일방적으로 단가 인상안을 통보하고 응하지 않을 시에는 제작 중단을 선언한 것. 결국 제작물의 파행 진행을 우려한 6개 광고회사를 중심으로 협의 조정안을 만들어 합의한 것이 공정거래법에 위반된다고 과징금 처분을 내렸다. 이에 따라 2004년 6월, 제작사에서는 KCU 기준 단가가 없어졌고 개별적으로 경쟁하도록 했다. 이후 제작사의 모든 스텝 부문 실제 단가가 많이 인상되었다. 하지만 일부 광고회사에서는 아직까지 2002년 KCU 단가를 적용하는 경우가 많다(배석봉, 2006)고 한다.

이렇듯 아웃소싱에 빛이 있으면 낭연히 그림자도 존재한다. 아웃소싱에는 아웃소싱 나름의 어려움이 있는 것이다. 원가절감이나 리스크의 감소를 목적으로 한다면 별도의 문제다. 그러나 기업이 경쟁상대와의 시장 경쟁에서 살아남기 위한 것이라면 아웃소싱이 결과적으로 스스로의 경쟁력에 얼마나 기여하는가 하는 점을 따져 보아야 한다.

아무리 우수한 상대라도, 그리고 그 제공하는 업무와 성과가 아무리 뛰어나도, 아웃소싱 업체가 자사뿐 아니라 경쟁상대와도 협력한다면 어떻게 될 것인가. 경쟁상대도 같은 파트너를 데리고 같은 성과를 누릴 수 있다면 경쟁력을 높이는 데 어떠한 효과도 거둘 수 없는 것이다.

2) 제작사의 부익부 빈익빈

또 다른 문제점은 제작사의 부익부 빈익빈 현상이다. 몇몇 이름 있는 감독과 제작사에게만 일이 몰리는 것은 ① 광고회사의 촉박한 제작 일정, ② 리스크를 피하고(리스크에는 제작물의 기본적인 품질을 유지하기 위한 일차적인 것과, 만일 잘못되었을 경우 면책하기 위한 이차적 경우가 있다), ③ 광고주가 검증된 제작사를 요구하기 때문이다(광고주 사내 결재 단계에서 복수의 제작사일 경우 제작사의 맨 파워와 기존 실적이 담긴 크리덴셜을 주로 참고한다). 이와 같은 집중 현상은 능력 있는 신규 제작사들에게는 커다란 진입 장벽이 되며, 크리에이티브의 수준 향상을 위해서도 바람직하지 않다. 가와토 카즈히데(2004)는 일본의 크리에이티브에 위기가 온 것은 광고산업의 두 가지 집중 현상, 즉 도쿄[東京] 집중과 덴츠[電通] 집중에 원인이 있다고 진단했다. 크리에이티브의 질을 결정하는 것은 다양성이다. 거대 도시 도쿄는 모든 문화와 트렌드의 발신지로서 그 주류에 편입되지 못하면 인정받지 못한다. 거대 자본 덴츠는 막강한 미디어 구매력으로 모든 크리에이티브의 논의를 잠재우고 힘의 논리로 광고 시장을 좌우하고 있다는 것이다. 도쿄와 덴츠라는 두 마리 공룡에 의해 그 다양성이 포식되고 있는 일본의 크리에이티브는 우리에게도 시사점을 준다. 상위 10개 광고주와 광고회사가 전체 물량의 과반수를 점유하는 지금의 상황은 분명 우리 크리에이티브의 기회이자 위기이다. 기회인 측면은 대규모 그룹화하는 세계 광고업계의 사정에 비추어 볼 때, 어느 정도 양을 동반한 질적 성장을 기할 수 있다는 점이다. 하지만 압도적 물량을 바탕으로 변변찮은 크리에이티브를 성공 캠페인으로 포장하고, 어마어마한 돈을 들여 업종 불문하고 아이디어 불문하고 재미를 보고 있는, 빅 모델을 독점하고 의존하는 현상은 분명 짚고 넘어가야 할 문제다.

유난히 빅 모델을 선호하는 국민성에 편승하여 모델의 개인적인 매력에만 좌우되는, 메시지 없는 광고는 매스 미디어의 특징인 '일방 통행'으로 점점 소비자 부재의 콘텐츠를 쏟아 내기 마련이다.

일이 이렇다 보니 주류에 들지 못한 제작사들은 99%가 50인 이하 종사자인, 가내수공업 수준의 영세성을 면치 못하고 있다. 본래 전문성을 담보로 출발한 것이 제작사이다. 광고회사 등에서 십여 년 갈고 닦은 전문성을 제공하기 위한 것이

〈그림 8-3〉 광고모델 근접촬영

다. 하지만 광고회사로부터 일을 얻기 위해, 전문성은 뒤로 한 채 인맥과 친분을 다지기 위한 영업 사원으로 전락하기 일쑤이다. 수주를 기다리는 제작사가 줄을 서 있기 때문이다. 더더욱 심각한 문제는 본인의 크리에이티브에 관한 전문적인 의견마저도 접고 광고회사의 요구에, 광고주의 입맛에 맞춰주는 업무 수행에 있다. 입사 3년도 안 된 광고회사의 신참사원이 20년 된 제작사 선배의 크리에이티브를 통제하는 모습을 심심찮게 보게 된다. 제작사의 양적 팽창과 함께 영세성, 그리고 이에 따른 전문성 결여는 곧 제작사의 광고회사 종속성 증대라는 바람직하지 않은 결과를 낳고 있다. 이것은 양자를 위해 결코 좋지 않은 악순환의 고리이다.

특히 요즘 성행하고 있는 제작 전문 회사(부티크)에 광고회사 본연의 업무인 크리에이티브를 의존하는 광고회사의 경우도 그렇다. 자사의 핵심 역량을 배양하는 노력을 소홀히 한 채 외부에만 의존해서는 곤란하다. 특정 업체와의 장기 거래에 의존할 경우 회사 운명을 다른 업체에게 내 맡기는 위험성이 있는 것이다.

3) 아웃소싱 운영상의 문제들

보다 구체적으로 아웃소싱 단계에서의 문제점들을 살펴보자. 대표적인 것은 제작사 선정 문제와 협력업체 등록 여부, 그리고 보상 시스템이다.

(1) 제작사 선정 문제

아웃소싱시 협력업체와는 계약관계를 통해 제작이 진행된다. 제작사의 선택은 경영자가 실행적인 수준에서 최소한의 통제만이 가해질 수 있는 영역이다(홍석민, 2005). 왜냐하면 광고회사가 방송광고를 제작할 때 어떤 제작사에 외주를 줄 것인가 하는 문제는 대단히 기술적인 차원의 의사결정이기 때문이다. 대상 업체를 선정하는 방식에는 크게 경쟁방식과 수의계약 방식이 있다. 두 제도의 장단점은 〈표 8-1〉과 같다.

몇몇 베테랑 감독의 경우 경쟁방식을 배제한다. 나름대로 이유가 있겠지만 제작사의 활성화와 투명한 거래 관행을 위해선 경쟁방식의 정착이 필요하다. 이를 위해 관련 업체에 대한 폭넓은 정보의 체계화가 절실하다. 프로젝트 성격에 맞는 제작사에 대한 객관적이고 정확한 정보는 결국 제작물의 품질로 이어지기 때문이다.

(2) 협력업체 등록

광고업계 외주관리의 기본 유형에는 크게 시장개방형과 등록 전속형이 있다.

시장개방형은 별도의 등록 없이 제작 건이 발생할 때마다 담당 크리에이티브 디렉터가 업계 모든 제작사를 대상으로 업체를 찾는 것이다. 등록 전속형은 각 업체의 사전 자격심사(*Pre Qualification*)를 실시하여 자사의 협력업체로 등록시켜 각종 제작 건에 수행업체로 활용하는 유형이다. 이러한 두 가지 유형에 대한 장단점은 〈표 8-2〉와 같다.

어느 정도 규모를 갖춘 광고회사는 대부분 등록제를 시행하고 있다. 그러나 이 역시 광고회사의 관리상 편의를 위한 운영일 뿐 원래 취지와는 거리가 있는 경우가 많다. 협력업체를 외부 스태프로 인식, 지원 육성에 투자하는 광고회사는 드물다. 제작사 역시 등록을 일하기 위한 서류상의 형식으로 간주할 뿐 특별한 소속감을 갖고 있지 않는 것이다.

〈표 8-1〉 경쟁방식과 수의계약 방식의 비교

구 분	제도의 성격	장 점	단 점
경쟁방식	- 사전에 2, 3배수의 업체를 선정, 촬영 콘티와 견적표를 비교 검토한 후 업체를 선정하는 방식	- 공정성 확보 - 제작비 절감	- 과다경쟁시 품질 저하/이행 부족
수의계약	- 기존의 업무 수행 실적 등을 감안하여 프로젝트에 가장 잘 어울린다고 판단되는 업체를 임의로 선정하는 방식 (통상 광고회사의 CD가 결정한다)	- 상호 신뢰와 이해로 원만한 진행 기대 - 품질 및 이행 수준 상승	- 다소의 제작비 상승 예상 - 업체 선정의 공정성 문제 - 폭넓은 선택기회의 차단

〈표 8-2〉 시장개방형과 등록 전속형의 비교

구 분	장 점	단 점
시장개방형	- 상황 변화에 대한 대응의 민첩성 - 보다 폭 넓은 선택의 기회	- 관리의 문제점 - 업체의 기회주의 행동
등록전속형	- 업체에 대한 신뢰성 확립 - 외주 비용의 절감	- 지원 육성 등의 관계비용 부담

(3) 보수 시스템

현재 우리나라 제작사에 대한 광고회사의 보수 시스템은 원가 연동(*cost-based*) 보수 시스템이다. 즉 투여된 노동력과 시간을 기준으로 책정된 단가만큼 보수가 지급된다. 감독과 성우 등은 선언가로, 나머지 스태프들은 시간 기준이다.

광고업은 참여 스태프의 창의성을 바탕으로 다양한 부가가치를 생산하는 문화 산업이기도 하다. 다른 문화산업의 참여자들이 창구 효과(*window effect*)로 거둔 이익의 일정 부분을 나누는 경우와 비교할 때, 이와 같은 원가 연동 지급 방식은 개선될 여지가 있다. 방송광고 외주 시스템의 핵심인 감독의 경우, 선언가(500만 원~2000만 원)만 받고 결과물의 성과에 연동되는 아무런 보상이 없다는 것은 재고해 볼 필요가 있다. 이런 상황이니 광고회사 측면에서 보면 우리나라 감독들은 색깔이 없다는 푸념이 나온다.

구미나 일본의 경우 감독별로 품목이나 표현 양식이 세분화, 전문화되어 있어 '자동차하면 누구'라는 식의 인식이 가능하다. 하지만 우리나라의 경우 감독이, 들어오는 일을 자기의 전문성을 이유로 거절하는 경우는 거의 없다. 작품성보다 생활이 더 중요하며 아티스트의 면모보다는 사업가로서의 기반 확보가 더 중요할 지도 모르기 때문이다(김병희, 2000). 이러한 일괄 지급방식에 대한 대안이 성과 보수(*incentive-based*) 시스템이다. 그 장점과 단점은 〈표 8-4〉와 같다.

이 시스템은 분명 향후의 추세임은 분명하다. 하지만 광고주-광고회사의 보수제도가 커미션 제도인 현 상황에서 광고회사가 제작사에만 성과 보수 시스템을 적용하기는 현실적으로 어렵다. 결국 재원이 광고주에게서 비롯되는 만큼 광고주의 이해가 선행되어야 하기 때문이다. 그러나 일본을 제외한 세계 광고 선진국에서는 커미션에 의한 광고회사 보수 제도가 사라지고 있고(미국의 경우 21%만이 커미션 제도), 수수료(*fee*)에 의한 보수제도가 대세로 바뀌었다. 이는 외국계 광고주, 광고회사가 많아지고, 인터넷 광고 등 새로운 광고매체가 출현함으로써 기존 보수 제도로는 대응이 힘들기 때문이다(일본광고주협회, 2003). 이러한 상황에 비추어 볼 때, 보다 합리적인 보수 시스템에 대한 업계의 논의가 마련되어야 할 것이다.

〈그림 8-4〉 광고 편집현장

〈표 8-3〉 원가연동 보수 시스템의 장단점

구 분	장 점	단 점
광고회사	- 보수와 서비스의 공평성이 높다 - 매체 이외 업무에도 일관된 방식을 적용할 수 있다 - 효율적 지시를 행한다고 하는 동기 부여가 생긴다	- 내용의 결정과 관리가 어렵다 - 제작사의 작업내용, 견적이 적정한지를 판단하기 위한 추가 작업이 발생 - 이익을 높이기 위해 불필요한 인원이나 시간 투자에 대한 우려가 있다
제작사	- 보수와 서비스의 공평성이 높다 - 사전에 비용이 결정되므로 간접비를 줄이려는 동기부여가 된다 - 불필요한 스태프를 삭감할 필요가 없다	- 내용의 결정이 어렵고 작업내용을 명확히 하는 서류 등 부가작업이 발생한다

〈표 8-4〉 성과보수 시스템의 장단점

구 분	장 점	단 점
광고회사	- 보수와 서비스의 관계가 확실히 반영된다	- 척도를 정하는 것이 어렵다 - 제작사에 대한 이익을 보장할 수 없으므로 관계를 악화시킬 우려가 있다
제작사	- 좋은 제작물을 만들게 하는 동기부여가 증가한다 - 경우에 따라 종전의 보수보다 증가할 수가 있다	- 척도가 광고회사의 편의에 의할 경우 제작사가 통제할 수 없는 경우가 있다 - 이익의 보장이 없고, 리스크가 크다

∷ 3. 맺는 말 : 갈등을 넘어 전략적 파트너로

"오늘날의 기술은 모든 것이 가능하다. 한계가 있다면 그것은 크리에이터의 상상력이다."

데이비드 오길비(David Ogilvy)가 그의 저서 《광고 불변의 법칙》에서 갈파한 내용이다. 요즘 국내외에 쏟아져 나오는 하이테크의 대작들을 보노라면 새삼 실감이 나는 이야기다. 오길비의 시대에 벌써 그랬으니 요즘은 오죽하겠는가? 그리고 이것을 가능케 하기 위해선 역시 광고회사보다 제작사의 역할에 기대는 바가 더 크다.

방송영상물은 공공재(*public goods*)적 성격을 갖는다(박소라, 2001). 마찬가지로 방송광고물도 공공재로서 단순히 소비되는 것이 아니라 그 콘텐츠를 소비하는 사회 구성원의 문화적 정체성과 사회적 가치 창출에 커다란 영향을 미친다. 방송광고물의 생산에는 앞서 언급한 바와 같이, 많은 전문 인력들의 숙련된 지식과 노동이 필요하다. 일반 상품처럼 표준화된 제품이 아니라 보다 품질 높은 광고물의 생산을 위해선 전문화된 교육과 장기간의 투자가 절실한 것이다. 이를 위해 당사자인 광고회사와 제작사의 노력이 우선임은 물론이다.

광고회사는 제작사와의 거래 관행을 개선해야 한다. 크리에이티브는 감성적일 수 있으나 이를 관리하는 프로세스는 철저하게 이성적이어야 한다(박성혁, 2006). 요즘 부각되고 있는 사회연결망의 시각에서 본다면 제작사와의 거래 연결망도 일종의 사회자본이 될 수 있음을 깨닫고(홍석민 외, 2005), 연결망에서 더 높은 중심성을 확보할 수 있도록 의식적인 노력을 기울여야 할 것이다. 합리성과 신뢰를 바탕으로 전략적 파트너십을 구축할 때 방송광고의 크리에이티브 수준을 향상시킬 수 있고, 더 나아가서 축적된 사회 자본을 바탕으로 기업의 경쟁력을 높일 수 있을 것이다.

외주의 문제점 하면 본능적으로 시선을 외부로 돌리는데, 시선을 자기 자신에게로 돌린 내부 매니지먼트의 중요성을 함께 언급하고 싶다.

광고주가 내부에서 광고 전문가를 육성할 여건은 마련하지 않은 채 결정권만을 갖고 있는 것이 우리나라 광고 발전의 위협적인 상황이다. 광고회사-제작사의 관계에서도 마찬가지다. 제작사의 전문 노하우를 정확하게 평가할 수 있는 능력을 광고회사측에서도 갖추어야 한다. 단순히 업무상의 지위로 얻게 된 영향력을 본인의 광고 전문 노하우로 착각해서는 안 된다. 광고 제작 프로세스 전반을 통제할 수 있는 리더십을 갖춘 크리에이티브 디렉터의 육성, 그리고 제작사와의 업무 교류를 통해 얻게 된 지식과 경험을 형식화, 체계화해서 문서나 데이터베이스, 사내 연수를 통해 축적해 나가는 노력을 기울여야 한다.

제작사는 본연의 역할에 맞게 전문성을 갖추는 것만이 최선의 방편임을 인식하고 이에 대한 노력을 아끼지 말아야 할 것이다. 흔히들 전문성의 순서는 제작사-광고회사-광고주인데, 의사결정권은 그 반대라는 식의 푸념만으로는 해결에 도움이 되지 않는다. 제작비의 문제로 귀결되는 거래 관행의 개선이나 최선의 크리에이티브를 선정하도록 유도하는 것은 영업력이 아니라 전문가다운 설득의 능력이 되어야 한다.

정부는 광고회사와 제작사 간 수평적 거래관계가 가능하도록 제도를 정비하고 감시자 역할에 충실해야 한다. 이미 하도급 관련법이 시행되고 있지만 보다 현실에 맞도록 관련법과 제도를 정비해야 한다. 지적 재산권 보호, 아웃소싱 DB 구축, 선진 계약 관행 정착, 전문 인력 양성, 세제 · 금융 지원 등 선의의 경쟁이 촉진되고 신뢰가 정착될 수 있도록 불공정 거래를 차단하고 아낌없는 지원을 약속해야 한다.

끝으로 언급되어야 할 것은 관점의 문제이다. 같은 사물을 보더라도 관점에 따라 그 보이는 양상은 다를 수밖에 없다. 절대적 진리란 없으며 진리라 믿는 것도 결국 어느 누군가의 입장에서의 진리일 수밖에 없는 것이다. 오스카 와일드의 말처럼 진실은 단순하지 않으며, 알기 어려운 것이기 때문이다. 방송광고 생산을 담당하는 세 가지 주체는 광고주, 광고회사, 제작사이다. 방송광고 외주라 할 때 그 주체는 광고회사, 대상은 제작사가 된다. 따라서 광고회사가 보는 관점과 제작사가 보는 관점은 다를 수밖에 없다. 이 장에서는 광고회사의 역할에 입각해서 논의를 전개했다. 필자가 광고회사에만 몸담아 온 제약이 크다. 그러나 광고를 산업으로서 기능하게 하는 것은 여러 조성 기관들의 몫이지만, 그 중에서도 광고회사는 모든 조성 기관들이 제구실을 하도록 이끌 책임이 있기 때문이다(김민기, 2001).

재미와 유익함을 갖춘 방송광고물은 국민 모두가 누려야 할 권리이다. 이 권리를 충족시키기 위해서는, 남을 탓하기에 앞서 당사자 모두가 각자의 역할을 다 할 필요가 있다. 모두에 소개한 케네디 대통령의 연설문을 빌어 다시 말한다면, "파트너가 무엇을 해 줄 것인지를 묻기 전에, 파트너와의 협력을 위해 자신이 뭔가 할 수 있는 일이 없는지를 물어라" (*Ask not what your suppliers can do for you; ask what you can do for your suppliers*) 정도가 될 것이다.

●○● 생각해 볼 문제

1. 우리 광고산업에서 외주 제작사들의 역할과 비중이 매우 막중한데도 불구하고 제대로 조망되지 못하는 이유는 무엇인가?

2. 제조업이나 정보기술(IT) 산업, 그리고 기타 서비스업 등 타 산업 부문에서의 아웃소싱과 광고산업 내에서의 아웃소싱의 차이점은 무엇인가?

3. 성과 보수 시스템, 원가 연동 보수 시스템 등 광고회사가 제작사에 지급하는 보수 시스템에는 다양한 방식이 있다. 이 중 전략적 파트너십 구축을 위해서는 어떤 방식이 가장 유용하다고 생각하는가?

●○● 참고문헌

권태호(1999). "공정 경쟁 통한 상호 신뢰, 파트너십 확립으로 이어져". 《광고정보》 11월호, pp.18~23.

김민기(2001). 《광고산업의 이해》. 서울: 나남출판.

김병희(2000). "제도적 비평: '더 나은 광고'를 향한 대안적 비판 정신". 《광고정보》 7월호, pp.77~85.

김재영 · 이재호(2003). "외주정책과 방송산업 육성. 외주 정책 10년의 평가와 선진 외국의 외주실태 연구 보고서". 서울: 문화방송.

김충기 외(1995). "광고 제작시장 개방에 따른 광고 프로덕션의 과제". 서울: 한국광고영상제작사협회.

박성혁(2006). "글로벌 대행사의 제작 시스템". 《사보 제일기획》 5월호, pp.56~59.

배석봉(2005). "더욱 투명하고 공정한 거래질서가 정착될 수 있기를". 〈2005 광고산업발전대책보고서〉 서울: 한국광고단체연합회. pp.49~53.

______(2006). "CF 제작업계 현황 및 과제". 《광고계동향》 5월호, pp.14~20.

삼성경제연구소(2004). "아웃소싱 확산과 전략적 대응: 국내 기업 사례를 중심으로". 《CEO Information》. p.448.

서범석(1998). "광고제작사의 현황: 문제 및 과제". 《광고학연구》 9(1): 209~226.

윤석태(2005). 《영상 커머셜 제작》. 한국방송광고공사 출판부.

홍석민 외(2005), "광고 대행사와 제작자의 사회연결망 분석". 《광고연구》 66: 187~211.

Click, Rick L., & Thomas N. Duening(2004). Business Process Outsourcing. John Wiley & Sons, Inc.

川戸和英(2004). 廣告クリエイティブ-マネジメント論の展望. 東京: 現代圖書.

武石 彰(2003). 分業と競爭 競爭優位のアウトソーシング マネジメント. 東京: 有斐閣.

日本廣告主協會(2003). 廣告會社への報酬制度. 東京: 日經廣告硏究所.

제 3 부

[방송광고와 텍스트비평]

제 9 장

방송광고 영상의 사회적 의미 분석

이수범

광고는 우리의 일상생활에 지대한 영향을 미치는 사회제도이자 문화로 자리매김하였다. 우리는 하루에도 수없이 많은 각종 매체를 통해 광고에 노출되고 있으며 직·간접적으로 영향을 받고 있다. 광고를 통해 우리는 급변하는 문화코드와 유행을 파악하고, 광고에서 묘사되는 이상적인 라이프스타일과 삶의 가치를 추구한다. 현대의 광고는 상품에 대한 정보를 제공한다는 측면보다는 상품의 이미지를 강조함으로써 상징화된 상품을 통한 삶의 방식을 제공하고 있다.

특정 상품의 소비행위는 특정 라이프스타일을 의미하게 되고, 이는 다시 소비자들이 특정 계층에 소속되어 있음을 의미하게 되었다. 즉, 광고는 문화적 의미를 생산하고 있는 것이다. 그러나 문제는 우리가 이 과정에서 광고가 내포하고 있는 의미를 제대로 파악하지 못하고 있다는 점이다. 광고가 우리 생활 속에 지나치게 일상화되어 우리는 의식적·무의식적으로 상품이 내포하고 있는 상품담론에 동화되어 버린 것이다(이수범·신성혜·최원석, 2004).

광고의 문화적 측면을 해독하기 위한 분석 틀로 유용한 방법론이 바로 기호학이다. 기호학은 기호를 구성하는 표현 층위와 내용 층위의 상호작용인 의미작용(*signification*), 기호들이 소통되는 총체적 과정인 커뮤니케이션 작용 일반에 관한 학문으로 정의될 수 있다(Eco, 1976). 소쉬르(Saussure)와 퍼스(Peirce)에 의해 시작된 현대 기호학은 의미작용과 커뮤니케이션 이론에 대한 과학적인 설명 모델을 정교화하면서 동시에 기호현상(*semiosis*)의 연구대상을 언어, 시각이미지, 음악, 문학, 의복, 음식, 컴퓨터 데이터베이스 등에 이르기까지 인간의 의미와 가치가 반영되고 소통되는 모든 영역으로 확장시켜 왔다. 이 장에서는 기호학의 커뮤니케이션 가능성에 주목하여 기호학적 방법론이 광고영상 분석에 구체적으로 어떻게 적용될 수 있는지를 살펴 볼 것이다. 이를 위한 분석 대상으로는 현대카드M의 텔레비전 광고를 선택하였다.

:: 1. 기호학을 적용한 광고연구

기호학은 브랜드와 상품의 이분법적 관계를 기호의 의미작용 차원으로 상정하고 생산자와 소비자 사이의 기호 소통과정을 커뮤니케이션 차원으로 상정한다. 의미작용의 기호학은 상품과 브랜드의 관계, 브랜드의 감각적 차원과 의미적 차원의 관계를 기호 구조로 설명한다. 의미작용의 기호학이 브랜드 기호의 의미 및 가치발생 메커니즘을 설명한다면, 커뮤니케이션의 기호학은 문화분석을 통해 소비자의 기호 세계를 재구성하여 해당 브랜드 기호가 특정 소비자 유형에게 실질적으로 어떤 의미를 전달하는가에 대한 해답을 찾는다.

기호학은 모든 의미 및 가치는 차이를 통해 발생한다는 인식론에서 출발함으로써 차별적 가치를 강조하는 광고 패러다임과 쉽게 접점을 찾을 수 있다. 기호학은 소쉬르에서 출발하여 옐름슬레브(Hjelmslev)에 의해 과학적 엄밀성을 마련한 후 바르트(Barthe)와 그레마스(Greimas)를 통해 기호학적 연구대상의 범위를 문화 내 다양한 기호현상으로 확장시킨다. 특히, 그레마스의 기호학적 사각형 모델은 플로슈(Floch)의 조형 기호학을 통해 광고분석을 위한 기호학의 방법론으로 구체화된다. 기호학적 방법론은 과학적 엄밀성을 담지한 채 1980년대 이후 광고분야에 다양하게 적용되면서 경험적 타당성까지 확보하기에 이른다.

광고 텍스트를 기호학적 방법으로 최초로 분석한 사람은 바르트(Barthes)이다. 그는 《신화론》(*Mythologies*)에서 레슬링 경기, 영화, 소설, 장난감과 같은 문화적 생산물을 연구영역에 포함시킴으로써 텍스트의 전통적 범주를 넓혔으며, 대중문화 텍스트가 사회 내에서 어떻게 작용하는가를 설명함으로써 자본주의의 신화(*myth*)를 밝히고자 했다. 다시 말해 바르트는 소쉬르(Saussure)의 개념을 확대하여 한 문화 속에서 기호들의 의미를 창출하는 방법에 적용함으로써, 소쉬르의 의미작용(*signification*)이라는 용어에 문화적 가치를 추가했다. 첫 번째 의미작용의 단계는 외연적 의미(*denotation*) 단계로서, 기호의 상식적이고 명백한 의미가 창조되어 그 의미가 객관적으로 표현되고 쉽게 인식되어 진다. 의미작용의 두 번째는 내포적 의미(*connotation*) 단계로서 기호가 사용자의 정서나 감정과 문화의 가치와 만났을 때 일어나는 의미작용 과정이다. 이 단계에서 기호가 작용하는 또 다른 방법으로 바르트는 신화의 개념을 도입해서 두 번째 단계의 기표는 내연적 의미로, 기의는 신화로 규정했다. 여기서 신화는 문화적으로 어떤 것을 생각하고 이해하는 방법이나 개념 즉, 문화적 의미를 말한다.

윌리엄슨(Williamson)의 《광고의 해독》(*Decoding Advertisements*, 1978)은 광고 텍스트를 기호학적 방법으로 분석한 대표적 저서이다. 이것은 소쉬르와 바르트의 분석에 맑스주의와 알튀세르(Althusser)의 구조주의나 정신분석학의 개념들을 첨가하여 기호학적 분석을 세련화하였다. 이 책의 핵심은 광고는 해석되어야 할 세계라는 데 있다. 즉 의미의 세계로 우리를 몰아넣고 광고를 통해서 새로운 상징적인 의미를 획득한다. 따라서 광고에서 나타나는 상상적 세계는 바로 이데올로기 차원에서 의미 작용하는 것이라고 볼 수 있다. 예를 들어, 광고가 표상하는 살아가는 방식의 차이는 사회계층 사이의 차이로서 특정집단의 정체성이 소비행위로 강화된다는 것이다.

윌리엄슨에 따르면, 특정 상품은 사회계층을 의미하고, 이것은 소비자가 광고로부터 의미를 포착해 낼 수 있는 근거를 제공해 준다고 주장하였다. 결국 광고에 의해 제공된 세계는 소비자들에게는 문화적인 틀로서 작용할 뿐만 아니라 상상적 기능(*imaginary function*)도 부여한다. 소비재의 구매로 인해 가치 있고 생산적인 개인적, 사회적 생활이 제공되리라는 논리는 윌리엄슨에 의해 언급되었으며 우리는 이와 같은 가정으로 인해 광고가 어떻게 현실에 대한 우리의 진정한 관계를 은폐시키고 왜곡시키는가를 알 수 있다. 광고에 사용되는 자연이나 과학과 같은 준거체계(*referent system*)가 광고에 의해 텅 빈 기호표현으로 도용됨으로써 현실에 대한 우리의 진정한 관계는 은폐되거나 왜곡된다.

특히, 그녀가 주목한 것은 준거체계로서 광고의 의미는 바로 이데올로기적 세계인 준거체계에 의해 창출된다는 것이다. 광고가 기반하고 있는 준거체계로부터 도출된 이데올로기적 성격을 윌리엄슨은 과학의 신비화, 자연의 물신화, 역사 및 시간성의 제거 등으로 설명하고 있다. 기호간의 의미의 전이는 광고에서 완성되어 존재하는 것이 아니라 텍스트에 의해 독자가 이러한 연관을 만들도록 요구되고 있다. 그러므로 광고 텍스트는 독자를 끌어들이기 위해, 즉 독자를 주체화시키기 위해 여러 가지 기제들을 사용한다. 예로서 사람 또는 단어의 부재(*absence*), 동음이의어(*puns*), 수수께끼(*puzzles*), 문자를 늘어놓는 것(*calligraphy*)을 들고 있다. 텍스트의 의미는 이러한 기제들에 의해 독자가 개입하여 전이(*transference*)되었을 때 존재하는 것이다.

광고의 이론적 기능은 개별 광고의 구조에서 분명하게 드러난다. 현대의 광고는 토테미즘(*totemism*)의 형태로 나타난다. 다시 말해, 현대에는 특정 제품을 중심으로 한 토템집단이 형성되며 이 집단은 다른 집단과 구분되는 집단 내의 정체성을 갖게 된다는 것이다. 예를 들어, 사람들이 구매하는 것에 의해서 다른 사람들과 그 자신을 구분 짓는 것으로서 가령 011 SK텔레콤 가입자와 016 KTF 가입자는 서로 다르다는 것이다. 광고에서 인간의 정체성은 자신의 라이프스타일과 상응하는 브랜드의 형태로 나타나서 물질 대상과 직접적으로 관련되어 있다. 따라서 인간관계의 사회적 구조로 적용되는 상징을 광고주가 조작함으로써 광고의 내부구조는 단순한 사업활동이 아니라 독특한 문화적 활동이 된다. 광고는 우리 자신과 타인을 알게 되는 전략이며 인간집단에 차별화를 가져오는 자연과 대상 간의 차이를 이용하고 그 차이를 활성화하는 전략이다. 모든 문화가 허구인 이유는 그 문화가 물질적인 관계의 새로운 자료를 요리하여 이론을 현실화하고, 사람들이 더 이상 자연스러움과 비자연스러움, 물질과 이상을 구분할 수 없게 만드는 데 그 원인이 있다는 것이다.

레이모어(Leymore)의 광고에 대한 기호학적 접근은 변형의 과정(*process of transformation*)[1]이라는 개념으로 대변할 수 있다. 그녀는 《숨겨진 신화》(*Hidden*

1. 기호 → 심층구조=변형규칙=정신내부의 프로그램 → 구조.

Myth, 1975)에서 이 변형은 기호 또는 상징이 현실 생활행동으로 해석되는 방법이라고 언급하였다. 즉 광고(상징의 사용)는 커뮤니케이션 과정을 통하여 교환가치(화폐, 상품, 서비스)에 영향을 준다. 광고가 한편으로는 추상적인 영향을 주고, 다른 한편으로는 그 자체 속에 행동을 유발하는 원인이 내포되어 있는 변형과정이라는 사실은, 광고가 소비자에게 전하는 메시지의 의미구성방식을 밝히는 것과 관련되어 있다. 레이모어는 레비스트로스(Levi-Strauss)를 빌어서, 현대사회에서 광고는 원시사회에서 신화가 했던 것과 똑같은 역할을 하고 있다고 결론짓는다. 레비스트로스의 신화는 사회적 모순을 해소하고 용인된 행위를 강화하여 전통을 보존하기 위해 존재한다. 모든 신화의 논리로서 나타난 이항대립(*binary opposition*)이 현대의 신화인 광고에도 똑같이 숨어 있다는 것이다. 또한 레이모어는 광고가 영구적인 인간의 딜레마들에 대해 불안을 감소시키고 단순한 해결책을 제시함으로써 필연적으로 사회질서를 지지한다는 것이다. 광고는 인생의 네 가지 커다란 문제를 해결한다. 즉, "누구든 배제되기보다는 소속될 것이고, 불행보다는 행복, 악보다는 선, 죽음보다는 삶을 갖게 될 것이다."(Leymore, 1975: 156). 그녀는 광고가 세속적인 것을 팔지만 실제로는 신화적 요소를 환기한다고 결론짓는다.[2]

고프만(Goffman, 1979)은 상품에 상징적 가치를 부여하기 위해 광고 속에 성(*gender*)이라는 준거체계를 개입시키는 데 주목하면서, 광고에 나타나는 성 표상방식을 분석한다. 이 연구에서는 여성의 자세가 무엇인가에 의지하려 한다든지 항상 아기 같은 표정을 짓는 등 광고 텍스트 속에 나타난 남녀의 불평등 구조에 주목하고 있다. 다시 말해, 여성들은 수동적이고 남자에 의해서 보호받기를 원하

---

2. 이에 기초한 구체적인 광고의 분석은 다음의 네 단계로 이루어진다.
첫째, 구성단위를 정의하고 중복되는 구성요소는 제거한다.
둘째, 서로 비슷하거나 가까운 두 성분이 있으면 묶어준다.
셋째, 모든 쌍 가운데 예증이 될 만한 관계를 확립해야 한다.
넷째, 예증이 되는 모든 관계에서 공통분모(ECD)를 찾아내기 위한 분류작업을 한다.
아기용 음식에 관해 예를 들면서 다음과 같은 관계로 설명을 하고 있다.
아기용 음식 : 아기용 음식이 아닌 것 ≃ 행복 : 불행 ≃
≃ 성장 : 쇠퇴 ≃
≃ 균형 : 비균형 ≃
공통분모란 불필요한 요소들을 제거한 후에 필수적인 요소들만 남겨두었을 때 그것들이 하나의 기본적인 주제의 변형이나 그것들의 공통적인 요소를 가리키는 것이다.
아기용 음식 : 아기용 음식이 아닌 것 ≃ 삶 : 죽음 ≃

는 것처럼 가부장적 관습(*convention*)의 틀 속에서 표상되어 있다. 따라서 고프만은 광고 텍스트는 특정 문화의 성정체성(*gender identity*)을 통념화된 방식으로 받아들인다고 주장한다. 광고분석을 통해 고프만은 성정체성이라고 하는 한 사회의 특수한 이데올로기를 규명해 내고 있으며 광고 텍스트의 의미가 준거체계에 기초하고 있음을 밝혀내고 있다.

워닉(Wernick, 1983)은 《광고와 이데올로기》(*Advertising and Ideology*)에서 1975년 《글래머》(*Glamour*) 잡지에 게재된 여성용 담배 이브 광고의 해독을 통해 광고 텍스트가 담배산업이란 경제적 목적을 위해 사회의 모순되는 가치로 존재하는 페미니즘(*feminism*)과 여성다움(*femininity*)을 조화롭게 조정함으로써 상품에 의미를 부여하고, 젊은 여성 소비자들에게 담배 피우는 여성의 이미지가 이상적인 모습인 것처럼 제시하고 있다고 지적한다. 즉 광고가 상품을 하나의 관념으로 묘사함으로써 상품에 정체성을 부여하고 있다는 것이다. 이론적으로 그는 자아, 상품, 문화적 코드와의 관계를 상징화된 상품(*symbolized/imaged commodity*)의 개념으로 설명하고 있다.

채프만(Chapman)은 《거대한 내뿜기》(*Great Expectoration*, 1986)에서 호주 담배 광고에 대한 양적, 질적 분석을 통해 두 방법론을 통합시켰다. 내용분석을 통해 10개 인쇄매체에 게재된 담배광고를 분석, 강조된 주제들의 빈도를 통해 현시적 의미를 밝힌 후 18개 광고를 기호학적으로 분석함으로써 잠재적 의미를 찾아냈다. 그는 담배광고가 토템적 양식에서 사회적 차이를 유용화하고 흡연에 대한 문화적 모순을 극복하기 위해 기능하는 신화로서 간주될 수 있다고 주장한다. 이는 광고 텍스트의 의미구성 방식이 지니는 이데올로기적 성격을 강조한 것이다.

채프만과 이거(Chapman & Egger, 1983)는 기호표현, 준거체계, 문제, 약속, 신화라는 기호학적 분석틀3을 통해 광고 텍스트에서 이용되는 원칙과 기법을 이해하게 되면 기표의 형성에 잠재적으로 강력한 수단을 제공할 수 있다고 주장한다. 예를 들어, 말보로 광고에서 되풀이되는 기표는 말보로 맨, 말, 탁 트인 공간(서부의 광야) 등이다. 이들 모두는 신화적인 세계, 말보로 컨트리와 함께 등장하며, 전원이나 낙원보다도 자유를 은유한다. 반면에 실제로 말보로 광고를 보거나 말보

3. 기호학적 분석틀

로를 피우는 사람은 대부분 도시 거주자들이다. 따라서 이 광고는 말보로 맨과 같은 사람들이 아니라 그와 같아지고 싶은 사람을 위해 제작된 것이다. 이 광고는 바쁘게 움직이는 도시인을 말보로 세계의 탁 트인 공간과 신선함 및 단순함으로 전이시킨다.

켈너(Kellner, 1995)는 말보로 광고를 기호학적으로 해석하였다. 1980년대의 말보로 광고들은 가벼움(*light*), 흰색, 초록색, 눈처럼 흼, 경쾌함 등의 이미지를 활용했다. 이러한 환유의 과정, 혹은 연속적 연상의 과정을 통해서 광고는 담배를 가벼움, 자연적임, 건강한 사막, 깨끗한 눈, 말, 카우보이, 나무, 하늘 등과 연결함으로써 마치 담배가 천연의 산물로서 자연의 특성들을 공유하는 것처럼 보이게 하고, 나아가 담배가 인공 합성물이며 해로운 화학물질들로 가득 차 있다는 사실을 은폐하였다는 것이다. 또한 말보로 광고는 전통(카우보이), 고된 노동, 동물 돌보기, 그 밖의 다른 바람직한 이미지들에 의존하면서 마치 흡연이 이런 긍정적인 사회활동들과 환유적 등가물인 귀족적 활동인 것처럼 제시한다. 따라서 자연의 이미지는 흡연이 건강에 해롭다는 사실을 은폐하기 위해 바르트적 신화를 만들어 낸다.

이수범(1996)은 윌리엄슨의 이데올로기 과정과 레이모어의 ECD모델을 적용해서 한국의 담배광고들을 분석하였다. 담배광고는 신화와 같이 사회문화적 모순을 해결하는 데 도움을 준다. 예를 들어 한국의 전통적, 문화적 가치체계에선 여성의 흡연이 부정적임에도 불구하고, 휘네스 광고는 성공적인 여성과 현대성을 교묘히 결합시킴으로써 진보적 여성의 신화를 창조해 낸다. 즉 성공하고자 하는 여성은

분석틀		
기표	영상기표	TV광고의 화면에서 보여지는 배경, 모델, 제품
	음성기표	배경음악, CM송, 대화
	문자기표	상품과 관련된 문자자막
문제	광고가 제시하는 약속에 의해 해소될 수 있는 모순	
약속	광고가 수용자에게 제공하는 것	
신화	문화적 은유로 표현된 제품의 역할	
이항대립	의미구성의 기초적 개념으로 광고에 나타난 개념과 그 반대의 개념	
ECD	이항대립의 심층에 있는 대립구조로서 특정상표에 구애받지 않는 공통요소	
준거체계	광고된 상품의 의미를 끌어 온 세계	

휘네스의 세계로 오라는 것이다. 광고의 이데올로기적 측면은 담배 판매증진에 있어 중요한 역할을 담당할 뿐만 아니라 신화의 잠재적 기능으로 작용한다는 결론에 도달하였다. 후속연구로 PCS 광고가 어떤 문화적 의미를 생산해 내고 있는가를 기호학적 분석방법을 통해 고찰하였다(이수범, 1998).

이 연구의 분석틀은 채프만과 이거(Chapman & Egger, 1983)와 레이모어(Leymore, 1975)의 광고 분석방법에서 사용된 이항대립과 망라적 공통분모(*exhaustive common denominator*)를 통해 광고기호가 내포하고 있는 심층의미를 도출하였다. 광고의 기호학적 분석결과, 공통적으로 기존의 이동통신의 결점들을 사랑 이야기를 매개로 하여 해결하고자 하였다. 즉 소비자들의 기대요구인 좋은 음질과 통화 성공률을 브랜드 이미지 강화를 통한 실제가입 유도라는 광고전략의 목표와 잘 결합시켰다고 할 수 있다. 또한, 3사 모두의 광고에서 나타나는 문화적 배경에는 여성우위의 이데올로기가 내포되어 있었다. 이것은 높은 실업률과 경제적 어려움에 따른 남성의 지위격하에서 비롯된 것으로 해석되었다.

또한, 이수범(2000)은 TTL 광고 영상의 기호학적 분석을 시도하였다. 분석결과, TTL에 공통적으로 흐르고 있는 이미지는 스무 살의 성숙과 미성숙의 경계라는 것이었다. TTL 광고에 나타난 파격적인 영상과 구체적 설명이 없는 이미지 광고는 낯설게 하기와 다른 세대와의 차별화를 이끄는 스크럼 문화형성으로 파악하였다. TTL 광고는 그 소구대상을 1823세대로 규정하고, 그들이 선호하는 포스트모던 코드를 사용하였다. 왜냐하면 새로움을 추구하고 감각적인 이미지를 선호하는 신세대는 상당부분 포스트모더니즘의 기본 명제들을 공유하고 있기 때문이었다. 또한 TTL 광고는 과감한 신인모델을 통한 신비감과 호기심을 부여함으로써 수용자에게 낯설게 하기를 시도하였다. 광고의 표현방식에선 기존의 광고 틀에서 벗어난 매우 새로운 차별성을 줌으로써 낯설게 하기의 강도를 더해 간다. 즉, 포스트모던 광고는 기존의 광고에서 보여주었던 형식적이며 이성적인 총체적 동질성을 추구하는 모더니즘 사고를 부정하는 새로운 가치체계인 것이다. 이는 남과 다른 것을 좋아하는 신세대의 특성을 일정부분 반영하는 것이다. 신세대의 커뮤니케이션 구조는 기성세대로부터의 차별성을 단순한 문화적 스타일의 차이에 의한 것이 아니라 전혀 새로운 문화유형의 도래로 설명하였다.

최근에 이수범, 신성혜, 최원석(2004)은 상품 물신주의(*commodity fetishism*)와 광고의 상징주의에 초점을 맞춘 잴리(Jhally, 1987)의 상품기호 관점을 중심으로 삼성전자의 기업PR 광고를 분석하였다. 분석결과, 삼성전자의 기업PR 광고는 평범한 가족, 감성적 이미지와 허구적인 일상, 향수, 정, 여가 등을 주요한 수용자 코드로 사용하고 있었으며, 이러한 코드를 통해 사회와 소비자에게 행복을 가져다주는 매개체로서 상품을 상징화하였다. 또한 광고를 통해 상품은 상징적 사용가치와 물신적 속성을 부여받고 있었으며, 행복의 매개체가 되는 상품을 생산하는 것이 기업의 사회적 역할이자 책임이라는 의미 부여를 통해 기업의 내재적 모순과 자본의 논리가 은폐되는 현상이 나타나고 있었다.

:: 2. 사회기호학적 분석방법

바르트(Barthes)는 초기의 저서인 《신화론》(*Mythologies*, 1972)에서 현실 반영으로서의 텍스트라는 고전적인 해석의 관점을 무너뜨리고 텍스트와 실재간의 불일치와 텍스트가 현실에 순환되는 메커니즘을 정교하게 분석함으로써 이른바 텍스트 기호학의 방법론을 제시했다. 에코(Eco, 1976)는 저자(글쓰는 주체)의 관점과 실체를 일정부분 인정하면서 텍스트를 창작하고 유포하는 주체의 의도를 비판적으로 조명하는 사회기호학의 입상을 발전시켜 나간다. 그런 의미에서 에코 기호학은 바르트의 텍스트 기호학과 퍼스의 일반 기호학을 결합시킨 절충주의적 성격을 띠고 있다. 요컨대 그의 이론은 현실반영으로서의 모든 리얼리즘 문학에 회의한다는 면에서 급진적이지만, 텍스트 외부에서 일어나는 효과가 사회의 이데올로기를 조작하고 현실권력에 개입하는 과정을 폭로함으로써 전통적인 비판 사회과학의 연장선상에 있는 것이다.

사회기호학을 디즈니랜드의 분석에 적용한 고트디너(Gottdiener, 1995)는 기본적 전제조건들을 다음과 제시하고 있다.

첫째, 기호가 의미의 세계와 물적 세계를 분명하게 나타낸다. 의미의 무한한 역행의 이면에는 실제적인 객관적 세계 내지 객관적 지시대상이 존재한다. 해체주의는 의식의 철학 그 이상이 절대 아니었다. 이런 인식에 기초한 포스트모던 분석은 단지 문화의 개념, 즉 정신적 이미지만을 다룰 뿐이다. 이와는 대조적으로 사회기호학은 전체적인 사회적 맥락 내의 의미화 관행들과 함께 정신적이고 기호외적이며 물적인 일상적 삶의 차원을 명료하게 설명한다.

둘째, 의미작용의 체계는 다층적 구조이다. 이 구조 속에 지시적 기호들도 포함되어 있고 여기에 덧붙여 사회적 가치관을 형성하는 문화의 함축적 이데올로기들인 특정한 문화적 코드가 포함되어 있다. 사회기호학에서 인식하는 모든 의미는 이처럼 보다 더 분절되고 코드화된 차원에서 부상한다. 사회기호학의 주된 인식론적 입장은 내포적(함축적) 의미(*connotation*)가 외연적(지시적) 의미(*denotation*)보다 선행한다는 입장이다. 생산된 대상세계 자체나 대상세계에 대한 우리의 이해는 모두 사회적 실천(관행)의 제 측면인 코드화된 이데올로기로부터 나온다.

셋째, 과대현실이라는 복잡한 의미들에 의해 특징지어지는 일상적 삶의 차원이 있다. 대표적으로 보드리야르(Baudrillard, 1988)가 주장하듯이 매체에 의한 이미지와 이미지의 조정에 초점을 맞춘 재현의 양식들이 있다. 그렇다고 기의가 더 이상 존재하지 않는다는 뜻은 아니다. 의미 자체는 일상생활의 경험에 근거하고 있다. 경험은 가치체계, 즉 문화의 코드를 발생하고 지지하는 물적 세계와의 만남이다. 새로운 기의는 사회적 상호작용과 생생한 경험을 통해 사람들에 의해 끊임없이 창출된다(Gottdiener, 1995).

넷째, 기호는 자본주의 사회의 일상생활에서 사용가치를 통해 창출되는 삶의 경험이라는 차원과 상품시장에서 교환가치의 활용을 포함한 권력의 위계적 체계에 의한 일상적 삶의 박탈 사이에 순환한다.

다섯째, 사회기호학적 접근법에서는 기호-가치와 물적 삶 간의 접합을 해체하는 기호모델을 활용한다. 이런 전망은 에코(Eco, 1976)의 작업으로부터 빌려왔다. 에코는 퍼스의 개념을 확장시켰고 옐름슬레브(Hjelmslev)가 고안한 기호의 분해법을 확대하였다. 기호란 기표와 기의로 구성되는데 옐름슬레브는 이것을 표현(기표)과 내용(기의)이라 불렀다. 표현(*expression*)과 내용(*content*)은 다시 형식(*form*)과 본질(*substance*)로 세분될 수 있다(〈표 9-1〉 참조).

이 모델을 볼 때 문화적 코드를 물적 형식들과 접합하는 방식을 설명하는 것이 가능하다. 비총체적 방식을 견지하는 사회기호학에 따라 이데올로기를 사회집단들의 가치체계로 규정한다. 가치체계는 기호의 내용과 상관관계에 있으며 구체성은 〈표 9-2〉에서 보이는 기호의 표현과 상관관계를 맺고 있다.

사회기호학은 텍스트적 분석에서 활용될 수 있지만 그 주된 목적은 보드리야르의 기호가치인 광고와 일상생활의 대상인 자동차, 전자상품, 주택, 쇼핑센터, 가게, 패션 사이의 작용과 같은 물적이며 구체적인 문화현상들을 분석하는 데 있다. 예를 들어, 디즈니랜드 현상은 기호학과 구조적 측면(Martin, 1984)에서뿐만 아니라 사회기호학적으로(Gottdiener, 1995) 분석되었다. 마틴의 분석에 따르면 자연/기계, 과거/미래, 현실/환상 등과 같은 대립물이 디즈니랜드 공원의 공간을 구조화한다. 또한 디즈니랜드의 기호체계는 이 공원을 기획한 월트 디즈니의 생산코드이며, 다양한 기호체계들을 지닌 미국 대중문화의 소비코드이다.

〈표 9-1〉 옐름슬레브에 따른 기호분해법(Eco, 1976)

$$\text{기호:}\quad \frac{\text{기의}}{\text{기표}} = \frac{\text{내용}}{\text{표현}} = \frac{\;\frac{\text{본질}}{\text{형식}}\;}{\;\frac{\text{형식}}{\text{본질}}\;}$$

〈표 9-2〉 사회기호학에 따른 기호분해법

$$\text{기호:}\quad \frac{\text{내용}}{\text{표현}} = \frac{\;\frac{\text{본질}}{\text{형식}}\;}{\;\frac{\text{형식}}{\text{본질}}\;} = \frac{\;\frac{\text{바코드화된 이데올로기}}{\text{코드화된 이데올로기}}\;}{\;\frac{\text{형태론적 요소들}}{\text{물적(구체적) 대상들, 텍스트}}\;}$$

:: 3. 광고의 숨은 의미 찾기 : 현대카드M 사례를 중심으로

현대카드M은 알파벳 이니셜을 이용한 현대카드 시리즈 중 모터(*motor*), 즉 자동차 구매에 있어 효과적인 카드이다. 현대자동차를 사는 경우 큰 금액의 할인이 가능하며 항공사나 여행사와 연계하여 혜택을 준다고 주장한다. M카드는 남성대상과 여성대상으로 나누어 각기 더욱 관심이 있을 것이라고 추정되는 자동차, 해외여행에 초점을 맞추어 광고를 제작하였다. 이 광고들은 동영상이 아닌 스틸 사진을 이용하고 있는데, 사진과 함께 제시되는 카피를 통하여 광고가 주장하는 바를 암시하는 방법을 사용하고 있다. 각 광고를 기호학적으로 분석하여 보면 다음과 같이 해석할 수 있다.

'자동차' 편 광고에서 우선 영상기표로 사용된 것은 〈표 9-3〉에서 볼 수 있듯이 멋진 자동차를 소유한 한 남성에게 쏟아지는 주위의 시선이다. 다른 남성들은 부러운 듯, 혹은 놀라는 표정으로 자동차의 소유자를 보며, 여성들은 매우 관심 있다는 듯한 표정이다. '2백만 원 할인받아 새차를 샀다'는 문자기표가 나타난 이후 영상은 여성이 자동차에 타고 있다는 암시를 준다. '나에게는 M포인트가 있었다'는 문자기표 이후에는 여성에게 줄 비싼 선물을 고르고 있는 남성, 그리고 고급 식당에서 데이트를 즐기는 남녀를 영상기표로 표현함으로써 포인트의 이용가치를 나타낸다. '조수석은 여성전용이다'라는 문자기표와 함께 나타나는 영상은, 한 여성이 자동차 유리창에 걸쳐져 상반신은 이미 자동차 내부에 들어가 있고 다리가 허공에 떠 있는 모습이다. 마지막으로는 현대카드M의 영상과 함께 '생활의 기술 M'이라는 문자기표와 음성기표가 함께 표현된다.

이 광고에서 주장하는 신화는 현대카드M의 소유자는 자동차를 더 싸게 구입할 수 있으며, 그 자동차로 인해서 많은 여성들의 주목을 받게 되고, 새 차 구매시 적립된 포인트를 이용하여 여자친구에게 비싼 선물을 사주거나 고급 식당에서 함께 데이트를 즐길 수 있으며, 따라서 멋진 여성을 얼마든지 쉽게 사귈 수 있다는 것이다.

M카드의 주요 타깃은 새 차를 구입할 연령의 남성, 그것도 경제적 여유가 부족하여 싸게 구입하기를 바라는 남성일 것이다. 즉, 20~30대의 젊은 남성이다.

그렇다면 이 연령대의 남성들이 차를 구입하려는 목적 중에는 비싸고 멋있는

〈그림 9-1〉 현대카드M 생활의 기술

차를 소유했다는 사실을 과시함으로써 여성들의 관심을 구하려는 것도 포함되어 있을 것이다. 그 점을 포착하여 광고는 M카드만 소유한다면 그와 같은 남성들의 욕구를 일시에 해소시켜 줄 것이라는 환상을 주고 있다.

현실적으로 자동차는 매우 고가의 상품이므로, 200만원의 할인이 새 차 구입의 해결책이 될 수는 없다. 또한 새 차가 있다고 해도 '조수석이 여성전용'일 정도로 수많은 여성들을 유혹할 수는 없을 것이다. 그러나 광고에서 M카드는 모든 문제점을 일시에 해결할 수 있는 '도깨비 방망이'와 같은 역할을 담당한다. 특히 광고에 출연하는 모델들을 모두 외국인 배우를 기용함으로서 더욱 세련되고, 마치 영화의 한 장면처럼 멋진 분위기를 연출한다.

다시 말해서, 소비자로 하여금 M카드를 지니고 그 카드를 이용하여 할부로 차를 구입하도록 부추기고 있는 것이다. 광고는 이 모든 긍정적 장면만을 부각시킬 뿐, 차를 산 이후 할부금을 어떻게 갚을 것인지에 대한 해답은 전혀 주고 있지 않다. 뒤를 이어 최근까지 방영되고 있는 '현대 론' 광고가 그 해답을 주고 있는지도 모른다.

〈표 9-3〉 현대카드M 광고의 기호학적 구성 : 생활의 기술 '자동차' 편

<table>
<tr><th colspan="3">생활의 기술 '자동차' 편</th></tr>
<tr><td rowspan="3">기 표</td><td>영상기표</td><td>부러운 듯 창 밖의 남자를 보는 한 남자, 창 밖의 자동차를 탄 남자, 남자에게 유혹의 눈길을 보내는 여자들과 부러운 듯 쳐다보는 남자들, 보석을 보고있는 남자, 웃는 남자, 열린 자동차문, 자동차에 타고 있는 여자, 식당에 함께 있는 남녀, 여자들에게 둘러싸인 남자, 자동차 조수석 창문에 걸려있는 여자, 현대카드M</td></tr>
<tr><td>음성기표</td><td>배경음악 : The Pussycat Dolls의 Sway, 생활의 기술 M</td></tr>
<tr><td>문자기표</td><td>2백만 원 할인받아 새 차를 샀다, 나에게는 M포인트가 있었다, 조수석은 여성전용이다, 생활의 기술 M</td></tr>
<tr><td>문 제</td><td colspan="2">여성에게 인기가 없다.</td></tr>
<tr><td>약 속</td><td colspan="2">M카드가 있으면 멋진 여성을 사귈 수 있다.</td></tr>
<tr><td>신 화</td><td colspan="2">M카드로서 경제력을 지닌다면 무엇이든 가능하다.</td></tr>
<tr><td>이항대립</td><td colspan="2">창 밖의 남자 : 집안의 남자, 멋진 차 있음 : 멋진 차 없음, M카드 소유 : M카드 비소유,
높은 포인트 적립 : 낮은 포인트 적립, 이성의 관심 : 이성의 무관심, 즐거움 : 괴로움</td></tr>
<tr><td>ECD</td><td colspan="2">M카드 소유자 : M카드 비소유자 ≃ 성공 : 실패</td></tr>
<tr><td>준거체계</td><td colspan="2">M카드를 이용한 자동차의 구매 용이성</td></tr>
</table>

'여행' 편 광고에서는 주인공 여자가 해외의 한적한 휴양지로 여행을 떠나는 모습을 보여주는데, 그것도 일반적인 대형 비행기가 아닌 경비행기를 보여줌으로써 더욱 '비일상적'인 인상을 준다. 이것은 M카드의 여성 타깃층이 남성과 마찬가지로 20~30대이므로, 이 연령층의 여성들은 아직 미혼으로 직장생활을 하고 있거나 혹은 기혼자의 경우라도 직장생활과 가정 일에 동시에 시달리고 있을 것을 염두에 둔 것이다. 너무나 힘들고 지겨운 일상생활에서 벗어나 꿈 같은 경험을 상상하는 여성들의 마음을 정확하게 겨냥하고 있다.

광고에서는 주인공의 짐을 대신 나르는 '하인'의 이미지를 한 외국소년, 그리고 모닥불 옆에서 즐거운 시간을 보내고 있는 커플 옆에서 일을 하고 있는 또 다른 '하인'을 보여줌으로써, 실생활에서 모든 잡무를 도맡아 하고 있는 여성들의 판타지를 자극한다. 마치 공주나 여왕과 같은 호화로운 휴가를 보장하고 있는 것이다.

'자동차' 편에서와 마찬가지로 또한 광고는 '눈 큰 애인'이라는 말로, 여행지에서의 특별한 경험, 특히 이성과의 로맨스를 은근하게 표현하고 있다. 외국 여행지

〈표 9-4〉 현대카드M 광고의 기호학적 구성 : 생활의 기술 '여행' 편

생활의 기술 '여행' 편		
기표	영상기표	경비행기에서 내리는 여자, 휴양지에 도착한 여자, 짐을 나르는 소년, 여행가방을 들고 있는 여자, 보트를 탄 여자, 낙타를 타고 있는 여자, 행복한 표정의 여자, 해변에서 노는 여자들, 모닥불 옆의 남녀, 웃으며 돌아보는 남녀, 현대카드M
	음성기표	배경음악 : Aselin Debison의 Over the Rainbow, 생활의 기술 M
	문자기표	무료항공권이 생겼다, 나에게는 M포인트가 있었다, 눈 큰 애인이 생겼다, 생활의 기술 M
문제	권태로운 일상생활	
약속	해외 휴양지로 여행을 떠날 수 있다.	
신화	M카드의 포인트로 무료로 해외여행을 떠나 즐거운 경험을 할 수 있다.	
이항대립	휴양지로 떠난 여성 : 일상생활 속의 여성, 가방을 들어주는 하인이 있음 : 모든 일을 혼자 해야 함, 휴양지에서의 행복한 시간 : 일상에서의 권태로운 시간, 멋진 외국남성과의 연애 : 연애 못함, 즐거움 : 괴로움	
ECD	M카드 소유자 : M카드 비소유자 ≃ 즐거운 경험 : 지겨운 일상	
준거체계	M카드의 포인트를 이용한 해외여행의 용이성	

에서 만난 외국남성과의 멋진 만남이 가능하다는 의미를 담고 있는 것이다.

그러나 실제로 M카드의 포인트만을 이용하여 호화로운 해외여행을 한다는 것이 그리 쉽지는 않을 것이다. 포인트를 적립하여 무료 항공권을 얻을 수 있다 하더라도 현실의 여행이란 사람들이 북적거리는 비행기를 이용하여 가야 하는 흔한 관광지가 보통이다. 그리고 외국남성과의 로맨스가 쉽게 이루어지지도 않을뿐더러 한국 남성과 그리 크게 다르지도 않을 것이나, 광고에서는 매우 특별하고 신비한 경험이 될 것이라는 신화를 심어주기 위해 역시 외국모델들을 기용하여 멋진 장면들을 연출한다.

결국, 현실적으로는 가능성이 희박한 '경비행기', '호화 휴양지', '하인', '매력적인 외국남성' 등의 기호를 이용하여 M카드의 소유를 조장하고 있는 것이다.

:: 4. 나오는 말

광고의 매력을 살펴보면 광고는 상품기호를 창출하고자 하는 일종의 문화적 메커니즘이다. 광고는 사회 · 문화적 가치를 지닌 이미지를 브랜드 이름에 부여하여 상품의 브랜드 이름의 가치를 향상시키도록 구성된다. 즉, 브랜드 상품(*brand-name commodity*)+이미지의 의미(*meaning of image*)=상품기호(*commodity sign*)라는 등식이 성립된다. 이러한 브랜드 이미지가 통용되기 위해서는 광고가 기호학적 등식의 형태를 수용하고 이 등식에서 분리된 기의와 기표를 시작으로 새로운 등식을 창출하도록 재조합할 필요가 있다. 시청자들로 하여금 어울리지 않는 의미체계를 인지하게 하는 데 광고의 목적을 충족하고자 한다면 그와 같은 방향에서 해석되도록 광고를 구성해야 한다(Goldman & Papson, 1996).

또한, 광고의 기호생산과 소비는 자본주의의 헤게모니적 체제를 대변하는 것도 아니고, 현실이 존재하지 않는 시뮬레이션 영상을 대변하지도 않는다(Baudrillard, 1988). 오히려 광고의 기호는 사회의 기호 외적 과정과 복잡한 접합의 일환으로의 기호생산과 소비에 따른 문화의 기초로서 이해된다. 고트디너(Gottdiener, 1995)는 문화적 형식들이 자본주의의 전체적 맥락에서 생산되고 재생산되는 방식을 구체적으로 설명했다. 기호의 사회기호학적 모델에 따르면 의미는 다음 두 가지 방식으로 창출된다. 자동차와 같은 대상들은 '지위' 또는 '최신형의 소유' 등과 같은 새로운 의미로 코드화되거나 자동차 자체는 수정되어 대안적인 코드와 연계된다. 하지만 이런 모든 현상들은 일상적 삶에서의 사용가치로서 적용되는 기호의 차원에서 이해된다.

두 번째 단계로 모든 사용가치는 각각의 교환가치를 지니게 됨에 따라 자본주의 경제에 의해 착취된다. 코드화된 대상들의 교환가치는 생산과 마케팅 체계에 의해 극대화된다. 따라서 일상생활에서 자동차의 사용가치 때문에 자동차 제조업자는 객관적인 디자인 특징들을 통해 상품들을 차별화할 수 있다. 예를 들어, 어떤 자동차가 '안전한 차'라는 이름을 붙이고 또 다른 자동차는 '어디라도 갈 수 있는 차'라는 이름으로 시장에 나오고, 기타 자동차들은 지위와 같은 것들을 나타내는 의미로 생산된다. 다른 예로 신용카드업자는 카드의 소구대상이나 혜택범위에 따라 상품들을 차별화하기 위해 어떤 신용카드는 'M'이라는 이름을 붙이고 또 다른 카드는 'S'라는 이름으로 시장에 나온다. 이것은 사용가치가 교환가치로 변종되었음을 말한다. 여기서 교환가치는 고도의 사회적 차원에서 일상적 삶의 기호들을 순환시킨다.

기호순환의 세 번째 단계에서 우리는 보드리야르(Baudrillard)의 입장에 도달한다. 이 과정을 사회기호학적으로 해석해보면, M카드 광고는 사용가치 자체를 무시하고 부차적인 함축적 의미나 대상 자체보다도 이미지에 의존하는 신비적이고 과대현실적인 연상적 현상들에 집중한다. 예를 들어, 이 광고에 등장하는 자동차는 성적 욕망과 동일시된다. 남녀의 성적 욕구, 자동차의 남성적 위상 등을 연상시킨다. 세속적인 출퇴근 임무는 전혀 연상되지 않는다. 광고의 세계는 자동차를 일상적 생활의 과대현실로 표현하는 많은 방식들을 보여주었다.

요컨대 자동차의 기호 기능이 일상적 사용의 힘과 자본주의적 교환, 시장이나 광고의 세계에 의해 움직이는 사회에서 순환한다. 각기 분리된 사용가치, 교환가치, 기호가치들의 순환에 의해 연계된다. 고트디너(Gottdiener, 1995)가 지적하였듯이 이런 현상에 대한 문화적 비판은 많은 포스트모던 분석에서처럼 문화적 기표들을 독립적으로 코드분해하거나 해체라는 형태를 취하지 않는다. 오히려 분석을 통해 각 기호들이 연루된 기호생산과 순환의 과정들을 분류해내야 한다.

현대카드M 광고를 보았을 때, 영상기호는 경제적인 활동으로 파악할 수 있다.

시간이 지날수록 광고는 기표와 기의를 조합하고 재결합하여 상품(상품과 서비스)과 결합할 수 있는 기호통화(*currency*)라고 정의한다(Goldman & Papson, 1996). 이는 한 체계(예: 어떤 남자)에서 다른 체계(브랜드 이름이 있는 상품, 가령 M카드 소유자)로 의미를 변환하도록 유도하는 과정이다. 기계적으로 말하자면 광고는 의미가 배열되어 의미의 전환이 일어나는 공간이다. 광고주들은 이러한 전환을 유도하여 가치를 한 체계에서 다른 체계로 전환하고자 한다. 광고주들이 매번 성공하는 것은 아니다. 성공하더라도 이러한 의미의 전환을 규율하는 문화적 변환이 끝나는 건 아니다. 기호가치에 대한 연구에서는 광고의 주기가 어떤 방식으로 기표와 기의를 분해하여 재조정하고 재결합하는가를 해석한다. 이러한 기표와 기의의 분해와 재결합에 대한 사례가 되는 현대카드M 캠페인은 새로운 기법을 적용하여 여러 개의 스틸사진에서 다양한 사람들이 등장하는 장면을 결합했다.

광고는 기호가치의 체계로 간주된다. 기호가치는 일반적으로 이미지에 대한 소망도와 일치한다. 기호가치는 브랜드의 상대적인 가치를 형성하며 이러한 가치에서 상품간의 기능적 차이는 최소한에 그친다. 현대 광고에서 작용하는 전제는 맥락과 배제된 기표와 기의가 이와 유사한 다른 기표와 기의로 재결합하여 새로운 기호의 정체성을 형성한다는 것이다. 이는 상품기호분석의 핵심이 된다. 오늘날 광고를 문화적으로 분석하는 경우에 의미체계를 재결합하는 과정을 외면하면 광고 이면에 내재하고 있는 의미와 상품의 부가적인 가치를 파악하는 것은 불가능하다.

광고의 기호학적 분석을 통하여 광고가 전달하는 이데올로기는 광고의 전면에 나타나는 것이 아니라 그 배후에서 사회적으로 약호화된 상징의 이용을 통해 소비자에게 전달되고 있음을 알 수 있었다. 또한 현대의 광고는 점점 더 상징적인 사용가치 나아가 기호가치를 상품에 부착시킨다. 따라서 광고의 문화적 성격은 그것이 상품을 기호화하여 사회적 의미생산을 매개한다고 볼 수 있다.

이 장에서는 사회기호학에 입각하여 기호학적 방법론이 광고연구에서 구체적으로 적용될 수 있는 지점을 모색해 보았다. 기호학적인 연구 방법론은 문화 내 기호현상을 분석하여 소비자의 의미세계를 탐구함으로써 기존의 정량적/정성적 방법을 보완할 수 있는 새로운 시각을 제시할 것이다. 그리고 사회기호학은 영상기호의 의미세계를 파악하고 해석함으로써 광고 텍스트를 분석하는 데 유용하게 적용될 것이다.

생각해 볼 문제

1. 기호학이 광고비평에 유용한 방법론인지 생각해 보자.

2. 텔레비전 광고영상에 어떠한 사회적 의미가 있는지 분석해 보자.

3. 텔레비전 광고의 기호생산과 소비과정을 최근의 광고 텍스트 분석을 통해 논의해 보자.

참고문헌

이수범(1998). "개인휴대통신(PCS) 광고의 기호학적 분석: 텔레비전 광고를 중심으로". 《광고학 연구》 9(1): 73~88.

______(2000). "텔레비전 광고에 나타난 신세대 소비문화의 특성에 관한 연구: TTL의 함축의미 분석을 중심으로." 《프로그램/텍스트》 2: 109~147.

______ · 신성혜 · 최원석(2004). "삼성전자 기업PR광고의 문화적 함의에 관한 연구". 《한국광고홍보학보》 6(3): 80~125.

Barthes, R.(1972). *Mythologies*. London: Paladin.

______(1977). *Image, Music, Text*. New York: Hill and Wang.

______(1979). *Elements of Semiology*(A. Lavers & C. Smith, Trans.). New York: Hill and Wang.

______(1983). *The Fashion System*(M. Ward & R. Howard, Trans.). New York: Hill and Wang.

Baudrillard, J.(1988). *Selected Writings*(M. Poster, Ed.). Stanford, CA: Stanford University Press.

______(1996). *The System of Objects*(J. Benedict, Trans.). London: Verso.

Berger, A. A.(1982). *Media Analysis Techniques*. Beverly Hills, CA: Sage.

Chapman, S.(1986). *Great Expectorations: Advertising and the Tobacco Industry*. London: Comedia.

______, & G. Egger(1983). "Myth in Cigarette Advertising and Health Promotion." In H. Davis, & P. Walton(Eds.), *Language, Image, Media*. New York: St. Martin Press. pp.166~186.

Cross, M.(1996). "Reading Television Texts: The Postmodern Language of Advertising." In M. Cross(Ed.), *Advertising and Culture*. Westport, CT: Praeger. pp.1~10.

Dyer, G.(1982). *Advertising as Communication*. London: Methuen.

Eco, U.(1976). *A Theory of Semiotics*. Bloomington, IN: Indiana University Press.

Fiske, J.(1990). *Introduction to Communication Studies*(2nd ed.). London: Routledge.

Floch, J.(1990). *Semiotique, Marketing et Communication*. Paris: University of France Press. 김성

도 역(2003). 《기호학, 마케팅, 커뮤니케이션》. 서울: 나남출판.

Goffman, E.(1979). *Gender Advertisements*. New York: Harper & Row.

Goldman, R.(1987). "Marketing Fragrances: Advertising and the Production of Commodity Signs." *Theory, Culture & Society* 4: 691~725.

______(1992). *Reading Ads Socially*. New York: Routledge.

______, & S. Papson(1996). *Sign Wars: The Cluttered Landscape of Advertising*. New York: The Guilford Press.

______, & Wilson, J.(1983). "Appearance and Essence: The Commodity Form Revealed in Perfume Advertisements." *Current Perspectives in Social Theory* 4: 119~142.

Gottdiener, M.(1995). *Postmodern Semiotics*. Oxford: Blackwell.

Jhally, S.(1987). *The Codes of Advertising*. New York: St. Martin's.

______(1989). "Advertising as Religion: The Dialectic of Technology and Magic." In I. Angus, & S. Jhally(Eds.). *Cultural Politics in Contemporary America*. New York: Routledge. pp.217~229.

Kellner, D.(1990). "Advertising and Consumer Culture". In J. Downing(Ed.). *Questioning the Media*. London: Sage. pp.242~254.

______(1995). "Reading Images Critically: Toward a Postmodern Pedagogy". In G. Dines & J. M. Humez(Eds.). *Gender, Race and Class in Media*. London: Sage. pp.126~132.

Kline, S., & W. Leiss(1978). "Advertising, Needs, and Commodity Fetishism". *Canadian Journal of Political and Social Theory* 2(1): 5~30.

Lee, S.(1996). "The Mythical Function of Ideological Process in Cigarette Advertising. *Sungkok Journalism Review* 7: 89~100.

Leiss, W., S. Kline, & S. Jhally(1990). *Social Communication in Advertising*(2nd ed.). New York: Methuen.

Levi-Strauss, C.(1963). *Structural Anthropology*(C. Jacobson & B. G. Schoepf, Trans.). New York: Basic Books.

______(1966). *The Savage Mind*. Chicago: University of Chicago Press.

______(1969). *The Raw and the Cooked*(J. Weightman & C. Weightman, Trans.). New York: Harper & Row.

Leymore, V.(1975). *Hidden Myth: Structures of Symbolism in Advertisements*. London: Heinemann. 이수범 역(1999). 《숨겨진 신화: 광고의 구조와 상징》. 서울: 참미디어.

______(1982). "Structure and Persuasion: The Case of Advertising". *Sociology* 16(3): 377~389.

Martin, L.(1984). *Utopics: The Semiological Play of Textual Spaces*. Atlantic Highlands, NJ: Humanities Press.

Mick, D. G.(1986). Consumer Research and Semiotics: Exploring the Morphology of Signs, Symbols, and Significance. *Journal of Consumer Research* 13: 196~213.

Rutherford, P.(1994). *The New Icons?: The Art of Television Advertising*. Toronto: University of Toronto Press.

Saussure, F. de.(1959). *Course in General Linguistics*. New York: McGraw Hill.

Sinclair, J.(1987). *Images Incorporated: Advertising as Industry and Ideology*. New York: Croom Helm.

Wernick, A.(1983). "Advertising and Ideology". *Theory, Culture & Society* 2: 16~33.

______(1991). *Promotional Culture: Advertising, Ideology, and Symbolic Expression*. London: Sage.

Williams, R.(1980). "Advertising: The Magic System". In R. Williams(Ed.). *Problems in Materialism and Culture*. London: Verso. pp.170~195.

Willamson, J.(1978). *Decoding Advertisements: Ideology and Meaning in Advertising*. London: Marion Boyars. 박정순 역(1998). 《광고의 기호학》. 서울: 나남출판.

제 10 장

방송광고 영상의 서사구조 분석

TTL 광고 '토형' 편의 구조기호학적 분석을 중심으로

엄 창 호

"그 짧은 15초짜리 방송광고에 무슨 서사(내러티브)가 있다는 말인가?" 우리는 서사를 '기승전결' 혹은 '발단-전개-위기-절정-파국'으로 구성된 비교적 긴 이야기로만 이해하려는 경향이 있다. 그것이 보편적인 서사의 형태임은 분명하지만, 그것만이 서사인 것은 결코 아니다.

바르트(Barthes)는 "서사는 인류의 역사와 함께 시작하고, 서사가 없이 사람들이 존재한 적은 없었다"는 말로써 서사의 편재성을 언급했고, 탬블링(Tambling)은 광고문, 제품의 사용 설명서, 4단 만화, 결혼식과 같은 의식, 편지 등 일상생활 곳곳에서 발견되는 서사의 목록을 제시한 바 있다. 현대의 서사이론은 두 가지 이상으로 이루어진 사건들의 연쇄라면 그 어떤 것도 서사가 될 수 있다고 결론짓고 있다. 그렇다면 극단적으로는 슬로건과 로고, 전화번호만으로 이루어진 ID광고도 하나의 서사를 구성하고 있다고 봐야 한다. 하물며 인물과 배경이 등장하고 컴퓨터 그래픽이 난무하는 15초짜리 방송광고에서는 더 말할 나위가 없다.

방송광고를 서사의 관점에서 바라볼 때, 우리가 얻을 수 있는 이점은 크게 두 가지이다. 첫째는 방송광고 텍스트를 구조적으로 파악함으로써 광고에 반영된 가치와 의미체계를 온전히 복원할 수 있다는 점이다. 둘째는 심층구조에서 표층구조, 담화구조에 이르기까지 일관된 조직화를 통해, 광고 메시지가 효율적으로 수용되는 광고를 창작할 수 있게 한다는 점이다. 이 장에서는 구조기호학(*structural semiotics*)의 서사이론을 통해, 방송광고 화제작 한 편을 정밀 분석함으로써 그 가능성을 제시하고 있다.

∷ 1. 머리말

1990년대 초반 우리나라에 포스트모더니즘 열풍이 불었을 때, 많은 논자들은 패러디(*parody*; 풍자적 개작), 패스티시(*pastiche*; 혼성모방), 하이브리드(*hybrid*; 이종교배) 등과 함께 서사의 해체를 포스트모더니즘의 중요한 특징으로 지적했다. 이러한 경향은 광고연구로도 이어졌다. 포스트모던 광고의 중요한 특징으로 '서사구조의 해체'를 지적한 대표적인 사람은 강명구(1993)였으며, 다른 연구자들이 지적한 '의미구조의 해체', '의미의 박탈', '기호의 해체' 등도 크게 보아 '서사의 해체'라는 명제 속에서 이해되는 개념이라고 볼 수 있다.

하지만 포스트모던 광고론에서 해체된 서사구조가 거론되었을 뿐 광고의 서사 및 서사구조 그 자체에 관한 본격적인 논의가 있었던 것은 아니다. 광고 서사에 관한 정립된 개념 없이 언급된 '서사구조의 해체'는 텍스트의 표면에 대한 인상만으로 이루어진 규정일 수도 있다. "텍스트의 표면구조가 그 텍스트를 하나의 서사물로 규정해줄 수 있는 요소는 아니다"는 프린스(Prince, 1982: 251)의 지적처럼, 텍스트 심층의 서사적 의미구조가 고려되지 않은 결론에는 분명 무리가 따른다. 표면구조에서 서사가 해체된 것처럼 보여도 심층구조에서 완결된 서사를 발견할 수 있다면 '서사구조의 해체'는 성급한 단정일 수밖에 없다.

이 장의 목적은 광고 서사와 그 의미구조의 특징을 규명하려는 데 있다. 이를 위해 우리나라 포스트모던 광고의 대표적인 사례로 꼽히는 TTL광고('토형' 편)를 분석대상으로 선정하여, 텍스트의 서사분석에 있어서 독보적인 위치를 차지하고 있는, 그레마스(Greimas)가 정립한 구조기호학(*structural semiotics*)의 '의미의 생성경로'(*generating trajectory of signification*) 모델을 통해 광고 텍스트를 정밀 분석하고, '은유적 치환'(*metaphoric transposition*)의 개념을 통해 텍스트와 콘텍스트의 관계를 규명하려 한다.

TTL 광고에 대해서는 이수범(2000)과 백선기(2002)를 비롯하여 많은 선행연구가 있다. 단일 광고 혹은 단일 광고 캠페인에 대하여 이렇듯 본격적인 연구가 이루어진 것은 매우 유례가 드문 일로서, 그만큼 TTL 광고가 사회문화적, 마케팅적, 광고사적으로 중요한 의미를 지니고 있음을 말해준다. 하지만 이들 연구는 각각 의미 있는 결론을 이끌어 내었음에도 불구하고, 분석방법의 정밀성, 개념적용의 엄밀성 등의 과제를 남겼다.

∷ 2. 구조기호학의 서사 이론

1) 텍스트 분석 : 의미의 생성경로 모델

그레마스의 구조기호학은 텍스트분석을 위해 텍스트에 논리적으로 선행하고 그 의미를 규정하는 내재적인 구조를 가정한다. 통사와 의미의 양 부문에 걸쳐 있는 이 내재적인 구조는 크게 심층구조(*deep structure*)와 표층 구조(*superficial structure*)로 이루어진 기호-설화 구조(*semio-narrative structure*) 그리고 담화구조(*discourse structure*)로 나누어진다. 이러한 기호학적 구도를 '의미의 생성경로'(*generative trajectory of signification*)라고 한다. 이는 '기호학의 일반 경제론'이라는 별칭으로도 불린다(Greimas & Courtes, 1993: 157). 일반이라는 뜻은 의미분석을 완결 짓는다는 뜻이며, 경제론이라는 뜻은 의미분석을 위한 자투리들을 제거한 이후 의미가 구성된 모델을 제시한다는 뜻이다. 이 과정은 일반적으로 〈표 10-1〉과 같은 모델로 구성된다(Greimas & Courtes, 1993: 157~160). 이 모델은 텍스트 표층의 복잡다단한 표현의 그물들을 풀어 헤쳐서, 담화의 형상적 파악으로부터 심층의 추상적인 의미구조에까지 걸쳐진 텍스트의 관계구조이다.

먼저, 플로슈(Floch, 2001: 111~115) 및 박인철(2003: 119~122)의 논의에 기대어 각 단계 구조의 핵심적인 내용을 정리하면 다음과 같다. 기호-설화구조와 담화구조 사이의 구별은 텍스트의 이면(기호-설화구조)과 표면(담화구조)으로 생각할 수 있다. 기호-설화구조는 발화의 주체가 갖춘 '잠재성'들의 총합이다. 그것은 가치들

〈표 10-1〉 의미의 생성경로

<table>
<tr><td></td><td colspan="2">통사부문</td><td>의미부문</td></tr>
<tr><td>담화구조
(혹은 담화계층)</td><td colspan="2">담화통사
담화화
연기자화
시간화
공간화</td><td>담화의미
주제화
구상화</td></tr>
<tr><td rowspan="2">기호-서사구조
(혹은 기호-설화계층)</td><td>표층</td><td>서사통사</td><td>서사의미</td></tr>
<tr><td>심층</td><td>기저통사</td><td>기저의미</td></tr>
</table>

과 행동 프로그램의 저장물로서, 발화주체는 자신의 이야기를 들려주거나 자신의 논지를 피력하기 위해 그 저장물에서 자양분을 캐낸다. 담화구조는 이와 같은 선택과 조합에 해당된다. 그것은 특정 참조 세계의 선택일 뿐만 아니라 시간과 공간의 관리 또는 역할들의 배분이다. 예컨대 담화구조에서 발화자는 동일한 역할을 단일 또는 다수의 행위자를 통해 완수할 것인지, 아니면 두 개의 상이한 역할을 단일 또는 다수의 행위자를 통해 완수할 것인지를 선택한다. 요약하면, 기호-설화구조는 이야기의 의미작용을 위해 가장 추상적이고 본질적인 가치를 제공하며, 담화구조는 이 추상적이고 본질적인 가치를 가지고 여러 가지 요소들을 연출하거나 배역을 부여한다.

기호-설화구조는 다시 심층구조와 표층구조로 구분된다. 심층구조에서는 기본적인 논리-의미관계의 형성과 기본적인 통사조작이 이루어진다. 이것은 보통 기호사각형(*semiotic square*)으로 표현된다. 표층구조에서는 행동자와 가치대상 사이의 관계가 설정되는데, 이는 설화 프로그램과 행위소 모델로 표현된다. 담화구조에서는 행위소에서 구체화된 행위자의 역할과 시-공간적 위치지정이 이루어진다. 이 담화구조에서 실현된 것이 구체적인 매체(문자나 음성, 색이나 음향 등)와 결합함으로써 실제로 존재하는 텍스트가 창출된다.

이처럼 기호-설화구조의 심층구조에서 표층구조로, 그리고 다시 담화구조로 옮겨감에 따라 의미는 단순한 것에서 복잡한 것으로, 추상적인 것에서 구체적인 것으로 발전해간다. 이를 바로 '생성'이라고 부르는 것이며, 이 과정을 도식화한 것이 바로 '의미의 생성경로'인 것이다.

2) 텍스트와 콘텍스트의 관계 분석 : 은유적 치환

피스크(Fiske, 1994)는 레비스트로스(Levi-Strauss, 1983)의 신화론에 나타난 사회의 심층적 대립구조와 구체적인 신화 표현의 관계를 은유적 치환(*metaphoric transposition*)이라는 용어로 설명했다. 예컨대 '적대적 자연/인자한 자연'이라는 추상적 대립구조는 은유적 치환을 거쳐 신화 텍스트에서 '(바람이) 분다/안 분다'는 구체적인 대립구조로 나타나고 있다는 것이다. 그는 산업사회에서 매스미디어는 고대신화가 담당했던 기능에 상응하는 역할을 맡고 있기 때문에 레비스트로스의 이론이 적용될 수 있다고 밝히면서, 은유적 치환의 개념을 통해 영화와 신문의 구조와 당시 사회구조와의 관계를 분석한 바 있다(pp. 122~124).

켈너(Kellner, 1995)는 '은유적 치환'의 개념을 이데올로기적 의미로까지 적극적으로 확장시켜 코드전환(*transcoding*)이라는 용어로 개념화했다. 그는 미디어문화의 '정치적 독해'를 설명하면서, 정치적 독해란 "사회정치적 그리고 문화적 맥락 속에서 미디어문화를 독해하는 것뿐만 아니라, 그 텍스트의 내적인 구성요소들이 어떻게 권력(지배) 관계를 코드화하는가도 알아보는 것"(pp. 110~111)이라고 정의했다. 그는 "미디어 문화는 현존하는 사회적 투쟁들을 재생산하고 당대의 정치적 담론들을 코드전환하는 표상들이 경합하는 장"(p. 112)이라고 규정했다. 이러한 관점에서 그는 영화 〈람보〉를 분석하면서, 영화가 담고 있는 이데올로기와 그것이 특정한 정치적 입장을 개진하는 양식을 완벽히 분석하기 위해서는 영화의 형식과 서사구조에 주목해야 하며, 영화적 장치가 사회적 담론을 '코드전환'하고 이데올로기적 효과를 재생산하는 양식에 주의를 기울어야 한다고 강조하고 있다(pp. 131~151).

요컨대 은유적 치환과 코드 전환은 모두 텍스트와 콘텍스트의 심층구조 간 관련양상을 규명하는 개념적 틀이지만, 은유적 치환이 보다 일반적인 콘텍스트에 주목한다면, 코드전환은 보다 정치적이고 이데올로기적 콘텍스트에 주목하는 개념으로 이해할 수 있다.

:: 3. 광고 분석을 위한 예비적 고찰

1) 기본 개념

(1) 샷(*shot*)

서사이론에서 텍스트의 구성단위로 일반적으로 활용되는 개념은 에피소드(*episode*), 시퀀스(*sequence*), 그리고 샷(*shot*)이다(Scholes, 1974: 112~113; Whang, 1993: 101~102). 에피소드는 보통 하나 이상의 시퀀스로 구성되는 최상의 분석의 단위이다. 영상광고는 보통 15초나 20초, 길어야 30초로 구성되어 있으므로, 대부분 하나의 에피소드로 이루어져있다. 시퀀스는 진술의 완결된 체계를 말하는데, 문학에서는 그 자체로 하나의 작은 에피소드가 되기도 한다. 영상광고의 경우, 하나의 시퀀스로 구성된 텍스트가 대부분이며 많아야 2개 이상의 시퀀스를 넘기 어려운 것으로 보인다. 샷은 서사의 가장 기본적인 단위로서, 그 자체로는 어떤 주제도 구성하지 못하며 행위 혹은 움직임을 지칭한다. 영상광고의 경우에도 샷은 분석의 최소 단위이다.

이상 에피소드, 시퀀스, 샷의 개념의 영상광고에의 적용성을 검토한 결과, 이 장에서는 분석의 단위로 샷을 사용하려 한다. 영상광고는 여러 개의 샷이 모여 대체로 한두 개의 시퀀스, 그리고 하나의 에피소드를 구성하는 텍스트로 볼 수 있기 때문이다.

(2) 이항대립

이항대립(*binary oppositions*)은 구조주의의 가장 기본적이고 핵심적인 개념이다. 인류는 고대로부터 이항으로 대립된 관계 속에서 다양한 사물과 현상을 해석하면서 의미를 구성해왔으며, 바로 그 이항적 접합 혹은 현상 파악은 인간 고유의 심리적 특성이라는 것이 바로 구조주의의 인식론적 전제이다(Greimas & Courte, 1982). 따라서 구조주의는 이항대립이 모든 문화에 보편적으로 나타난다고 판단한다. 이항대립은 현존하는 문화적 텍스트들을 역사적인 운동과정에서 '일단' 유리시켜 그것의 구조를 가늠해보는 방법론적인 틀이며, 이항대립에 근거해 파악된 의미는 부조리해 보이는 현상들 또한 가장 논리적으로 설명해내는 방법이다(권명

광 · 신항식, 2003: 133~135).

이 장에서의 광고분석은 광고의 담화구조로부터 표층구조와 심층구조 순으로 의미의 생성을 역 추적하는 해독(*decoding*)의 행위이다. 이 과정에서 각 수준에 어떤 이항대립항들이 존재하고 그것들은 서로 어떻게 관련되는지를 밝히게 될 것이다. 따라서 이항대립을 추출하는 일은 이 장의 가장 기본적인 작업이다.

(3) 동위소

동위소(*isotopy*)란 '동등하지 않은 단위들에 대한 등가의 원칙'(Greimas, 1983: 82), '이야기의 일관된 독서를 가능케 하는 의미론적 범주들의 반복적인 집합'(김성도, 2002: 109)으로 정의된다. 이야기 혹은 행위주체가 아무리 다양한 모습을 띠고 나타나더라도 토대가 되는 하나의 개념이 어떻게 계속 연장되어서 한 편의 이야기의 동질성을 확보해주는지를 이해시켜주는 개념이다. 예컨대 어떤 광고에서 물, 바람, 숲, 눈보라 등 다양한 장면이 나오더라도, 청중은 '자연'이라는 동위소를 가지고 그 광고를 보기 때문에 전체를 일관성 있게 이해할 수 있다는 것이다.

동위소 개념이 중요한 이유는 무엇일까? 텍스트의 구조는 여러 층위가 서로 병렬, 융합되어 있는 총체인데, 동위소는 이 총체를 '일관된 구성체로 유지시키는 논리적 규칙'(권명광 · 신항식, 2003: 123)이며, 따라서 동위소는 "작품의 통합을 합리화하고 실체화한다"(Greimas, 1983: introduction xxviii.)는 점 때문이다. 이 장에서는 심층구조에서, 표층구조, 담화구조로의 의미생성 과정을 파악함에 있어 동위소 추출 과정을 적극적으로 활용하여 의미 있는 동질성이 확보될 수 있는 광고분석을 시도하려 한다.

(4) 매개항

레비스트로스 신화분석의 핵심은 이항대립이지만, 그는 대립 사이를 매개하는 존재 및 개념에 대해서도 주목했다. 레비스트로스(Levi-Strauss, 1983)는 신화적 사고란 어떤 대립 의식에서 출발되어 그의 점차적 매개로 진행된다고 규정하고, 신화는 대립과 상관에 의해 각 항이 다른 항을 탄생시켜 제 1, 제 2, 제 3 단계의 매개자가 연속적으로 얻어지는 구조를 보인다고 설명했다. 예컨대 코요테나 큰 까마귀는 초식동물과 포식동물의 매개자인데, 이것은 하늘과 땅 사이의 안개와 같은 것이며 전쟁과 농경 사이의 머리가죽 같은 것이고 자연과 문화 사이의 의복과 같은 것이라고 예시하면서, "매개자의 이러한 연쇄는 일련의 논리적 분절을 나타내는 것이며 아메리카 신화의 많은 문제를 해결하게 한다"(p. 215)고 밝혔다.

이 장에서는 영상광고의 서사구조를 이항대립의 관점에서 분석하되, 심층구조에서 그 대립과 갈등을 중재하고 해소하는 매개항으로서의 브랜드(제품 혹은 기업)의 역할에 주목할 것이다.

(5) 기호사각형, 행위소 모델, 서술 프로그램

기호사각형은 '하나의 의미범주가 분절된 양상을 시각적으로 표현한 것'으로서, 반대관계, 모순관계, 함의관계의 세 가지 차이의 관계를 통해 하나의 의미가 어떻게 드러나는지를 살펴보기 위한 도구이다(박인철, 2003: 340~341). 행위소 모델은 텍스트 전체에 등장하는 행위소(행위하는 사람이나 동물, 사물, 혹은 행위가 이루어지게 하는 개념 등)들의 역할이나 기능을 체계적으로 연계시키면서 전체 텍스트가 지향하는 중심적 행위나 역할을 밝혀주는 모델이다(Courtes, 1992: 102~106). 서술 프로그램(PN; *programme narratif*)이란 표층의 서술통사를 부호로 도식화한, 서술의 가변요소 속에서 불변요소를 구분하기 위한 도구로서, 더 이상 넓혀지지도 않고 좁힐 수도 없는 가장 기초적인 이야기로 정의된다(Courtes, 1992: 107-122).

이 장에서는 기호사각형을 중요한 분석 방법으로 사용하여 심층구조, 표층구조, 담화구조에 존재하는 대립항들의 의미작용을 관계적으로 분석하려 한다. 그리고 기호-설화구조의 표층구조 분석에서 행위소 모델을 통해 주요 주체와 그 가치대상, 그리고 보조자/반대자, 발신자/수신자의 관계를 한눈에 보여주려 한다. 또한, 서술 프로그램을 통해 표층구조에 나타난 주체와 가치대상 간의 관계와 그 변화양상을 일목요연하게 파악하고자 한다. 따라서 이 장에서는 기호사각형을 통해 광고 텍스트 각 단계에 존재하는 가치와 그 흐름 그리고 각 단계 가치간의 관계를 규명하려 하며, 행위소 모델과 서술프로그램을 통해 광고 텍스트의 통사적 흐름 속에 있는 다양한 주체와 가치대상이 어떤 계열체적 관계 속에서 진행되는지를 규명하게 될 것이다.

2) 분석의 절차

이 장에서는 텍스트(TTL 광고 토형 편)의 서사구조를 분석하기 위해, 구조기호학적 모델과 방법을 통해 담화구조 및 표층구조의 순으로 각 단계의 의미작용과 그 관계를 살피면서 심층구조에 도달하고자 한다. 즉, 분석 순서는 '담화구조 → 표층구조 → 심층구조'로서 텍스트 의미의 생성경로를 역 추적하는 과정이 될 것이다. 이는 부호화(*encoding*)되어 있는 텍스트의 기호학적 해독(*decoding*)을 위한 필연적 순서라고 할 수 있다.

보다 구체적으로, 담론구조에서 샷의 구성, 표현적 대립과 의미적 대립의 이항대립항 추출, 표층구조에서 동위소를 통한 대립구조 추출, 서술 프로그램과 행위소 모형의 제시, 심층구조에서 동위소 및 의소개념 등을 통한 대립구조 추출, 그리고 기호사각형을 통한 의미구조와 각 단계별 관계성 등을 종합적으로 분석하여 제시하고자 한다. 분석결과는 〈그림 10-1〉과 같이 3단계의 기호사각형이 중첩된 입체도식으로 표현할 수 있다. 이 모델은 엄창호와 신항식(2003)의 선행연구에서 광고분석에 적용된 바 있었다.

〈그림 10-1〉 분석 모델

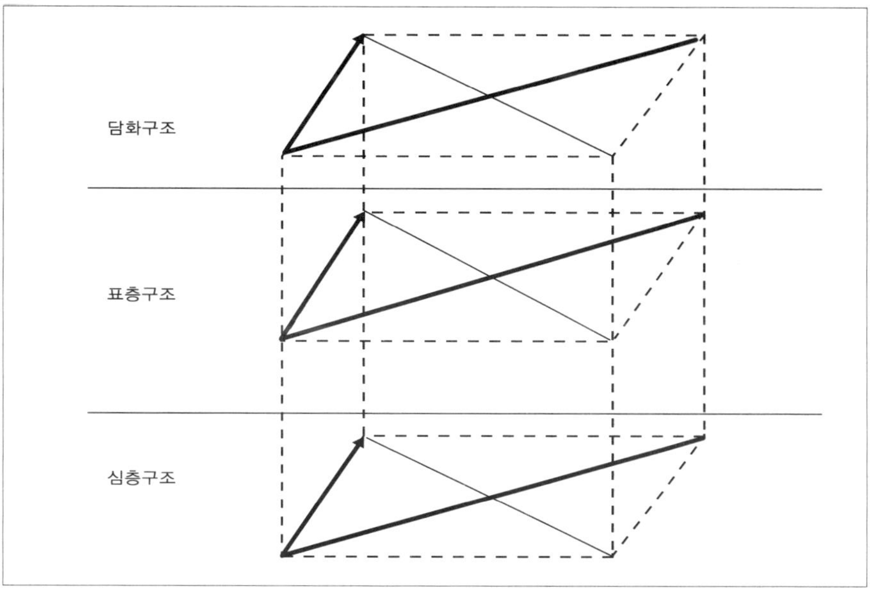

∷ 4. 광고 분석

1) 담화구조

(1) 샷의 구성

텍스트의 통사는 다음 13개의 분절단위로 이루어진 샷(*shot*)으로 구성되어 있다. 분절된 시퀀스와 그 내용, 카메라워크, 카메라앵글, 공간적 배경을 정리하면 〈표 10-2〉와 같다. 카메라워크와 앵글 그리고 배경을 특별히 명기하여 분석대상을 삼은 이유는 카메라 기법과 장면의 전환 등 영상요소들이 메시지 구성과 의미작용에 중요한 역할을 하고 있기 때문이다.

〈표 10-2〉 샷의 구성

샷	내용	카메라워크	앵글	배경
1	고대토형의 무리들이 서 있다.	롱 샷	부 감	분묘 안(어두움)
2	고대토형 2개가 누워있다.	클로즈업	부 감	분묘 안(어두움)
3	현대소녀가 고대토형 사이를 걸어간다.	롱 샷	아이레벨	분묘 안(어두움)
4	현대소녀가 소녀토형을 본다.	롱 샷	아이레벨	분묘 안(어두움)
5	현대소녀의 얼굴	약하게 줌인	아이레벨	분묘 안(어두움)
6	소녀토형의 얼굴	약하게 줌인	아이레벨	분묘 안(어두움)
7	고대토형 사이로 고대소녀 보인다.	롱 샷	아이레벨	분묘 안(어두움)
8	현대소녀의 얼굴	클로즈업	아이레벨	분묘 안(어두움)
9	현대소녀가 소녀토형의 얼굴을 만진다.	클로즈업	아이레벨	분묘 안(어두움)
10	고대소녀가 현대소녀에게 화살을 쏜다.	익스트림 롱샷	아이레벨	벌 판(밝음)
11	현대소녀의 얼굴	강하게 줌인	아이레벨	분묘 안(어두움)
12	현대소녀의 얼굴	클로즈업	아이레벨	분묘 안(어두움)
13	소녀토형의 얼굴	약하게 줌인	아이레벨	분묘 안(어두움)

〈그림 10-2〉 TTL '토형' 편

(2) 통사-의미론적 분석

텍스트의 담화에 존재하는 이항대립항들을 무작위로 나열하면 다음과 같다. '현대소녀 : 고대소녀', '소녀토형 : 고대토형', '벌판 : 분묘내부', '흰 의상 : 검은(흙색, 검붉은 색) 의상', '살 : 흙', '누워있음 : 서 있음', '서 있음 : 걸어감', '걸어감 : 날아감', '롱샷 : 클로즈업(줌인)', '부감 : 아이레벨'. 이와 같은 이항대립항들에는 다음 두 가지 특징이 있다. 첫 번째는 통합체(*syntagm*)와 계열체(*paradigm*)의 관계 속에서 절대적인 대립구도가 설정되지 않고 대립관계에 따라 의미가 상대적으로 추출된다는 점이다. 예컨대 소녀토형은 과거를 뜻하는 고대토형과 대비되어 현재를 의미하지만, 현대소녀에 대비되었을 때는 과거를 의미할 수 있다. 또한, 동작에서 '걸어감'은 '서 있음'과 대비되며 더 활동적임을 의미하지만, '날아감'과 대비되었을 때는 상대적으로 활동성의 정도가 덜하다는 의미를 지닌다. 두 번째는 첫 번째와 밀접히 관련된 것으로, 한 가지 성격으로만 규정할 수 없는 매개항이 존재한다는 점이다. 위에서 거론한 '소녀토형'과 '걸어감'뿐만 아니라 '고대소녀', '클로즈업'이 바로 그 매개항에 속한다. 이처럼 다양한 매개항의 존재는 TTL광고와 같은 '포스트모던 광고' 서사구조의 핵심 중 하나가 될 것이다. 이러한 전제 속에서, 복잡해 보이는 이항대립 항목들을 인물, 배경, 동작, 카메라의 네 가지 항목으로 나누어 살펴보자.

① 인물의 의미작용

텍스트에는 4개의 캐릭터가 등장한다. 현대소녀, 고대소녀, 고대토형, 소녀토형이 그것이다. 이들은 각각 소녀와 토형, 현대와 고대가 서로 중첩되면서 만들어지는 4개의 영역과 정확히 일치한다. 즉 소녀이면서 현대에 해당하는 캐릭터는 '현대소녀'이고, 소녀이면서 고대에 해당하는 캐릭터는 '고대소녀'이며, 토형이면서 현대에 해당하는 캐릭터는 '소녀토형'이고, 토형이면서 고대에 해당하는 캐릭터는 '고대토형'이다. 이를 도표로 보이면 〈표 10-3〉과 같다.

〈표 10-3〉 인물의 관계

	소녀	토형
현대	**현대소녀**	**소녀토형**
고대	**고대소녀**	**고대토형**

텍스트는 현대소녀가 고대토형, 소녀토형, 고대소녀 순으로 모종의 관계를 가

지는 서사적 흐름을 보이고 있다. 따라서 이 광고의 서사구조를 밝히기 위해서는 캐릭터 각각의 관계 양상을 밝히는 작업이 필수적이다. 먼저 현대소녀와 고대토형의 관계를 살펴보자. 샷1과 샷2에서 서 있는 토형 군과 누워있는 두 개의 토형이 등장한 다음, 샷3에서 현대소녀가 토형 사이를 걸어가고 있다. 샷1과 샷2에서 보이는 토형은 부감(俯瞰), 즉 하이앵글로 잡혀진 모습이다. 부감이란 위에서 내려다보는 카메라앵글을 뜻하는 것으로, 주체(보는 사람 혹은 주인공)가 대상보다 우월한 지위에 있음을 의미한다(최이정, 2004: 205). 고대토형이 현대소녀의 시야에 먼저 등장한다는 점과 부감이라는 카메라앵글을 감안하면, 현대소녀와 고대토형이 관계를 맺는 방식은 현대소녀의 우월적 관계에 입각한 '비대결적 만남'이라고 할 수 있다.

그 다음 현대소녀와 소녀토형의 관계를 살펴보자. 현대소녀와 소녀토형의 관계 맺기는 샷4, 5, 6, 8, 9 등 5개의 장면을 통해 이루어지고 있다. 샷4에서 현대소녀가 고대토형 속에 있는 소녀토형을 발견한 다음, 샷5와 6에서 두 인물이 조우한다. 두 인물은 약한 줌인의 카메라워크에 의해 병치(*juxtaposition*)됨으로써, 서로 끌리고 있다는 의미를 전달하고 있다. 윌리엄슨(Williamson, 1978: 17~19)에 의하면 광고는 병치를 통해 두 사물 사이의 의미를 교환하도록 소비자를 초대한다고 한다. 샷8에서는 클로즈업된 소녀가 손으로 소녀토형을 만지는 장면이 펼쳐진다. 마지막 샷12와 샷13에서도 두 인물은 약한 줌인 혹은 클로즈업으로 병치되어 있다. 병치의 기법은 두 캐릭터가 화해 혹은 소통하는 모습을 보여준다. 샷13에서 소녀토형의 약한 줌인 장면 위로 브랜드인 TTL의 로고가 오버랩되는데, 이것은 결과적으로 현대소녀, 소녀토형, 그리고 TTL이 상호 화해 혹은 소통함을 말해준다. 현대소녀와 소녀토형의 관계 맺기는 '화해적 만남'이라 할 수 있다.

그 다음으로, 현대소녀와 고대소녀와의 관계를 살펴보자. 고대소녀는 샷7에서 현대소녀가 소녀토형을 만나는 장면을 엿보았다. 샷10에서 고대소녀는 햇살이 비치고 눈이 뒤덮인 벌판에서 현대소녀를 향해 활을 발사한다. 샷11에서 강한 줌인의 카메라워크 기법으로 화살이 현대소녀를 향해 날아가는 장면이 연출된다. 현대소녀가 소녀토형을 적극적으로 만나는 장면을 엿본 다음, 화살 발사라는 죽임의 행위를 했다는 점에서 현대소녀와 고대소녀의 관계 맺기는 고대소녀의 우월적 관계에 입각한 '대결적 만남'이라 할 수 있다.

〈그림 10-3〉 인물의 의미작용

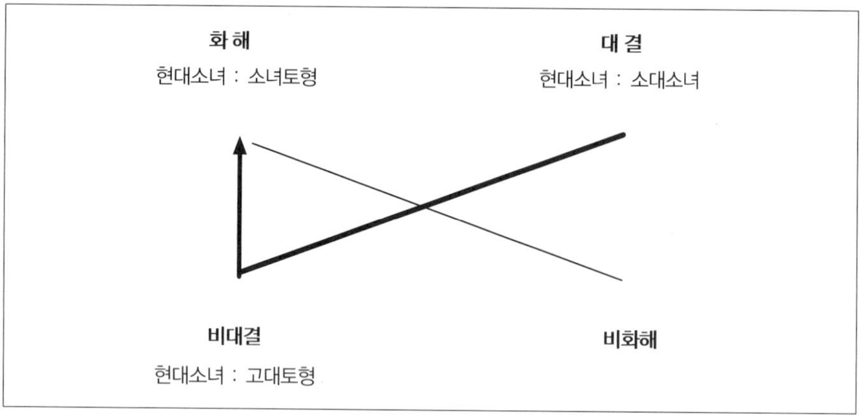

이야기는 현대소녀와 고대토형 간의 '비대결적 만남'에서 현대소녀와 소녀토형의 '화해적 만남'으로, 다시 현대소녀와 고대소녀간의 '대결적 만남'에서 현대소녀와 소녀토형의 '화해적 만남'으로 흐르고 있다. 이를 기호사각형에 투영하면 〈그림 10-3〉과 같다.

② 조형요소의 의미작용

텍스트에서 주된 조형적 요소는 명암과 색상이다. 명암과 색상이 확인될 수 있는 영역은 배경과 의상 두 가지이다. 배경은 토형이 있는 어두운 분묘, 밝은 태양이 빛나고 흰 눈이 뒤덮인 들판 이렇게 두 곳이다. 의상은 현대소녀가 입고 있는 흰색 원피스, 고대토형과 소녀토형이 입고 있는(토형 그 자체 색상인) 흙색 그리고 고대소녀가 입고 있는 검붉은 색 귀족의상의 세 종류가 있다. 이를 이항대립으로 표시하면 '소녀의상(흰색) : 토형의상(흙색)', '소녀토형 의상(밝은 흙색) : 고대토형 의상(검은 흙색)', '현대소녀 의상(흰색) : 고대소녀 의상(검붉은 색)', '벌판(태양, 눈) : 분묘내부'이다. 이제 이러한 이항대립 항목들을 통해 동위소를 추출해보자. 동위소의 하나는 토형의상과 대비되는 소녀의상, 고대토형 의상과 대비되는 소녀토형 의상, 고대소녀 의상과 대비되는 현대소녀 의상, 분묘내부와 대비되는 벌판에서 얻어지는 '밝음'이다. 다른 하나는 반대로 소녀의상과 대비되는 토형의상, 소녀토형 의상과 대비되는 고대토형 의상, 현대소녀 의상과 대비되는 고대소녀 의

〈그림 10-4〉 조형요소의 의미작용

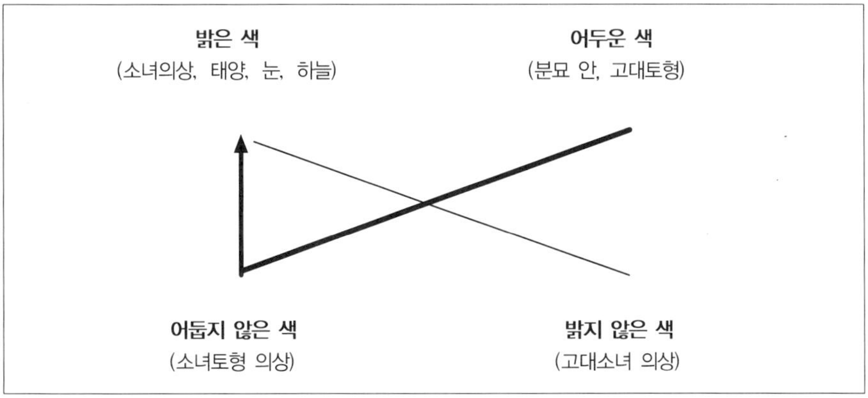

상, 벌판과 대비되는 분묘 안의 '어두움'이다. 이를 상동성의 관계로 표시하면 다음과 같다. '≃' 기호는 상동관계를 뜻한다.

소녀의상 : 토형의상 ≃ 소녀토형 의상 : 고대토형 의상 ≃
현대소녀 의상 : 고대소녀 의상 ≃ 벌판 : 분묘 안 ≃ 밝음 : 어두움

명암과 색상은 크게 밝은 색과 어두운 색을 대립의 축으로 하여 〈그림 10-4〉와 같이 기호사각형 안에 배치될 수 있다.

③ 동작의 의미작용

텍스트에서 확인할 수 있는 동작의 항목들은 누워있음(고대토형), 서 있음(고대토형 및 소녀토형), 걸어감(현대소녀 및 고대소녀), 날아감(화살)이다. 이 항목들은 '서 있음 : 누워있음', '걸어감 : 서 있음', '날아감 : 서 있음' 등의 이항대립 목록을 만들면서 전체적으로 '움직임'과 '멈춤'이라는 동위소를 구성하고 있다. 즉, 누워있음과 대비되는 서 있음, 서 있음과 대비되는 걸어감, 서 있음과 대비되는 날아감에서 '움직임'이라는 동위소가 구해지며, 반대로 서있음과 대비되는 누워있음, 걸어감과 대비되는 서 있음, 날아감과 대비되는 서 있음에서 '멈춤'이라는 동위소가 얻어진다. 이를 상동성의 관계로 표시하면 다음과 같다.

〈그림 10-5〉 동작의 의미작용

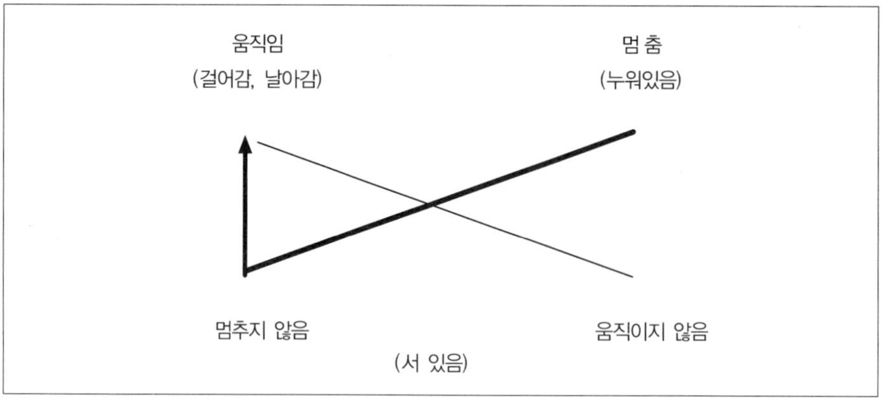

서 있음 : 누워있음 ≃ 걸어감 : 서 있음 ≃ 날아감 : 서 있음 ≃ 움직임 : 멈춤

따라서 동작의 의미작용은 '움직임 : 멈춤'이라는 대립구조를 바탕으로 〈그림 10-5〉와 같이 기호사각형에 투영될 수 있다.

④ 카메라워크의 의미작용

텍스트에서 확인될 수 있는 카메라워크의 요소들은 강한 줌인, 약한 줌인, 클로즈업, 롱샷, 익스트림 롱샷이다. 이들 카메라워크는 텍스트에서 '클로즈업 : 롱샷', '줌인 : 롱샷'의 이항대립으로 구체적으로 대비된다. 클로즈업이나 줌인은 롱샷에 비해 '드러남'의 의미를 지닌다(최이정, 2004: 210). 반대로 롱샷은 클로즈업이나 줌인에 비해 '숨김'의 의미를 가진다. 따라서 카메라워크의 대립구조에서 '드러남 : 숨김'의 대립적 동위소를 얻을 수 있다. 이를 상동성의 관계로 표시하면 다음과 같다.

클로즈업 : 롱샷 ≃ 줌인 : 롱샷 ≃ 드러남 : 숨김

카메라워크의 의미작용은 '드러남 : 숨김'이라는 대립구조를 바탕으로 〈그림 10-6〉과 같이 기호사각형에 투영될 수 있다.

〈그림 10-6〉 카메라워크의 의미작용

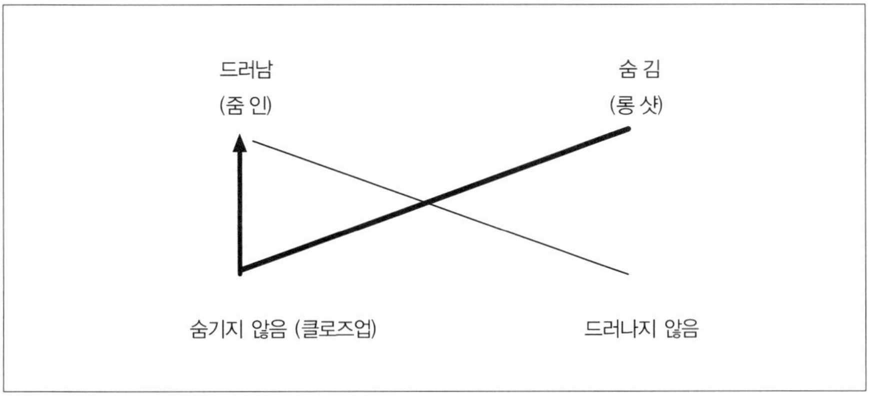

2) 표층구조

(1) 표층의 의미작용

이상에서 인물의 의미구조 분석을 통해 '화해 : 대결'의 대립구조를, 조형요소의 의미구조 분석을 통해 '밝음 : 어두움'의 대립구조를, 동작의 의미구조 분석을 통해 '움직임 : 멈춤'의 대립구조를, 카메라워크의 의미구조 분석을 통해 '드러남 : 숨김'의 대립구조를 추출해낼 수 있었다. 이세, 텍스트의 담화에 존재하는 이와 같은 내립구조를 통해 표층의 대립구조를 발견해보자. 표층의 대립구조는 담론에 존재하는 위와 같은 대립항들의 동위소 추출 과정을 통해 찾을 수 있다. 표층에 존재하는 네 가지 대립항들은 이미 동위소 추출을 통해 확정된 것이다. 다시 이들의 동위소를 추출하는 것은 담론의 기저인 표층의 의미구조가 담론의 의미구조와 상동성의 관계에 있음을 거듭 보증해주는 작업이다. 앞에서 언급했듯이 표층구조란 '발화자가 발화이전에 근거해야 할 구조'라는 정의를 다시 상기할 필요가 있다.

표층구조에 존재하는 대립항에는 두 개의 계열체가 있다. 하나의 계열체(계열체A)는 '화해', '밝음', '움직임', '드러남'이고 또 다른 계열체(계열체B)는 '대결', '어두움', '멈춤', '숨김'이다. 이러한 과정을 거쳐 우리는 계열체A에서 '소통'(즉 커뮤니케이션)이라는 동위소를 얻을 수 있으며, 계열체B에서 '불통'이라는 동위소를 얻을 수 있다. 소통이란 누구와 대립하기 위함이 아니라 화해하기 위한 것이며 이는

〈그림 10-7〉 담화와 표층의 의미작용

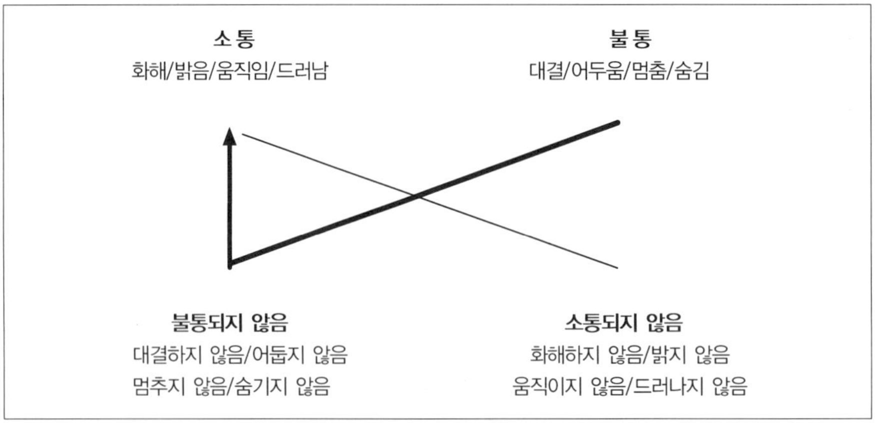

어두운 곳에서가 아니라 밝은 곳에서 이루어진다. 또한, 소통하기 위해서는 정신적·육체적 행위를 멈추지 않아야 하며, 이것은 곧 어떤 메시지를 드러내는 일이기도 하다. 또한 불통이란 만남이나 화해가 아닌 대립의 결과이고, 밝고 명명백백한 방식이 아니라 어둡고 음산한 방식일 터이다. 움직이지 않고 멈추는 것과 드러내지 않고 숨기는 일은 불통의 전제조건이다. 표층구조의 의미작용은 이렇듯 소통과 불통의 대립구조를 통해 이루어진다. '소통 : 불통'이라는 표층구조의 의미작용을 '화해 : 대결', '밝음 : 어두움', '움직임 : 멈춤', '드러남 : 숨김'이라는 담화구조와 함께 기호사각형에 투영하면 〈그림 10-7〉과 같다.

(2) 서술 프로그램과 행위소 모델

이제 이상과 같은 내용을 토대로 서술 프로그램(PN)과 행위소 모델을 통해 기호-이야기체 표층구조의 통사를 확인할 수 있게 되었다. 먼저 서술 프로그램을 살펴보자. 위의 내용을 통해 주요 행위주체는 현대소녀(S1)이고 대상은 소통(O)이며, 소녀토형(S2), 고대소녀(S3), 고대토형(S4)이 또 다른 주체로 상정될 수 있다. 현대소녀는 고대토형의 군상 속에서 소녀토형을 발견한다. 처음에는 고대토형이 소녀토형을 가리고 있었지만, 시퀀스상으로 현대소녀는 어렵지 않게 소녀토형을 발견한다. 그리고 두 캐릭터는 서로에게 끌리며 현대소녀가 손으로 소녀토형의 얼굴을 만지는 '화해적 만남'을 갖는다. 이를 서술 프로그램으로 나타내면 다음과 같다.

$$PN = F \left[S4 \rightarrow (S1 \cup O) \rightarrow (S1 \cap O) \right] \; 1$$

고대소녀는 현대소녀가 소녀토형을 보고 다가가는 장면을 토형 군상의 틈새로 엿보다가, 현대소녀가 소녀토형을 만진 후에 벌판에서 활을 쏘는 '대결적 만남'을 펼친다. 현대소녀의 소녀토형에 대한 '화해적 만남'의 행위를 중단시킨 것이다. 하지만 시퀀스상으로 '대결적 만남' 이후 현대소녀와 소녀토형은 병치를 통해 소통한다. 즉, 고대소녀는 현대소녀와 소녀토형의 사이를 연접에서 이접으로 변화시킨 다음 다시 이접에서 연접으로 변화시키는 것이다. 이를 서술 프로그램으로 나타내면 다음과 같다.

$$PN = F \left\{ S3 \rightarrow \left[(S1 \cap O) \rightarrow (S1 \cup O) \rightarrow (S1 \cap O) \right] \right\}$$

행위의 의미론적 단위는 표층적인 인물의 행위를 중심으로 '주체-대상', '결정권자-피결정권자', '협조자-반대자'와 같은 대립적 관계를 탄생시키는데, 이를 정식화한 것이 행위소 모형 혹은 행위소 구조라고 한다는 점은 앞에서 설명한 바 있다. 이제, 텍스트의 통사론적 구조를 행위소 모델에 투영하여 확인해보자. 행위소 모형은 주체를 누구로 상정하느냐에 따라, 그리고 어떤 단계인지에 따라 다양하게 만들어지지만, 텍스트의 주된 캐릭터인 현대소녀를 중심으로 구성하면 〈그림 10-8〉과 같다.

① 욕구의 축(주체-대상의 축): 텍스트는 현대소녀가 소녀토형과 '적극적 만남'을 갖는 여정을 보여주고 있다. 이것이 텍스트에 나타난 사건의 기본적인 시발점이기 때문에 이야기를 주체적으로 이끌어 가는 동기가 된다.

② 교환의 축(발신자-수신자의 축): 텍스트는 후반부에서 병치를 통해 소녀토형

1. 서술 프로그램은 보통 PN = F(……)의 형식으로 표시된다. PN은 서술 프로그램(*Programme Narratif*)의 두음이며, F는 기능(*Function*)의 두음이다. 이 도식은 행위주체와 가치대상 간의 관련 양상과 그 변화를 표현하려는 것이다. 주체를 S, 대상을 O라고 했을 때 주체가 대상을 획득/소유/향유하고 있는 경우, 연접(*conjunction*)상태라고 표현하고 'S∩O'라고 표시한다. 반대로 주체가 대상을 잃거나 빼앗기거나 소유하지 못한 경우, 이접(*disjunction*)상태라고 표현하고 'S∪O'라고 표시한다. 주체가 대상과 연접되었다가 이접되었으면 'S∩O → S∪O'로, 그 반대의 경우는 'S∪O → S∩O'로 표시한다.

〈그림 10-8〉 행위소 모델

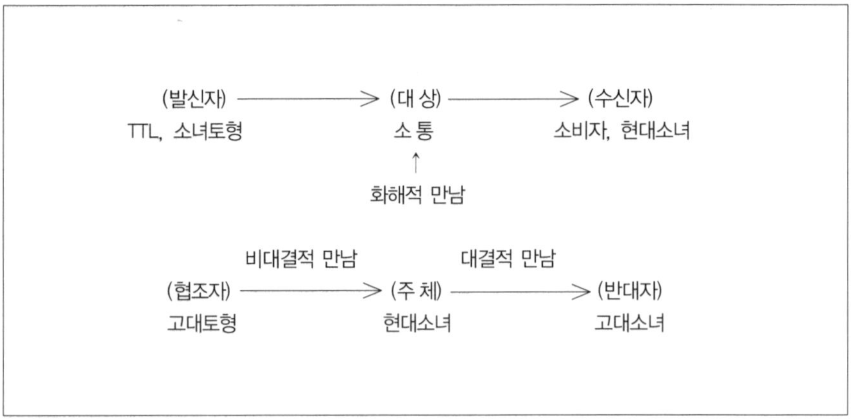

과 현대소녀가 동화, 소통하는 모습을 보여준다. 마지막 TTL의 로고는 그러한 동화와 소통이 TTL을 통해 가능하다는 점을 암시한다. 이는 현대소녀의 소녀토형에 대한 욕구의 원인 혹은 자명성을 설명해주는 축이다.

③ 관계의 축(협조자-반대자의 축): 현대소녀는 분묘 안의 고대 토형군 속에서 소녀토형을 만나기 때문에 고대토형은 욕구를 실현시켜주는 소극적인 협조자라고 할 수 있다. 또한, 현대소녀는 소녀토형과의 '적극적 만남'을 시도한 이후 고대소녀로부터 화살을 받기 때문에 고대소녀는 현대소녀의 반대자인 것이다. 도움과 반대의 관계는 텍스트의 긴장을 유발한다고 하겠다.

3) 심층구조

심층구조와 표층구조의 관계에 관한 플로슈의 언급을 다시 한번 상기해보자. 심층구조란 텍스트가 채택하고 개척하는 본질이고 표층구조는 그 본질이 제공된 순간으로부터 특별한 서사적 기능을 가진 특성을 선택하는 지점이다(Floch, 2001: 139~140). 표층구조인 '소통 : 불통'의 대립구조에 내재하면서 그보다 더 심층적인 위치에서 '소통 : 불통'의 대립을 유발하는 본질적인 가치체계는 무엇인가?

여기서 텍스트의 심층구조는 현실적 갈등의 '은유적 치환'이라는 레비스트로스(Levi-Strauss, 1983)의 관점을 다시 한번 상기할 필요가 있다. 이 관점을 수용한다면, 이 광고가 집행될 당시 어떠한 현실적 갈등이나 딜레마가 존재했는지 따져보는 것은 심층구조의 규명을 위해 매우 유용한 일이 될 것이다.

이 광고 캠페인이 시작되기 전인 1999년 초, SK텔레콤은 당시 이동통신 시장의 선도 브랜드인 '011'이 후발주자인 016, 018, 019 등 PCS폰에 비해 20대 전후 젊은 층에 취약한 '아저씨 브랜드'의 이미지를 띠고 있는 현상에 대한 대응전략에 고심하고 있었다(강제승, 2000). 한 번 선택하면 브랜드 변경이 잘 일어나지 않는 이동전화의 특성과 이미 포화상태에 도달한 20대 후반 이후 연령층의 시장 여건을 고려한다면 20대 초반 연령층에서의 열세는 향후 시장 주도권 고수에 있어서 위협적인 상황으로 지적되었던 것이다. 011의 기존 이미지를 버리면 기존 고객의 이탈이 예상되고, 고수하면 신규고객의 유입이 어려운 상황, 그것이 바로 SK텔레콤의 딜레마였다. 당시 SK텔레콤이 시장에서 싸워야 할 관념의 벽은 '011은 낡고 PCS는 새롭다'는 것이었는데, 본질적인 문제는 011의 낡은 이미지를 버리고 새로운 이미지를 형성시킬 수 없다는 데에 있었다. 이런 딜레마 속에서 탄생한 결과가 바로 TTL 브랜드였다.

'스무살의 011'이라는 브랜드슬로건이 말해주듯, TTL은 011에 대한 든든한 브랜드 자산을 유지하면서 20세 전후의 신규고객을 유치하기 위해 만들어진 해결책으로 제시된 브랜드였다. TTL광고에는 바로 이 '오래된 것'과 '새 것'의 모순과 딜레마 그리고 그 해결방식이 은유적으로 치환되어 있다. 이 광고담화의 핵심은 네 인물, 즉 현대소녀, 고대소녀, 소녀토형, 고대토형의 관계와 변화의 양상이라는 점은 위에서 살펴본 바와 같다. 그런데 이 광고에는 흥미롭게도 각각의 인물이 TTL은 물론 당시 경쟁자인 PCS폰, 모 브랜드인 011, 광고 타깃인 20대 전후의 젊은층과 은유적으로 밀접히 연계되어 나타나 있다.

먼저 '현대소녀'는 이동통신에 대하여 대단히 큰 선호도를 갖고 있던 20세 전후 젊은층(1823 세대)의 은유적 치환으로 보인다. '현대소녀'는 '새 것'이라는 전제 위에 놓여 있지만, '고대' 및 '토형'과 관련된 배경이 말해주듯 광고를 통해 '오래된 것'을 새롭게 해석하도록 유도되는 존재이다. 예컨대 토형이 있는 분묘를 돌아봐야 하고 고대소녀의 활로 죽임의 대상이 되기까지 하는데, 그것은 '오래된 것'과 '새 것'의 관계 인식에 관한 모종의 역할을 부여받는 통과제의의 과정이라고 이해된다. 이러한 과정을 거친 현대소녀는 '새 것'과 '오래된 것'의 갈등과 모순을 해소하는 긍정적 매개자로 등장한다.

'고대소녀'는 젊은 층을 향해 활발한 마케팅 활동을 펼치던 PCS폰의 은유적 치환으로 해석된다. '고대소녀'는 소녀라는 점에서는 '새 것'을 표상하지만 고대풍의 의상을 입고 고대에 어울리는 행위(활쏘기)를 한다는 점에서는 '오래된 것'을 표상한다. 즉 고대소녀는 '새 것'과 '오래된 것'의 의미를 동시에 갖는 매개인물이되, 부정적으로 묘사된다는 점에서 '부정적 매개인물'로 등장한다. 고대소녀는 현대소녀가 TTL의 은유인 소녀토형과 화해하려고 하자, 활 쏘는 행위를 통해 이를 방해하고 그 소통을 차단하려 한다. 하지만 고대소녀의 이러한 행위는 현대소녀의 부활 혹은 새로운 탄생으로 인하여 실패하게 된다.

〈표 10-4〉 인물의 은유적 치환

	소녀	토형
현대	현대소녀(←1823세대)	소녀토형(←TTL)
고대	고대소녀(←PCS폰)	고대토형(←011)

토형은 SK텔레콤 이동통신 상품의 은유적 치환으로 해석된다. 토형이라는 전통적 유물을 통해, SK텔레콤이 이동통신 시장에서 역사와 전통 그리고 본원적 가치를 갖고 있는 존재임을 말하려 했던 것이다. 그리고 토형의 두 가지 형태인 '고대토형'과 '소녀토형'은 각각 011과 TTL의 은유적 치환으로 해석된다. 고대토형 즉 011은 '오래된 것'으로 표상되지만 현대소녀와의 비대결적 만남 이후 소통의 가능성을 보여주는 존재이다. 소녀토형, 즉 TTL은 고대토형, 즉 011로부터 새롭게 탄생한 존재로 표상되고 있다. 소녀토형 역시 '새 것'과 '오래된 것'을 동시에 담지하고 있는 매개인물이되, 비록 PCS폰을 은유하는 고대소녀의 방해를 받기는 하지만 현대소녀가 적극적인 화해적 만남 이후 소통하고 싶어하는 '새 것'의 범주에 속해있기 때문에 '긍정적 매개 인물'로 규정할 수 있다. 이상의 내용을 요약한 〈표 10-4〉는 현실의 항목들이 어떤 인물로 '은유적 치환'되었는지를 보여주고 있다.

이처럼 네 인물은 모두 '새 것'과 '오래된 것'의 대립적 가치를 배경으로 소통(커뮤니케이션)과 불통(노-커뮤니케이션)의 관계 속에서 현실적 모순과 딜레마를 은유적으로 표상하고 있다. 네 인물 중에서도 TTL 제품의 은유적 치환에 해당되는 소녀토형과 TTL 제품 및 광고 타깃의 은유적 치환에 해당되는 현대소녀는 긍정적 매개자로서 자격시련2을 요구받는 신화적 영웅의 지위를 부여받는다.

이상의 분석을 통해 이 광고 텍스트 서사의 심층에는 '새로운 것'과 '오래된 것'

의 가치가 존재하고 있음이 확인된다. 그렇다면 '새로운 것 : 오래된 것'의 대립이 바로 표층구조의 '소통 : 불통'의 대립을 유발하는 본질적인 가치체계, 다시 말해서 심층구조라는 사실이 자연스럽게 추론된다. 즉 '새로운 것 : 오래된 것'은 표층구조의 '소통 : 불통'의 가치적 대립을 생성하면서 다시 담론구조에서의 '화해 : 대결', '밝음 : 어두움', '움직임 : 멈춤', '드러남 : 숨김'의 가치대립을 발현하는 본질적 가치체계인 것이다. 이제, 담화의 의미구조, 기호-이야기체 구조의 표층과 심층의 의미구조를 〈그림 10-9〉와 같이 하나의 도식 속에서 일목요연하게 파악할 수 있게 되었다.

〈그림 10-9〉 TTL광고의 의미구조

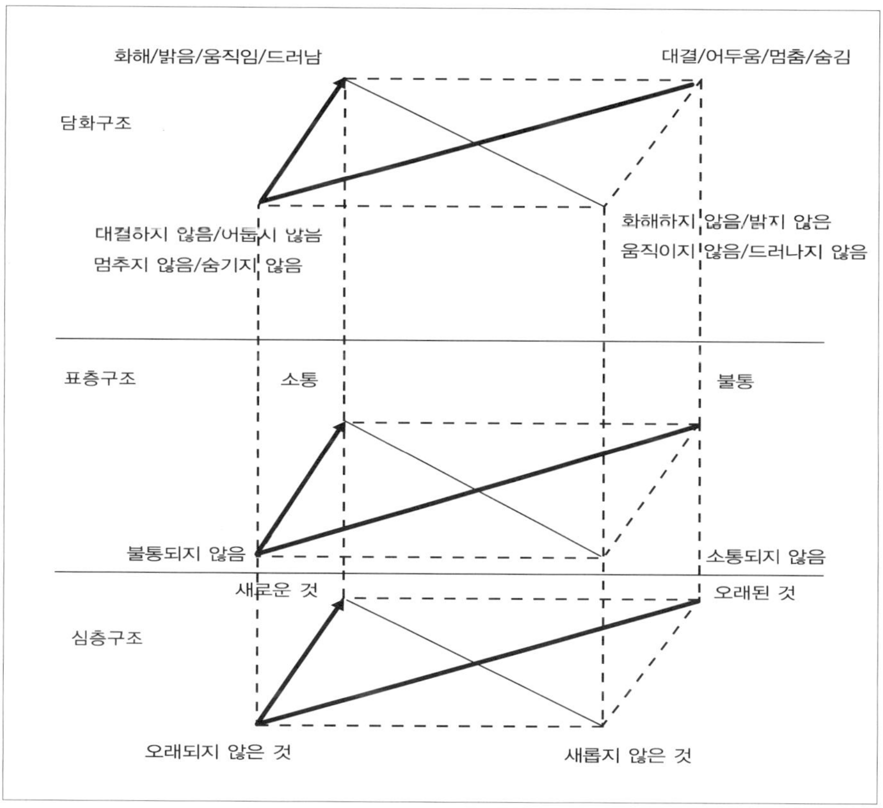

2. 자격시련(*qualification test*)은 Greimas의 '서사도식'(*narrative schema*) 모델에서 사용되는 용어로, '주체가 시험, 경쟁, 통과의식을 거쳐 어떤 자격을 부여받는 일'을 말한다. 서사도식에 관해서는 Floch(2001; 48~55) 참조.

:: 5. 맺음말

이 장에서는 우리나라 '포스트모던' 광고의 대표적인 텍스트로 꼽히는 TTL광고(토형 편)의 서사구조를 그레마스의 '의미의 생성경로' 모델에 입각하여 분석하고 '은유적 치환'의 개념으로 그 의미를 해석해 보았다. 주요 내용은 다음 두 가지로 요약된다.

첫째, TTL광고(토형 편)의 심층구조에는 '새로운 것 : 오래된 것'의 대립구조가 존재하며, 이러한 심층의 대립구조는 표층구조에서 '소통 : 불통'의 대립으로, 담화구조에서 '화해 : 대결', '밝음 : 어두움', '움직임 : 멈춤', '드러남 : 숨김'으로 다양하게 발현되고 있음을 확인할 수 있었다. 이러한 결과는 서사구조의 해체라는 기존 연구와는 상이한 결과이다. 따라서 광고 한 편만을 본격적으로 분석한 이 장의 결과를 바탕으로 향후 우리나라 '포스트모던' 광고에 대한 전반적인 재검토가 이루어져야 할 것으로 보인다

둘째, '새로운 것 : 오래된 것'의 심층적 대립구조에는 당시 SK텔레콤이 처해있던 마케팅적 딜레마가 은유적으로 치환되어 나타난 것으로 확인되었다. 새로운 커뮤니케이션 방식이 첨단의 소재를 통해서가 아니라 토형이라는 오래된 유물을 통해 제시될 수밖에 없었던 이유는 바로 기존고객과 신규고객 간의 딜레마를 해결하기 위한 해결책이었던 것으로 보인다. 이 과정에서 TTL브랜드는 새로운 것과 오래된 것의 갈등을 해소하고 화해적 타협점을 찾아주는 신화적 영웅의 지위를 부여받게 된다는 점을 확인할 수 있었다(엄창호, 2005).

그동안 광고 텍스트의 의미와 가치체계를 규명하는 방법으로 사회과학에서의 내용분석(*content analysis*) 방법이 주로 활용되었다. 하지만 내용분석은 많은 양의 텍스트를 체계적으로 수량화시킴으로써 메시지의 내용과 형식의 특성을 밝힐 수 있다는 장점에도 불구하고, 현시적 내용 아래 감추어진 잠재적 의미를 밝히는 데는 많은 한계를 안고 있다. 이는 광고 텍스트의 표면가치와 함께 텍스트 저변에 담긴 심층가치가 입체적인 관계 속에서 구조적으로 분석되었을 때 극복될 수 있다. 이 장에서는 텍스트의 의미가 심층구조-표층구조-담화구조의 가공적인 층위를 거치며 생성되고 발현된다는 그레마스의 '의미의 생성경로' 모델을 바탕으로, 광고 텍스트를 중첩된 의미의 입체적 구조물로 파악함으로써 내용분석의 한계를 극복할

수 있었다.

의미의 생성경로, 기호사각형, 은유적 치환 등 구조기호학적 모델은 광고연구뿐만 아니라 광고창작에서도 다양한 맥락에서 충분히 활용될 수 있다. 이 장의 결과를 통해 수립할 수 있는 하나의 유용한 가설은, 광고의 의미 및 가치체계는 심층구조에서부터 표층구조, 담화구조에 이르기까지 일관된 규칙에 의해 조직화되어 있을수록, 그리고 현실적 딜레마가 은유적으로 정밀하게 치환될수록 더 넓은 공감대를 형성할 수 있다는 사실이다. 광고 텍스트의 일관된 조직화를 위해서는 먼저 사회문화적인 가치대립 관계가 심층구조에서 명확히 설정되어야 하고, 시장에서의 현상적인 표층구조의 의미대립 관계가 전략적으로 수립되어야 하며, 이에 따라 표적 청중의 취향과 추세에 부합하는 담화구조가 확정되어야 한다. 이러한 논의들이 광고창작에 반영되었을 때, 광고 메시지가 자연스럽게 수용되는 효과적인 광고를 만들 수 있을 것으로 판단된다.

현재 광고학의 권력(푸코의 용어로 말하면 지식-권력)을 장악하고 있는 연구방법론은 논리실증주의이다. 논리실증주의는 경험과 관찰만이 진리에 이르게 한다는 영국의 경험론과, 지식은 도구가 됨으로써만 진리가 된다는 듀이의 실용주의(혹은 도구주의) 전통에 맥이 닿아 있다. 실증주의는 그것과 전혀 다른 세계관에 입각한 구조주의, 기호학, 문화연구 등의 탈 근대적, 역사적 방법론을 '질적 연구'라는 이름으로 자신의 휘하에 거느리려고 할 정도로 막강한 위용을 자랑하고 있다. 실증주의가 하나의 유용한 연구방법론이라는 사실이 부정될 수는 없지만, 실증주의만이 유일한 연구방법론이라는 그 철저한 배타성은 실증주의의 한계이자 학문적 오만이다. 광고학이 실증주의적 배타성을 극복하고 학제간(學制間) 연구 및 방법론간(方法論間) 연구라는 보편적 흐름을 수용할 때, 우리 사회에 보다 유용한 학문으로 자리잡게 될 것이다.

••• 생각해볼 문제

1. 본문에서의 분석방법을 이용하여 최근의 광고들을 분석해보자.

2. 본문에서의 분석방법이 광고창작시 어떻게 활용될 수 있으며, 그 장점은 무엇인지 확인해보자.

3. 본문에서 소개한 그레마스 서사이론(구조기호학) 이외에 광고분석에 적용할 수 있는 서사이론에는 어떤 것들이 있으며, 그 장단점은 각각 무엇인지 비교해보자.

••• 참고문헌

강명구(1993). "포스트모던 광고의 상품미학 비판". 《소비대중문화와 포스트모더니즘》. 서울: 민음사. pp.181~216.

강제승(2000). "브랜드의 타깃 동일화와 감성소구로 시장 위기를 기회로 반전". 《광고정보》 1월호, pp.69~76.

권명광 · 신항식(2003). 《광고커뮤니케이션과 기호학》. 서울: 문학과경계사.

김성도(2002). 《구조에서 감성으로》. 서울: 고려대출판부.

______(2003). "자동차 광고 텍스트의 의미작용에 대한 구조생성기호학적 접근: 소비의 가치부여 유형을 중심으로". 《광고연구》 59: 49~67.

박인철(2003). 《파리학파의 기호학》. 서울: 민음사.

백선기(2002). "텔레비전 광고의 의미구성과 이데올로기". 《텔레비전 문화의 기호학》. 서울: 커뮤니케이션북스. pp.329~376.

엄창호(2005). "영상광고의 신화적 성격에 관한 연구". 《한국광고홍보학보》 7(2): 105~154.

______ · 신항식(2003). "광고의 서사성에 관한 구조기호학적 연구: TV광고의 의미생성 경로를 중심으로". 《광고연구》 59: 111~136.

이수범(2000). "텔레비전 광고에 나타난 신세대 소비문화의 특성에 관한 연구: TTL의 함축의미를 중심으로". 《프로그램/텍스트》 2: 109~147.

최이정(2004). 《영상제작론》. 서울: 커뮤니케이션북스.

Courtes, J.(1992). 오원교 역. 《담화분석을 위한 기호학 입문》. 서울: 신아사.

Fiske, J.(1994). *Introduction to Communication Studies*, London: Loutledge.

Floch, J.-M.(2001). *Semiotics, Marketing and Communication*(Robin Orr Bodkin trans.). New York: Palgrave.

Greimas, A.-J.(1983). *Structural Semantics: An Attempt at A Method*(D. McDowell, R. Schleifer and A. Velie trans.). Lincoln: University of Nebraska Press.

Greimas, A.-J., & J. Courtes(1993). *Semiotique: Dictionnaire raisonnaire de la theorie langage*. Paris: Hachette.

Kellner, D.(1995). *Media Culture: Cultural Studies, Identity and Politics Between the Modern and the Postmodern*. London: Routledge.

Levi-Strauss, C.(1983). 김진욱 역. 《구조인류학》. 서울: 종로서적.

Prince, G.(1982). 최상규 역. 《서사학이란 무엇인가》. 서울: 예림기획.

Scholes, R.(1974). *Structuralism in Literature: An Introduction*. New Haven: Yale University Press.

Whang, I.(1993). "A Structuralist Narrative Analysis of Television Evening News Coverage of the Homeless: 1985~1991". Unpublished Doctoral Dissertation, Ohio State University.

Williamson, J.(1978). *Decoding Advertisements: Ideology and Meaning in Advertising*. London: Marion Boyars.

제 11 장

방송광고 비평에 대한 수용자 반응 접근

이 현 우

지금까지 방송광고 텍스트의 해독과 비평에는 다양한 접근이 이루어져 왔다. 그 대표적인 방법으로 기호학적 접근방법, 인지심리학적 접근방법, 신화 · 서사적 접근방법, 시각 커뮤니케이션 접근방법, 상징해석 접근방법 등을 들 수 있다. 그러나 애매한 방송광고 텍스트에 내한 본격적인 비평은 미흡한 실정이다. 방송광고 안에서 의미의 애매성이 증대되는 현상에 대해서는 커뮤니케이션 효과 측면이나 전달과정 중심의 부분적인 접근으로는 한계가 있다. 따라서 애매한 광고 텍스트의 의미작용 과정을 수용자 반응을 통해 규명하려는 시도는 광고비평의 스펙트럼을 풍부하게 하는 데 일정한 기여를 할 것이다.

문학이나 연극, 미술 등의 예술비평 분야에서는 다의성(*polysemy*)이라는 주제와 관련해서 상당한 성과를 이루고 있지만 커뮤니케이션의 영역, 특히 광고에서는 기호학, 수사학의 영역에서 이루어져 온 단편적 접근을 제외하고는 텍스트비평이 활발하지 않은 편이다. 이러한 접근방법에 있어서도 대부분의 연구는 텍스트의 구조나 의미분석 차원에서 연구자의 직관이나 주관적 해석에 의존하고 있는 실정이다.

특히 방송광고 텍스트의 애매성은 수용자들의 채워 넣기(*fill-in*) 또는 해석에 의해서만 의미작용이 완성된다는 논리로 귀결된다. 따라서 광고 커뮤니케이션을 구성하는 3요소인 송신자-광고 텍스트-수용자의 상호 작용 과정을 총체적인 비평의 관점에서 접근하는 것은 매우 의미 있는 일이다. 이 장에서는 애매한 방송광고 텍스트가 수용자의 반응과 비평을 통해 어떻게 의미작용 하는지에 대해 체계적인 분석틀을 통하여 알아보고자 한다.

:: 1. 텍스트 비평, 왜 수용자를 주목하는가?

오늘날의 광고는 송신자의 의도를 그대로 수용자에게 전달하는 것이 아니라 수용자의 능동적이고 주체적인 해석(*reading* 또는 *decoding*)에 의해 의미가 완성되는 특징을 지니고 있다. 이러한 현상은 광고 텍스트에 있어 영상 메시지가 중심요소를 이룸으로써 의미의 애매성이 증대되었다는 설명과 맥락을 같이 한다. 광고 텍스트가 언어적 메시지 중심일 때는 의미전달이 비교적 명확했으나 시각적 메시지가 광고의 중요한 구성요소가 됨으로써 다의적 해석의 여지를 더욱 증대시키고 있다.

달리 말하면 상품 자체에서 차별화되는 브랜드 이미지나 경쟁적 우위점을 확보하기가 힘들다는 마케팅 환경과도 밀접한 관련성이 있다. 이는 메시지 송신자의 의도만으로 의미가 구비되는 것이 아니라 수용자의 경험 또는 인지와 감성체계 속에 이미 존재하는 심리적 요인과 결합되어서 비로소 의미작용이 완결된다는 점과도 관련이 있다. 이처럼 광고 안에서 의미의 애매성이 증대되는 현상은 커뮤니케이션을 송신자 의도의 전달과정으로 보는 송신자 중심의 접근방법으로는 충분한 설명을 할 수 없다는 인식을 낳게 되었다.

이러한 관점에서 보면 텍스트를 완성시키고 텍스트의 의미를 최종적으로 결정짓는 요인은 수용자들의 비평이다. 광고비평에 대한 이러한 인식의 변화는 텍스트 중심의 광고비평에 대한 반성을 낳게 되었다. 왜냐하면 광고 텍스트는 송신자 의도 및 기호화의 산물이며 동시에 수용자에 의한 비평 대상이기 때문이다.

∷ 2. 수용자 반응비평의 토대 또는 계보

광고를 '의미전달을 위해 생산된 메시지를 담는 텍스트'라고 본다면 이 텍스트를 해석하는 주체와 해석양식은 매우 중요하다. 광고를 의미작용의 형태로 보는 관점은 커뮤니케이션 연구에서 중심이 되어왔던 효과이론(*effect theory*)에서 벗어나 광고의 의미구성방식과 광고의 사회적 작용에 대한 연구에 중심을 둔다. 이때 광고 메시지의 의미는 텍스트와 독자 간에 일어나는 대화적인 상호작용이며 능동적 교섭의 과정에서 생산되는 사회적 산물로 볼 수 있다.

수용자 연구와 관련된 질적 접근방법으로는 후설(Husserl) 등에 의해 창시되어 광범위한 학문적 스펙트럼을 형성하고 있는 현상학, 해석학, 미드(Mead)와 블루머(Blumer) 등의 사회학자에 의해 정교화된 상징적 상호작용론(*symbolic interactionism*), 가핑클(Garfinkel) 등에 의해 본격적인 방법론으로 정립되기 시작한 민속방법론(*ethnomethodology*)등을 들 수 있다. 또한 커뮤니케이션 문화연구와 민속방법론의 접합으로 개발된 문화기술지 수용자연구(*ethnographic audience research*)[1]도 텍스트의 이해에 중요한 단서를 제공하고 있다. 각각의 방법론에 대해 개략적인 수준에서 소개하기로 한다(정재철, 1997: 106~110을 참조하여 필자가 주제에 맞게 요약 정리함).

1) 현상학적 접근

일상적인 생활세계에 대한 관심을 강조하고 판단중지(*epoch*)의 방법을 도입한다. 인간의 조건에 대한 연구는 일상 생활세계 안에서 연구되어야 한다고 본다. 또한 어떤 사물의 본질을 알기 위해서는 우리가 어떤 사물에 대해 알고 있다고 믿는 것을 괄호 안에 묶어놓고 한발 떨어져서 바라보아야 한다는 전제를 바탕으로 깔고 있다. 이때 주관적 직관성은 우리의 경험들에 대해 판단 중지를 함으로써 올

1. ethnography는 연구분야에 따라 다양하게 번역된다. 인류학에서는 '민속지', '민속지학'으로, 교육학에서는 '문화기술지', '일상생활기술지'로, 간호학에서는 '민속지학', '일상생활기술지'로, 커뮤니케이션학에서는 '민속지학', '문화기술지' 등으로 옮겨지고 있다. 여기서는 ethno(일상생활 세계의 사람들)와 graphy(서사적, 분석적 기술)의 합성어가 내포하는 문화적 의미를 살려 '문화기술지'로 표기한다(김병희, 2004: 295 참조).

바른 기능을 한다. 따라서 인간행동의 연구는 연구자가 이미 알고 있는 것은 제쳐 놓고서 선입견 없이 연구해야 한다는 논리에 기초하고 있다.

2) 상징적 상호작용론(*symbolic interactionism*)

미드(Mead, 1934)의 *Mind, Self, and Society*에 연원을 둔 이론으로서, 대표적인 상징적 상호작용론자 블루머(Blumer, 1969)에 의하면 첫째, 사람들은 대상과 상황에 부여한 의미에 기반하여 행동하고 둘째, 그 의미는 타자와의 상호작용을 통해 추출되며 상호작용 과정에서 해석을 통해 항상 파생되고 변형된다고 본다. 따라서 개인의 세계와 개인의 행동에 대한 관심을 강조하는 자연주의적 관점에 바탕을 둔 참여관찰을 방법적으로 중시하고 있다.

3) 민속방법론(*ethnomethodology*)

인류학 또는 사회학에서 중심적 위치를 차지하는 접근방법으로서, 질적 방법으로서의 참여관찰 방식에 이론적 토대를 제공한다. 후설과 슐츠(Schultz)의 현상학과 블루머(Blumer)와 고프만(Goffman) 등의 상징적 상호작용론에서 영향을 받아 가핑클 등이 발전시킨 방법론이다(정재철, 1997). 민속방법론(*ethnomethodology*)은 철자가 의미하는 대로, ethno(*folk*, *people*)의 방법을 연구하는 학문이다. 즉, 사람들이 몸담고 있는 세상에 의미가 통하도록 하는 방법에 관심을 두고 그것을 다룬다는 뜻을 담고 있다.

민속방법론의 주된 관심사는 일상생활 자체이다. 사회 성원들이 영위하는 실제적 일상생활 또는 활동을 대상으로 하여 다양한 행동, 다양한 상황, 사회구조에 대한 상식적 지식, 사회학적 추론작업을 분석 가능케 하는 방법을 밝혀내는 것이 이 방법론의 핵심적인 작업 영역이다. 따라서 대체로 참여 관찰법과 심층면접을 통해 경험적 수준의 실천적 연구를 추구한다.

4) 문화기술지 수용자 연구(*ethnographic audience research*)

문화기술지에 대한 개념정의는 학자에 따라 조금씩의 편차를 드러낸다(정재철, 1997).

① Morley & Silverston : 민속지학은 현장 속으로 들어가 직접적인 관찰과 접촉을 통해 문화적 맥락 속에서의 주체의 실천을 묘사하고 해석하려는 시도이다. 연구대상 집단문화의 규칙을 배우고 이러한 규칙에 따라 행위를 해석한다.

② Marcus & Fischer : 민속지학이란 인류학자들이 다른 문화의 일상생활을 가까이서 참여하고 관찰하고 기록하는 연구의 과정이다. 다른 문화를 상세히 기술하고 설명을 기록하는 현장연구방법(*fieldwork method*)이라고 정의되기도 한다.

③ Philipson : 단순한 현장조사나 동의어로 사용되는 민속방법론도 아닌 기술적(*descriptive*), 문화적(*cultural*), 집중적(*focused*), 비교저(*comparative*), 이론적(*theoretical*) 연구이다.

민속방법론과 문화기술지 수용자 연구는 방법론에 있어 몇 가지 차이가 있다. 첫째, 전자는 연역적이며 메타적인 데 비해, 후자는 귀납적이며 개별적이다. 둘째, 전자는 가핑클이 파슨스의 구조 기능주의를 극복하기 위하여 현상학과 해석학, 비트겐슈타인의 언어철학 등을 수용하여 사회이론에 적용하는 가운데서 발전한 데 비해 후자는 인류학의 방법론적 전통에 연원하여 다른 문화에 대한 해석과 이해에 치중한다(박근서, 1999).

정리하여 말하면, 문화기술지는 커뮤니케이션 문화연구와 민속방법론이 접합될 수 있는 한 지점이라고 할 수 있다. 현장 조사연구, 참여관찰, 심층 인터뷰 등을 주요 방법으로 특정한 문화에서의 구체적인 생활경험, 그것을 구성하는 사회적 규범과 패턴을 구체적으로 서술하는 데 목적을 둔다. 보편적, 일반적인 규칙이나 법칙을 추출해 내기 위한 것보다는 행위자의 일상 속에서 경험을 재구성하여 행위자들 자신을 이해하기 위한 것이다.

∷ 3. 수용자 반응을 통한 텍스트 읽기 : 실증적 연구동향

최근 국내에서 이루어진 텍스트의 수용자 해석과 관련된 연구로는 강태완과 이시훈의 연구, 오장근의 연구 그리고 이오현의 연구를 들 수 있다. 강태완과 이시훈(2004)은 공익광고에 대한 텍스트 분석과 수용자 반응 분석을 통해 공익광고의 언어와 이미지의 수사학과 수용자의 해독과의 상호관련성을 연구했다. 연구자들은 언어의 수사학, 시각적 구문, 이미지와 서사의 관계, 이미지와 언어와의 관계를 중심으로 한 텍스트 분석과 슈로더(Schroder, 2000)의 다차원 모델을 적용하여 수용자 반응을 분석했다.

오장근(1999)은 광고 텍스트가 어떻게 수용자에게 이해되는지를 커뮤니케이션적 관점에서 규명하기 위하여 '광고이해의 질적 분석도구로서의 전략적 텍스트 수용이론'을 제시하고 있다. 이 연구의 핵심적 제안은 광고 텍스트의 수용을 위한 기능중심의 전략적 이해 모델이다. 오장근은 수용자의 어떠한 인지체계들이 광고텍스트의 다층적 구조에서 활성화되고 상호작용하는지를 파악하기 위해 반 다이크와 킨취(van Dijk & Kintsch, 1978; 1983)의 전략적 텍스트 이해 모델을 비판적으로 재구성하여 제시하고 있다(오장근, 1999).

이오현(2002)은 텔레비전 드라마의 다의적 특성과 수용자들의 해석의 상관관계에 초점을 맞춘 경험적 연구를 시도했다. 다의적인 해석의 여지를 포함하고 있는 인기 드라마의 게시판에 실린 10,053개의 시청자 편지를 분석한 결과, 다의성은 미디어 텍스트의 지배문화를 위한 헤게모니를 약화시키고 수용자의 자율성을 증가시키는 일방적 역할을 하지는 않는다는 사실을 발견했다. 이 연구는 미디어 텍스트의 다의성과 관련된 능동적 수용자 이론의 주장들에 이의를 제기하며 심각한 재검토의 필요성을 확인했다는 데 의의가 있다. 그러나 이 연구는 텍스트가 가진 내용적 다의성만을 탐구하고 수용자가 처한 다양한 사회적 · 역사적 위치에 따라 주어진 텍스트에 대하여 어떻게 서로 다른 담론을 형성해 가는가에 대해서는 충분한 설명을 하지 못한 한계가 있다.

이상의 연구들이 남긴 함의를 종합하면, 수용자 중심 접근법은 수용자의 경험에 의해서 메시지의 의미를 파악하기 위한 연구라는 핵심적 특성이 있다. 이러한 수용자 중심의 연구는 텍스트와 수용자의 상호작용, 그리고 사회문화적 문맥에만 초점을 맞춤으로써 송신자의 의미와 그 의미의 기호화 과정을 소홀히 한다는 점은 여전히 보완의 여지를 남긴다(조병량, 1989). 이러한 방법론적인 약점에도 불구하고 수용자 중심의 접근방법에 의한 질적 또는 실증적 연구는 유용성을 간과할 수 없다.

∷ 4. 수용자 반응중심 광고비평의 실제 : KT&G 광고의 숨은 의미 풀기

영리성과 공익성이라는 양립하기 힘든 두 가지 목표를 동시에 추구하면서 일정한 기업 정체성을 확립하려는 경영전략을 배경으로 하는 광고 텍스트로 최근 국내에서 집행되어 관심을 끌고 있는 KT&G는 적합한 설명력을 구비하고 있는 것으로 판단된다. 이러한 유형의 광고 텍스트 해독에 있어서는 수용자의 인지체계와 사회문화적 환경특성이 커뮤니케이션 실효성에 영향을 미치는 유력한 변수가 될 것으로 판단된다. 따라서 광고 텍스트가 어떻게 수용자에게 이해되는지를 커뮤니케이션 관점에서 규명하기 위한 '수용의 전략' 모델을 정립할 필요가 있다. 즉, 수용자의 어떠한 인지체계들이 광고 텍스트의 다층적 구조에서 활성화되고 또 상호작용하는지를 파악하는 작업은 애매한 광고 텍스트의 수용자 반응 연구에 있어서는 더욱 절실히 필요하다고 본다.

오장근(1999)은 반 다이크와 킨취(1983)의 이론에 기초해서 다음과 같이 텍스트의 수용전략을 제시하고 있다. (1) 언어적 전략(*linguistic strategy*): 텍스트의 구조적 연결을 위한 언어수단과 단어의 통상적인 사용과는 다른 의미로 이해하는 전략 등이 여기에 해당된다. 반어적인 표현, 은유와 환유 그리고 과장 등을 들 수 있다. (2) 거시전략(*macroscopic strategy*): 텍스트 테마의 인식을 위해 사용되는 수용자의 전략을 말한다. 생략, 선택, 일반화, 통합 등이 주된 거시전략으로 활용된다. (3) 스키마 전략(*schematic strategy*): 텍스트에 대한 지식을 활성화하기 위해 사용되는 수용자의 전략을 말한다. 이를 통해 수용자는 텍스트 이해를 위한 단서를 발견할 수 있고 텍스트의 기능과 내용에 대한 기대를 이룰 수 있다. (4) 비언어적 전략(*non-verbal strategy*): 시각-형상적인 기호의 의미형성기능을 위해 사용되는 수용자의 전략을 말한다. 아이콘, 활자체, 인덱스 등의 요소와 일반적으로 '형상 또는 이미지'라는 명칭으로 불리는 모든 비언어적 의미요소들이 여기에 포함된다. (5) 사회-문화적 전략(*sociocultural strategy*): 사회의 구성원인 수용자가 사회문화적 환경과 사회적 위치로부터 받아들이게 된 지식을 활성화하기 위해 사용하는 전략이다.

그러나 이러한 분석틀은 연구자가 밝히고 있듯이, 수용자의 일반적인 텍스트 해독과정이라기보다는 수용자 중의 한 사람인 연구자와 텍스트와의 상호작용을 해석하는 보다 정교화된 텍스트 해독모형에 지나지 않는다는 한계를 지니고 있다. 따라서 이 연구가 제시한 분석틀을 광고 텍스트의 비평에 채용하기 위해서는 연구자의 관점이 아닌 일반적인 수용자의 해독과정을 경험적으로 규명하는 실증적 방법에 의해 보완될 필요가 있다.

1) 비평대상 광고 텍스트

광고물은 다음과 같은 과정을 거쳐 선정되었다. 첫째, KT&G (구 한국담배인삼공사)가 2003년과 2004년에 집행한 TV광고 9편을 모두 표집하였다. 둘째, 9편의 광고물 중에서 연구목적에 적당하다고 판단되는 광고물을 2개씩 의도적으로 표집한 다음 중복성이 높은 순으로 좁혀나가는 과정을 거쳤다. 그 결과 메시지의 모호성과 일반성을 가장 많이 구비하고 있다고 판단되는 광고 3개를 최종 선정했다.

KT&G는 1989년 4월 1일 담배인삼공사라는 이름으로 설립되어 세계적인 담배 전문 생산업체를 지향하고 있는 기업이다. 현재는 담배사업과 관련한 재료품의 제조와 판매 외에도 홍삼제품 및 식음료품, 의약품, 의약외품 제조와 판매를 하고 있다. 대중적으로는 담배회사로 알려져 있을 정도로 친숙도가 높은 기업으로서 소비자들의 기호에 맞게 다양한 종류의 담배를 출시하고 있다. 2002년 12월 완전 민영화를 선언하고 한국담배인삼공사(Korea Tobacco & Ginseng Corp.)에서 KT&G로 기업명과 CI(*Corporation Identity*)를 전면 변경했다. 이에 따라 담배판매, 수익의 증대 등의 국민건강과 공익관련 정서에 위해가 되는 요인을 배제하고 기업이념과 비전, 경영목표 등의 기업 정체성을 새롭게 확립하기 위한 시도를 하고 있다.

2003년부터 집행된 KT&G의 '상상예찬' 캠페인은 명료하게 담배와 인삼의 판매를 통한 수익증대라는 기업의 상업적 목적을 내세우지 않으면서도 다양한 층위의 수용자에게 소구할 수 있는 모호한 광고표현을 통해 간접적, 암묵적으로 기업의 수익목적을 달성하려는 전략적 선택을 하고 있는 것으로 보인다. 광고는 20대들의 젊은이들을 대상으로 "젊은 상상을 예찬합니다"라는 슬로건과 "상상예찬"이라는 콘셉트로 전개되었다. 이처럼 제품광고가 아니라 다소 모호한 이미지 광고를 하는 배경에는 정부의 담배광고 규제와 흡연에 대한 반감 등의 사회적 분위기가 작용하고 있다.

〈그림 11-1〉 '계란 파란자' 편

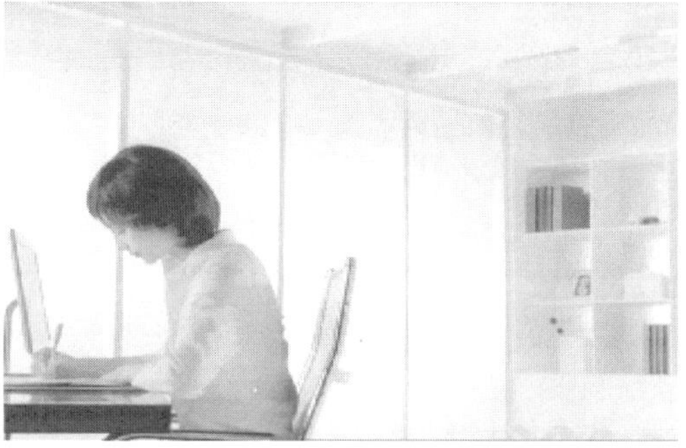

〈그림 11-2〉 '소녀의 사랑' 편

〈그림 11-3〉 '로프 마술' 편

2) 피면담자의 선정

광고 텍스트의 비평그룹으로 채택된 피면담자는 국내 몇 개 대학의 광고관련 학부 학생, 졸업생, 광고관련 기업 종사자, 영화관련 기업 종사자, 광고관련 학과 교수와 강사 등으로 구성되었다. 피면담자의 적정 인원수는 자료를 수집해 나가는 과정에서 이미 나왔던 내용이 반복적으로 출현하기 시작할 때를 기준으로 만족할 만한 수가 채워졌다고 판단하였다. 글레이서와 스트라우스(1968)는 이들 원리를 '충분성'과 '포화성'의 기준으로 명명하고 있다.

연구자는 이 숫자를 30명 정도로 예상하고 충분성과 포화성의 원리를 적용하여 개별면담과 집단면담을 각각 진행했다. 결국 연구대상 광고 텍스트에 대해 36명의 면담을 진행했을 때 포화감이 감지되었기 때문에 그 지점에서 면담을 중단했다. 인터뷰는 초점집단 면접(*Focus Group Interview*)과 개인별 심층면접(*In-Depth Interview*)을 병행했다. 각 그룹의 정보원 규모는 FGI(*Focus Group Interview*)의 경우는 각각 8~9명으로 세 집단으로 구성하고 이들 집단별 개개인에 대해 심층면접을 별도로 실시했다.

3) 면담 내용의 분석

개별 및 집단 심층면담에서는 연구자가 미리 준비한 질문지를 사용했으나 선입견과 고정관념을 최대한 배제하여 그때그때 출현할 수 있는 주제를 최대한 발굴하기 위하여 질문내용은 가능한 한 구조화하지 않고 면담상황에 맞게 임의로 조정하였다. 질문의 주요한 내용은 ① 광고의 의미를 이해하는 데 도움이 된 문자나 언어요소는 무엇인가? ② 시각이나 형상요소 중에서는 어떤 것들이 의미 이해에 도움이 되었는가? ③ 광고에 대해 평소 알았거나 기대했던 어떤 것들이 이해에 도움이 되었는가? ④ 광고 텍스트에서 생략된 내용을 나름대로 조합해 본다면 전체적으로 어떤 의미로 이해되는가? ⑤ 평소의 사회문화적 지식이나 경험에 비추어 보면 텍스트는 어떻게 해독이 되는가? 등이었다. 이는 앞서 언급한 '전략적 수용' 이론이 제시한 5가지 차원을 구조화하여 변형한 것이었다.

자료의 분석방법은 자료의 제시방법을 의미하기도 한다. 사이드만(Seidman,

1990)은 현상학적 연구에서 쓰이는 심층면담의 자료를 분석하는 일반적인 절차를 제시하였고 리(Li, 2000)와 리치(Ricci, 2000)는 표를 이용하여 분석방법을 구체적으로 제시하고 있다. 일반적으로 3단계로 요약되는데, 1단계로는 자료의 필사작업 → 의미기술문의 작성 → 주제의 발견 등을 거치고 2단계로는 정보원에게 검증을 받는 절차를 거치고 3단계로는 이를 다시 주제별 기술문으로 바꾸어 작성하게 된다(최홍영, 2003). 이 장에서는 리치와 사이드만의 방법을 참조하고 일부를 보완하여 그 절차에 따랐다.

4) 수용자의 비평코드와 반응의 해석

집단 및 개별 면담에서 도출된 의미 기술문을 주제별로 통합하고 이를 차원화하여 논의하기에 앞서 수용자 해석의 각 차원을 연구목적에 맞게 통합할 필요가 있었다. 그 기준은 연구대상으로 선정된 광고 텍스트 세 점의 특성을 포괄할 수 있을 것(포괄성), 지나친 세분화로 인한 논의의 복잡성을 피할 수 있을 것(간명성), '전략적 모호성'에 대한 수용자의 '광고해독 전략'이 각 차원에서 수행하는 실효성을 설명할 수 있을 것(위계적 실효성) 등으로 볼 수 있다.

이러한 전제를 바탕으로 다이크와 킨취/오장근의 이론 모형을 주로 참조하고 래비지와 스타이너(Lavidge & Steiner, 1961: 61)에 의해 정립된 광고효과의 위계(*hierarchy*)모델[2]을 통합하여 이 연구에 적합한 통합모형을 개발하였다. 수용자들이 다의적 광고를 해독하는 수용전략은 ① 인지, ② 감정, ③ 행동의 세 개 차원으로 구분되었다. 다음에서는 수용자들의 광고해독에서 나타난 의미 기술문을 통합모형에 적용해서 수용자 해석의 코드와 주요한 수용전략을 논의한다.

---

2. 소비자가 광고에 노출되면서부터 구매행동에 이르기까지의 과정을 일련의 단계로 설명하는 선형모델. 소비자가 광고에 노출된 후 브랜드명과 제품속성에 대한 인지적 태도를 갖게 되면 그 다음에 제품에 대한 평가를 함으로써 호감도나 선호도를 갖게 되고 이어 구매의사를 확인함으로써 궁극적으로 구매행위까지 이어진다는 가정 위에서 광고효과는 인지(*awareness*), 지식(*knowledge*), 호의(*liking*), 선호(*preference*), 확신(*conviction*), 구매(*purchase*)의 6단계에 걸쳐 위계적으로 측정할 수 있다고 설명한다.

(1) 주요 비평코드 : 카피, 슬로건, 색상, 선, 질감, 동작, 강조, 조명, 샷, 초점, 눈길 끌기, 비유, 가치 전이, 오락성

KT&G 광고 텍스트에서 피면담자들에게 중요하게 인지된 언어코드는 '상상예찬'이라는 콘셉트와 관련된 카피와 슬로건, 로고 등이었다. '계란' 편에는 "상상예찬", '사랑' 편에는 "당신의 상상이 필요합니다." 그리고 '로프마술' 편에서는 "상상은 또 다른 마술이다"라는 키워드가 중요하게 언급되었다. 이러한 슬로건들은 '시선을 끌기 위해 음성학이나 운율학적인 것이 포함되어 디자인된 표현요소'이다. KT&G 광고에서 카피 또는 슬로건은 전체적인 주제와 관련된 캐치프레이즈의 형식을 띠고 있었다.

카피는 바르트(Barthes, 1964)의 주장대로 수용자들이 영상부분에서 애매하게 느꼈던 메시지를 정박시켜 주는 역할을 부분적으로 수행한 것으로 판단되었다. 그러나 언어의 정박기능에 대한 바르트의 이론을 이 광고에 적용하기에는 한계가 있는 것으로 보인다. 즉, 언어에 의한 정박은 비주얼 코드의 정박과 상호작용을 통해 상대적으로 의미를 명확하게 하는 기능을 수행하는 것으로 분석된다. 따라서 KT&G 광고의 경우에는 오히려 비주얼이 언어 메시지의 불명확성을 정박시켜 주는 기능을 한 것으로 보아야 할 것이다.

시각코드 중 색상은 모든 시각적 부호 중에서 가장 감성적이고 풍부한 요소로 색조, 명암 그리고 농도 등이 수용자의 언급 대상이었다. 이는 수용자들의 정보처리에서 가장 감정적인 부분으로 나타났다. 그 이유는 KT&G의 텍스트는 비교적 단순한 기호체계의 특성을 구비하고 있었기 때문에 아마추어 해독자에게도 비교적 공통된 의미로 이해되었던 것으로 분석된다.

> 블루 계통의 색상을 많이 사용하고 있는 것 같네요. 맑고 신선한 이미지로의 변신을 꾀하는 것 아닐까요? (광고1). 전체적으로 화면 색감이 어두운 회색빛을 띠고 있어요. 이는 사람들로 하여금 어떤 신비감과 뭔가를 감추어진 느낌, 메시지 전달에 있어서 애매모호함을 더욱 강화시킴으로서 티저광고의 성향을 더욱 강하게 나타내고 있어요(광고2).

KT&G 광고 텍스트의 질감에 대한 경험의 가장 많은 부분은 촉각이 아니라 주로 시각에 의존했다. 그럴듯한 질감을 가진 플라스틱의 건조한 느낌과 스테인리

스의 차가운 질감, 가짜 모피의 따뜻하고 부드러운 느낌 등은 그림이나 사진으로 제시되어 설득력을 행사했지만 실제로는 존재하지 않는 것이었다. 정교한 수용자들은 대상광고에 묘사된 질감을 거의 예외 없이 언급했다. 예를 들면, 실크와 실버 메탈, 수공예 스카프, 금속광택 등이 그것이었다.

> 남자가 서 있는 넓은 대지의 질감은 거칠고 황량해요. 그건 거칠고 혼란스러운 사회를 상징하려 한 것 같아요(광고2). 마치 찰흙을 만지는 느낌이었어요. 부드럽기도 하지만 굳으면 딱딱해지는 느낌을 가진 것으로 뭔가 모를 상징을 통해 만들어지는 찰흙과 같은 광고 같아요(광고1).

강조코드는 색상의 밝기나 선의 간격 등을 통한 여러 가지 방법으로 구사되었다. 연구대상 광고 텍스트의 정교한 수용자는 색상에 주목하는 것과 같은 정도로 텍스트 안의 시각적 요소를 통한 강조에 반응했다. 강조코드는 수용자로 하여금 흡연욕구를 유발하는 잠재의식적 표현으로 이해되었다.

> 여성의 눈을 강조하고 있어요. 그 여성의 눈을 클로즈업하면서 계속 바뀌는 것은 바로 고양이 눈 즉 레종을 암시하고 있어요(광고2). 남녀의 눈이 강조되어 깜빡임에서 드러나는 의미 모를 기호에 대해 이러한 궁금증이 더욱 증폭되었어요(광고2).

기술코드 중에서 가장 중요하게 언급된 요소는 조명이었다. 조명은 소품들의 움직임을 보완하는 광선과 조명효과로 구분되어 관심을 끌었는데, 특히 조명의 형식, 선, 색상과 결합되어 수용자의 흥미를 유도했다. 주변 배경과의 조화, 간접조명 효과, 눈속임, 조명 색상간의 대비, 감정유발 효과, 흡연욕구의 충동, 측은한 마음과 동정심의 자극, 신비감의 조성 등을 조명과 관련해서 언급하고 있었다. 한 수용자는 특히 꽉 찬 전방조명이 만들어낸 애매한 분위기가 여성의 얼굴에 드리워진 우수어린 감정을 잘 살려내는 디테일에 대해 언급하기도 하였다.

> 소프트 박스를 이용한 듯한 은은한 조명은 콘트라스트를 강화시키고 있어요. 하얀색은 거리낌없이 담배라고 하겠어요(광고3). 차가운 조명은 시원한 느낌을 유발하면서 담배를 피우고 싶은 느낌을 들게 하는 것 같아요(광고1).

샷의 코드는 사진촬영과 사물의 사진들을 처리하는 메커니즘을 말하는데, 거리에 따라 롱 샷과 클로즈업 샷을 포함한 몇몇의 코드가 가진 상징적 의미가 언급되었다. 카메라 각도의 코드는 사진이 촬영되는 위치를 말하는데, 눈높이 각도, 고각도 샷, 저각도 샷, 그리고 3/4각도를 포함한 많은 코드가 지적되었다. KT&G 광고 텍스트에 있어서도 카메라앵글은 다양한 조합을 구사함으로써 사물과 카메라 사이의 관계에 중요한 의미를 생성시켜, 수용자로 하여금 특별한 의미와 상징성을 창출한 것으로 보였다. 한 정교한 수용자는 남자가 여자를 올려다보게 하는 저각도의 영향에 대해 언급했다. 다른 피면담자들도 대부분 이를 페미니즘의 암시적 표현 코드로 이해했다.

> 여자모델의 눈을 클로즈업하여 눈 안에 있는 알 수 없는 기호를 더 선명하게 보여주며 호기심을 자극하고 있어요(광고2). 정면을 많이 사용하고 당당함과 자신감을 드러내고 있어요. 측면을 간간이 사용하여 재미와 의외성을 주고 있어요(광고3).

텍스트 해독에 기여한 수사적 코드는 5가지 정도로 요약할 수 있다. 눈길끌기, 비유, 가치전이, 제품구매의 즉각적 충동 그리고 엔터테인먼트 등이 그것이다. 시각적, 수사학적 코드, 비주얼 등의 그래픽 요소는 광고지면의 일정 비율 이상을 차지함으로써 압도적으로 눈길을 제압했다. 이러한 눈길끌기를 위한 그래픽은 독자의 주의를 끌어서 광고 메시지에 참여를 유도하는 기능을 충실히 한 것으로 보였다. 대부분의 정교한 수용자들은 공통적으로 아이캐치의 수사 코드를 언급하면서 이야기를 전개해 나갔다.

> 계란 노른자가 푸른색인 것에 먼저 눈길이 가요. 누가 계란 노른자를 파랗다고 생각했을까요? (광고1). 확실한 이미지를 보여 주지 않음으로서 정확하게 보여주지 않고 눈만을 보여주거나 함으로써 전달하고자 하는, 강조하고자 하는 면만은 확실하게 보여주고 있어요(광고2).

비유는 원관념 대신에 적절한 보조관념을 사용하여 그 의미를 정확하게 규정하는 것을 말하는데 동일, 유사, 차이, 반대 그리고 상사오류 등이 혼합 중첩되어서 의미해독에 기여하고 있었다. KT&G 광고에서 사용된 이와 같은 비유적 수사는 시각적 이미지 중심의 표현에서 오는 애매성과 다의성을 유발하고 이에 대한 다중 해독을 통해 수용자들이 심미적 경험을 할 수 있는 기회를 만들었다.

> '로프마술' 편에서 로프와 주위에 달린 모빌 같은 것을 보여주면서 담배를 연상시킨 것이 아닌가 하는 생각이 들었고 '소녀의 사랑' 편에서는 여자의 눈을 강조하면서 그것이 무엇을 나타내는지에 대한 궁금증을 유발했어요. '계란 파란자' 편에서는 깨어진 계란을 통해 파란 계란 프라이, 그리고 그 속에서 태어난 상상예찬을 통해서 우리는 새롭게 태어난다라는 것을 비유하고 있는 것 같아요(광고1, 2, 3).

(2) 인지차원의 주요 비평요인 : 언어, 비언어 요인, 스키마 요인, 거시 요인

인지차원에는 통사-의미론과 문체론 등의 언어요인이 주요한 요인으로 부각되었다. 모든 카피는 '상상예찬'이라는 슬로건과 긴밀하게 상응관계를 유지하고 있는 것으로 인식되었다. 즉, 개별 카피는 슬로건을 다시 한번 상기시키며 의미를 한정하는 역할을 했고 슬로건은 각 텍스트의 카피들에 일정한 정책적 방향(*policy*)을 제시함으로써 수용자의 이해를 돕고 있었다. 또한 소비자의 참여를 유도하고 광고에 대한 주목을 유도하는 효과를 거둔 것으로 보인다. 이러한 언어요소들의 상호작용은 기업에 대한 우호적 태도형성과 광고 텍스트의 미학적 평가에도 기여하고 있는 것으로 나타났다.

> 대부분의 KT&G 광고에서는 언어가 아주 절제되어 있어요. 상상예찬이라든가 KT&G 인터넷 주소가 전부죠. 언어코드를 절제해서 현실감을 더 줄이고 몽상적 분위기에 푹 빠질 수 있게 소비자의 머리보다 마음에 말하고 있는 것 같아요(광고1, 2, 3).

거의 대부분의 수용자는 색상의 의미를 마케팅 전략과 기업의 대 소비자 커뮤니케이션 이데올로기와 연결해서 언급하는 경향을 보였다. 광고 텍스트에서 수용자에게 인지된 주요 색상은 '계란 파란자' 편에서 파란색, '소녀의 사랑' 편에서 회색, '로프마술' 편에서 검은색과 흰색 등이었다. 파란색은 KT&G라는 CI(*Corporate Identity*)로 연결되는 효과를 내었고, 회색톤과 검은색, 흰색 등의 무채색 계열의 색상은 신비감과 영상의 깊이감을 고조시키는 기능을 한 것으로 인식되었다.

흰색과 파란색을 주로 사용하여 깔끔하면서 정돈되어 보이며 심플하면서 모던한 느낌을 줘요. 그리고 파란색의 노른자가 KT&G로 바뀌면서 KT&G의 이름을 강조하고 있어요(광고1). 대체로 회색과 검은색이 많이 나오고 붉은 색조도 눈에 띄었어요… 화면에 어른거리는 붉은 원은 담뱃불을 상징한 것 같은데요(광고3).

일상생활 속에서 흔히 볼 수 있는 작은 도구에서 의미를 유추하는 경향도 주목되었다. KT&G 광고에서 평소 생각하지 못했던 현상이 영상으로 표현되면서 '상상예찬'이라는 콘셉트를 정교하게 인지의 스키마로 완성하는 것을 알 수 있었다. 연기, 교복, 건물, 창문, 여자 등의 세부적인 표현소재에 카메라가 클로즈업되는 기술적 코드도 평소에 가지고 있던 인지체계에 투사되어 전체 광고 텍스트의 의미를 완성하는 정보처리 기제로 작동하고 있음을 알 수 있다.

마술이라는 도구를 이용하여 화려한 마술기교를 보이고 색상이 전체적으로 눈을 사로잡네요. 로프마술은 마술이라는 소재 자체가 눈길을 끌었던 것 같아요(광고3). 여성모델의 눈을 클로즈업하면서 … 잘 보면 눈 모양이 고양이인데 … 고양이는 불어로 레종이잖아요? 담배이름이기도 하구요. 제품의 간접광고로 봐야 되지 않을까요?(광고2).

텍스트 테마에 내포된 의미를 인식하는 데 생략, 선택, 일반화, 통합 등의 거시규칙이 수용요인으로 활용되고 있었다. 예컨대, 수용자들은 KT&G의 기업 로고를 선택적으로 인지함으로써 전체 텍스트에서 생략된 의미를 판단하는 해석양태를 나타내기도 했다. 특히 계란, 로프, 땅 등의 표현 모티프에서 표출된 질감 등을 기업의 방향, 사회적 분위기, 상업적 목적 등으로 통합하거나 일반화하는 특성을 보였다.

구체적으로 예를 들면, 계란의 매끈한 질감과 유연한 움직임에서 기업의 미래지향적이고 부드러운 이미지를, 남자모델이 서 있는 대지의 거칠고 황량한 질감으로 처리된 기표에서 혼란스러운 사회를 상징하려 하는 1차 기의를 읽어내고 이를 다시 흡연욕구의 자극이라는 2차적 기의로 해석하는 수용자도 있었다.

남자가 서 있는 넓은 대지의 질감은 거칠고 황량해요. 그건 거칠고 혼란스러운 사회를 상징하려 한 것 같아요. 그 혼란스런 사회에 홀로 서 있는 젊은 청소년을 나타내려 한 건 아닐까요?(광고2). 사랑 편에서는 황폐한 곳에 서 있는 남자를 표현함으로써 그녀에게 다가가기 위한 고된 횡단이라는 느낌이 들어요(광고2).

⑶ 감정 차원의 주요 비평요인 : 스키마 요인, 사회-문화적 요인

KT&G의 로고 디자인은 파란색과 흰색을 사용해서 시각적인 안정감을 주고 나아가서는 정서적인 안정감을 제공하고 있는 것으로 나타났다. 36명의 정보원 중에서 청색을 통해서 물의 이미지를 연상하는 숫자는 16명이나 되었다. 마치 물속에 있는 듯한 편안함을 로고 컬러를 통해서 느꼈다는 반응도 있었다. 그러나 장시간 쳐다볼 경우 우울해 질 수도 있는 컬러라는 지적도 있었다. 대표적인 블루 & 화이트 디자인으로는 삼성의 로고가 있는데, 파란색이 바탕으로 사용된 것과 글씨에 사용된 점이 상반된다. 이는 푸른색을 최대한 적게 써서 우울한 이미지를 주지 않고 안정감만을 주려한 KT&G 측의 전략으로 받아들여졌다.

'소녀의 사랑' 편에서 땅 가운데에 남자가 서 있어서 안정적인 느낌을 줘요. 그리고 집안에 있는 여자의 위치도 안정적인 느낌을 주고요. 움직임이 많이 없어서 그런지 안정적인 느낌을 많이 주고 있어요(광고2).

사각형, 원 등의 기하학적 형태와 질감, 규모 등의 코드들이 특히 개인의 지식과 결합되어 일정한 판단의 스키마를 제공하고 있음이 발견되었다. '깔끔하다', '딱딱하다', '위엄 있다', '유연하다', '알차다' 등의 수용자들이 사용한 형용사들은 광고 텍스트 자체에서 오는 느낌이기도 하지만 KT&G에 대해 평소 형성하고 있던 기업이미지를 수식하는 단어로 활용되는 것을 알 수 있었다. 또 다른 예로, 주인공을 둘러싸고 있는 외부의 거친 벌판, 내부의 엔틱 느낌을 주는 실내구조 등도 수용자에게는 내면과 사회현실을 반영하는 비유로 읽혀지고 있었다.

로미오는 수용자이며 줄리엣은 KT&G죠. 끊임없이 소비자를 궁금하게 하고 있어요. 여자의 마지막 뒷걸음은 담배의 첫 느낌으로 여성의 흡연을 유도하고 있어요(광고2). 눈을 깜빡거릴 때마다 눈동자의 이미지가 변하는 것은 늘 변화하고 있으며 항상 변화되는 시각으로 지켜볼 수 있도록 하는 의미죠(광고2).

카메라의 연출에 있어 특히 각도는 특별한 의미로 읽혔다. 남자를 내려다보고 여자를 올려다보는 각도를 통해서 현실감을 살리고 1인칭 시점으로 상대를 보는 느낌을 피력하는 수용자도 있었다. 남자는 하이앵글을 사용하여 작게 보이게 하고 여성은 앙각(*low angle*)을 사용하여 더 주목하게 하고 여성의 동작과 말에 귀를 기울이게 하는 페미니즘적 앵글로 보는 관점도 의미 있게 받아들여졌다. 남자는 부감 샷으로 여자는 앙각으로 잡은 의도를 희곡 〈로미오와 줄리엣〉의 발코니 신으로 연상하는 시선도 주목되었다.

> 남자를 내려다보고 여자를 올려다보는 각도를 통해서 현실감을 살리고 1인칭 시점으로 상대를 보는 느낌이에요(광고2). 남자는 하이앵글, 여자는 앙각으로 처리하여 서로의 입장에서 각도를 유지하고 있어요. 여자의 방 내부에서 제3자의 각도를 보여줌으로서 호기심과 참여를 유도해요(광고2).

(4) 행동 차원의 주요 비평요인 : 거시 요인, 사회-문화적 요인

광고 속에 등장하는 모델들의 의상과 나이를 유추해서 고등학생을 은연중에 표현하고 연기를 통해 담배를 연상하게 하려는 암시적인 전략으로 해석하는 수용자도 있었다. 특히, 눈동자를 고양이의 형상으로 표현해서 담배 브랜드 '레종'을 상징하고 있는 것으로 읽는 것도 주목되는 반응이었다. 이는 잠재의식을 일깨워 청소년의 흡연을 충동하는 마케팅 의도로 파악되기도 했다.

> 흰 연기와 검은색 세미정장의 강조는 청소년의 흡연을 조장하는 듯 했어요. 여자의 눈동자와 고양이 눈에 여러 문양을 강조하고 있어요. 국민담배로 새로이 부상하는 레종을 의미하고 있어요(광고2). 여자의 눈에 지닌 문양을 클로즈업으로 화면 가득 잡아 마치 그 문양에 무언가 있는 것처럼 연막을 치고 있어요. 애매함을 극대화시키고 있어요(광고2).

무명 모델의 활용으로 신비로움을 강조하는 전략은 KT&G의 특유한 가치 전이 전략으로 읽혀졌다. 기존의 빅 모델이 식상함 등의 브랜드에 부정적 영향을 끼치는 데 반해서 특정한 이미지가 형성되어 있지 않은 무명모델 전략은 애매함과 신선함의 양가적 가치를 발휘하고 있는 것으로 보아야 할 것이다.

> 그동안 담배하면 아저씨 냄새… 이빨에 낀 니코틴의 지저분한 모습… 뭐 그런 이미지를 벗으려고 하고 있어요. 담배의 젊음과 깨끗함, 능력들을 심어주는 것 같아요(광고1, 2).

로프로 표현되는 하얀 줄은 담배를 연상하게 하는 비주얼 아이콘으로, 계란이 기업로고로 전환되는 부분의 곡선은 기업의 유연함을 연상하는 효과를 발휘했다. 전체적인 선에서 예리한 느낌을 포착한 수용자는 이것을 도시적 감각으로 연결하기도 했다. 또한 선의 도시적 이미지는 자신의 복잡한 심경으로 투사되어 무의식적으로 흡연욕구를 느꼈다고 진술하기도 했다. 정교한 수용자는 '마술' 편에서 로프가 연결되는 선의 역동적 흐름에서 좀처럼 쉽게 끊을 수 없는 담배의 유혹을 나타내는 의도적 기표를 감지하기도 했다.

> 전체적인 선을 샤프하게 처리하면서 도시적인 느낌을 강하게 가지게 했네요. 도심의 복잡한 심정을 떠올리면 무의식적으로 흡연욕구가 생기게 마련이죠(광고3). 전체적인 광고의 흐름상으로 과연 이 광고들을 보고 구매의욕을 느끼는지에 대해서 나는 의문이 들어요. '사랑' 편 같은 경우는 특정 브랜드를 생각하게 한다는 점에서 구매의욕을 생기게 할지도 모르지만요(광고2, 3).

⁚⁚ 5. 맺음말 : 수용자 반응비평을 통한 커뮤니케이션 실효성

이상에서 KT&G 광고 텍스트가 수용자와 어떻게 상호작용 하는지를 비평의 형식을 빌어 살펴보았다. 그러나 이러한 작업이 비평을 위한 비평으로 끝나지 않기 위해서는 텍스트의 커뮤니케이션 실효성 차원으로까지 논의가 확장될 필요가 있을 것이다. 물론, 연구자의 직관과 주관적 해석을 특성으로 하는 질적 연구를 통해 커뮤니케이션의 실효성을 파악하는 것이 무리일 수는 있다. 하지만 텍스트와 수용자 요인이라는 변인 사이의 상호작용을 조심스럽게 평가하는 것은 비평의 실용성이라는 측면에서 의의를 가질 수 있다. 광고 텍스트를 둘러싼 수용자의 인지체계와 사회문화적 환경은 커뮤니케이션 실효성에 영향을 미치는 유력한 변수가 될 것이기 때문이다.

광고 메시지의 커뮤니케이션 효과는 기업의 특성과 브랜드 카테고리의 성격, 수용자의 개인적 또는 사회-문화적 특성에 따라 다양한 편차를 보일 것이라는 가정은 KT&G 광고 텍스트에 있어서도 실증적인 수용자 반응조사를 통해 구체적으로 확인되었다. 연구대상 텍스트를 통해 밝혀진 대략적인 커뮤니케이션 실효성을 논의하면 다음과 같다.

첫째, KT&G의 광고는 자사의 제품 브랜드를 목표 청중에게 고급스럽고 참신한 이미지로 각인시키는 데 성공하였다. 하지만 이와 반대로 KT&G라는 기업의 정체성을 더욱 애매하게 만들어 놓은 것도 사실이다. 매체를 통한 담배기업의 자사제품 광고규제 등 여러 가지 외부적 제약 때문에 KT&G의 존재에 대해서 불분명하게 정의하게 된 것은 당연한 일일지도 모른다. 하지만 광고의 수용자들이 텍스트를 해석하는 방식은 대체로 부정적이었다.

둘째, KT&G의 정체를 숨기고 애매하게 신비로운 이미지로 기업 이미지를 포장하는 광고전략은 KT&G에 대한 일반인의 관심을 증폭시키는 데에는 성공했다. 하지만 수용자들은 KT&G의 광고라는 것은 알지만 KT&G가 어떤 회사인지 분명히 인식하지 못했다. 그리고 설사 KT&G가 예전의 한국담배인삼공사라는 사실을 알았다고 하더라도 이 광고가 어떻게 그 기업과 연관성이 있는지에 대해 의문을 갖고 있었다.

셋째, 담배가 '상상예찬'과 어떤 연관성이 있고 특이한 영상과 어떤 연관성이 있는지를 쉽게 이해하지 못했다는 것이다. 광고는 무엇보다 소비자가 이해할 수 있어야 하는 것이다. 아무리 창의성이 뛰어나고 독특해서 주목을 끈다고 하더라도 광고를 소비자가 이해하지 못했다면 그 효과는 제한적일 수밖에 없다.

이러한 결과를 종합하면 의도적으로 애매한 표현을 구사한 KT&G의 광고 텍스트는 인지적 차원에서 그 실효성이 가장 크게 나타난 것으로 보인다. 감정적 차원에서는 예컨대 불꽃, 연기, 로프 등의 담배를 연상시키는 애매한 표현 코드를 텍스트 요소요소에 배치한 TV광고가 청소년의 흡연을 충동하는 잠재의식 마케팅으로 읽혀 불쾌감을 일으킨 점, 파란색과 흰색의 애매한 시각적 코드가 정서적 안정감을 제공한다는 일반적인 색채심리학적 가정과는 달리 반복적으로 노출될 경우 우울감을 조장하는 의외의 반응 등이 주목되었다. 이로 미루어 볼 때 애매한 표현은 감정 차원에서는 커뮤니케이션 실효성이 제한된다고 볼 수 있다.

한편, 행동적 차원으로 갈수록 거부 또는 억제의 양태를 띠는 것으로 추정되는데 그 근거로는 여자 주인공의 눈동자에 투영된 애매한 고양이 형상을 담배 브랜드의 상징요소로 파악하는 표현사례, 현실사회의 모순을 고발하는 듯한 애매한 표현이 사회현실에 대한 더욱 냉소적인 태도를 유발하고 구매를 포기하게 한 사례 등이 심리적 위화감과 불편한 느낌을 초래하고 소비충동을 약화시킨 점 등을 들 수 있다.

이러한 사실들로 미루어 볼 때, 전략적으로 애매한 표현을 구사하는 커뮤니케이션 방식은 브랜드의 구매 실행이라는 마케팅의 궁극적 목적을 달성하기에는 한계가 있는 것으로 보인다. 또한, 광고를 통해 명성과 기업이미지의 확립에 기울이는 노력과 비용은 사기업에 비해 공적 성격을 띠는 기업일수록 그 중요성이 강조된다고 볼 수 있다. 특히 국민의 건강과 직결되는 사업을 수행하는 기업의 경우, 조직이 발신하는 메시지는 고도의 윤리성과 공익성을 확보함으로써 수용자의 신뢰와 이해를 획득하는 것이 가장 중요하다.

•◦• 생각해볼 문제

1. 수용자 반응비평 방법과 다른 광고비평 방법의 차이점은 무엇인가?

2. 애매한 광고 텍스트를 비평할 때 활용될 수 있는 주요한 해독 코드는 무엇인가?

3. 광고 텍스트가 수용자에게 어떠한 소통력을 가지는지 판단하는 데 있어서 양적 접근방법과 질적 접근방법은 어떠한 차이가 있는가?

••• 참고문헌

강태완(1999). "광고에 나타난 시각적 설득의 수사학에 관한 연구". 《광고연구》 43: 169~187.

______ · 이시훈(2004). "공익광고의 언어와 이미지의 수사학과 수용자 반응에 관한 연구". 《광고연구》 63: 299~329.

김병희(2004). "문화기술지적 수용자 반응비평". 김영찬 편. 《광고비평의 이해》. 서울: 한울. pp. 224~247.

박근서(1999). "민속방법론과 커뮤니케이션 문화연구". 《한국언론학보》 44(1): 168~203.

오장근(1999). "텍스트 이해와 수용자의 전략". 《텍스트언어학》 7: 287~314.

이오현(2002). "텔레비전 드라마 수용자연구: 다의성(polysemy)의 문제를 중심으로". 《한국언론학보》 46(6): 96~126.

정재철(1997). "민속지학적 수용자연구의 방법론적 과제와 전망: 문화연구에서의 연구전통을 중심으로". 《한국방송학보》 9: 103~144.

조병량(1989). "광고의 커뮤니케이션 구조와 의미작용에 관한 연구". 한양대학교 대학원 미간행 박사학위논문.

최홍영(2003). "기계설비 기술자의 학습경험에 관한 현상학적 연구". 서울대학교 대학원 미간행 박사학위논문.

Barthes, R.(1964). "Rhetoric of the Image". In R. Barthes, *Image-Music-Text*. London: Fontana.

Blumer, Herbert(1969). *Symbolic Interactionism: Perspective and Method*. Engelwood Cilffs, NJ: Prentice Hall.

Dijk, Teun van, & Kintsch, Walter(1978). "Toward a Model of Discourse Comprehension". *Psychological Review* 85: 368~394.

Dijk, Teun van, & Kintsch, Walter(1983). *Strategies of Discourse Comprehension*. New York.

Glaser, B., & Strauss, A.(1968). *Time for Dying*. Chicago: Aldine.

Lavidge, Robert J., & Steiner, Gray A.(1961). "A Model for Predictive Measurement of Advertising Effectiveness". *Journal of Marketing* 10: 61.

Li, Y.(2000). "A Phenomenological Study of Tourist's Travel Experiences". Unpublished Doctoral Dissertation, University of Western Ontario.

Mead, George Herbert(1934). *Mind, Self and Society*. Chicago: University of Chicago Press.

Ricci, R.(2000). "A Phenomenological Study of the Experience of Learning in Adult Higher Education". Ph. D. Dissertation, University of Wisconsin-Madison.

Schroder, K. C.(2000). "Making Sense of Audience Discourse: Towards a Multidimensional Model of Mass Media Reception". *European Journal of Cultural Studies* 3(2): 233~258.

Seidman, I. E.(1990). *Interview as Qualitative Research: A Guide for Researchers in Education and the Social Sciences*. New York: Teachers College, Columbia University.

제 12 장

방송광고 분석을 위한 텍스트언어학의 가능성

오장근
김영순

광고는 언어적 성분과 비언어적 성분들의 상호작용을 통해 '텍스트'로서의 역할을 수행한다. 광고 텍스트는 광고되는 기업이나 상품, 서비스에 대한 호감도나 관심도를 높여 궁극적으로는 소비자로 하여금 광고된 대상을 구매하거나 사용하도록 유도힌다. 소비자가 광고된 제품을 구매하는가 아닌가는 광고의 내용이 어떠한가에 따라 상당부분 좌우되기 마련이다. 이때 광고의 언어적 요소(헤드카피, 바디카피, 슬로건 등)와 비언어적 요소(그림, 사진, 도표, 활자 등)는 독립적으로 작용하는 것이 아니라 서로 유기적으로 관련되어 있다.

그렇다면 광고의 언어적 요소와 비언어적 요소가 어떻게 구성되어 있는지를 분석하는 것은 광고 텍스트를 이해하는 데 중요한 역할을 한다. 우리나라의 경우 광고는 마케팅의 중요한 수단으로 간주되어 주로 경영학과 광고홍보학 분야에서 다루어져 왔다. 하지만 광고의 주요한 구성요소이자 광고정보의 핵심인 언어적 성분에 대한 연구는 외국과 비교해서 여전히 미미한 단계에 머물러 있는 형편이다.

이 장에서는 다양한 광고형식 중에서 방송광고를 중심으로 커뮤니케이션의 관점, 특히 텍스트언어학적 관점에서 광고의 구조와 기능을 살펴보고자 한다. 아울러 이들 광고를 수용하는 데 있어서 언어적 요소가 어떠한 의미와 역할을 수행하고 있으며, 비언어적 요소들과 어떤 관련성을 지니고 있는가를 따져 본다. 오늘날의 대표적인 다매체 텍스트 유형인 방송광고는 인쇄광고에 비해 보다 다양한 언어현상들을 살펴볼 수 있는 유용한 기회를 제공할 것이다.

∷ 1. 언어학의 대상으로 본 광고

정보전달에 있어서 시각적 효과가 점차 증대되면서 오늘날의 방송광고와 같은 다매체 텍스트들은 언어학의 관심을 끌기에 매력적인 대상이다. 광고 텍스트를 분석하기 위한 언어학의 관심은 이미 1960년대부터 시작되었다. 당시에는 광고의 언어적 현상분석에만 치중하였다(Bechstein, 1987: 332). 처음에는 주로 경제적으로 또는 관념적으로 표현되어진 선전용어의 어휘적인, 통사적인 그리고 문체적인 언어현상들이 연구되었는데, 이들 연구의 주안점은 광고언어와 일상적인 표준어와의 상관관계를 규정하는 데 있었다.

그러나 언어학자들은 곧 광고의 발화가 언어적 표현양식뿐만 아니라 시각적 또는 청각적 표현양식을 통해서도 전달되고 있음을 인식하였다. 따라서 언어학에서는 비언어적인 기호체계의 연구를 통해, 그것이 비록 개별현상의 설명에 머무르고 있다고 하더라도, 기호학과 심리언어학 그리고 텍스트언어학의 연구성과에 기대어, 광고의 '호소기능'을 설명하고자 하였다. 또한 언어학적 광고연구는 어떠한 내용이 어떠한 방법으로 광고에서 전달되는지 그리고 어떠한 심리적 효과가 광고를 통해 야기되는지를 관찰하고자 하였다. 언어학적 광고연구의 전통에 비추어 우리는 다음 세 가지의 중요한 흐름을 살펴볼 수 있다.

1) 언어기술적 측면

광고의 언어기술적인 연구에서는 특히 텍스트를 구성하는 언어성분들이 연구대상이 된다. 이런 연구들은 대부분 광고특유의 언어유형을 통사적, 어휘적, 문체적 측면 등에서 수집하고 기술한다. 그로세(Grosse, 1966), 뢰머(Römer, 1968), 케어스틴(Kerstin, 1970) 등의 연구가 이에 해당한다고 할 수 있을 것이다. 그 후 언어

기술적인 연구는 바움가르트(Baumgart, 1992)에 의해 계승되어, 1980년대 이후의 광고 슬로건이 지니고 있는 언어적 속성들을 연구하는 데 커다란 영향을 주기도 하였다.

2) 기호학적 측면

광고에 대한 인문학적 관심은 무엇보다도 텍스트 내에서 사용되는 서로 다른 기호체계들의 상호관계와 정보전달의 유형을 연구하는 기호학에서 찾아볼 수 있다. 이러한 기호학적 광고분석은 광고에서 나타나는 기호들의 사용에 관심을 가진다. 특히 다양한 기호학적인 층위를 구분하여 이미지(Bild)가 전달하고자 하는 정보를 심도 있게 다루고자 했다. 이러한 측면의 연구로 우리는 바르트(Barthes, 1964), 뇌트(Nöth, 1975), 플로슈(Floch, 1990, 김성도 역, 2003) 등을 들 수 있다.

3) 의미론 · 화용론적 측면

광고의 언어기술적 측면의 연구와 언어성분과 시각성분의 결합을 다룬 기호학적 측면의 연구와는 달리 세 번째의 연구방향은 광고 커뮤니케이션이 지니는 화용론적이고 의미론적인 관련성을 다루었다. 이러한 연구방향에는 플라더(Flader, 1972), 야누세크(Januschek, 1974), 한취(Hantsch, 1972) 등이 있다. 플라더는 화용론적인 기준, 특히 써얼의 화행론에 기초하여 언어를 통한 광고적 호소가 어떻게 실현되고, 어떤 언어적 자질들이 소비자의 행위를 조절할 수 있는지를 밝혀보고자 하였다. 플라더와 유사하게 야누세크 역시 1970년대의 광고언어 분석을 통해 광고의 특성이 언어구조를 기준으로써 파악되는 것이 아니라, 오히려 화용론적인 범주에서 분석될 수 있다고 주장하였다. 다시 말해 광고 텍스트는 수용자에게 순수 언어적인 정보전달의 형식으로서가 아니라, '일반적인 커뮤니케이션'과는 완전히 다른 독특한 언어형식으로 다루어져야 한다는 것이다. 비록 광고 텍스트가 일반적인 텍스트와 마찬가지로 동일한 규칙, 동일한 언어기호, 동일한 텍스트 유형을 사용하고 있더라도 '소비자의 구매행위 창출'이라는 일정한 목적에 의해 형성되고, 조직된 자율적이고 인위적인 구조물이다. 그러기에 일반언어의 사용과는 다른 형식으로 접근해야 한다는 것이다.

그러나 이런 주장과는 달리 한취는 의미론적 범주에서 광고 텍스트를 접근해 보고자 하였다. 한취(1972: 137 이하)에 따르면 광고 텍스트의 의미론적 분석은 "광고 텍스트의 일정한 내용이 어떻게 수용자에게 효과적으로 영향을 주는가에 관심을 갖는다. 아울러 이들이 의도된 구매행위를 실현시킬 수 있도록 어떻게 책략적으로 사용되는지"를 밝히는 데 있다고 한다. 그러나 이러한 의미론적 분석에서 주목할 점은 내용의 구조분석이 한취의 경우 주로 형태소나 어휘소 또는 문장과 같은 언어단위에만 머물고 있다는 사실이다. 또한 복잡한 텍스트 단위에는 아직 이르지 못하고 있다는 것이다. 한취의 광고분석은 광고의 의사소통적 성분들을 분석하기 위해 뷜러(Bühler, 1934)의 '도구모델'(*Organonmodell*)을 기초로 하고 있다. (뷜러는 언어의 세 가지 기본 기능을 표현기능, 설명기능 그리고 호소기능으로 구분하고 있다). 여기서 그녀가 강조하고 있는 것은 기본적인 의미범주와 더불어 사회 · 문화적, 경제적 콘텍스트 같은 화용론적 층위도 광고의 메시지를 이해하는 데 함께 다루어져야 한다는 것이다.

텍스트언어학의 방법으로 접근하는 이 장에서는 물론 위의 세 가지 접근방법을 포괄한다. 다시 말해 광고 텍스트의 언어성분에 대한 기술적 접근뿐만 아니라 비언어적 성분들과의 의미작용과 더불어 광고언어의 '화행'(*speech act*)까지도 다루게 된다. 이는 텍스트언어학이 텍스트의 복합적 의미관계에 대한 분석을 위한 도구이기에 텍스트를 구성하는 모든 요소들의 의미와 기능에 대한 고려가 필요하기 때문이다.

∷ 2. 분석방법론으로서의 텍스트언어학

1) 텍스트언어학이란 무엇인가?

텍스트언어학은 1960년대 중반 이후 주로 독일의 언어학계에서 발전되어 온 언어학의 한 분야이다. 기존의 체계언어학은 언어연구의 분석단위를 문장으로 보고 체계내적인 관계를 규명하는 데 몰두하였다. 그 때문에 문장의 층위를 벗어나는 복합적인 언어현상을 기술하고 설명하는 데 큰 결함을 보였다. 따라서 이러한 체계언어학의 한계를 극복하기 위해 독일을 비롯한 서구 학계에서는 오래전부터 언어의 통합적 접근에 대한 활발한 연구가 수행되었다. 이러한 다양한 모델 중 가장 보편적으로 언어학에서 다루어지고, 수용되고 있는 모델로서 텍스트언어학을 들 수 있다.

텍스트언어학은 텍스트의 제반 특성과 의사소통행위 속에서 그 사용을 규명하며, 다양한 학제간의 협력을 통해서 그 역동적인 국면을 포괄하여 다루고 있다. 텍스트언어학은 언어와 연관된 여타 학문분야 연구에 본격적으로 기여할 수 있을 뿐만 아니라 기존의 언어학이 해결하지 못한 여러 언어 관련 문제들을 심도 있게 다룰 수 있다. 텍스트언어학은 우선 그 대상 영역을 '텍스트'(*Text*)로 삼고 있다. 보다 엄밀히 말하자면 자연언어의 '텍스트 출현'(*Textvorkommen*)을 그 대상으로 삼고 있는 것이다.

텍스트언어학의 과제는 모든 텍스트 출현에 있어서 일반적이고 불변하는 자질, 즉 텍스트성(*Textualität*)[1]을 기술하며, 자연언어에서의 텍스트 개념을 정의하는 데 있다. 하지만 아직까지는 텍스트언어학자들 사이에 일반적으로 통용되고 있는 텍스트 개념을 도출해내기는 그리 쉬운 일이 아니다. 그 이유는 텍스트언어학 이론들이 그 대상영역과 과제영역에 대해 서로 다른 입장을 취하고 있기 때문이다. 그러나 지금까지의 일반론을 소개하면, 텍스트언어학은 문장의 경계를 넘어 작용하는 언어규칙과 조직유형을 연구하는 비교적 새로운 언어학의 부분영역으로, 광범위하고 학문 상호적인 성격을 띠는 언어학의 중요한 한 분야라고 말할 수 있을 것이다. 이 장에서는 이러한 텍스트언어학적 논의와 관련하여 다음과 같은 통합적인 텍스트 개념을 따르고자 한다.

> 텍스트는 그 내적으로는 결속력이 있으면서, 전체로서는 인식 가능한 의사소통의 기능을 전달하는 언어적, 비언어적 신호의 전체로서 정의할 수 있다. 따라서 텍스트는 단지 언어적 성분들로만 구성된 것이 아니라, 오히려 비언어적 성분들을 수반하거나,

1. 보그랑데 · 드레슬러(Beaugrande & Dressler 1982)는 그들의 저서 '텍스트언어학 입문'(*Einführung in die Textlinguistik*)에서 텍스트를 텍스트답게 하는 일곱 가지 구성요건을 언급하였는데, 이러한 구성요건으로는 '결속구조'(*Kohäsion*), '결속성'(*Kohärenz*), '의도성'(*Intentionalität*), '수용성'(*Akzeptabilität*), '정보성'(*Informativität*), '상황성'(*Situationalität*) 그리고 '상호텍스트성'(*Intertextualität*) 등이 해당된다.

또는 이들을 통해 보충되기도 하며, 심지어는 대부분이 비언어적 성분들로도 구성될 수 있는 텍스트의 의미전달을 위한 제한된 연속체라 할 수 있을 것이다(Brinker, 1988: 17).

2) 텍스트구성의 층위와 광고 텍스트 분석

텍스트언어학적 문제제기의 중심에는 언제나 텍스트구성의 문제가 자리한다. 텍스트언어학의 발전과정을 살펴볼 때, 초기 텍스트언어학의 연구는 대체로 문법적(즉, 통사적이고 의미적인) 조건들에 몰두하였다. 반면에 언어학에서의 '화용론적 전환'이 일어난 후 텍스트구성에 대한 연구는 커뮤니케이션-화용론적 내지는 화행론적 측면에서의 연구가 지배적이었다. 이는 하나의 언어 형성체가 텍스트로 간주되기 위하여 수행하는 조건의 기술이 텍스트언어학의 발전과정과 상호 밀접하게 결합되었음을 의미한다. 다시 말해 텍스트구성의 기술이 화용론적 층위, 주제적 층위 그리고 문법적 층위 등 언어 이론적 층위에서 이루어져 왔음을 의미한다. 이제 간략하게 텍스트구성 층위들간의 특징을 브링커(Brinker 1994: 110)를 참조하여 기술하면 아래와 같다.

(1) 문법적 층위에서의 텍스트구성 : 문법적 층위의 텍스트구성은 무엇보다도 텍스트 응집성의 통사적-의미적 조건들을 포함한다. 이때 중요한 두 가지 텍스트구성 원칙으로 '재현원칙'(*Rekurrenzprinzip*)과 '연결원칙'(*Konnexionsprinzip*)을 들 수 있다. 재현(*Rekurrenz*)은 한 텍스트의 연속된 문장 속에서 나타나는 언어단위의 반복과 재수용을 말하며, 연결(*Konnexion*)은 이와는 달리 명제들 사이의 결속관계를 나타낸다. 텍스트응집성의 이 두 가지 유형 모두 명시적(예를 들어 대용사나 접속사 같은 일정한 문법적 수단을 통해)으로도 비명시적(즉, 의미적-인지적)으로도 실현될 수 있다.

(2) 주제적 층위에서의 텍스트구성 : 주제적 층위의 텍스트구성은 주제적 텍스트응집성의 조건과 관련한다. 즉 문장으로 표현된 사태들(명제들) 사이에서 텍스트가 창출하는 인지적 상관관계, 이른바 '거시층위'(*Makrostruktur*)에

관련되어 있다는 것이다. 결국 서로 다른 정보를 전달하는 문장들도 하나의 주제로 통합되어 하나의 텍스트로 실현될 수 있는 것이다.

(3) 화용론적 층위에서의 텍스트구성 : 텍스트 화용론적 구성에 있어서 중요한 것은 텍스트의 행위특성, 즉 텍스트기능에 대한 파악이다. 브링커(1994: 114)의 관점에서 볼 때, 텍스트기능은 텍스트로 표현된 발화자의 (지배적인) 행위의도로서 이해되며, 이는 일정한 언어형식과 구조를 통해 직접적으로 또는 간접적으로 표현될 수 있고, 그 밖의 텍스트내적 — 언어적이든, 비언어적이든 — 자질과 텍스트외적(또는 콘텍스트적) 자질에 의해 추론될 수도 있다. 따라서 화용론적 층위의 텍스트구성에서는 어떠한 언어적, 비언어적 수단들이 텍스트의의(*Textsinn*) 내지는 텍스트기능을 파악하는 데 도움이 되는지 아닌지를 확인하는 것이 우선적으로 요구된다.

그러나 이미 야누세크(1974)가 1970년대의 광고언어 분석을 통해 말하고 있는 것처럼, 광고의 특성은 결국 언어구조적 기준에서 파악되는 것이 아니라, 오히려 화용론적 범주에서 분석되어야 한다는 것이다. 따라서 이 장에서는 광고 텍스트의 분석을 통합적 텍스트층위인 화용론적 층위에서 시도하고자 한다. 이는 광고를 일정한 텍스트기능을 지닌 실용텍스트로 인식하는 데 중점을 두자는 것이다. 이러한 실용텍스트 '광고'가 기본적으로 언어적 · 비언어적 코드로 형성된 메시지를 다양한 매체를 통해 전달하는 메커니즘을 지닌다. 이런 맥락에서 보자면 실용텍스트로서 광고는 광고주와 소비자 사이에서 이루어지는 비대인적 커뮤니케이션이라는 이해에서부터 출발하고 있다.

:: 3. 방송광고와 텍스트언어학

1) 방송광고 분석을 위한 텍스트 화용론 층위의 첫걸음

만약 우리가 텍스트언어학적 입장에서 광고의 지배적 기능인 호소기능을 규정하고자 한다면, 이에 대한 논의는 텍스트 종류로서 '광고'에 대한 접근에서부터 시작되어야 할 것이다. 이미 브링커(Brinker 1983; 1988: 118)가 언급하고 있는 것처럼 텍스트 종류는 한 언어공동체에서 전형적으로 반복되는 의사소통의 모형으로 역사적으로 발전해온 것이다. 다시 말해 텍스트 종류는 관습적으로 통용되는 복잡한 언어행위의 커뮤니케이션 기능적 · 구조적 특징들의 결합으로 이해할 수 있다. 우리가 하나의 텍스트를 일정한 텍스트 종류로 인식할 경우 이에 대한 텍스트 종류의 지식이 텍스트이해의 '선신호' 또는 '기대'로서 해당 텍스트에 대한 기능과 내용에 대해 일정한 정보를 제공해 줄 수 있기 때문이다. 이러한 텍스트 종류에 의한 '기대' 개념은 1970년대 야우스(Jauss, 1978; 김동윤, 1999 재인용)가 문학작품 수용연구에 도입한 '기대지평'(*Erwartungshorizont*)의 개념과도 관련된다. 다시 말해 텍스트의 이해는 텍스트의 내재 및 외재적 법칙들(즉 텍스트의 생산과 수용)의 상호작용을 전제로 하고 있을 뿐만 아니라, '심미적 인식이 기입되는 삶의 경험 문제'를 전제로 하고 있기 때문이다. 텍스트 안에는 드러난 것이든 잠재된 것이든 '기호', 관례화된 특성들, 암시적인 지시대상들이 서로 어우러져 상호작용을 일으키고 있다. 그러므로 텍스트를 수용하는 사람들은 이미 일정한 수용방식을 준비하고 있다는 것이다(김동윤, 1999: 94).

그러나 광고는 텍스트 수용자(소비자)에게 흥미유발이나 충격을 가해야 하기 때문에, 기대와의 결별은 광고가 추구하는 방식이고 광고의 주된 동인 가운데 하나이다. 예를 들어 '선영아 사랑해'나 'June' 광고의 경우는 광고상품(서비스)을 정확하게 전달하지 않는다. 그럼으로써 텍스트 종류의 지배기능과 포괄적 구조에 대한 기대를 유보시켜 흥미와 인지도를 높인 경우라 할 수 있을 것이다. 더 나아가 기사유형의 광고나 드라마 양식의 광고는 수용자에게 처음부터 광고가 아닌 다른 텍스트기대를 야기시킴으로써 광고의 인지도를 높이는 경우이기도 하다. 결국 이런 예들에서 볼 수 있는 것처럼 텍스트 종류에 대한 지식은 텍스트를 분석하는 데 있어 기초가 되는 기대개념과 관련된다. 텍스트 기대는 텍스트를 이해하는 지식으로서 텍스트의 지배적 기능을 규정하고 이해하는 출발점이 된다고 하겠다.

그렇다면 우리는 어떻게 다른 텍스트 종류와 구분하여 광고를 하나의 텍스트 종류로서 정의할 수 있는 것일까? 이러한 문제를 해결하기 위해 우리는 상황적 또는 콘텍스트적 자질과 기능적 자질 그리고 언어적 자질을 함께 아우르는 통합적인 관점에서 광고 텍스트개념에 접근해야 한다. 그럴 경우 텍스트구조, 지시관계, 문장유형, 어휘 등으로 대표되는 텍스트내적 자질과 텍스트기능, 커뮤니케이션 상황, 화자의 의도 등을 의미하는 텍스트외적 자질을 체계적으로 고려해야 한다. 이러한 고려는 텍스트 종류에 대한 포괄적인 분석을 보장한다. 따라서 이 장에서는 위에서 언급한 두 개의 텍스트자질을 통합하는 텍스트 종류로서의 광고의 개념을 정의하고자 한다(오장근, 2000: 363 이하 참조).

> 광고는 생산물이나 서비스 또는 공공의 목적에 대한 정보를 제공하는 짧지만 그 자체로 완성된 텍스트로서, 일정한 시간 동안 무수히 많은 잠재적 수요자를 대상으로 제공되는 텍스트 종류를 말한다. 또한 광고는 광고를 구성하는 언어적·비언어적 성분들의 상호작용으로 제공하고자 하는 생산물이나 서비스에 대해 긍정적인 이미지를 창출한다. 그럼으로써 그것의 구매와 사용을 실현시킬 목적으로 사용되는, 일정한 목적에 의해 인위적으로 형성된 호소기능을 지닌 텍스트 종류라고 볼 수 있다.

결론적으로, 광고 텍스트는 '광고'라는 텍스트 종류 특유의 구성원칙에 의해 만들어지고 텍스트 종류 특유의 기능들을 수행하게 된다. 따라서 텍스트 종류에 대한 지식은 우리가 하나의 텍스트를 일정한 텍스트 종류로 인식함으로써 생기는 수용자의 기대이다. 이를 통해 텍스트 수용자는 텍스트 분석을 위한 최초의 단서를 발견할 수 있고, 텍스트의 기능과 내용에 대한 대강의 기대도 이루어질 수 있다. 여기에서는 텍스트 기대를 텍스트 종류에 의한 '선신호적 기능'과 '스키마적 기대기능'으로 부른다.

2) 방송광고언어의 언어적 특징

위에서 언급한 텍스트 종류로서 광고의 일반적인 성격에 기초하여 광고 텍스트에 나타나는 언어적, 비언어적 성분들[Brinker, 1983; 1988의 경우 '지시소'(*Indikatoren*)라 부름]의 특징과 기능을 다루고자 한다. 광고 텍스트의 언어적 특징을 기술하고자 하였던 초기의 언어학적 연구는 주로 광고언어와 일상어 사이의 관계를 해명하는 데 몰두하였다.[2] 특히 뢰머는 합성어나 품사 그리고 문장구조와 같은 구조주의적 카테고리를 가지고 광고언어를 기술하였다. 또한 뢰머는 광고언어를 설득적 형식을 띠는 정치연설과 같은 '선전언어'(*Propagandasprache*)의 형식으로 이해하였다. 이런 언어기술적 광고분석에 의하면, 광고 텍스트에 나타나는 언어적 성분들의 특징으로는 다음과 같은 것들을 들 수 있다(Römer, 1968: 116 이하).

- 무수히 많은 명사와 형용사의 합성형
- 명사와 형용사의 빈번한 사용
- 최상급이나 비교급의 빈번한 사용
- 최상의 가치를 지닌 낱말들의 사용
- 단문이나 생략문 같은 간단한 문장의 사용
- 은유, 풍자, 미화, 낱말의 운율 등 일련의 수사적 문체들의 사용
- 상품의 의인화

이러한 뢰머의 언어 기술적인 연구에 기초하여 방송광고 텍스트를 분석하는 데 나타나는 언어적 성분들의 특징들을 보다 자세하게 다루어 본다.

(1) 방송광고언어의 통사적 특징들

방송광고언어의 통사구조는 광고 텍스트가 지니는 호소기능에 의해 규정된다.[3] 광고 텍스트의 수용자들은 대부분 광고를 주의 깊게 보거나 그것을 수용하

---

2. 스피처(Spitzer, 1964), 그로세(Grosse, 1966), 뢰머(Römer, 1968) 그리고 최근의 베흐슈타인(Bechstein, 1987) 등을 참조.
3. 뢰머(1968), 조빈스키(1979), 베흐슈타인(1987), 그리고 프리츠(1994) 참조.

기 위해 많은 시간을 내지는 못한다. 그들은 TV 드라마를 보기 위해, 또는 스포츠 중계를 보기 위해 잠깐 보기도 하며, 신문을 읽다가 지나치듯 보기도 한다. 그러기에 광고 텍스트는 쉽고 빠르게 이해될 수 있어야만 하는데, 이를 위해서 긴 문장보다는 짧은 문장이나 중간정도 길이의 문장이 선호되는 편이다.[4] 특히 슬로건에서는 주로 기업의 이미지나 중요한 정보만을 제공하는 간단한 문장이나 낱말만이 나타난다.

- 사람을 향합니다. SK텔레콤.
- 기분 좋은 변화. LG텔레콤.
- 내 몸의 충전 전략. 게토레이

극단적인 경우 개개의 낱말만이 주어지기도 하는데, 이는 수용자의 기분을 고무시키면서, 주어진 정보를 강조하여 수용자들이 보다 쉽고 빠르게 받아들이게 하는 역할을 수행한다.

- 내 생활의 자부심. My life, My pride 삼성카드. (삼성카드)
- 상황버섯 발효주, 천년약속. (전통주 천년약속)

긴 문장 즉 20개 이상의 낱말이 사용되는 경우의 광고 텍스트는 드물기는 하지만 일반적으로 기계제품이나 가전제품 같이 자세한 정보를 요구하는 생산물이나 장기간 사용되는 소비재의 광고에서 주로 나타난다.

그 밖에 광고언어가 지니는 통사적 특징 중 하나는 바로 주어와 동사의 탈락이다. 콘텍스트 의존적인 한국어의 경우 구어체를 주로 하는 방송광고언어에서 주어의 생략은 일반적인 현상이다. 또한, 동사가 없는 텍스트의 사용 역시 오늘날의 광고에서 나타나는 뚜렷한 언어적 경향이다. 무엇보다 탈락된 동사의 정보는 추론을 통해, 예를 들어 앞뒤 문장의 내용을 통해서 인식될 수 있으며 대부분의 경우 계사 '~이다'는 슬로건의 경우 탈락된다. 다음의 경우에서 이러한 특징을 관찰할 수 있다.

---

4. 뢰머(1968)의 연구에 따르면 1~7개의 낱말로 구성된 문장 혹은 대략 8~20개의 낱말로 구성된 문장이 여기에 해당된다.

〈그림 12-1〉 DHC 아세로라 시리즈

여1 : 환하게
여2 : 더 환하게
내레이션 : 눈부신 피부 클라이맥스
DHC 아세로라 시리즈
여1 : 여름에도
함께 : 역시 DHC

〈그림 12-2〉 KTF 500원의 진실

500원 식사 후 입을 가시는 껌 한 통
에티오피아 아이의 굶주림을 가시는
일주일 분의 식사
진실은 무엇입니까?
생각을 이동하라. KTF적인 생각
Have a good time! KTF

⑵ 방송광고언어의 어휘 의미론적 특징들

광고 텍스트에 대한 언어 기술적인 접근에 따르면, 광고언어는 언어규범에서 벗어나 의도적으로 만들어진 인위적인 언어이다. 뿐만 아니라 일상어와는 다른 자신만의 자율적인 구조를 지닌 커뮤니케이션 수단으로 이해된다. 어휘적인 범주에서 나타나는 광고언어의 뚜렷한 특징은 최상급의 빈번한 사용, 긍정적 의미의 형용사 사용, 합성어 그리고 새로운 조어 창출 등을 들 수 있다. 특히 '신조어'의 창출은 광고언어에서 나타나는 중요한 경향이라고 할 수 있다.

이러한 경향은 명사의 범주에서 흔히 찾아볼 수 있는데, 예를 들어 생산품의 종류와 출처가 결합된 '보성 녹차', '순창 고추장', 회사소유주나 창립자의 이름으로부터 생겨난 '유한양행', '장수 돌침대' 그리고 음성적 이미지를 통해 생겨난 '쭈쭈바', '아이셔', '쿠쿠' 등의 상품명이나 상호명들이 그것이다. 주목할 만한 것은 '대일밴드'나 '미원'같은 상품명은 한때 생산물의 종류를 규정하는 이름이 되기도 하였다는 것이다. 이렇듯 상품명이나 상호명에서 많은 조어들이 생겨나는 것은 이러한 상품이나 상호의 명칭이 단순히 그 대상만을 지칭하기 때문이다. 뿐만 아니라 그 대상이 지니는 질적 가치나 자기동일성을 확인하는 데 중요한 역할을 수행한다(예를 들어 '더위사냥', '오징어땅콩', '스킨푸드' 등).

새로운 조어는 동사와 형용사의 범주에서도 다음과 같은 다양한 형식으로 빈번하게 나타난다.

- 두 개의 형용사 결합 : 새콤달콤, 맛있게 매운
- 명사와 형용사의 결합 : 맛있구마, 꿈에그린, 맛밤
- 부사와 명사의 결합 : 참이슬
- 부사와 형용사의 결합 : 참존, 젤루조아, 짱서요
- 상품명의 동사화 : 엑스캔버스하다, 쿠쿠하다

위와 같은 새로운 유형의 합성어들이 지니는 의미를 파악하고자 한다면, 우리는 일반적으로 텍스트 전체의 관련성에 기초해야 한다. 그래야 비로소 이러한 결합이 어떠한 의미를 전달하고자 하는지 파악할 수 있을 것이다. 왜냐하면 형용사와의 결합으로 생겨나는 신조어의 특징은, 결합하는 두 개의 낱말 중 어느 하나가

낱말 본래의 어휘적 의미를 상실하거나 최소 의미만을 지니면서 단지 다른 낱말을 강조하거나 꾸며주는 역할을 하기 때문이다. 이럴 경우 형용사적 신조어들은 수용자의 높은 어휘능력을 요구하고 있음을 알 수 있다.

신조어의 창출과 더불어 방송광고언어의 특성은 낱말의 선택에서도 찾을 수 있다. 광고 텍스트에서 가장 자주 출현하는 품사는 명사이다. 이러한 현상은 빠른 시간에 필요한 정보를 정확하게 전달해야 하는 광고 텍스트의 기능에 가장 적합한 품사가 명사라는 것과 밀접한 관계가 있다. 여러 가지 유형의 파생명사와 더불어 명사는 대상의 실체적 내용을 지니고 있는 품사로, 그를 통해 광고 텍스트에서는 광고대상을 알리고, 광고대상의 특성을 전달하는 데 가장 유익한 언어수단이다.

명사 다음으로 자주 등장하는 품사는 형용사이다. 만약 광고 텍스트의 특성으로서 상품이나 서비스의 장점을 칭찬하고 강조하는 것이 중요하다면, 가치판단을 하거나 대상의 특성을 제한하는 기능을 지닌 형용사의 빈번한 사용은 그리 놀랄 일은 아니다. 방송광고 언어에서 형용사 못지않게 빈번하게 출현하는 품사는 역시 동사이다. 이처럼 동사의 출현 빈도수가 형용사와 비슷한 빈도수를 보이는 것은 일반적으로 동사를 통해 광고의 호소성을 직접적으로 표현할 수 있기 때문이다. 그러나 일반적으로 빠르고, 효과적인 정보전달을 위해 생략문과 명사적 문체의 사용을 선호하는 광고 텍스트의 속성으로 인해 형용사보다는 상대적으로 적은 빈도수를 보이는 경우가 많다.

예를 들어, 2006년 6월 이후 방송된 보험광고 13개를 임의로 추출하여 조사한 결과를 정리하면 〈표 12-1〉, 〈표 12-2〉와 같다.[5]

광고언어의 어휘 의미론적 범주에서는 그 외에도 광고대상에 대한 보다 긍정적인 가치평가를 주기 위한 다양한 언어책략들이 다루어질 수 있다. 이러한 예로 우리는 우선 '유일', '첨단', '하나밖에 없는', '최고의', '세계적인'과 같이 긍정적인 가치를 지니는 부가어를 들 수 있다. 이러한 경우는 일반적으로 명사와의 결합으로 대상의 속성을 강조하는 데 사용될 수 있다. '첨단 6기통', '동급유일', '세계적인

5. 여기서 선택된 13개의 광고는 'AIG 마스터 플랜', '삼성생명', '신한생명', '삼성생명 여성 희망 프로젝트', '하이카 다이렉트', '농업생명 농업화제'(우산 편), '라이나 누구나 OK 실버보험', 'AIG 무사통과 실버보험', '흥국생명 365일 다보장 보험', '스탠바이 알뜰 건강보험', '동양생명 수호천사', '교보생명', '농업생명 농업화제'(코끼리 편) 등이다. 이 광고들은 2006년 9월 현재 TV에 방송되고 있는 데이터들이다.

기준' 등이 바로 그 예들이다. 뿐만 아니라 '프리미엄 가치', '울트라 파워'처럼 라틴어에서 유래된 용어를 사용하여 최상의 의미를 표현하기도 하며, 비교급이나 최상급의 사용을 통해 광고대상에 대한 긍정적인 가치평가를 부여하는 경우도 드물지 않게 나타난다. '보다 특별하게 사는 법', '더 잘사는 방법' 등이 그러하다. 그 밖에도 일상적인 명칭을 대신해서 사용되는 추상적인 표현도 상품의 가치를 상승시키기 위한 의미론적 책략으로 이해되기도 한다. '헤어클리닉' 또는 '헤어 케어(샴푸)' 등이 그런 예에 속한다.

〈표 12-1〉 13개 보험광고 품사별 빈도수

품사별 빈도수	
명 사	220
부 사	33
형용사	42
동 사	46

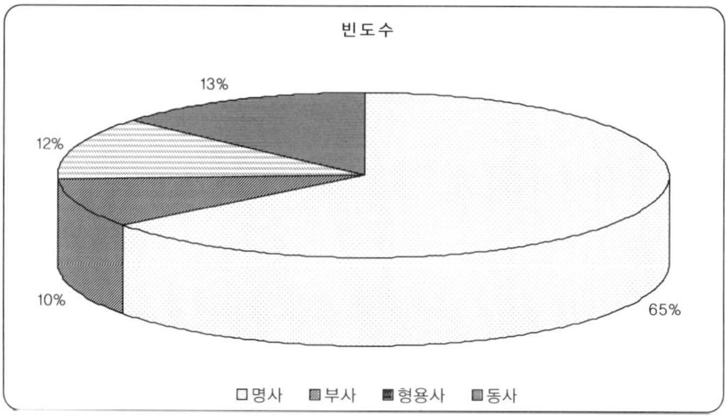

〈표 12-2〉 13개 보험광고 어휘별 빈도수와 범주

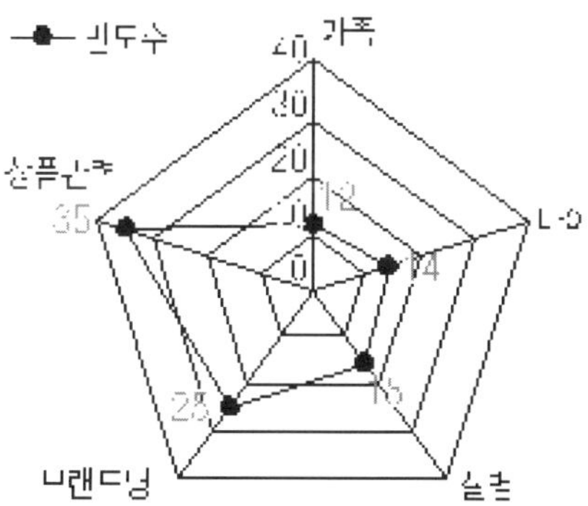

카테고리별 단어 분석	
가 족(12)	우 리(4), 가 족(8)
나 이(14)	관련단어(6), 나 이(8)
브랜드명(25)	회사명(13), 상품명(12)
질 병(15)	병 명(8), 건강검진(2), 병(5)
상품관련(35)	금 액(9), 보 험(8), 보 장(6), 보험 · 금융관련용어(12)
기 타(9)	전 화(5), 가 입(4)

(3) 방송광고언어의 문체론적 특징들

광고 텍스트에서 우리가 흔히 볼 수 있는 문체론적인 특징은 광고대상을 시각적인 형태로 나타내는 소비재의 의인화된 표현이다. 만화인물이나 동물 또는 말하는 식물 등의 외적 모습을 통해 생산품의 특성을 드러나게 한다. 그럼으로써 정보 전달을 편안하게 하고, 자연스럽게 정보의 내용을 최소한으로 축소시키는 이러한 광고기법은 특히 어린이 용품의 광고에서 자주 사용된다. 이는 동화나 만화의 주인공 또는 귀엽고 착해 보이는 대상들을 통해 광고를 대하는 어린이들에게 어떠한 두려움도 지니지 않게 하는 기능을 수행한다. 이러한 소비재의 의인화는 베흐슈타인(1987: 341)에 따르면 인간이나 자연과 관련된 명사, 형용사, 부사 그리고 동사를 통해 이루어진다고 한다.

- 세상의 모든 먹거리, 참치를 부러워하다. (동원참치)
- 스쳐 지났을 뿐인데 당신이 잊혀지지 않습니다. (현대자동차 산타페)

특히 광고 슬로건의 형식과 기능을 다루는 연구에서는 다수의 문체적 성분들이 발견되는데, 이는 슬로건이 분명하고, 짧게 그렇지만 효과적으로 자신의 설득적 기능을 전달해야만 하기 때문이다. 예를 들어 다음과 같은 은유적 표현들이 그러하다.

- 아내들의 기술, 지펠 (지펠 냉장고)
- 아름다운 삶의 휴식처, 월드 메르디앙 (월드 메르디앙)

또는 역설적인 표현들이 슬로건에서 자주 나타난다.

- 보여주고 싶은 달콤함 (베스킨 라빈스)

광고 텍스트에서 나타나는 또 하나의 텍스트 문체론적인 현상으로 '반복'을 들 수 있다. 일정한 광고내용의 부분적 또는 전체적인 반복현상은 한번 수용된 언어 발화를 언제나 활성화시킬 수 있다. 이를 위해 사용되는 언어수단으로, 상품명이나 회사명 또는 상품의 특성 같은 중요한 내용을 여러 번 반복한다. 그럼으로써 수용자의 의식에 자리 잡게 하여, 이와 관련된 일정한 광고내용이 약간의 자극에도 전체가 회상될 수 있도록 하는 기능을 수행한다.

- … 난 키스를 한 게 아니야. 후레쉬믹스의 맛이 궁금했을 뿐이야. 후레쉬믹스. 아름다운 키스의 맛, 후레쉬믹스.
- 춤? 되지. 노래? 되지. 몸? 되지. 내가 좀 되지. 욕심만만 돼지바. 맛이면 되지.

예를 들어 후레쉬믹스 광고에서 상품명 후레쉬믹스는 문장의 한 성분으로 이 상품의 속성을 규정해주는 발화들 속에서 연속적으로 출현하고 있다. 이러한 과정을 통해 상품의 이름과 이 상품의 특성을 나타내는 언어정보를 하나의 단위로 기억하게 한다. 뿐만 아니라 해당 상품을 기억하면 그 정보까지도 함께 기억해낼 수 있게 하는 역할을 수행하고 있다.

(4) 방송광고언어의 화행론적 분류

지금까지 광고언어를 어떻게 분류할 것인가에 관해 일반적으로 받아들여지는 정해진 분류법은 없다. 광고 슬로건에 기초하여 광고인어의 화행론적 유형들을 분류한 플라더(1972: 341 이하)와 마찬가지로 화행에 따라 분류하는 경우도 있고, 내용이나 제시방법 또는 실현형식에 따라 분류하기도 한다.[6] 이 장에서는 플라더(1972)의 분류를 기준으로 하여 통합적인 관점에서 문장작성형식과 화행의 기준에 따라 다음과 같이 7가지로 분류해 보고자 한다.

① 제시행위 : 일상생활에서 언어사용과 문헌에서 가장 흔히 볼 수 있는 발화로 광고언어에서도 평서문의 형태로 많이 나타나고 있다. 광고언어에서 제

6. 던(Dunn, 1963)의 헤드라인 분류 참조. 이 밖에도 던과 버반(Dunn & Burban, 1982)은 제시방법에 따라, 버반(1974)내용에 따라 헤드라인을 분류하였다. 우리나라의 경우, 정호기(1985)는 헤드라인을 표현형식에 따라 ① 뉴스, 고지형식 ② 단정, 고지형식 ③ 효용, 이익형식 ④ 주장, 제한형식 ⑤ 질문, 제안형식 ⑥ 증언, 제안형식 ⑦ 증서, 제안형식 ⑧ 경고, 제안형식으로 구분하기도 하였다.

시화행이 주는 효과는 수용자에게 사실을 사실대로 말한다고 믿게 하는 점이다.

② 질문행위 : 의문형으로 실현되는 경우로, 믿기 어려운 의구적 내용을 표현하거나, 이의를 제기할 때, 또는 알면서 강조하거나 수용자의 동의를 구하는 방법으로 사용한다.

③ 정표행위 : 대표적인 감정표출형 발화이다. 특히 감탄형은 화자의 감정을 표출하는 것으로서 이런 감정이 수용자에게 공감될 것을 기대한다. 감탄형은 그 자체가 자기 충족적인 것이어서 수용자의 공감이 없을 경우 거부감을 느끼게 할 수 있다.

④ 주장행위 : 광고에서 명령, 판단, 보장 등으로 실현되는 행위를 말한다. 이들 중 명령형은 어투가 단정적이고, 수용자의 행동을 조작하려는 것으로 받아들일 가능성이 많기 때문에 자주 사용되지는 않는다. 특히 행동적, 도발적인 성향의 어휘가 사용된 경우는 더욱 그렇다. 그러나 언어적 내용이 일반적으로 받아들여지는 것이고, 또 화자의 의도가 비개인적인 것으로 해석되는 경우에는 행동적 효과가 높을 수 있다.

⑤ 요구행위 : 명령형과 함께 광고주의 주장을 직설적이고 단정적으로 노출시켜 거부감을 줄 수 있다는 점에서 그다지 선호되지 않는 형식이다. 그러나 주장화행에 비해 청유형과 같은 요구화행은 화자의 입장이나 감정이 수용자와 유사하다는 느낌과 함께 덜 강제적인 것이어서 거부감을 완화하는 특징을 갖는다.

⑥ 규정행위 : 화행자체는 주장화행의 일부이나 실현형식상의 차이로 인해 구분된다. 문장을 단절시켜 사이를 둔 다음, 결론으로 연결하는 방법을 말한다. 불완전한 형태의 문장형식이기 때문에 갖는 긍정적 효과가 있다.

⑦ 경고(정지)행위 : 광고되는 생산품의 우월성을 강조하기 위해, 수용자의 일정한 행위를 고발하거나 금지하는 발화로 일종의 주장행위이다. 대부분 부정문의 형식으로 실현된다.

3) 방송광고언어와 비언어적 성분들과의 관계

광고물에서 소비자의 눈을 잡아끄는 것은 대부분의 경우 비주얼의 힘이다. 그러나 그 광고물이 제품 광고물일 경우 소비자로 하여금 그 제품에 대해 공감을 얻게 하고 마침내 구매로 이어지게 하는 카피파워도 중요하다. 이것은 제품의 특징과 기능에 대한 정보를 제공하는 이른바 '카피'라는 언어성분의 힘이 크기 때문이다. 그러므로 효과적인 광고는 치밀한 전략에 의해 표현된 비주얼과 광고언어의 완벽한 결합체라고 할 수 있다. 특히 언어로 표현된 언어정보 부분의 힘은 정확한 정보전달과 제품의 인지도 등의 요소와 밀접한 상관관계를 이루어 광고의 궁극적 목표인 판매를 촉진시킨다는 마케팅적인 면 외에, 그것이 언어로 표현되어 소비자들에게 영향을 준다는 커뮤니케이션적 측면도 있다. 그러하기 때문에 광고효과와 관련하여 광고의 언어정보 부분이 시사하는 바는 비단 언급한 두 가지 측면 중 어느 한쪽에 치우치지 않음을 알 수 있다.

구명철(2002)은 언어기호(특히 바디카피와 슬로건)와 시각기호(비주얼)의 관계를 기호학적인 관점에서 규명하고자 시도하였다. 그의 논의는 논리기술적인 측면에서의 아쉬움은 남지만 그 방향성만은 적절한 듯하다. 물론 언어기호와 시각기호의 유기적 관계를 고려하여 광고언어분석을 시도한 경우는 이미 베흐슈타인(1987), 조빈스키(1998), 야니히(1999) 등에서도 찾아볼 수 있다. 특히 야니히는 언어성분과 비주얼 사이에 존재할 수 있는 모든 가능한 관계를 '유사성', '입증', '사고연계', '일체적 부분", '원인-결과', '반복', '점층', '의미규정', '병렬', '낯설게하기', '상징화' 등으로 하위분류하면서, 이들의 관계를 규정하는 데 중요한 실마리를 제공해 주고 있다. 이러한 야니히의 연구에 근거하여 구명철은 광고언어정보에 대한 비주얼의 역할에 따라 언어성분과 비주얼 간의 관계를 다음과 같이 분류하였다(구명철, 2002: 430 이하).

- 시선 유인 요소로서의 비주얼
- 정서적 배경으로서의 비주얼
- 광고언어 내용을 시각화하는 비주얼
- 광고언어 내용을 입증하는 비주얼

- 광고언어와 인과관계에 있는 비주얼
- 광고언어 해석의 실마리를 제공하는 비주얼
- 광고언어와 상호보완 관계를 지니는 비주얼

이러한 방법론은 광고언어를 해석하는 과정에서 비주얼이 차지하는 다양한 역할을 알게 하고, 이들 광고성분들 사이의 관계를 기호학적 틀에서 구체적으로 구분할 수 있는 가능성을 제기하는 성과를 거두기는 했지만, 몇 가지 지적할 점이 제기된다.

첫째, 광고언어와 비주얼의 대응관계가 소쉬르적 이분법에 의한 단순 도식적 설명이었다는 것이다. 예를 들어 '벡스'(BECK'S) 광고의 경우, "범선=세계로의 진출"이라는 등식을 성립시키고자 하였다면, 소쉬르적 기호해석보다 바르트적 기호해석이 더 옳았을 것이다. 왜냐하면 아래의 도식에서 보이는 것처럼 '세계로의 진출/진취성' 또는 '(필자의 생각으로는) 청량감/시원함'의 의미는 카피의 '기의II'에

〈표 12-3〉 메타언어와 메타비주얼의 개념

<table>
<tr><td>기표 1
(BECK'S – Spitzen Pilsner von Welt)</td><td>기의 1
(BECK'S는 세계 최고의 맥주)</td><td></td></tr>
<tr><td colspan="2">언어기호
I 기표</td><td>기의 II</td></tr>
<tr><td colspan="3">메타언어</td></tr>
</table>

↓

<table>
<tr><td>기표 1
(범선)</td><td>기의 1
(풍력으로 항해하는 배)</td><td></td></tr>
<tr><td colspan="2">비주얼
I 기표</td><td>기의 II
(세계로의 진출/청량감)</td></tr>
<tr><td colspan="3">메타비주얼</td></tr>
</table>

해당되는 함의로 볼 수 있다. 이는 비주얼의 '기의II'에 의해 부여되는 의미이기 때문이다. 만약 이들의 관계를 굳이 단순화시키고자 하였다면 메타언어와 메타비주얼의 관계로 설명했어야만 한다.

두 번째로 광고언어와 비주얼 사이의 관계 분석 시각이 언어 중심적이었다는 것이다. 예를 들어 비주얼 지배적인 이미지 광고의 경우, 광고언어는 단지 회사명이나 로고만 쓰이는 등 전체 광고이해에 부수적 정보를 제공하는 경우도 있기 때문이다. 따라서 '비주얼을 해석하는 데 실마리를 제공하는 카피'나 '비주얼을 입증하거나, 설명하는 카피' 등에 대해서도 언급해야 할 것이다.

끝으로 광고이해에 있어서 비주얼의 의미작용은 복합적으로 관계할 수 있기 때문에, 하나의 카피해석에 제한시켜 비주얼의 기능을 규정짓는 것은 적절하지 않을 수 있다. 예를 들어 '우리밀 살리기 운동본부'의 광고에서 등장하는 김수환 추기경의 모습은 '우리밀은 믿음이요, 생명입니다'라는 광고언어의 의미를 보완해줄 뿐 아니라, 광고전체에 대한 신뢰와 호소기능을 강화시키는 역할도 수행하고 있는 것이다.

이제 다음에서는 이러한 방송광고언어의 이해를 바탕으로 실제 광고분석을 통해 광고 텍스트의 호소기능과 언어정보의 역할을 살펴볼 것이다. 그럴 경우 여기서 다루어질 것은 방송광고언어의 이해에 대한 전반적인 메커니즘을 확인하는 것으로, 특히 방송광고언어의 화행유형 규정과 더불어 정보를 (비주얼 성분을 포함한) 다른 성분들과의 관계에서 파악하고자 하며, 더 나아가 상품이나 서비스를 제공하기 위한 광고의 호소적 기능 형성에 광고언어가 어떠한 역할을 하는지도 확인하고자 한다.

:: 4. 방송광고의 텍스트언어학적 분석

1) 분석대상 : LG카드 "나를 내던지고 바람이 되고 싶었다 …"

〈그림 12-3〉 LG카드 '바람' 편

광고 텍스트 LG카드의 외적 형식을 단순하게 기술하면 다음과 같다.

- 첫 번째 카피, 장엄한 음악의 시작과 함께 :
  (이미연의 목소리로) 나를 내던지고 바람이 되고 싶었다.
- 두 번째 카피, 여자 성우의 목소리와 함께 자막으로 :
  지금 하고 싶은 것, 지금 하세요.
- 슬로건, 외국 남자 성우의 목소리와 함께 자막으로 :
  Sign Your Dream. LG카드

LG카드는 2005년 8월 1일부터 'Sign Your Dream'을 슬로건으로 한 광고를 시작하였다. 분석대상 광고인 LG카드의 '바람 편'은 'Sign Your Dream'의 슬로건으로 제작된 첫 방송광고로, 일상에서 벗어나 자유를 꿈꾸는 사람들의 소망을 '여행'이라는 테마에 담아 전달한다. 이제 이 광고를 텍스트언어학의 관점에서 무엇보다도 텍스트를 구성하는 모든 언어적 · 비언어적 자질들이 고려되는 텍스트 화용론의 층위에서 분석해 보고자 한다.

2) 방송광고 텍스트 LG카드의 언어와 텍스트 화용론적 분석

방송광고 LG카드 '바람' 편의 텍스트 분석은 우선 텍스트 종류에 대한 기대 지식에서부터 출발한다. 왜냐하면 이미 앞에서 언급했듯이 텍스트 종류의 지식은 텍스트이해의 선 신호로서 해당 텍스트에 대한 기능과 내용에 대해 일정한 정보를 제공해 줄 수 있기 때문이다. 따라서 텍스트 분석에 앞서 텍스트 수용자인 소비자는 이 예문 텍스트의 언어정보가 일정한 상품을 직접적으로 언급하고, 또한 전체적 레이아웃이 상품이미지와 관련하여 구성되어 있음을 근거로 하여 이를 광고 텍스트로 기대하게 된다. 물론 이러한 근거가 텍스트 종류를 규정하는 데 절대적 특징은 될 수 없지만, 적어도 일종의 기대유형으로서 이들 특징이 위 분석 텍스트를 '광고 텍스트'로 분류하는 데 최소한의 이유는 될 수 있을 것이다. 결국 소비자는 텍스트 종류 지식에 기초해 분석 텍스트의 지배기능을 다음과 같이 확정한다. 이 예문 텍스트는 두 개의 언어정보를 지니는 호소적 기능의 광고 텍스트로, 텍스트의 지배기능을 형식화하면 다음과 같다.

저는 당신이(수용자가) 상품X를 사실 것을 권합니다.

비록 텍스트 종류 지식에 의해 분석 텍스트의 기본기능을 확정할 수 있었다 하더라도, 이것이 광고 텍스트가 전달하고자하는 전체 정보를 이해하기에 충분한 것은 아니다. 여기에는 아직도 대답이 필요한 몇몇의 질문들이 여전히 남아있기 때문인데, 예를 들어 '소비자는 광고주(또는 광고회사)가 광고를 통해 판매하고자 하는 상품을 어떻게 알아낼 수 있을까?', '광고 텍스트의 언어성분 이해를 위해 비언어적 성분들은 어떤 역할을 수행하고 있으며, 이들은 또 전체적인 광고정보를 파악하는 데 어떻게 통합될 수 있는 것일까?', '다양한 어휘와 품사로 구성되어있는 광고언어의 의미와 화행은 어떻게 이해될 수 있을까?' 등의 질문이다. 우선 다음에서는 어떠한 정보들이 언어적인 형식으로 전달되고 있는지를 다루고자 한다.

광고언어는 방송광고이든 인쇄광고이든 그 유형에 상관없이 적절한 낱말의 선택을 통해 자신의 목적을 실현하기 위한 목적 지향적인 언어이다. 따라서 여기에서는 먼저 어떠한 낱말들이 광고 텍스트에서 특히 선호되고 자주 사용되는지를 살펴보고자 한다. 어휘적으로 볼 때, 이 광고에서 가장 빈번하게 사용되고 있는 품사는 명사이다. 이는 명사가 의미 소지체로서 다른 품사들보다 광고의 핵심내용을 잘 전달할 수 있고, 또 그것을 쉽게 기억하도록 해주기 때문일 것이다. 그러기에 여기에서 언급되는 명사들, 즉 '나, 바람, 하고 싶은 것, Dream' 등은 광고의 핵심내용으로 LG카드에 부여하고자 하는 의미적 속성을 지니고 있다고 볼 수 있다. 명사 다음으로 이 광고에서 자주 등장하는 것은 동사이다. 이는 형용사를 통한 광고대상의 강조와 수식을 목적으로 하지 않고, 소비자에게 직접적으로 광고대상과 그 속성을 전달하는 데 이 광고의 주안점이 있음을 추론해 볼 수 있다. 언어정보가 절대적으로 적은 광고 텍스트이기에 명사와 동사의 빈도수를 통해 유의미한 결과를 도출하기엔 무리가 따르지만, 최소한 이 두 가지 품사의 빈도수가 다른 품사에 비해 절대적으로 많이 나오는 것으로 보아 광고의 정보가 비교적 간단하고 꾸밈없이 전달되고 있음을 확인할 수 있다.

광고언어의 문장구조와 관련하여 언급하면, 바디카피에 해당하는 앞의 두 문장은 완전한 문장구조로 구성되어 정확한 의미를 전달해주고 있지만, 시선을 끌거나 흥미를 유발할 수 있는 장치가 배치되지는 않았다. 반면, 마지막에 영문으로 언급되는 'Sign Your Dream. LG카드'는 명령형의 문장구조 다음에 광고대상인 LG카드를 언급함으로써 'LG카드가 당신의 꿈을 이루는 데 도움이 될 수 있음'을 간접적으로 인식하게 한다. 또한 이처럼 광고의 마지막에 나오면서 기업이나 광고대상의 속성을 강조하는 슬로건이 영문으로 쓰일 경우, LG카드에는 또 다른 속성들, 즉 '국제적, 믿을 수 있는, 고품격' 등의 속성들이 부여될 수도 있다.

또한 광고언어의 보다 정확한 커뮤니케이션 의미를 파악하기 위해서는 광고언어에 대한 화행론적 접근도 필요한데, 플라더(1972)의 분류에 의존하여 분석하여 보면, 첫 번째 문장 '나를 내던지고 바람이 되고 싶었다'는 정표화행으로, 두 번째 문장 '지금 하고 싶은 것, 지금 하세요'는 요구화행으로 그리고 세 번째 문장 'Sign Your Dream. LG카드'는 주장화행으로 규정될 수 있다. 결국 방송광고 'LG카드-바람 편'의 언어분석을 통해 우리가 얻을 수 있는 첫 번째 결론은 〈표 12-4〉로 정리될 수 있으며, 광고언어에서 슬로건이 차지하는 중요도를 감안할 때, 이 광고 텍스트의 언어정보는 다음과 같이 이해될 수 있다.

이 광고 텍스트는 3개의 문장으로 구성되어, 광고대상에 대한 정보전달이 간단하고 직접적으로 이루어지고 있는 주장화행의 실현형식을 띠는 호소적 기능의 텍스트로 간주될 수 있다.

〈표 12-4〉 방송광고 'LG카드-바람' 편의 언어적 분석 결과표

<table>
<tr><td>상 품 명</td><td colspan="2">LG카드</td></tr>
<tr><td>날짜</td><td colspan="2">2005. 08.</td></tr>
<tr><td rowspan="5">
</td><td colspan="2">방송광고언어의 어휘분석</td></tr>
<tr><td>명 사</td><td>나, 바람, 지금 하고 싶은 것, Dream, LG카드</td></tr>
<tr><td>부 사</td><td>지금</td></tr>
<tr><td>형용사</td><td>—</td></tr>
<tr><td>동 사</td><td>내던지다, 지금 하세요, (바람이) 되고 싶다, Sign</td></tr>
<tr><td colspan="3">첫 번째 문장 : 나를 내던지고 바람이 되고 싶었다.
(자신의 감정을 표현하는 정표화행으로 간주될 수 있다.)
두 번째 문장 : 지금 하고 싶은 것, 지금 하세요.
(소비자에게 일정한 행위를 수행하게 하는 요구화행으로 간주될 수 있다.)
세 번째 문장 : Sign Your Dream. LG카드
(소비자의 꿈과 LG카드를 연상시키는 이 부분은 슬로건으로 주장화행으로 간주될 수 있다.)</td></tr>
</table>

언어적 성분과 비언어적 성분 사이의 상호작용을 통해 해석되어질 수 있는 다매체 텍스트(*multimedialer Text*, 예를 들어 광고 텍스트)를 분석하는 데 있어서 비주얼 성분들은 특히 중요한 의미를 지니는데, 이들의 의미와 기능은 언어성분들과의 의미론적 관계에서 정의될 수 있다. 비주얼적인 성분으로는 아이콘적인(*ikonisch*), 활자적인(*typographisch*), 인덱스적인(*indexikalisch*) 성분 등 일반적으로 '영상'(*Bild*)이라는 명칭 하에 포함될 수 있는, 텍스트 결속력을 형성하는 모든 비언어적인 성분들이 여기서 언급될 수 있다.

광고를 이해하는 데 있어서 언어적인 성분이 중요한 역할을 수행하는지 아니면 비언어적인 성분이 중요한 역할을 수행하는지는 아직도 수많은 광고문헌에서 여전히 논점이 되고 있다. 우리는 흔히 말하기를 "백 마디 말보다 한번 보는 것이 낫다"라고 하면서, 시각적으로 파악될 수 있는 도표, 색채, 활자체 그리고 레이아웃 같은 형상체의 역할이 중요함을 강조하고 있지만, 언어적인 성분을 통한 설명이나 제약 없이 등장하는 경우는 거의 없다. 비언어적인 성분의 의미를 파악하는 것은 대부분 의미소지체(*Signifikant*)인 가시적인 영상요소의 의미파악을 전제로 한다. 광고 비주얼의 분석에 있어서도 역시 형상적인 의미소지체의 분석이 우선적으로 수행되어야 하는데, 그럴 경우 전체 그림과 상이한 개별성분들은 그것들의 중요성과 분포 정도에 따라 파악되고, 기술되어야 할 것이다.

비주얼 정보의 분석은 일반적으로 기호학적인 읽기행위가 요구되는 부분이다. 그럼에도 불구하고 이 장에서 굳이 텍스트 화용론적인 읽기를 고집하는 것은, 비주얼 정보의 분석도 역시 텍스트 종류 지식에 의해 야기된 기대유형에서부터 출발하기 때문이다. 이는 비주얼의 다양한 의미해석 가능성에 대해 기대유형이 일정부분 제약을 주고 있음을 뜻한다. 다시 말해 비주얼의 기본 단위를 변별하고, 메시지를 명명할 수 있는 단위로 잘게 자를 수 있다는 사실은 비주얼의 의미해석이 어느 정도 문화적 성격을 지니고 있음을 보여 주며, 이러한 문화적 요소들은 우리가 세계 속에서 그것들을 파악하는 습관, 즉 텍스트 종류 지식에 의한 기대유형에 의해 일정부분 결정되고 있음을 보여준다.

따라서 우리가 만약 광고의 비주얼을 일종의 시각메시지로서 그 의미를 파악하고자 한다면, 이러한 텍스트 분석방법은 반드시 텍스트 종류 지식에 의해 야기된 광고의 기본 기능과 기대유형을 틀로 하여 다양한 사회-문화적 콘텍스트를 고려해야 할 것이다. 왜냐하면 그렇게 함으로써 비로소 개별 기호가 지니고 있는 기의들을 하나의 결속성 있는 기의들의 연결체로서 묶어낼 수 있으리라 생각되기 때문이다. 다음은 분석 광고의 비주얼을 조형적 층위와 도상적 층위로 나누어 읽어보고자 한다.[7]

광고 텍스트를 이해하는 데 있어서 언어정보가 비주얼의 해석에 중요한 역할을 한다는 것은 잘 알려진 사실이다. 그 까닭은 비주얼이 다의성을 지니고 있기 때문이며, 이는 비주얼이 만들어질 때 기표와 기의가 자의로 연결되는 자의성에서 연유한다. 이러한 비주얼의 필연적인 다의성으로 인해 나타나는 '일군의 부유하는 의미'는 언어에 의해 비로소 고정되는데, 이를 바르트는 광고언어의 '정박'(*anchorage*) 기능으로 명명하고 있다. 다시 말해 광고언어는 비주얼이 만들어내는 다양한 해석 가능성들 가운데, 어떤 해석에 특권을 부여하는 기능을 지닌다. 결국 우리의 분석 광고처럼 광고언어와 비주얼의 의미적 상호작용을 통해 '기업에 대한 긍정적 이미지 획득'을 목적으로 만들어진 기업광고를 분석할 경우, 광고 텍스트의 이해는 필연적으로 이들의 통합적 해석을 요구하는 것이다.

그렇다면 위의 분석광고에서 표현되고 있는 언어정보와 비주얼의 의미적 상관관계는 어떻게 규명될 수 있을까? 야니히(1999)는 그림이 언어적 표현과 결합해야 비로소 커뮤니케이션상의 전체를 이루게 될 것이므로, 비주얼에 대한 분석이 별도로 이루어지기보다는 언어정보와 비주얼의 관계를 규명하는 방식으로 이루어져야 할 것이라고 강조했다. 따라서 이러한 방법으로 도표에서 나타난 비주얼과 언어정보의 의미관계를 규명한다면, 분석광고의 비주얼과 언어정보는 서로 독자적인

---

7. 에코(Eco, 1972)의 비주얼 분석에 있어서 가장 눈에 띠는 것은, 도상기호의 외시적(*denotative*) 의미를 다루는 아이콘 층위(*ikonische Ebene*)와 비언어적인 성분의 이코노그라픽 층위(*ikonographische Ebene*)를 구분하는 것이다. 비언어적인 성분의 이코노그라픽 층위에서 전달되는 정보는 바르트에게 있어서 '코드화된 아이콘 정보'로 표시되는 모든 정보들을 포함하고 있다. 또한 에코는 언어적인 비유와 마찬가지로 시각적인 비유들을 다루고 있는 비유 층위(*tropologische Ebene*)를 언급하고 있는데, 이러한 범주에는 형상적으로 표현된 은유, 활유, 대유, 과장, 비교 등이 포함된다. 그밖에도 에코는 비언어적 성분의 국지적 층위(*topische Ebene*)와 추리적 층위(*enthymematische Ebene*)를 구별해 주고 있는데, 이럴 경우 국지적 층위는 형상의 표현방법이 아니라 표현내용과 관계하고 있으며, 추리적 층위는 일정한 형상으로부터 이끌어질 수 있는 추론을 의미하고 있다. 그러나 위에서 언급한 에코의 층위들 외에도 우리는 또 하나의 층위, 즉 조형적 층위를 고려해야만 할 것 같다. 왜냐하면 많은 경우 일정한 언어정보를 특히 강조하거나 또는 수용자의 주목을 끌기 위해서 활자체를 크게 하거나 진하게 하는 조형적인 비언어적 방법을 사용하고 있기 때문이다. 이러한 조형적 층위에서는 색깔, 형태, 구성, 텍스처 등이 고려된다.

의미구축을 통해 동일한 내용을 단지 다른 기호유형으로 표현하는 '유사성'과 '반복'의 의미관계를 지닌 것으로 간주되며, 구명철(2002)의 관점에서 보면 '언어내용을 시각화하는 비주얼'이라고 말할 수 있다. 왜냐하면 언어정보가 비록 외형상으로 볼 때, 광고의 일부분만을 차지하고 있는 종속적 표현성분이라 하더라도, 이 광고는 화면의 3분의 2를 차지하는 비주얼 정보만으로도 충분히 그들이 원하는 정보를 전달할 수 있을 만큼 풍부하고, 선명한 정보를 지니고 있기 때문이다.

〈표 12-5〉 조형적 층위

조형적 시니피앙	조형적 특징	시니피에
프레임(광고의 틀)	구체적 프레임	실재적
촬영 각도	가벼운 부감	관찰자의 관점 강조
색 채	초록색	자연스러움, 편안함
	흰 색	순수, 깨끗함
조명 코드	은은한 키(key)	평화, 안정
활자크기	조금 크게	카피내용 강조
페이지 구성	심도 구성	슬로건과 회사명 강조

〈표 12-6〉 도상적 층위

도상적 시니피앙	제1층위 시니피에	제2층위 시니피에
하얀색의 옷	원피스	고품격의, 격식을 차린, 형식적인
원피스 차림의 여자 모습	이미연	아름다움, 성공, 커리어 우먼
치마와 머리카락이 날리는 모습	바람의 존재	자유로움, 시원함
말을 타고 웃는 모습	승 마	부유함, 고급스러움
	웃음/미소	만족, 즐거움
드넓은 초원의 모습	탁 트인 초원	자유로움, 시원함, 평안함
초원에 홀로 있는 여인의 모습	홀로 자연을 즐기는 여인	여유로움, 평화, 안식

이제 다음에서는 브링커의 절차적 텍스트유형론(1988)에 따라 분석대상인 LG카드 '바람' 편의 분석결과를 종합적으로 정리하여 광고를 통해 창출된 LG카드의 브랜드 이미지 영역과 의미가치를 확인하고자 한다.[8] 〈표 12-7〉은 브링커의 절차적 텍스트분석에 따른 결과물을 제시한 것이다.

여기서 브링커의 텍스트유형론을 선택한 것은 텍스트 종류와 기능을 도출하기 위해 사용되는 브링커의 단계적 텍스트 분석 절차가 무엇보다도 광고 텍스트가 지니고 있는 다양하고 복합적인 의미성분들을 모두 고려함으로써 실제로 텍스트가 전달하고자 한 메시지를 정확하게 읽을 수 있게 하는 적절한 방법론으로 인식되었기 때문이다. 이 방법론은 특히 광고의 콘텐츠만을 분석하는 것에 머무르지 않고, 광고의 외적 형식과 기능을 또 하나의 유의미한 성분으로 고려했다는 특징을 지니고 있다.

브링커의 절차모형에 따르면, 이 분석대상은 세 가지 언어정보로 구성되어 LG카드의 의미가치를 '꿈을 이루는 카드'라는 이상적/추상적 가치로 포지셔닝한 호소기능의 광고 텍스트로 이해될 수 있다. 이를 위해 분석광고는 '자유, 평안, 만족, 비구속' 등의 다양한 이미지 정보와 함께 광고행위자(*Actor*) 자신의 감정을 제시하는 정표화행의 첫 번째 언어정보와 '하고 싶은 것이 있으면 지금 하라'는 요구화행의 두 번째 언어정보 그리고 LG카드의 기업이미지를 형성하는 'Sign Your Dream'

---

8. 브링커에 의해 제시된 텍스트 유형의 분류 절차를 간단히 요약하면 다음과 같다.
[절차1] 텍스트 기능의 서술
[절차2] 커뮤니케이션 형식과 행위영역의 서술
  1) 커뮤니케이션 형식의 기준: 커뮤니케이션 방향, 커뮤니케이션 접촉, 입말(사용언어)
  2) 행위영역의 기준 : 공공의 영역, 업무적 영역, 사적 영역
[절차3] 텍스트 테마의 종류에 관한 서술
  1) 테마의 시제적 기준 : 과거형 테마, 현재형 테마, 미래형 테마, 무시제적 테마
  2) 테마와 커뮤니케이션 파트너와의 관계 : 생산자지향적 테마, 수용자지향적 테마, 파트너외적 테마
[절차4] 기본적인 테마전개와 실현형식에 관한 서술
  1) 테마전개 : 기술적, 서사적, 설명적, 논증적
  2) 실현형식 : 사실위주의 기술/묘사 vs. 의견위주의 기술/묘사, 이성적 설득 vs. 권유적 설득 등
[절차5] 텍스트를 구성하는 어휘 · 통사적 자질과 경우에 따라 비언어적 자질에 관한 서술. 텍스트의 결속성을 유지시키기 위한 다양한 언어적 성분들의 통사적, 의미적 관련성을 서술하고, 이와 함께 텍스트의 궁극적 의미를 파악하는 데 역할을 하는 비언어적 성분들의 의미 작용관계를 기술하는 등 구체적 콘텐츠의 기술이 이 단계에서 이루어진다.

〈표 12-7〉 텍스트유형론에 기초한 LG카드 '바람' 편의 분석

<table>
<tr><td colspan="6">미디어 유형 층위</td></tr>
<tr><td>절차1</td><td>텍스트기능</td><td colspan="4">호소기능</td></tr>
<tr><td rowspan="5">절차2</td><td rowspan="3">커뮤니케이션형식</td><td>커뮤니케이션 방향</td><td colspan="3">일방향적</td></tr>
<tr><td>커뮤니케이션 접촉</td><td colspan="3">시각적, 청각적</td></tr>
<tr><td>입말 또는 글말</td><td colspan="3">입말</td></tr>
<tr><td rowspan="2">행위영역</td><td>공공의 영역</td><td colspan="2">업무적 영역</td><td>사적영역</td></tr>
<tr><td>비구속적 공공의 영역</td><td colspan="2"></td><td></td></tr>
<tr><td rowspan="4">절차3</td><td rowspan="2">텍스트 테마: 시제</td><td>과거형 테마</td><td>현재형 테마</td><td>미래형 테마</td><td>무시제 테마</td></tr>
<tr><td></td><td></td><td>미래지향적</td><td></td></tr>
<tr><td rowspan="2">텍스트 테마: 관계</td><td>생산자 지향적</td><td colspan="2">수용자 지향적</td><td>파트너외적</td></tr>
<tr><td>생산자의 의도 중요</td><td colspan="2"></td><td></td></tr>
<tr><td rowspan="3">절차4</td><td rowspan="2">테마전개</td><td>기술적</td><td>서사적</td><td>설명적</td><td>논증적</td></tr>
<tr><td></td><td></td><td></td><td>구매권유</td></tr>
<tr><td>실현형식</td><td colspan="4">친근감 있는 권유적 설득</td></tr>
</table>

<table>
<tr><td colspan="7">미디어 콘텐츠 층위 (이미지와 어휘-통사적 층위)</td></tr>
<tr><td rowspan="16">절차5</td><td rowspan="7">조형적 층위</td><td>프레임</td><td colspan="4">구체적 프레임: 프레임의 실재</td></tr>
<tr><td>촬영각도</td><td colspan="4">가벼운 부감 (관찰자의 지배현상)</td></tr>
<tr><td>색 채</td><td colspan="4">초록색 자연의 편안한 색채 (초록색과 하얀색)</td></tr>
<tr><td>조명코드</td><td colspan="4">은은한 키</td></tr>
<tr><td>화면구성</td><td colspan="4">심도 구성 (슬로건과 상품명 강조)</td></tr>
<tr><td>활자크기</td><td colspan="4">카피강조</td></tr>
<tr><td>기 타</td><td colspan="4">…</td></tr>
<tr><td rowspan="2">도상적 층위</td><td>제1 시니피앙</td><td colspan="2">제1 시니피에</td><td colspan="2">제2 시니피에</td></tr>
<tr><td>원피스 차림의 여인 모습/치마와 머리카락이 날리는 모습/말을 타고 웃고 있는 모습 초원 속에 홀로 있는 여인의 모습 등</td><td colspan="2">이미연/바람의 존재/승마를 즐기는 여인/홀로 자연을 즐기는 여인</td><td colspan="2">아름다움, 성공/자유로움, 시원함/만족감, 즐거움, 고급성/평화로움, 안식, 평안, 고독</td></tr>
<tr><td rowspan="7">언어적 층위</td><td></td><td>화 행</td><td>통사적 특징</td><td colspan="2">어휘-의미론적 특징</td></tr>
<tr><td>첫 번째 문장
(나를 내던지고 …)</td><td>정 표</td><td>완전한 문장</td><td colspan="2">흥미유발</td></tr>
<tr><td>두 번째 문장
(지금 하고 싶은 것…)</td><td>요 구</td><td>완전한 문장</td><td colspan="2">제품의 특징 강조(원하는 서비스는 모두 제공할 수 있음)</td></tr>
<tr><td>슬로건과 제품명
(Sign Your Dream, LG Card)</td><td>주 장</td><td>단어구성</td><td colspan="2">제품명 강조</td></tr>
<tr><td>기 타</td><td>—</td><td>—</td><td colspan="2">—</td></tr>
<tr><td rowspan="2">평가어휘소</td><td>실용적</td><td>유희적</td><td>비판적</td><td>유토피아적</td></tr>
<tr><td>—</td><td>—</td><td>나를 내던지고</td><td>나, 하고 싶은 것, dream</td></tr>
</table>

〈그림 12-4〉 LG카드의 의미가치 영역

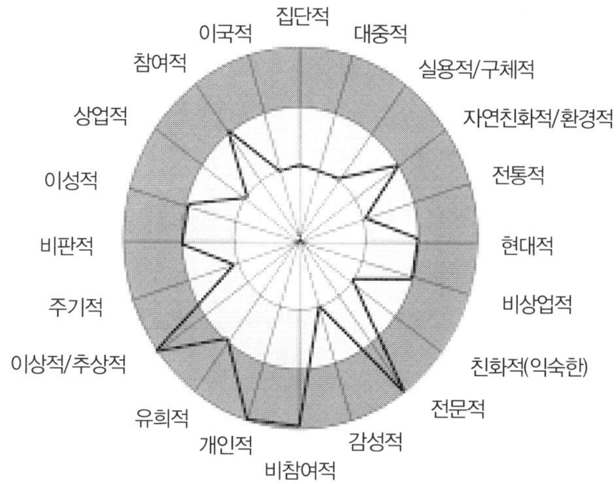

이라는 주장화행의 슬로건이 상호작용하면서 표출되고 있다. 〈그림 12-4〉는 위의 분석표를 기초로 하여 방송광고 LG카드 '바람' 편에 나타난 LG카드의 의미가치 영역과 의미가치를 포지셔닝 해 본 것이다.

LG카드의 추상적/이상적 의미가치는 분석광고의 콘텐츠를 통해서 더욱 구체적으로 표출된다. 이 광고는 넓은 푸른 초원 위를 달리는 드레스 차림의 광고행위자(이미연)의 모습을 통해 — 비록 부적절한 옷차림의 승마 모습일지라도 — 고급스럽고, 자기만족적이며 평안한 휴식의 모습으로 그려지고 있으며 이와 함께, '바람, 하고 싶은 것, dream'의 언어정보가 겹쳐지면서 LG카드의 브랜드 이미지는 〈그림 12-5〉에서처럼 '합리적 유토'에 포지셔닝하게 된다. 결국 이 광고는 고급스럽고 자기만족적인 광고콘텐츠의 활용으로 소비자의 욕구를 충족시켜주는 신용카드의 본질을 사람들의 꿈과 연결시키고, 이를 통해 '신용카드=과소비'의 부정적 이미지를 '신용카드=삶의 만족'의 긍정적 이미지로 전환시키고 있다. 이때 LG카드의 의미가치 영역은 〈그림 12-4〉와 같이 '이상적/추상적', '개인적', '전문적', '이성적', '비판적', '비참여적', '비상업적' 범주에서 형성하게 된다.

〈그림 12-5〉 LG카드의 의미가치 포지셔닝

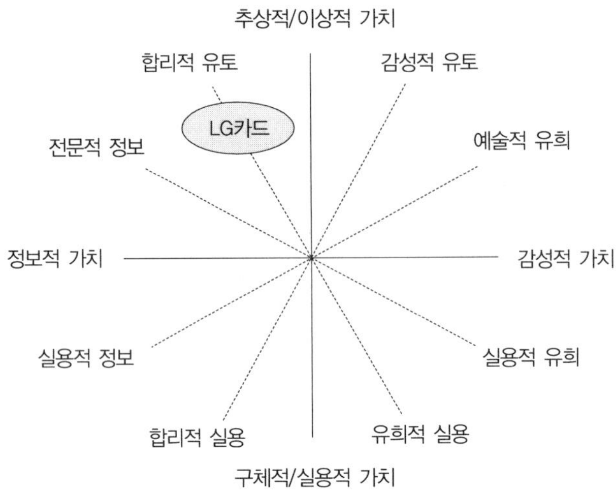

:: 5. 맺음말

지금까지 대부분의 인문학적 광고 연구는 기호학적 관점에서 사진이나 그림 등 영상이미지에 대한 이해를 주로 다루거나, 비주얼 정보와 언어정보 사이의 의미 관계를 규명하였다. 또한 언어학적인 관점에서는 광고카피의 특성과 문체적 특징들을 기술하고, 일정한 언어이론에 기대어 분석을 시도하였다. 그럼에도 불구하고 여전히 부족하게 느껴지는 것은 광고 텍스트 전체에 대한 통합적 관점이 부족하다는 점이다.

이러한 단점을 극복하기 위하여 이 장에서는 텍스트언어학의 통합적 관점을 방송광고 분석에 응용한 것이다. 이 장에서 제시하고 있는 텍스트언어학적 방법론의 가장 두드러진 특징은 광고 텍스트 자체가 연구대상이 된다는 것이다. 이러한 연구 방법론의 관심은 광고의 지배기능인 호소기능을 구체적으로 실현시키기 위한 언어정보와 비언어정보 간의 다양한 의미적 상호작용을 분석하는 데 있다. 따라서 여기에서는 텍스트언어학의 관점에서, 특히 텍스트 화용론적 관점에서 광고 텍스트에 참여하는 모든 언어적, 비언어적 성분들이 일정한 커뮤니케이션적 목적을 획득하기 위해 어떠한 기능을 수행하고, 또 어떻게 상호 유기적으로 결속되어 있는지를 밝히고자 하였다.

이를 위해 광고를 하나의 텍스트 종류로 규정하였고, 텍스트 화용론적 관점에서 광고의 호소기능이 텍스트 종류에 대한 수용자의 텍스트 기대에서 출발함을 제시할 수 있었다. 광고의 호소기능은 일반적으로 직접적이기보다는 간접적으로 표현된다. 이러한 호소기능과 관련하여 광고언어가 어떠한 실현형식과 화행형식을 지니고 있는지 그 가능성을 살펴보기도 하였다. 더 나아가 지금까지의 기호학이나 일반 언어학의 분석이 수행되었던 것처럼, 비주얼과 언어정보를 각각 고립시켜 관찰함을 지양하였고, 오히려 이들의 의미적 상호관계를 비판적으로 규명하고자 노력하였다.

결론적으로 말해 광고의 호소기능은 언어정보와 비주얼의 실현양식에서 출현하는 것이 아니라, 수용자의 텍스트 기대에 의해 달라지며, 이러한 호소기능을 효과적으로 전달하기 위해 광고주는 전략적으로 다양한 화행형식과 내용을 선택한다. 또한 비주얼 정보를 통해 구체화시키고 있다는 것이다. 따라서 수용자의 광고읽기는 텍스트 종류 지식에 의해 야기되는 텍스트 지배기능의 확인으로부터 출발하여 다양한 언어성분 읽기와 비주얼성분 읽기 그리고 이들 간의 상호작용을 통해 생겨나는 의미관계를 통합적으로 살펴볼 때 가능하다. 이러한 통합적 읽기 행위가 바로 이 장에서 지향하는 텍스트언어학적 광고읽기를 뜻한다.

•◦• 생각해볼 문제

1. 방송광고 분석을 위한 텍스트언어학의 방법론적 특징과 유용성은 무엇인가?

2. 방송광고에서 표출될 수 있는 언어적 성분과 비언어적 성분 간의 의미관계를 텍스트화용론적 관점에서 기술하라. 무엇보다도 수용자의 텍스트 기대에 따른 텍스트기능과 광고언어의 화행을 고려하여 광고를 구성하는 비언어적 성분들과의 의미를 분석해보자.

3. 언어정보가 지배적인 광고와 비언어 정보가 지배적인 광고를 비교하고, 이들 광고의 커뮤니케이션 목적에 있어서의 장 · 단점을 기술해보자.

참고문헌

고영근(1999). 《텍스트이론》. 서울: 아르케.

구명철(2002). "독일광고에 나타난 언어기호와 시각기호의 관계". 《독일문학》 84: 426~443. 한국독어독문학회.

플로슈. *Semiotique, Marketing et Communication: Sous lessignes, les strategies*. 김성도 역(2003), 《기호학 마케팅 커뮤니케이션》. 서울: 나남출판.

김원식(2000). "광고 텍스트의 언어학적 특성". 《독일문학》 73: 264~292. 한국독어독문학회.

맹명관(1999). 《광고의 바다 헤드라인 건지기》. 서울: 살림.

송용섭 · 리대룡(1985). 《현대광고론》. 서울: 무역경영사.

오장근(1999a). "광고 텍스트의 전략적 이해". 《독어학》 1: 287~311. 한국독어학회.

______(1999b). "텍스트 이해와 수용자의 전략". 《텍스트언어학》 7: 287~314. 한국텍스트언어학회.

______(2000). "광고와 언어학". 《독일어문학》 12: 355~385. 한국독일어문학회.

______(2003). "광고언어의 호소적 기능에 대한 텍스트언어학적인 연구". 《텍스트언어학》 14: 321~346. 한국텍스트언어학회.

이민행(2000). "광고카피와 대화함축". 《독일언어문학》 13: 53~67. 한국독일언어문학연구회.

이현우(1998). 《광고와 언어》. 서울: 커뮤니케이션북스.

정동규(2000). "광고언어의 단어유희". 《독어학》 2: 185~206. 한국독어학회.

Adamzik, K.(1994). "Zum Textsortenberiff am Beispiel von Werbeanzeigen". *Satz-Text-Diskurs*. Bd. 2: 175~180.

Barthes, R.(1969). "Rhetorik des Bildes". *Der französische Strukturalismus*. pp.158~166.

Baumgart, M.(1992). "Die Sprache der Anzeigenwerbung". *Eine linguistische Analyse aktueller Werbeslogans*. Heidelberg: Physica-Verlag.

Beaugrande, R.-A. de, & Dressler, W.(1981). *Einführung in die Textlinguistik*. Tübingen: Niemeyer.

Bendel, S.(1998). *Werbeanzeigen von 1622~1798, Entstehung und Entwicklung einer Textsorte*. Tübingen: Niemeyer.

Bovee, L. Courtland, & Arens, F. William(1982). *Contemporary Advertising*. Irwin: Homewood.

Brinker, K.(1983). "Textfunktionen. Ansätze zu ihrer Beschreibung". *Zeitschrift für germanistische Linguistik* 11: 127~148.

______(1988). *Linguistische Textanalyse*. Eine Einführung in Grundbegriffe und Methoden. 2. Aufl., Berlin: de Gruyter.

Buchli, Hanns(1962~1966). *6000 Jahre Werbung. Geschichte der Wirtscshaftswerbung und der Propaganda*. Berlin: de Gruyter.

Bühler, K.(1933). *Die Axiomatik der Sprachwissenschaften*. Frankfurt a. M.: Klostermann.

Dunn, S. Watson(1964). *International Handbook of Advertising*. New York: McGraw-Hill.

______& Barban, M. Arnold(1982). *Its Role in Modern Marketing*. (5th Ed.). Chicago: The Dryden Press.

Eco, U.(1972). *Einführung in die Semiotik*. München: UTB.

Flader, D.(1972). "Pragmatische Aspekte von Werbeslogans". *Linguistische Pragmatik*. pp.341~376.

Floch, J. M.(1990). *Semiotique, Marketing et Communication*. Paris: PUF.

Fritz, Th.(1994). *Die Botschaft der Markenartikel. Vertextungsstrategien in der Werbung*. Tübingen: Stauffenburg.

Grosse, S.(1966). "Reklamedeutsch". *Wirkendes Wort* 2: 89~104.

Hantsch, I.(1972). "Zur semantischen Stragegie der Werbung". *Anzeigenwerbung*. pp.137~159.

Janich, N.(1999). *Werbesprache. Ein Arbeitsbuch*. Tübingen: Niemeyer.

Januschek, F.(1974). "Werbesprache erklärt aus ihren Funktionen und ihren Rezeptionsbedingungen". *Sprache im technischen Zeitalter* 51: 241~260.

Kerstin, L.(1970). "Das werbende Sprechen". *Zeitschrift für deutsche Sprache* 26: 129~141.

Kroeber, W. R.(1990). *Strategie und Technik der Werbung. Verhaltenswissenschaftliche Ansätze*. 2. Aufl., Stuttgart/Berlin/Köln: Kohlhammer.

Nöth, W.(1975). *Semiotik. Eine Einführung mit Beispielen für Reklameanalysen*. Tübingen: Niemeyer.

Oh, Jang-Geun(1999). *Das strategische Textverstehen. Theoretische Grundlage, Methode und Anwendung des strategischen Textverstehens*. Münster: Dissertation.

Rickheit, G., Strohner, H.(1993). *Grundlagen der kognitiven Sprachverarbeitung*. Tübingen/Basel: UTB.

Römer, R.(1968). *Die Sprache der Anzeigewerbung*. Düsseldorf: Schwann.

Sowinski, B.(1979). *Werbeanzeigen und Werbesendungen*. München: Oldenbourg R.

______(1998). *Werbung*. Tübingen: Niemeyer.

찾아보기

ㅋ · ㅌ

ㅍ · ㅎ

기타

인명

(가나다 순)

김 병 희

현재 서원대 광고홍보영상학부 광고홍보학과 교수이다. 서울대 인문대학 국어국문학과를 졸업하고 연세대 석사 및 한양대 광고홍보학과에서 광고학박사를 받았다. 대학으로 옮기기 전, 광고회사 선연에서 카피라이터 겸 크리에이티브 디렉터로 일했다. 저서에 《크리에이티브의 길을 묻다》(2004), 《광고와 대중문화》(2000) 등이 있으며, "광고 창의성 측정을 위한 척도개발과 타당성 검증" (2006), "한중 가치관의 차이에 따른 국제광고 표현전략 연구"(2006) 등 광고홍보와 관련된 여러 논문을 발표하였다. kimthomas@hanmail.net

김 영 순

현재 인하대 사회교육과와 동 대학원 문화경영학과 교수이다. 독일 베를린자유대에서 문화학박사를 취득했다. 베를린공대 문화기호학연구소 연구원, 조선대 연구교수, 교육인적자원부 학술교수를 역임하였다. 인천녹색포럼과 인천에듀테인먼트포럼 대표로 봉사하고 있다. 저서에 《미디어와 문화교육》(2006), 《신체언어 커뮤니케이션의 기호학》(2000)이 있으며, 공저로 《광고 텍스트 읽기의 즐거움》(2004), 《대중문화 낯설게 읽기》(2002), 《공간과 도시의 의미들》(2003), 《문화와 기호》(2004), 《축제와 문화》(2004), 《쌍방향 양방향의 문화》(2004), 《패러디와 문화》(2005), 《문화콘텐츠학의 탄생》(2005), 《축제와 문화콘텐츠》(2006) 등이 있다. kimysoon@inha.ac.kr

김 외 곤

현재 서원대 광고홍보영상학부 영상미디어학과 교수이다. 서울대 인문대학 국어국문학과를 졸업하고, 같은 대학원에서 석사학위와 박사학위를 받았다. 2001년부터 이듬해까지 미국 시카고대 동아시아 연구센터에서 방문연구교수를 지냈다. 저서에 《한국 근대 리얼리즘 문학 비판》(1995), 《문학과 문화의 경계선에서》(2002), 《한국 현대 소설 탐구》(2002)가 있으며, 편저서에 《한설야 단편 선집》 Ⅰ · Ⅱ · Ⅲ(1989), 《임화 전집》 1 · 2(2000, 2001), 《해방공간의 비평문학》 1 · 2 · 3(공편, 1991) 등이 있다. 그동안 문학이론, 문학비평, 한국근현대 작가론과 관련한 다수의 논문을 썼으며 문학평론가로도 활동하고 있다. kwklch@seowon.ac.kr

마 정 미

현재 경희대 언론정보학부 강사이다. 경희대 불어불문학과를 졸업하고 동 대학원 신문방송학과에서 석사 및 박사 학위를 받았다. 《출판저널》에서 기자로 활동했으며 한국기업메세나협의회에서 홍보업무를 담당했다. 저서에 《광고로 읽는 한국사회문화사》(2004) 등이 있으며, 공저에 《광고비평의 이해》(2004), 《현대사회와 미디어》(2006), 《근대적 육체와 일상의 발견》(2006) 등이 있다. 최근 논문으로 "초기 근대의약품 광고담론 분석: 근대적 아픔의 주체와 경험에 대한 소고"(2006), "온라인 패러디와 미학적 성찰성"(2006) 등이 있다. spero@chol.com

배 진 환

현재 한화그룹 계열 광고회사 한컴의 제작본부장 상무이사로 재직중이다. 서울대 인문대학 종교학과를 졸업하고, 연세대 언론홍보대학원에서 광고홍보 전공으로 석사를 받았다. 광고회사 제일기획에 입사한 후 카피라이터로 일했다. 모닝글로리, 풀무원, 동서식품, 아디다스, 부광약품, 삼성전자 애니콜, 삼성건설 래미안 등을 담당했으며 지금은 대한생명, 한화건설 등 20여 개의 광고주를 담당하고 있다. 삼성전자 와이드TV 인쇄 광고로 국내 최초로 칸광고제에서 금사자상을 받았다. 현재 고려대에 출강하고 있다. jhbae@hanwha.co.kr

엄 창 호

현재 한국외국어대 언론정보학부에서 광고 크리에이티브에 관한 강의를 하면서 기호학, 구조주의, 소비문화, 문화연구 등으로 광고학의 외연을 넓히는 일에 관심을 기울이고 있다. 연세대 경제학과, 동 대학원 국어국문학과(석사), 홍익대 대학원 광고홍보학과(박사)를 졸업했으며, 코래드, 엘지애드의 카피라이터, 크림 커뮤니케이션의 대표, 프리랜서 등으로 현업에서 일해 왔다. 저서에 《광고의 레토릭》(2004), 《광고는 덫이다》(1998) 등이 있으며, 공저에 《광고비평의 이해》(2004) 가 있다. "영상광고의 신화적 성격에 관한 연구"(2005), "신용카드 광고의 기호학적 분석"(2004), "광고의 서사성에 관한 구조기호학적 연구"(2003) 등의 논문을 발표했다.
toscanii@yahoo.co.kr

오 장 근

현재 고려대 응용문화연구소 수석연구원이다. 고려대 국제어문학부를 졸업하고, 동 대학원을 거쳐 독일 뮌스터대에서 텍스트학으로 박사학위를 받았다. 현재 인하대 대학원 문화경영학과에서 산학인턴십 과정을 지도하고 있다. 공저로 《광 텍스트 읽기의 즐거움》(2004), 《텍스트언어학의 이해》(2004), 《문화콘텐츠학의 탄생》(2005), 《축제와 문화콘텐츠》(2006), 《텍스트와 문화콘텐츠》(2006) 등이 있으며, "2005 프랑크푸르트 도서전의 문화텍스트적 의미와 한국의 문화이미지"(2006), "문화콘텐츠 분석을 위한 인문학적 분석도구"(2006) 등 다수의 논문들이 있다.

domplatz@korea.ac.kr

윤 태 일

현재 한림대 언론정보학부 광고홍보전공 교수이다. 서울대 인문대학 미학과를 졸업하고, 중앙대와 미국 테네시대에서 석사를 마치고, 미주리대에서 박사학위를 받았다. 광고회사 한컴에서 카피라이터로 일했고, SK Telecom 홍보실에서 광고관리 업무를 담당하였다. 공저로 《매스커뮤니케이션의 이해》(2004), 《광고비평의 이해》(2004) 등이 있으며, 환상소설 《플랫랜드 이야기》(1998)를 번역 출간했다. "상업용 웹사이트의 문화역실 현상에 관한 연구"(2004) 등 다수의 논문이 있다. yti18@hotmail.com

이 수 범

현재 인천대 신문방송학과 교수이다. 한국외국어대 졸업 후 서강대에서 석사를 마치고, 미국 오클라호마대에서 박사학위를 받았다. 서강대 영상대학원 교수를 역임하였다. 저서에 《영화 마케팅 PR론》(2005), 《사이버 윤리》(2003) 등이 있으며 《인터넷 마케팅의 원칙》(2002) 등을 번역 출간하였다. "기업PR로서의 문화마케팅이 기업 및 브랜드 이미지, 구매의사에 미치는 영향"(2005), "N세대 소비문화에 대한 문화기술적 연구"(2004) 등 다수의 논문이 있다. soolee815@hanmail.net

이 재 록

현재 청주대 광고홍보학과 교수이다. 경북대 경영학과를 졸업하고 동 대학원 석사과정을 마치고 홍익대에서 경영학박사 학위를 받았다. 주요 논문으로 "브랜드 이미지, 브랜드 신뢰 및 브랜드 애호도의 구조적 관계: 금융브랜드 이미지를 중심으로"(2005), "Advertising's Longitudinal Effect on Brand Attitudes: The Moderating Roles of Evaluation Goals and Attitude Confidence"(ACR, 2002), "지연된 구매의도의 결정요인과 평가목표, 태도자신감의 조정적 역할"(2006) 등이 있다.

ljrock@chongju.ac.kr

이 현 우

현재 동의대 광고홍보학과 교수이다. 경북대를 졸업하고 서울대 행정대학원과 연세대 언론홍보대학원에서 석사를 받은 후 한양대 대학원 광고홍보학과에서 광고학 박사학위를 받았다. 대홍기획, 제일기획 등에서 카피라이터와 크리에이티브 디렉터로 일하기도 했다. 저서에 《광고, 묘약인가 마약인가?》(2000), 공저에 《광고발상과 전략의 텍스트》(2002), 《광고글쓰기의 아트》(2003)를 우리말로 옮겼다. "다의적 광고텍스트의 해석코드와 수용전략"(2005), "모호한 광고와 명료한 광고의 메시지효과 비교"(2005), "무버셜의 수용자 경험에 대한 연구"(2004), "이익집단 보도자료 프레이밍의 대상과 기능"(2004), "공모광고와 일반광고의 효과비교"(2002) 등의 논문이 있다. 2nu@deu.ac.kr

이 희 복

현재 상지대 언론광고학부 교수이다. 한국외국어대 신문방송학과 및 동 대학원 광고홍보학과를 졸업하고 경희대 대학원에서 언론학 박사학위(광고PR 전공)를 받았다. 광고회사 MBC애드컴과 오리콤, FCB코리아를 거쳐, 경주대 방송언론광고학부 교수를 역임하였다. 저서에 《행복한 광고읽기》(2003), 공저에 《현대사회와 언론》(2006), 《현대사회와 광고》(2006), 《미디어교육과 교과과정》(2006), 공역서에 《조직커뮤니케이션》(2006)이 있다. 논문으로 "도시브랜드 슬로건 분석"(2006), "한일 근대여성잡지 광고 비교"(2006), "정치광고 이미지"(2005), "광고의 수사적 비유에 따른 효과"(2005)가 있다. hblee@sangji.ac.kr

정 기 현

현재 한신대 광고홍보학과 교수이다. 서강대 신문방송학과를 졸업하고 미국 미네소타대 저널리즘/매스커뮤니케이션학과에서 석사 및 박사학위를 취득하였다. 종합유선방송위원회 연구위원으로 재직하였고(1993~1995), 한국여성커뮤니케이션학회 회장을 역임하였으며, 한국광고홍보학회 연구이사 및 방송광고심의위원으로 활동하고 있다. 또한, 한국광고학회, 한국언론학회, 한국방송학회, 한국여성커뮤니케이션학회 회원으로 활동하고 있다. 저서에 《대중매체와 성의 정치학》(공편, 1999), 최근 논문으로 "텔레비전 맥주광고의 음주장면이 소비자에게 미치는 영향에 관한 연구"(2006), "그린광고와 웰빙광고에 나타난 자연주의 이데올로기에 관한 연구"(2005) 등이 있다. geehyun@hs.ac.kr

나남커뮤니케이션스 ③

나남신서 　 나남출판사의 책은 쉽게 팔리지 않고 오래 팔립니다 　 2006. 4

646 **현대사회와 인권**
한상진(서울대) 편
648 **유학심리학: 맹자·순자 篇**
조긍호(서강대) 저
649 **글로벌시대의 국제광고론**
마리케 드 무이/김유경(한국외대)·전성률(한국외대) 공역
650 **충성과 반역: 전환기 일본의 정신사적 위상**
마루야마 마사오/박충석(이화여대)·김석근(고려대) 공역
651 **아레오파지티카: 존 밀턴의 언론 출판 자유에 대한 선언**
존 밀턴/임상원(前 고려대) 역
655 **중국의 중앙-지방관계론: 분권화의 정치경제**
정재호(서울대) 저
657 **아시아경제의 논리: 전예측 아시아 1999**
미쓰비시종합연구소/김경식(한국경제신문) 역
658 **내부고발의 논리**
박흥식(중앙대) 저
659 **한국재벌개혁론: 재벌을 바로잡아야 경제가 산다**
김대환(인하대)·김균(고려대) 공편
663 **대통령학**
함성득(고려대) 서
664 **포토저널리즘**
이병훈(前 조선일보) 저
665 **사회보장론**
이인재·류진석·권문일·김진구 공저
667 **보건경제학**
양봉민(서울대 보건대학원) 저
668 **미디어와 권력: 한국언론— 이제 어떻게 할 것인가**
김중배(언론개혁시민연대 상임공동대표) 저
669 **사회조사방법론: SPSSWIN 통계분석**
김영석(연세대) 저
670 **언론법제와 보도**
임병국(언론중재위원회) 저
673 **멀티미디어시대의 행정: 정보기술을 활용한 행정개혁론**
정충식(경성대) 저
674 **인터넷 광고: 이론과 전략**
최환진(한신대) 저
684 **99 춘천 리포트: 춘천의 삶과 꿈**
한림대 사회과학연구소·㈜춘천 문화방송 편
685 **신문발행인의 권력과 리더십: 장기영의 부챗살 소통망 연구**
안병찬(前 한국일보) 저
686 **직관과 구성**
승계호/김주성(한국교원대) 공역
690 **시원으로의 회귀: 고전과의 대화**
송호근(서울대)·서병훈(숭실대) 공편
693 **땅과 한국인의 삶**
김형국(서울대) 편
695 **영국노동당사: 한 노동운동의 정치화 이야기**
고세훈(고려대) 저
697 **교통계획**
노정현(한양대) 저
699 **스포츠 마케팅**
필 셰이프/김낙회(제일기획)·김호(LANG & Associates) 공역
700 **한국언론과 출판저널리즘**
조상호(나남출판 대표) 저
701 **한국 5대재벌백서 - 1995 ~ 1997**
참여연대 참여사회연구소 경제분과
702 **김영섭작업 1980 ~ 1999**
김영섭(건축가) 저
708 **모성의 담론과 현실: 어머니의 성, 삶, 정체성**
심영희·정진성·윤정로 공편
709 **정보화시대의 방송교육**
김광호(서울산업대) 편
710 **현대방송학**
김우룡(한국외대) 저
714 **질적 연구방법론**
제니퍼 메이슨/김두섭(한양대) 역
717 **한국의 사회복지체제 연구**
홍경준(성균관대) 저
718 **사회복지실천론**
양옥경(이화여대) 외
720 **상담의 필수기술: 효과적 의사소통을 위한 사례중심 접근법**
에반스 외/성숙진(한신대)
721 **현대 매스커뮤니케이션 개론**
세버린·탠카드/박천일·강형철·안민호 공역
725 **공익 캠페인**
라이스·애트킨/한정호(서강대)·이현우(한양대) 공역
726 **한국의 현대성과 사회변동**
김호기(연세대) 저
728 **정치없는 정치시대**
송호근(서울대) 저
729 **인지발달**
플라벨·P. 밀러·S. 밀러/정명숙(꽃동네현도사회복지대) 역
730 **사회과학의 새로운 지평**
임희섭(고려대) 편
733 **한국의 시민운동**
조대엽(고려대) 저
734 **세계화와 신자유주의**
안병영(연세대)·임혁백(고려대) 공편
735 **저널리즘과 권력**
조용중(한국ABC협회장) 저
737 **몸의 사회학**
쉴링/임인숙(고려대 강사) 역
740 **여성복지론**
김인숙(가톨릭대) 외
742 **텔레비전 제작 실무론**
최충웅(KBS) 저
743 **현대의 현상학**
김덕영(연세대 강사) 저
744 **감성과 커뮤니케이션**
벅/전환성(청주대) 역
745 **딜레마와 행정**
윤견수(충주대) 외
746 **한국의 정보통신혁명: 오명의 리더십 연구**
김정수(고려대) 저
747 **사실성과 타당성**
하버마스/박영도(서울대 강사) 역
748 **현대선거정치캠페인론**
김창남(경희대) 저
750 **동굴 속의 독백**
리영희(前 한양대) 저
762 **광고, 대중문화의 제1원소**
김홍탁(제일기획) 저
763 **중국의 언론과 사회변동**
박용수(강원대) 저
766 **신문방송, 취재와 보도**
윤석홍·김춘옥(단국대) 공저
767 **지역주의선거와 합리적 유권자**
조기숙(이화여대) 저
768 **소비자본주의사회의 여성과 남성**
이영자(가톨릭대) 저

나남커뮤니케이션스 ⑥

나남신서 | 나남출판사의 책은 쉽게 팔리지 않고 오래 팔립니다 | 2006. 4

1007 **사회복지 질적 연구방법의 이론과 활용**
에드먼드 셔먼·윌리엄 리드 편/
유태균(숭실대)·이선혜(중앙대)·
서진환(성공회대) 공역

1008 **한말애국계몽운동의 사회사**
신용하(前 서울대) 저

1009 **한국의 문화유산**
최정호(前 연세대) 저

1010 **증보 신채호의 사회사상연구**
신용하(前 서울대) 저

1014 **커뮤니케이션 이론**
세버린·탠카드/박천일(숙명여대)·
강형철(숙명여대)·안민호(숙명여대) 공역

1015 **학교와 사회복지실천**
한인영(이화여대)·홍순혜(서울여대)·
김혜란(서울대) 공저

1019 **사회복지연구조사방법론**
김환준(계명대) 저

1022 **민주주의는 실패한 신인가**
한스헤르만 호페/박효종(서울대) 역

1023 **일상문화읽기: 자기성찰의 사회학**
일상문화연구회

1025 **환경이 아프면 몸도 아프다**
시민환경연구소 환경보건위원회 편

1026 **브레이크아웃**
마틴 러스/임상균(ING은행) 역

1027 **수화의 이해와 실제**
이준우(나사렛대)·남기현(나사렛대) 공저

1030 **비언어적 커뮤니케이션론**
김우룡(외대)·장소원(서울대) 공저

1031 **대통령의 무혈혁명**
조용중(성곡언론문화재단 이사) 저

1035 **한국권력구조의 이해**
진영재(연세대) 편저

1036 **영원한 재야 대인 홍남순**
홍남순평전 간행위원회 편

1038 **한국사회 이해의 새로운 패러다임**
송호근(서울대) 편

1042 **강대국 국제정치의 비극**
존 미어셰이머/이춘근(자유기업원 부원장) 역

1043 **사회복지실천이론의 이해와 적용**
연세사회복지실천연구회 역

1045 **표류하는 한국경제, 활로는 없는가**
윤건영(연세대) 외 공저

1048 **남북경제통합론**
박상봉(미래한국신문) 저

1049 **질병의 사회심리학**
알랜 래들리/조병희(서울대)·
전신현(한국디지털대) 공역

1051 **영상경제학**
브루스 M. 오웬·스티븐 S. 와일드맨/
최양수(연세대) 역

1052 **현대 중국의 대외경제정책**
오용석(경성대) 저

1054 **세상은 꿈꾸는 사람들의 것이다: 참여연대 실천경영론**
박원순(아름다운 재단) 저

1055 **사회과학 데이터 분석법 ③: 인자분석·Q방법론·MDS·생존분석·LISREL**
오택섭·최현철(고려대) 공저

1056 **시각영상 커뮤니케이션**
신항식(홍익대 겸임교수) 저

1058 **범죄학 이론**
로널드 L. 에이커스·크리스틴 S. 셀러스/
민수홍(경기대) 외 공역

1059 **공영방송론: 한국의 사회변동과 공영방송**
강형철(숙명여대) 저

1060 **한국의 내일을 묻는다**
정범모(한림대 석좌교수) 저

1063 **뛰는 스포츠, 나는 마케팅**
에비즈카 오사무/휘닉스커뮤니케이션즈
마케팅플래닝본부 역

1064 **9·11의 충격과 미국의 거대전략**
존 L. 개디스/강규형(명지대) 역

1065 **에로스와 문명**
허버트 마르쿠제/김인환(고려대) 역

1066 **대한민국 어디로 가야 하나**
김진현(세계평화포럼이사장) 외 공편

1068 **변화하는 세계 바로보기**
하영선(서울대) 외 공저

1069 **21세기 동북아 국제관계와 한국**
이승철(한양대) 외 공저

1071 **한국 원민족 형성과 역사적 전통**
신용하(한양대 석좌교수) 저

1073 **김일성시대의 중소와 남북한**
오진용(포스코경영연구소 연구자문위원) 저

1074 **한국전쟁과 미국 외교정책**
윌리엄 스툭/서은경(AFX NEWS) 역

1075 **한국 경제의 인프라와 산업별 경쟁력**
이근(서울대) 외 공저

1076 **열린 통상대국**
안세영(서강대) 외 공저

1077 **인적 자원의 확충과 보호**
안종범(서울대) 외 공저

1078 **한국사회의 세대문제**
박재홍(경상대) 저

1079 **사람이 나라의 미래**
중앙인사위원회 편

1080 **가족복지론**
김연옥(서울시립대) 외 공저

1081 **시각영상기호학**
신항식(홍익대 겸임교수) 저

1082 **천도반대운동의 사회학**
김형국·최상철(서울대) 공편

1083 **디지털시대의 방송미디어**
김규(서강대 명예교수)·전환성(청주대)·
김영용(서강대) 공저

1084 **도시와 인간**
여홍구(한양대) 외 공저

1085 **김대중 정권의 흥망**
〈비화 국민의 정부〉 동아일보
특별취재팀 저

1086 **정책·행정 서비스의 업그레이드**
송하중(경희대) 외 공저

1088 **사회복지조사방법론**
최성재(서울대) 저

1090 **프로젝트 청계천: 갈등관리 전략**
황기연·변미리(서울시정개발연구원)·
나태준(연세대) 공저

1091 **한국영화 정책사**
김동호(동서대 객원교수) 외 공저

1094 **시각영상 세미나 ③, ④**
신항식(홍익대 겸임교수) 저

1097 **떠날 것인가 남을 것인가**
앨버트 O. 허쉬만/강명구(아주대) 역

1099 **영화마케팅 PR론**
이수범(인천대) 저

1101 **재벌의 사업구조와 경제력 집중**
송원근(진주산업대)·이상호(참여사회
연구소) 공저

1102 **재벌의 재무구조와 자금조달**
이윤호(순천대) 저